괴롭힘은
어떻게
뇌를 망가뜨리는가

THE

괴롭힘은
어떻게
뇌를 망가뜨리는가

BULLIED

최신 신경과학이 밝히는 괴롭힘의 상처를 치유하는 법

제니퍼 프레이저 지음 정지호 옮김 최연호 감수

BRAIN

심심

나의 스승인 두 아들,
몽고메리와 앵거스에게 이 책을 바친다.

나의 뇌는 망가지지 않았다.

이곳은 아름답다. 난생 처음 와본 이 도시에서는
눈부신 햇살과 새로운 아이디어, 두려움과 기회가 보이며,
수십 억 개의 도로에 모두 조명이 켜져 번뜩거린다.

내 생각에

이곳은 탐험할 장소가 정말 많지만,
매일 손을 주머니에 넣고 눈은 바닥에 둔 채 걷느라
우리는 그런 장소의 존재를 잊게 된다.

— 〈묘안Brainstrom〉, 극단 컴퍼니 쓰리Company Three의 연극

일러두기

· 단행본은 《》로, 잡지, 신문, 영화, 연극, TV 프로그램은 〈〉로, 기사 제목은 ""로 묶었습니다.

· 본문의 각주 중 ＊는 옮긴이 주, ◆는 감수자 주입니다. 후주는 숫자로 표기했습니다.

· 본문의 기울임은 원서에서 이탤릭체로 표기된 부분입니다.

추천의 말

제니퍼 프레이저 박사의 이번 저서는 바로 여러분을 위한 책이다. 여러분 중에는 살면서 남한테 괴롭힘을 당한 사람도 있고, 현재 또는 과거에 남을 괴롭힌 사람도 있을 것이다. 어쩌면 괴롭힘을 당한 피해자나 괴롭히는 가해자를 염려의 눈길로 바라보는 사람일 수도 있다. 안타깝게도 우리 인간들은 사는 내내 습관처럼 서로에게 모욕을 준다. 하지만 우리 대부분은 최근까지 이런 행동이 괴롭힘을 당하거나 괴롭힘을 가하는 사람 모두에게 신경학적으로 치명적인 영향을 미친다는 것을 인식하지 못했다.

이제 여러분은 프레이저 박사의 도움으로 우리 인간이 수많은 방식으로 서로에게 상처를 준다는 사실을 알아차리게 될 것이다. 아이들 간의 괴롭힘도 수두룩하지만 성인과 아이들, 또 (물론) 성인과 성인 사이의 괴롭힘도 흔하게 일어난다. 앞의 세 가지 경우 모두, 괴롭힘의 가해자나 학대자는 자기가 피해자보다 우위에 있다고 주장하며, 자신의 공감 능력을 무시하면서 자기중심적 욕구를 채운다.

대부분의 가해자는 남을 괴롭히고 상처주는 행동이 점진적으로 자신에게도 신경학적으로 심한 상처를 남긴다는 사실을 전혀 모른다. 이렇게 가해자의 뇌에 자리 잡은 가소성의 부정적 변화는 눈덩이처럼 커져서, 뭔가 조치를 취하지 않는다면 평생 이들의 인성으로 고착된다. 현대 문화는 이처럼 사실상 미연에 방지할 수 있는 사회적 가해 행위에서 비롯되는 자기중심적 거리 두기라는 고질병으로 고통받고 있다.

지난 수십 년 동안 괴롭힘을 비롯한 여러 형태의 아동 학대와 관련해 생기는 두려움 및 지속적인 스트레스의 파괴적인 영향이 과학적으로 폭넓게 입증되었다. 괴롭힘은 조용히 뇌 손상을 야기한다. 신경학적 발달 과정을 방해하고, 뇌의 회로망을 꺼서 학습 속도와 개인적 성취에 나쁜 영향을 미치는 것이다. 괴롭힘이 유기적인 뇌 건강과 일반적인 육체 건강에 미치는 부정적인 영향은 끝이 없다. 괴롭힘을 당하면 불안이나 우울 장애를 겪고, 심지어는 자살에 이를 위험이 커진다. 여러 가지 중독으로 이어질 위험도 증가한다. 이런 영향은 자신에게 상처를 주면서 다시 일파만파로 퍼지는데, 괴롭힘과 학대를 당하는 사람들이 자신을 끊임없이 재평가하며 '피해자', '의지박약자', '버림받은 자', '패배자' 같은 말로 자기 자신에게 낙인을 찍기 때문이다.

괴롭힘은 제니퍼 프레이저 박사의 삶에 중대한 영향을 끼쳤다. 그는 아끼는 소중한 사람들의 삶에 학대 행위가 벌어졌다는 사실을 깨달았고, 사랑하는 사람들에게 은밀하게 생긴 신경학적·물리적 상처를 포착했다. 그는 이 책에서 그 거대한 적과 싸우기 위해 어떤 노력을 했는지 설명한다. 제니퍼는 신경학과 심리학 그리고 인간 본성의 이 어두운 면과 관련된 문화적 역설을 스스로 깨우치고 배우면서 전투를 준비하는 경이로운 일을 해냈다.

이 책을 읽으면서 여러분은 자신의 마음을 탐색하고 행동을 다시 점검해보게 될 것이다. 그러면서 어떻게 자녀와의 관계를 잘 유지하고, 어떻게 아이들끼리 또 성인들끼리 관계를 건강하게 조율할지 다시 생각해보는 시간을 갖게 될 것이다. 나는 뇌 전문가로서 두려움과 지속적인 스트레스를 일으키는 충격적인 사건이 신경학적으로 아이와 성인에게 얼마나 파괴적인 영향을 주는지 잘 알고 있다. 내가 지금까지 연구해 온 것이 *바로* 이 분야다.

부정적 아동기 경험에서 비롯되는 신경 및 행동 이상 문제는 대개 문제를 일으킨 주변 사건에서 답을 찾는 것으로 종결되지만, 프레이저 박사는 통찰력을 발휘하여 여기에서 한 걸음 더 나아갔다. 자신의 삶과 가족 관계를 통해 다음과 같은 중요한 질문에 답을 구하는 여정을 시작한 것이다. "괴롭힘의 본성을 감안할 때 피해자의 뇌신경과 신체를 보통 상태로 되돌리기 위해서는 어떤 조치를 취해야 할까?" 프레이저 박사는 공감을 잘하는 사람이라 더 나아가 두 번째 질문을 하는 데 그리 오랜 시간이 걸리지 않았다. "그렇다면 가해자를 돕기 위해서는 우리가 어떤 일을 할 수 있고 해야만 할까?" 다시 한번 프레이저 박사는 뇌가소성 기반의 신경 재활치료학에 관해 폭넓게 익힌 후 이 두 번째 질문으로 들어섰다. 현재 또는 과거의 가해자 또는 피해자의 뇌에는 (당연히) 가소성이 있다. 입은 상처를 극복할 수 있다는 뜻이다. 단 치유되려면 우선 그 상처를 인정하고, 우리 뇌를 올바른 방향으로 되돌려 놓기 위해 특정한 조치를 취해야 한다. 프레이저 박사와 나의 꿈은 괴롭힘에 관한 신경학적 이해가 개인적·국가적 치유의 신기원으로 이어지는 것이다.

남을 괴롭히는 가해자가 된 적이 있는가? 남에게 괴롭힘을 당해 본 적이 있는가? 다른 사람에게 괴롭힘이라는 형태의 신경학적 손상을 가하고, 그런 극악무도한 행위로 그들 자신에게 서서히 그리고 확실하게 해를 가하는 사람이 걱정되는가? 이 책은 여러분 자신은 물론 이들이 더 나은 안식처에 도달할 수 있는 길을 안내할 것이다. 인간의 공감과 긍정적인 영감 그리고 긍정적인 자기평가가 다시 한번 승리하는 그런 곳으로 말이다.

마이클 메르체니치[Michael Merzenich]
UC 샌프란시스코 명예교수, 뇌가소성연구소 회장

차례

추천의 말 9

서론 뇌는 괴롭힘의 상처를 치유할 수 있다

괴롭힘의 패러다임은 어떻게 우리를 지배하는가 22 ㅣ 신경과학이라는 도구 33 ㅣ
훈육의 탈을 쓴 학대 39 ㅣ 피해자는 어떻게 가해자가 되는가 44 ㅣ 자기 안의 회복
의 도구를 찾아서 47

1 — 변화하는 뇌

뇌의 역량에 관한 새로운 관점 57 ㅣ 보이지 않는 상처 62 ㅣ 마음속 가해자와 학대
의 악순환 74 ㅣ 1단계: 신경가소성을 이용하라 80

2 — 학대는 필요악이라는 거짓말

음악계와 스포츠계에서 자행되는 학대 95 ㅣ 가해자에게 나타나는 4가지 인성 105
학대하는 뇌, 학대받는 뇌 110 ㅣ 학대는 성공의 조건이 아니다 115 ㅣ 2단계: 비판
적으로 사고하라 121

3 — 복종의 악순환

왜 소수만이 권위에 도전할까 135 | 괴롭힘은 우리의 공감 능력을 공격한다 141
새로운 신경망을 연결하라 144 | 고정형 사고방식과 성장형 사고방식 152 | 3단
계: 재능을 키우라 162

4 — 뇌 잠재력 훈련

신경가소성의 잠재력 177 | 부정적인 꼬리표를 떼어내는 과정 185 | 4단계: 공감
의 신경망을 연결하라 191

5 — 뇌가 괴롭힘을 기억하는 방식

성추행, 그리고 연쇄적인 뇌의 충격 213 | 뇌가 감정의 문을 닫다 221 | 보호받는
학대자 226 | 망가져버린 뇌의 감각 처리 시스템 232 | 5단계: 애도하라 239

6 — 몸과 뇌를 돌보는 새로운 패러다임

아동기 경험과 만성질환의 관계 245 | 상처받은 뇌를 치유하라 254 | 뇌의 황금
기 잠재력을 되찾는 법 260 | 6단계: 뇌의 잠재력을 되찾아라 268

7 — 괴롭힘과 학대가 가하는 세뇌

스톡홀름증후군의 심리적 매커니즘 283 | 트라우마를 겪는 뇌의 생존 모드 290
교사에 의한 학대가 학생에게 미치는 영향 297 | 7단계: 가해자와의 동조를 거부
하라 309

8 — 마음 챙김: 현재에서 행복을 찾는 뇌 훈련

부교감신경계를 깨우는 마음 챙김 327 | 집중하기, 현재에 머무르기, 근심 물리치기 331 | 사람을 만드는 코치와 사람을 망치는 코치 336 | 학습된 통증을 잠재우는 방법 343 | 8단계: 뇌 지도를 다시 그려라 353

9 — 운동: 뇌를 회복하는 최고의 방법

운동과 놀이가 주는 무한한 혜택 363 | 운동을 이용한 네이퍼빌의 뇌 건강 교육 370 | 우리는 마음─뇌─몸의 조각가가 될 수 있다 378 | 마음 챙김이 주는 강력한 동기 부여의 힘 384 | 9단계: 뇌에 산소를 불어넣어라 389

10 — 괴롭힘의 패러다임에서 공감의 패러다임으로

연민을 키우는 공감 듣기 연습 398 | 은폐를 멈추면 공감 능력이 올라간다 407 | 수치의 사이클에서 벗어나자 413 | 공감의 역할 모델이 중요한 이유 419 | 공감은 성취와 승리의 필수 도구다 425 | 10단계: 자신의 온전한 목소리를 들어라 430

결론 새로운 신경 패러다임 437

감사의 말 445

감수자의 말 449

후주 457

참고 문헌 491

뇌는 괴롭힘의 상처를
치유할 수 있다

2012년 우리 부부는 열여섯 살 된 아들 몽고메리를 캐나다에서 케냐로 가는 비행기에 태워 보냈다. 잘 가라고 조용히 손을 흔들면서도 지나친 모험이 아닌가 하는 생각이 들었지만, 그날 이후 내가 배운 것이 있다면 뇌는 *거의* 대부분 원상 복구될 수 있다는 점이다. 몽고메리는 교사와 학생으로 구성된 사절단의 일원으로 케냐 아이들에게 공교육을 제공할 학교 건립 재단 조성을 위해 떠났다. 하지만 아무리 그렇다 해도 어떤 부모가 자신의 10대 자녀를 지구 반 바퀴 너머 한 번도 가보지 못한 대륙으로 선뜻 보내겠는가.

몽고메리는 초등학교 4학년 때부터 캐나다 서부 연안에 있는 사립 국제 학교에 다녔고, 나는 이 학교 부속고등학교에서 교사 생활을 했다. 근처에서 통학하는 아이들도 있었지만 기숙사 프로그램이 잘되어 있어서 세계 각지에서 매년 2백 명 이상의 뛰어난 학생이 이 학교에 입학했다. 이런 아이들이 모인 국제 학교에서 몽고메리가 아프리카로 여행을 가는 것은 전혀 이상한 일이 아니었지만, 내 입장에서는 자식을 지구 반대편으로 보낸다는 게 마음이 편치는 않았다.

여행 전날, 학교 농구 토너먼트를 끝내고 집으로 돌아온 몽고메리의 입과 혀 안쪽에 궤양 같은 염증이 잔뜩 나 있어서 우리는 아이를 병원으로 데려갔다. 몽고메리는 통증이 너무 심한 나머지 거의 먹거나 마시지도 못했다. 의사는 깜짝 놀라며 몽고메리에게 스트레스를 많이 받는지 물었다. 이때까지만 해도 농구 토너먼트에 관해 힘들었던 이야기를 짧게 들은 게 전부였다. 당시 남자 농구팀을 맡고 있던 코치들이 아이들에게 모욕을 주고, 소리를 지르며 크게 혼내고, 무서운 분위기를 조성할 뿐만 아니라 어떤 아이들은 편애하고 어떤 아이들은 야단을 친다는 이야기였다. 더 자세한 내용, 그러니까 코치가 아이들 앞에서 몽고메리에게 공개적으로 면박을 주고, 수업 후에 남겨 소리를 지르고, 그가 빠져나가려고 하면 다시 멱살을 잡고 욕과 동성애 혐오 발언을 무지막지하게 퍼부었다는 사실은 아직 모르던 상황이었다. 하지만 토너먼트는 고통 그 자체였던 것 같다. 의사는 몽고메리에게 항생제를 처방하며 코르티솔 때문에 입 안에 염증 반응이 일어난 것 같다고 설명했다. 나는 그전까지 한 번도 코르티솔이라는 용어를 들어본 적이 없었고, 공격적인 말이 뇌에 어떤 영향을 미치는지 알아본 적도 없었다.[1]

이제 나는 코르티솔이 스트레스 호르몬이며, 이것이 교감신경계가 활성화됐을 때 분비되어 우리 몸과 뇌를 누비고 다닌다는 사실을 안다. 스트레스 반응은 인간의 목숨을 살리기 위해 진화 과정을 통해 정교하게 완성되었다. 이런 기능은 인간이 포식자와 맞서 싸우거나, 도망치거나, 그 자리에 얼어붙어 있어야 할 때는 유용하게 쓰였다. 하지만 단시간에 아드레날린과 코르티솔을 다량 분비하는 집중 반응은 현대사회에서는 더 이상 쓸모가 없다. 교사가 매일 아이들을 괴롭히는 상황, 즉 피해 아동이 도망갈 수 없는 상황에서는 코르티솔이 마치 부식제처럼 작용하며 몸과 마음을 망가뜨린다.[2] 미국질병통제예방센터CDC에 따르면 의료비의 80퍼센트가 스트레스 관련 질병에 쓰이며, 신경생리학자 존 머디나John Medina의 단도직입적인 표현대로 "스트레스 관련 질병은 대량의 코르티솔 분비로 생긴다."[3] 나로서는 코르티솔이 몽고메리의 입안에 염증을 일으켰을 뿐 아니라 뇌 속 집행 중추executive center를 방해하여 뇌의 발달 구조를 무너뜨렸다는 글을 읽는 게 고통스러웠다.[4] 토너먼트 때 그냥 몇 차례 코르티솔 수치가 크게 오른 것일까? 아니면 오랫동안 고통받다가 뇌 이외의 신체 기관에 처음으로 증상이 나타난 것일까?

나는 부모이자 교육자로서 이 상황을 제대로 모른다는 사실에 좌절감을 느꼈다. 작가이며 교사라는 사실에 자부심을 갖고 있었지만, 정작 뇌에 관해서는 아무것도 모르는데 그 지식과 기술이 무슨 소용이 있을까 싶었다. 학습을 담당하는 바로 그 기관을 무시하면서 어떻게 부모 역할, 선생 역할, 길잡이 역할을 할 수 있겠는가.

우리 부부는 코치진의 학대에 대한 자세한 내막을 알지는 못했지만, 이것이 심각한 문제라는 점은 충분히 인지하게 되었다. 하지만 몽고메리가 입속 통증으로 몹시 괴로워했고, 여행 또한 준비해야 했기 때문에 물어보고 싶지 않았다. 나는 토너먼트가 특히 끔찍했을 뿐, 그 코치와 함께한 지난 2년은 나쁘지 않았기를 기도했다. 짧은 기간 동안의 극심한 스트레스는 회복할 수 있을 것이다. 하지만 연습과 경기 그리고 토너먼트에 참가하면서 받았을 만성 스트레스에 관해 알면 알수록, 몽고메리가 입안에 생긴 궤양 이상으로 훨씬 심한 고통을 받지 않았을까 염려되었다. 신경과학자들이 밝혀낸 사실에 따르면 학대를 무시하고 부정하는 사회적 경향과는 상관없이 스트레스가 반복되거나 만성화되면 면역반응이 제대로 꺼지지 않는다. 이 같은 두뇌의 오작동으로 인해 신경세포 사멸 같은 뇌 손상이 올 수 있으며, 특히 스트레스에 취약한 사람의 경우 이런 변화는 스트레스 사건 이후로도 오래 지속될 수 있다.[5] 몽고메리의 면역계는 이제 제대로 작동하지 못하는 걸까? 신경세포 사멸을 겪고 있는 건 아닐까? 몽고메리의 뇌에 생긴 이런 변화는 얼마나 오래 지속될까? 이런 의문들이 나를 괴롭혔다.

나는 코르티솔이 뇌에 반복해서 분비되면, 코르티솔 수용기로 가득 찬 해마(뇌의 기억과 학습 중추)가 코르티솔로 푹 잠긴다는 것을 알게 되었다. 그래서 스트레스를 잔뜩 받으면 집중해서 현명한 판단을 내리고, 정보를 학습하고 기억하기가 힘들어지는 것이다.[6] 잘 발달된 인간의 진화 생존 전략에 따라 뇌는 미래에 특정한 위험을 피하기 위해 해당 위험을 기억할 필요가 있다. 하지만 뇌가 위험에 집중하면 중요해 보이지 않는 온갖 세부적인 일은 기억하기가 힘들어진다. 만성적으로 스트레스를 많이 받는 뇌는 코르티솔로 잔뜩 충전된, 살아남는 데만 집중하는 뇌다.

머디나가 꼽는 만성 스트레스에 의한 뇌 손상의 종류를 들여다보니 나는 몽고메리가 상당히 걱정되었다. 반복해서 스트레스를 받으면, 코르티솔은 수학 계산이나 언어 처리 능력을 저하시키고 단기 및 장기 기억력에 손상을 준다. 정보에 적응하고 집중하고 배우는 능력에도 영향을 미친다.[7] 나는 속으로 "이건 모두가 알아야 해. 부모와 교사 모두 이 사실을 알고 있어야만 해"라고 생각했다. 나는 내 아이가 고통에 빠진 후에야 겨우 이런 자료를 접했다.

이와 더불어 치유 방법을 찾기 시작했지만, 오래지 않아 상처를 치료하고 건강을 회복하는 첫 단계가 바로 괴롭힘과 학대가 뇌에 끼친 해로운 영향을 파악하는 일임을 깨달았다. 몽고메리에게 가해진 피해는 눈에 보이지 않았다. 상처나 멍이 없었기 때문이다. 괴롭힘과 학대로 인한 만성 스트레스가 뇌에 끼치는 보이지 않는 영향을 측정하기는커녕 볼 수도 없다면 어떻게 이를 이해할 수 있을까? 이제는 전문가에게서 배울 차례였다.

괴롭힘의 패러다임은 어떻게 우리를 지배하는가

신경과학자들은 통증이 알려주는 경보 체계를 연구한다. 통증을 통해 우리는 뇌와 신체에 문제가 생겼다는 것을 전달받는다. 뇌 속의 통증 회로는 뼈가 부러지면 활성화되지만, 모임이나 업무상 회의에서 소외되어도 활성화된다. 의사이자 중독 전문가인 가보르 머테 Gabor Maté는 다음과 같이 설명한다.

> 신체적 고통을 해석하고 느끼는 뇌의 중추는 정서적 거부를 경험해도 마찬가지로 활성화된다. 뇌스캔으로 보면 신체적으로 해로운 자극에 통증 중추가 자극을 받아 켜지듯 사회적인 따돌림에도 이 중추가 똑같이 반응한다. 사람들이 마음이 아프다거나 정서적으로 고통스럽다고 이야기할 때, 이는 단순히 추상적이거나 시적인 표현이 아니라 과학적으로 상당히 정확한 표현이다.[8]

몽고메리가 정서적으로 극심한 고통을 받고 있었지만, 우리 부부는 그의 고통을 말로 어떻게 표현해야 할지 몰랐고 어떻게 치유를 도와야 할지도 몰랐다. 그가 여행을 떠나 있는 동안 나는 만성 스트레스가 뇌와 몸을 둘 다 파괴한다는 것을 알았다.[9] 신경과학자 스탠 로드스키Stan Rodsky는 뇌와 몸이 만성 스트레스에 의해 심각하게 망가진다는 점을 집중 조명하여 머디나의 연구 결과를 다시 확인해주었다. "만성 스트레스를 받을 경우, 아드레날린이 혈관에 상처를 내고 이로 인해 심장 발작이나 뇌졸중이 발생할 수 있다. 코르티솔은 해마 세포를 손상시켜 배우고 기억하는 능력을 감퇴시킨다."[10] 몽고메리가 반복적으로 학대당했고, 우리가 이 사실을 몰랐을 뿐이라면, 그는 적어도 2년 동안 만성 스트레스에 시달린 셈이었다. 그의 뇌(해마)는 손상되는 중이었고 몸(혈관)도 망가지는 중이었다. 그리고 부모, 교사, 아이들은 이런 위험에 대해 아는 것은 고사하고 그 위험을 볼 수조차 없기 때문에 입 밖에 꺼낼 수 없다. 당신이 전혀 모르고 아무도 중요한 안전 문제라 생각하지 않는 대상을 어떻게 진지하게 생각하고, 이 대상으로부터 자기 자신을 지킬 수 있겠는가. 하지만 트라우마를 겪은 아이들과 함께 최전방에 서 있는 사회복지사들은 이런 건강상의 위기가 완전히 일반적인 것으로 여겨지게 되었다고 말하며 탄식한다.

만약 2천만 명의 사람이 불안, 충동, 공격, 수면 장애, 우울증, 호흡 및 심장 문제, 약물 남용, 반사회적 행위 및 범죄행위 취약성 증가 등을 비롯해 학교 적응 실패를 불러일으키는 바이러스에 감염되었다면 우리는 이를 시급한 공중 보건 문제라고 인식할 것이다. 그러나 미국에서만 이런 문제에 취약한, 학대받고 방치되고 트라우마를 겪는 아이가 2천만 명이 넘는다. 사회는 예방 백신을 개발하기는커녕 이런 유행병을 인식조차 못하고 있다.[11]

학대, 방치, 트라우마의 유행병은 상처 입은 뇌의 유행병으로 이어졌다. 학대는 피해자의 손상된 뇌가 자기 자신이나 타인을 다시 학대하는 악순환을 불러일으킨다.[12] 과거에는 학대로 인해 뇌가 입은 상처를 볼 수 없었기 때문에 이런 뇌 손상의 악순환을 흔히 일어날 수 있는 일로 넘겼다. 그러나 이제 기술혁신으로 뇌에 생긴 신경 병변을 볼 수 있게 되었으니, 지금이야말로 우리의 상처를 치유하고 건강을 회복할 때다. 트라우마에서 비롯된 상처를 치유하면 생명에 위협적인 건강 질환을 앓을 가능성이 줄어들고, 다른 사람을 감염시키고 그들에게 해를 끼칠 가능성도 줄어든다.

우리 사회가 학대, 방치, 트라우마의 악순환을 멈추지 못하는 것보다 훨씬 더 경악할 만한 사실은 감염된 2천만 명의 아이들을 위한 치유책이 있는데도 이것이 널리 시행되고 있지 않다는 것이다. 있는 그대로 말하자면 치유책은 거의 시행조차 되지 않고 있다. 당뇨병이나 암 치료제를 개발하고도 이를 아픈 사람들에게 적용하지 않는 현실을 상상할 수 있겠는가. 이 책에서는 괴롭힘과 학대가 뇌에 미치는 영향을 사람들이 이해하지 못하도록 하는 장해물을 해체한 다음, 과학적 연구를 통해 입증된 일련의 치유책을 살펴보겠다.

뛰어난 과학적 연구를 통해 괴롭힘과 학대가 뇌 손상을 야기하고 뇌스캔으로 이를 밝혀낼 수 있다는 사실이 입증된다면, 이를 통해 여러 가지 회복을 위한 치유책이 나오지 않을까? 나는 이런 희망을 품고 있었다. 그리고 내가 옳았다. 나는 각 장에서 사람들이 괴롭힘의 패러다임에 어떻게 세뇌당해왔는지 보여주고, 그 이후에는 신경과학자들이 발견한 뇌 치유 및 건강 회복을 위한 방법을 따로 설명했다. 신경과학 연구에 기록된 광범위한 증거 기반의 실천 방안을 따라 괴롭힘과 학대라는 역경을 헤쳐나가는 동안, 우리 뇌가 놀라울 정도로 치유에 능숙하다는 사실을 잊지 말라. 이 책의 전환점은 중간쯤에 있다. 5장은 괴롭힘의 패러다임에 대한 최종적이고 가장 고통스러운 분석이다. 이후 책의 후반부는 상처 치유와 건강 회복에 초점이 맞춰져 있다. 6장에서는 뇌 훈련을 통한 치유 중에서 가장 흥미롭고 목표 지향적인 전략을 소개한다. 7장은 증거 기반의 치유책이 있음에도 시대에 뒤떨어진 괴롭힘의 패러다임에서 빠져나오는 것이 왜 그렇게 힘든지 마지막으로 확실하게 집중 조명한다. 그리고 마지막 세 장에서는 치유와 건강 회복을 위한 고무적인 심층 전략을 제시한다.

이 책의 목표는 증거를 제시해 우리의 마음을 바꾸는 것이다. 일단 괴롭힘의 패러다임이 어떻게 거짓된 사실을 퍼트렸는지 인지하게 되면, 우리는 과감히 이 패러다임에서 걸어 나와 다른 대체 패러다임을 찾아 나설 것이다. 괴롭힘과 학대 행위의 해결책은 분명 손닿는 곳에 있다. 이를 위해 필요한 자세는 신경과학 연구 결과에 근거를 둔, 새로운 사고방식을 배우고 다져서 마음가짐을 바꾸는 것이다. 신경과학자들은 온갖 형태의 괴롭힘과 학대가 우리 뇌에 얼마나 해로운지 밝혀냈고, 이와 더불어 상처를 회복하고 더한 괴롭힘과 학대를 막기 위해 취할 수 있는 많은 치유 및 회복 훈련 방법을 발견했다.

이 책에 쓰인 '괴롭힘의 패러다임'이라는 용어는 우리 사회에서 흔하게 일어나는 의도적인 학대 행위는 물론, 무심코 저지른 학대 행위 전반을 가리키는 말이다. 괴롭힘은 보통 아이들 사이에서 일어나는 행위를 언급할 때 쓰이지만, 이 책에서는 주로 성인의 행위에 이 말을 적용하겠다. 아이들을 연구한다고 해서 경제적 불균형이나 환경 악화 문제에 관한 실질적인 변화를 만들어내지 못하듯, 청소년을 집중적으로 연구한다고 해서 괴롭힘 문제를 해결하지는 못한다. 나는 아주 미묘한 공격microaggression에서부터 폭력까지 다양한 형태의 괴롭힘을 행사하는 성인에게 초점을 맞췄다.

괴롭힘은 부모, 교육자 또는 의사가 아이들을 공감의 눈으로 보고, 나름의 역사와 희망, 미지의 잠재력을 가진 총체적이고 복합적인 존재로 대하기보다 그들을 분류하고 꼬리표 붙이는 경향을 말한다. 이런 행위는 파괴적인 영향을 끼칠 의도를 가진 것은 아니지만, 아이 혹은 성인에게도 심각한 해를 끼치고 낙인을 찍을 수 있다. 이런 낙인은 뇌가 발달한다는 사실을 고려하지 않은 채 학습자에게 따라붙거나 뇌와 신체 간 충돌을 일으키는 트라우마를 고려하지 않은 채 환자에게 따라붙기도 한다. 심지어 정신건강 전문의조차 뇌와 신체를 따로 본다.[13] 이런 종류의 낙인과 꼬리표가 내가 말하는 괴롭힘의 패러다임에 속하는데, 광범위한 신경과학 연구 결과가 발표된 이후 이 패러다임은 시대에 뒤떨어진 것으로 간주되었다. 정신과 전문의 대니얼 에이멘Daniel Amen은 "인간의 행위는 그 빌어먹을 사회적 낙인을 통해 판단하는 것보다 더 복잡하다. 사람들의 행위의 원인이 그들의 선택이 아니라 뇌의 생리적인 문제일 때도 우리는 너무 성급하게 이들의 행위를 나쁜 성격 탓으로 돌린다"라고 말한다.[14]

나는 괴롭힘의 스펙트럼 한쪽 극단에 있는 미묘한 공격과 관계적 공격을 포함한 의도적인 학대에도 괴롭힘의 패러다임이라는 용어를 쓰겠다. 미묘한 공격은 그 영향이 아주 작고 사소해서 놓칠 수도 있다. 미묘한 공격은 성차별적·인종차별적·동성애 혐오적 농담을 할 때 발생한다. 누군가 "그건 잔인해" 혹은 "부적절해"라고 말할 때, "진정해, 그냥 농담이었어"라고 이야기하는 것이 미묘한 공격이다. 또 누군가에게 자신에 관한 이야기를 하거나 자신의 생각을 이야기할 때 아무 반응을 받지 못하는 것도 미묘한 공격에 해당한다. 마치 당신이 애초에 말을 전혀 꺼내지 않은 것처럼 말이다. 피드백을 요청했는데 아무런 답을 받지 못하는 경우도 미묘한 공격이고, 누군가와 온라인상에서 대화를 나누는 도중 답을 하지 않고 당신을 유령 취급하는 것도 미묘한 공격이다. 이러한 의도적인 행위는 별 것 아닌 것처럼 보이지만 뇌에 상처를 주기 때문에 괴롭힘의 패러다임의 주춧돌 역할을 한다.[15]

관계적 공격은 관계를 공격하면서 괴롭히는 행위를 말한다. 자신을 빼고 모든 사람이 파티 또는 중요한 회의에 초대를 받는다거나 어느 날 학교 또는 직장에 왔는데 사람들이 어색한 듯 눈길을 피하는 일, 자신을 깎아내리려고 마음먹고 사람들이 험담을 했다는 것을 알아차리거나 누군가와 나눈 개인적인 이야기가 자신의 동의도 없이 공개되는 일 등이 관계적 공격이다. 이 괴롭힘은 상당히 치명적이다. 몸은 다치지 않았겠지만 건강하고 행복한 삶의 가장 중요한 단면, 즉 사회관계가 해를 입었다. 관계적 공격은 수많은 연구 결과에서 나타나듯이 뇌에 상당한 상처를 입힌다.

괴롭힘의 패러다임은 모든 형태의 학대를 총망라하며 이들 중 많은 부분이 서로 얽히고설켜 있다. 즉 정서적 학대와 언어적·심리적·신체적·성적 학대는 동시에 일어나지 않지만 가끔은 함께 일어나는 것처럼 보인다. 이런 행위는 사람 사이에서 직접 일어나거나 온라인상에서 이루어지며, 피해자의 신체와 뇌를 공격하거나 뇌만 공격하기도 한다. 나는 또한 이런 학대 행위에 신체적 방치에서 정서적 방치까지 모든 형태의 방치를 포함했다. '괴롭힘의 패러다임'이라는 포괄적인 용어를 쓰는 데는 우리 문화와 사회가 학대 행위에 너무 익숙해 많은 것을 눈치채지 못하고 지나갈 수 있다는 사실을 인정하자는 의도가 있다. 보통 학대 행위가 드러나면 아니라고 부정하거나 눈감아 준다. 눈감아 줄 수 없는 경우에는 상황이 갑자기 180도 변해서 사건을 신고하거나 학대를 당한 사람이 오히려 비난과 창피를 당하고 배척당하는 경우가 흔하다. 이것은 모두 괴롭히는 행위다. 우리는 자녀들이 괴롭힘으로 고통받고 있다는 사실에 어쩔 줄 몰라 하며 발을 동동 구르지만, 괴롭힘이 만연한 성인의 세계에서 이 아이들이 어른의 행동을 그대로 보고 자라는 건 결코 놀랄 일이 아니다.

아이들에게 얼마나 혼란스러운 일일지 상상해보라. 어른들은 아이들에게 서로 괴롭히지 말라고 주의를 주고, 누군가 괴롭힘을 당하는 것을 보면 용기 있게 일어나 선생님에게 알려야 한다고 말한다. 어른들은 아이들에게 괴롭힘은 힘의 불균형에서 나오며 아이들 사이에서도 일어날 수 있다고 말한다. 어쩌면 새로 전학을 왔거나 저소득층 자녀이거나 남을 괴롭히는 아이들을 혼내줄 수 있는 아이거나 눈에 띄는 유색인종이거나 힘든 일을 겪고 있거나 남을 괴롭히는 아이들이 부러워할 만한 생활을 누리는 아이들이 피해자가 될 수도 있다. 어른들은 괴롭힘의 유형에 대해 아주 분명한 정의를 내리면서, 그 어떤 것도 용납할 수 없다고 목소리를 높인다. 한 가지 문제는 이 모든 지침이 아이들이 성인들에게서 괴롭힘을 *배운다*는 것을 전달하기는커녕 인정하지도 않는다는 것이다. 이런 사실을 좀 더 강력하게 표현하고 아이들의 책임을 덜어주는 방법은, 역할극을 통해서든 좀 더 직접적인 훈련을 통해서든 아이들이 남을 괴롭히는 방법을 자신들보다 힘이 있는 성인들에게서 배운다는 점을 인정하는 것이다. 아이들은 *성인*의 괴롭히기와 학대에 어떤 유형이 있는지 또 어마어마한 힘의 불균형을 어떻게 감당해야 하는지 배우지 못한다. 좀처럼 없는 일이지만 실제로 아이가 괴롭힘당한 일을 신고하면 보통 사건은 묵살된다. 학대 행위는 부정되고 피해자의 잘못으로 둔갑하며 그래도 싸다는 소리를 듣는다. 학대는 훈계, 동기부여, 열정, 심지어는 사랑 같은 이름으로 바뀐다. 아이의 학대 행위 신고에 성인이 이런 식으로 대처하는 것은 이미 널리 알려진 사실이지만, 만연한 학대 행위가 아이들에게 해를 끼치는 동안 우리는 계속 같은 상투적인 말만 반복할 뿐이다.

우리가 아이들을 제대로 지키지 못하고, 성인에게서 안전한 거리를 유지하는 방법을 교육하고 있지 않은 것은 사실이다. 하지만 지난 수년간 언론의 머리기사를 보면 학대가 생각보다 훨씬 심각하다는 것을 알 수 있다. 성인 학대라는 주제는 마치 금기라도 되는 양 취급되고, 아이들은 알아서 자신을 지켜야 한다. 다음은 예시가 되는 머리기사 몇 가지를 뽑아본 것이다.

- "미성년자에 대한 성범죄: 조사 결과에 따르면 지난 20년간 2백 명 이상의 캐나다 코치가 유죄판결을 받았다", 그 밑에 소제목으로 '전문가들, CBC(캐나다 공영방송) 조사는 '빙산의 일각'이라고 말하며 스포츠계의 대대적인 개혁을 촉구'.[16]
- "왜 여자 농구에서는 이렇게 많은 코치들의 학대 문제가 생길까?"[17]
- "학생을 성추행한 교사, 여전히 구직 가능하다", 그 밑에 소제목으로 '1년간의 〈USA 투데이 네트워크〉 조사에 따르면 교육 관계자

들이 학대 증거를 덮고 연루 의혹을 비밀에 붙여 학대 교사가 어디에서든 일자리를 쉽게 찾을 수 있도록 하면서 아이들을 궁지에 몰아넣음'.[18]

- "미 체조계의 학대 문화는 래리 나사르Larry Nassar* 사건보다 훨씬 고질적이다", 그 밑에 소제목으로 '도쿄 올림픽이 다가오면서 두 편의 다큐멘터리가 십 년 동안 은밀하게 행해진 착취의 긴 역사를 드러냄'.[19]

- "해머스대학, 더그 부이치크Doug Wojciok 코치의 '지킬 박사와 하이드'식 언어폭력을 비난."[20]

- "보이스카우트에서 같은 멤버를 괴롭혔다는 이유로 고발당한 '스카우트 리더 명단' 열람 가능", 그 밑에 소제목으로 '잭슨빌 주민, 미국 보이스카우트 연맹을 고소하는 대열에 합류.'[21]

- "메릴랜드 미식축구의 몹쓸 문화를 파헤치다."[22]

- "끝없는 명단: 피해자들, 성추행으로 고소당한 가톨릭 성직자 명단 공개."[23]

- "캐나다: 기숙학교**에서 발견된 751구의 무연고 무덤."[24]

---

*   미국 여자 체조 선수 팀 주치의로 활동하면서 120명 이상의 여성을 성추행한 죄로 175년 형을 선고받았다.

**   원주민 청소년의 교화를 목적으로 캐나다 정부가 기금을 대고 종교 단체에서 운영한 기숙학교.

염려스러운 진실은 우리 시스템이 공공연하게 학대를 가능하게 하고, 이를 은폐하며, 전혀 저지하지 못한다는 것이다.

성인의 학대는 아동 괴롭히기와 연관되어 논의되는 경우가 드문데, 성인 학대가 잘 알려진 주기로 돌아가는 것을 생각하면 의아한 현상이다. 1천 명 이상의 미국 교육자를 대상으로 한 조사에 의하면, 그들의 지위가 주는 신뢰와 권력을 이용해 학생들에게 상처를 주고 공포와 정신적 고통을 야기하는 교사와 코치는 소수지만, 그 영향은 빠르게 전파되어 아이들의 행위에 영향을 주고 "학습에 장애가 되며 해롭고 차별적이고 적대적인 분위기"를 널리 조성한다.[25] 성인은 괴롭힘 문화의 역할 모델이 되고 아이들은 이를 모방하는데, 마치 사람들이 이에 대해서는 입을 다물기로 작정한 것 같다.

아이들을 괴롭히는 교육자를 들추어내는 것은 대개 금기시되는 주제다. 사회학자 앨런 매커보이Alan McEvoy는 자신의 어린 시절 경험 때문에 괴롭히는 교사에 흥미를 가지게 되었다. 그는 "소수의 교사와 코치가 매일 학생들에게 공포의 칼을 휘둘렀다"고 고백한다. 매커보이는 학교에서 교사의 괴롭힘에 관한 발표를 진행하면서 용기를 내어 성인의 괴롭힘을 거듭 논했는데, 그 결과 교사 단체와 교육 행정가 집단은 교사나 코치가 학생에게 가하는 잔혹한 행위를 접할 때마다 무력감을 표현한다는 사실을 알게 되었다.[26]

직장에서 이런 괴롭힘이 저지되지 않을 때 성인 역시 직장 내 폭력으로 고통받는다.[27] 무력감은 공포에서 싹트는 것처럼 보인다. 변호사이자 괴롭힘 사건 전문가인 폴 페르티에Paul Pelletier는 이렇게 조언한다. "공포감은 실재한다. 사람들은 보복을 두려워하고 일이 커지는 것을 두려워하고 알리는 방법을 몰라 두려워한다. 가해자들이 판을 칠 수 있는 이유는 사람들이 침묵하기 때문이고, 사회적으로 목소리를 내는 데 두려움이 조성되기 때문이다."[28] 집단 내에서 추방될 수 있다는 두려움 때문에 이런 곤란한 문제를 사람들 앞에서 들추려고 하는 사람은 거의 없다. 이 책의 목표는 이런 역학을 바꿔 새로운 사고방식과 새로운 언어로 성인 괴롭힘과 학대에 관한 논의를 밀실에서 우리가 제대로 조사하고 의문을 표하고 삶에서 변화를 일으킬 수 있는 공공의 장으로 가져오는 것이다. 새로운 사고방식과 언어는 신경과학자의 실험실에서 옮겨져 상처를 치유하고 건강을 회복하고자 하는 우리의 바람에 적용될 것이다.

신경과학이라는 도구

사회사업 및 경영 연구원 브레네 브라운Brené Brown은 우리에게 공공의 장으로 들어갈 용기를 내야 한다고 독려하는데, 그는 이 공공의 장을 "용기를 내어 사람들 앞에 모습을 드러내는 순간 또는 장소"라고 설명한다.[29] 이런 모험을 무릅쓰는 사람들은 다음과 같은 자질을 갖추고 있다. "이들은 정서의 힘을 인식하고 불편함을 두려워하지 않는다."[30] 이 책의 내용이 불편한 감정을 초래할 수 있지만 괴롭힘과 학대의 패러다임에서 완전히 벗어나게 해줄 새로운 경로와 새로운 집단 신경망이라는 희망찬 가능성을 찾고, 이런 불편한 감정을 덜어주기를 바란다.

다시 말해 신경과학을 대화의 장으로 끌어들이지 않고서 변화를 일구기는 역부족으로 보인다. 매커보이는 6년 전 교육자가 저지른 한 학대 사건에 대해 글을 쓴 적이 있다. 그가 이 사건을 단도직입적으로 공개한 이후 변한 것은 거의 없다. 2018년, 그는 피해자의 학습된 무기력이 제도적 무관심을 겪으며 성인기의 무기력으로 바뀌고, 이에 따라 괴롭힘과 학대 영역에서 아무것도 변하지 않는다는 글을 썼다.[31] 우리는 툭하면 아이들에게 방관자가 되지 *말라*고 격려한다. 하지만 아이든 성인이든 괴롭힘 또는 학대 상황에서 목소리를 내면 집단에서 퇴출될 위험이 높다. 사건을 폭로한 사람은 집단을 와해했다는 이유로 어느새 퇴출되고 벌을 받는다. 아이는 물론 성인에게도 외집단outgroup*은 위험한 곳이다. 정신과 전문의 헬렌 라이스Helen Reiss는 "외집단을 향한 무관심한 태도는 극단적으로 이야기해서 생사가 걸린 문제가 될 수 있다"고 지적한다.[32] 괴롭힘의 패러다임이 구축한 시스템에 저항하는 사람은 피해자를 보

---

* 개인이 소속되지 않은 사회집단으로, 소속감을 느끼지 않으며 이질감 또는 적대감을 느끼는 집단.

호하고 가해자에게 책임을 지우려는 것이 애초에 지는 싸움임을 알고 있다. 내 경험으로 봐도 그렇다.[33]

나라고 거대한 괴롭힘의 패러다임 자체는 물론 학교 행정 인력, 경찰, 변호사, 교육 당국, 정부 기관에 맞서는 것이 두렵지 않았을까. 전투에 패배할 때, 아이가 만신창이가 될 때, 또 아이를 보호하지 못할 때 누구나 무기력과 두려움을 느낄 수 있다. 나는 아들이 더 피해를 입을까 봐 두려웠고 실패할까 봐 두려웠다. 항의하다 사표를 낸 후 다시 채용되지 못할까 봐 두려웠고, 신경과학을 치유의 변화를 불러올 수 있는 뭔가로 바꿀 수 있는 능력이나 지식이 없어서 두려웠다.

심리학자 피터 시세리Peter Ciceri와 실패와 상실에 관해 대화를 나누던 중 그는 전형적인 영웅의 여정에 관한 자신의 생각을 이야기해주었다. 그는 두려움은 영웅이 목표를 달성하기 위해 반드시 맞서 싸워야 하는 '용'이라고 표현했다. 이어서 그는 지난 10년간 내가 희망이라고는 없어 보이는 싸움에 임하면서 철석같이 고수했던 믿음을 언급했다. "용을 무찌를 용기와 실현할 기술을 찾는다면 도움의 손길은 저절로 찾아옵니다."[34] 그동안 어두운 나날, 희망 없는 순간, 실수, 내 아이들과 제자들을 구하지 못했던 시간에 대한 자책, 신경과학을 이해할 수 없었던 시간, 원하는 바를 설명할 단어나 이야기를 찾을 수 없었던 날이 많았다. 그러던 어느 날, 어두운 구름이 걷히고 하늘에서 용이 떨어지더니 해가 떠오르고 갑자기 정말 바라지도 않던 도움의 손길이 찾아왔다.

샌프란시스코 캘리포니아 대학의 명예교수이자 포짓사이언스^{Posit} ^{Science}의 과학 부문 총책임자이며, 뇌가소성연구소의 창립자이자 회장이고 뇌 연구를 발전시킨 뛰어난 공로로 2016년 카블리상*을 수상한, 세상을 선도하는 신경과학자 마이클 메르체니치 박사가 내게 도움의 손길을 내민 것이다. 이것은 기적이었다.

메르체니치 박사가 세상에 발표되지 않은 자신의 어린 시절에 관한 원고를 보여주었을 때, 나는 그가 왜 나를 도우려고 나섰는지 알 수 있었다. 본인의 성장 과정을 회상하면서 그는 자신의 뇌가 건강했다고 말했다. 그는 "양질의 정보를 받아들이면서" 학교에서 높은 성취를 달성할 준비가 되어 있었다. 그러나 겨우 여섯 살의 나이에 어린 메르체니치는 모든 아이들이 자기처럼 운이 좋지는 않다는 사실을 알았다. 그는 너무 많은 아이가 "여섯 살에 이미 뇌에 상처를 입는다"는 사실을 알았다. 이런 아이들은 뇌를 별로 쓰지 않거나 "스트레스나 공포에 뇌를 강탈당한다." 이런 아이들은 스포츠든 학문이든 예술이든 좋아하는 것에 몰두해서 전문가가 되는 대신 "정서적으로 스스로를 지키는 전문가"가 되며, 이 때문에 학교생활과 일상생활에 지장을 받는다. 어린 메르체니치는 이런 현상을 과학적

---

*   노르웨이의 사업가 카블리가 만든 상으로, 나노과학, 천체물리학, 신경과학 3개 분야의 최고 연구자에게 수여한다.

으로 표현할 수는 없었지만, 이런 아이들 뇌의 이상 증상은 "초년기에 어려운 일을 감당하는 동안 뇌가 짊어져야 하는 부당한 무게감에서" 비롯된다는 것을 알았다.[35] 메르체니치는 오리건주 시골 마을에서 목가적인 어린 시절을 보냈지만, 수십 년 동안 뇌를 공부한 후너무 많은 아동이 트라우마 때문에 학교생활에서 실패할 위험에 처해 있다는 것을 깨달았다. 이 아이들은 실패할 뿐 아니라 학교를 싫어한다. 이들에게는 삐딱한 성향이 생기고 이후 불안정한 생활을한다. 법과 충돌하고 정신질환을 일으키거나 중독 증상을 나타내는등 어렵게 살아갈지도 모른다.[36]

비록 아이였지만, 아니 어쩌면 어린아이였기 때문에 메르체니치는 자기 세계의 아이들에게 닥친 이런 믿기지 않는 슬픈 운명을 해결해보고 싶은 충동을 느꼈다. 이런 충동은 자신의 경력과 일생의과업을 인도하는 북극성 같은 존재였다. 자서전에서 그는 다음과같이 밝힌다. "미키는 자라서 이 문제에 관해 뜻깊은 일을 하는 데전념할 것이다."[37] 세상의 문제를 포착해서 이를 해결하겠다는 목표를 정하고, 그 후 성인이 되어 아이와 성인의 뇌를 구하는 선구자가된 사람의 어린 시절 이야기에는 강렬하고 뿌듯한 뭔가가 있었다.

내가 자기 회의라는 심각한 증상을 겪고 있을 때, 메르체니치는내 원고를 읽고 "책의 주석이 (수만 가지 관련 논문이 나온) 딥 신경과학적 측면보다 행동 측면에 더 많이 집중되어 있는데 이 점을 보완해야 한다"고 조언해주었다.[38] 과학자가 아닌 사람들은 딥 사이언스

deep science*를 읽을 필요가 없고 더군다나 이해할 필요도 없다. 하지만 우리가 알아야 할 사실은 딥 사이언스가 좀 더 이해하기 쉽고 적용하기 쉬운 행동과학을 뒷받침해 준다는 것이다. 딥 사이언스는 많은 사람이 진실이라고 믿고 또 수십 년 동안 다른 학문을 통해 밝혀진 사실, 바로 모든 형태의 괴롭힘과 학대는 뇌에 상처를 주고 삶을 망가뜨릴 역량과 가능성이 있다는 사실을 확인시켜준다. 잘 알려지지 않았지만 무엇보다 중요한 사실은 뇌에 가해진 이런 손상을 고칠 수 있다는 것이다.

　메르체니치를 만나기 전, 나는 그의 광범위한 연구 논문을 읽었다. 일종의 자기 파괴적인 '잡담'인 신경 소음neurogical noise이 "현재 일어나는 일을 기록하거나 인식하는 뇌의 능력"을 파괴하면서 건강하고 기능적인 뇌를 트라우마를 앓고 심지어 치매를 앓는 뇌로 바꿀 수 있다는 논문이었다.[39] 논문을 읽고 나는 스스로에게 자문해 보았다. '자살 시도를 하는 아이의 두개골 안에서 뇌가 외상 후 스트레스 장애PTSD를 앓고 있다는 증거, 뇌가 신경 소음으로 너무 악화되어 자신의 생존조차 지지할 수 없다는 증거를 찾을 수 있을까? 생존은 뇌가 추구하는 중요한 목표인데, 자살은 청소년 사망 원인 중 두 번째를 차지한다. 이제 우리 뇌에서 무슨 일이 일어나는지 신경과학자들의 말에 귀를 기울여야 할 때가 아닐까?'

*　　삶은 무엇이고 우주는 무엇으로 이루어졌는지 같은 근본적인 문제를 연구하는 학문.

건강한 뇌에 혼란을 주거나 소음을 일으키는, 신경 소음의 한 예를 들어보자. 10대 세 명이 유치원에 다니는 한 어린아이를 혼쭐내야겠다고 작정한다. 두 명이 아이를 누르고 나머지 한 명이 둔탁한 도구로 다섯 살 아이를 다리에 검푸르게 피멍이 들어 걸을 수 없을 때까지 때린다. 아이는 심각한 내출혈로 병원 치료를 받아야 할 지경에 이른다. 자, 이것이 집단 괴롭힘이라는 확신이 강하게 든다면, 같은 상황을 상상하되 위의 10대 아이들을 이들보다 신뢰와 힘과 권위가 있는 성인으로 바꿔보자. 이 역시 괴롭힘인가? 나는 이런 상황도 의문의 여지없이 괴롭힘이라고 주장한다. 사실 이것은 아동학대 및 범죄행위로 분류해야 한다. 이런 상황은 말할 것도 없이 세 명의 교사가 저지른 잔혹하고 비정상적 행위로 봐야 한다. 하지만 영향력과 권력을 행사하는 위치에 있으면서 이에 동의하지 않는 권위자도 많다.

훈육의 탈을 쓴 학대

1977년 미국 학교에서 세 명의 교사가 열네 살 학생을 체벌했다. 교사 두 명이 이 학생을 누르고 나머지 한 명이 카누 노로 피멍이 들 때까지 다리를 때려 학생은 걷지도 못할 지경이 되었다. 학생의 부모는 아들을 병원에 데려갔고 교사를 상대로 소송을 걸었다. 판사는 교사의 행위가 '잔혹하고 비정상적인 것'은 아니라고 판결을 내리면서, 감옥에서 일하는 간수에게는 수감자를 이런 식으로 때리지 못하게 하는 법이 있지만 이 법이 교사와 학생에게는 적용되지 않는다고 덧붙였다. 이 사건이 선례가 되어 미국 19개 주에 영향을 미치면서 교사 및 학교 행정관이 학생을 노로 때리는 것이 합법화되었다.[40] 내가 괴롭힘의 패러다임을 언급하고, 성인들이 애매하게 책임 회피식으로 너무 자주 사용해 온 *괴롭힘*이라는 단어를 제자리에 돌려놓으려는 것도 다 이런 이유 때문이다.

미국에서는 매년 약 1만 명에서 2만 명의 학생이 "학교에서 체벌로 훈육을 당하고 그 여파로 병원 치료"를 받는다.[41] 영국 사립학교에서는 학생을 자작나무, 대나무를 비롯한 기타 도구로 때렸다는 잔혹한 체벌 기록이 많이 남아 있다.[42] 캐나다 학교에서는 2004년에 끈을 이용한 체벌이 금지되었지만, 부모는 대법원 판결에 따라 자녀를 법적으로 때릴 수 있다.[43]♦ 50년 넘게 심리학자와 정신과 전문의는 체벌이 몸에 상처를 줄 뿐 아니라 뇌에도 상처를 준다는 증거를 제시해 왔다. 현재는 이런 사실이 비침습적 뇌 영상 기술을 통해 확인되었지만, 법과 시대에 뒤떨어진 사고방식은 이런 변화에 느리게 반응한다. 통계상 놀랄 정도로 이상 증세가 나타나고 수행

♦   한국에는 가정과 학교에서 여전히 체벌이 남아 있기는 하지만 2021년 민법 제915조, "친권자는 그 자를 보호 또는 교양하기 위하여 필요한 징계를 할 수 있고 법원의 허가를 얻어 감화 또는 교정 기관에 위탁할 수 있다"의 조항이 삭제된 바 있다.

능력이 낮아지는데도 이런 믿음 체계는 여전히 확고하다. "체벌은 훈육의 수단으로서는 비효율적이다. 체벌은 폭력과 정신질환 증상, 이 밖에 낮은 성취도 및 신체 상해 같은 다른 청소년기 문제와 연관되어 있다."[44] 미국 청소년은 나라의 부와 자원에도 불구하고 건강과 성취도 면에서는 다른 나라에 뒤떨어져 있다. 경제학자 제러미 리프킨Jeremy Rifkin은 "사회적 이탈 행위로 아이에게 체벌을 가하게 되면 아이의 공감 능력만 떨어질 뿐이다"라고 밝힌다.[45]

미국 48개 주 사립학교는 학생에게 체벌을 할 수 있다. 정부는 체벌이 학생과 이들의 건강 및 행복 또는 학업 및 성공적인 행동 습관 형성에 미치는 영향에 대해서는 추적하지 않는다. 사립학교가 "외부에 알려진 것보다 훨씬 심각한 정도로 체벌을 가할지도 모른다"는 우려가 있다.[46] 광범위한 연구는 아이의 몸이나 뇌를 학대하면 원하는 결과를 얻는 것이 *아니라* 말로 못 할 상처를 남긴다고 밝힌다. 그렇다면 미국의 일부 학교에서 여전히 체벌이 행해지는 것과 미국 학생의 성취도가 떨어지는 현상 사이에 상관관계가 있지 않을까 하는 궁금증이 생기지 않을 수 없다. 심리학자 로런스 스타인버그Laurence Steinberg는 다음과 같이 실망과 우려를 표현한다.

한 나라의 청소년이 학업 성취도 면에서 세계에서 상당히 뒤처지는 반면 폭력, 의도치 않은 임신, 성병, 낙태, 폭음, 마리화나 상용, 비만, 불행에서는 세계 선두를 달린다면, 이 나라가 청년을 키

우는 방식에 뭔가 잘못이 있음을 인정해야 한다. 그 나라가 바로 미국이다.[47]

이런 트라우마의 지표는 고등학교에서 끝나지 않고 대학 교육에까지 영향을 준다. 스타인버그는 괴롭힘, 자해, 섭식 장애, 마약 상용, 자살 시도, 대학 신입생에 대한 기초 과목 교육 필요성이 증가세에 있음을 드러내는 통계를 언급한다. 지난 10년간의 연구에 따르면 둔탁한 도구나 끈으로 아이를 때리는 것은 물론 손바닥으로 엉덩이를 때리는 것만으로도 아이의 아이큐가 내려가고 성장 발달에 지장이 온다고 한다. 캐나다 동부에서 진행된 최근 연구에서는 엉덩이를 때리는 행위가 뇌세포 사이의 연결 조직인 뇌의 회백질을 감소시키는 것으로 나타났다. 다양한 방법 및 기법으로 광범위한 데이터가 축적된 연구에 따르면 성인에게 괴롭힘을 당하는 아이가 부당한 대우를 받지 않은 아이보다 뇌의 회백질이 적다는 사실이 밝혀졌다. 회백질은 근육 조절, 감각 인식, 말, 정서, 기억 등 학업 성공에 중요한 필수적인 물질이다.[48]

괴롭힘이라는 말은 잔혹하고 비정상적인 행위 모두에 적용된다. 하지만 성인들은 아이들에게 선택적으로 이 용어를 적용하고, 만약 잔혹하고 비정상적인 행위를 하는 것이 성인이라면 이 용어를 다른 말로 바꿔버린다. 교사는 학생을 때릴 때 자기가 아이에 비해 엄청난 권력을 가지고 있음에도 이것이 훈육이지 괴롭힘은 아니라고 주장한다. 부모 또는 교사, 코치가 굴욕적인 방법으로 아이를 때리며 윽박지르고 창피를 주고 위협할 때, 이들은 이것을 괴롭힘이 아니라 열정이라고 말할 것이다. 이들이 자제력을 잃은 것은 아이들을 '지나치게' 생각하기 때문이다. 성인이 아이에게 그루밍*을 하면서 성관계로 끌어들일 때 이들은 아이를 '사랑하는' 것이지 성폭력이 아니라고 변명한다. 이런 오웰식의 전체주의적 반전**은 이 책에서 허용하지 않으며, 수세대에 걸쳐 아이들에게 가해진, 일어나서는 안 되는 온갖 형태의 학대는 괴롭힘이라는 용어로 대체한다. 특히 오웰 자신은 학대를 서슴지 않는 학교 시스템의 피해자였다.[49]

많은 사람이 신체적 상처가 정서적 상처보다 나쁘다고 믿지만, 연구에 따르면 현명한 판단을 내리고 여파를 고려하고 자제하고 집중하고 충동을 조절하는 등의 뇌의 집행 기능은 신체적 학대*뿐 아니라* 정서적 학대에 의해서도 똑같이 위험에 빠진다.[50] 회백질 감소는 집행 기능이 이루어지는 뇌의 전두엽 부위에서 나타나는데, 아이가 신체적으로 학대를 받았는지 정서적으로 학대를 받았는지는 상관이 없었다.[51] 회백질은 검사를 통해 밝혀진 대로 지능과 학습에 영향을 준다. 매슈 리버먼Matthew Lieberman과 나오미 아이젠버거Naomi Eisenberger가 진행하고 이제는 반복 실시되고 있는 광범위한 연구에서

---

*   성추행이나 성적 학대를 저지르기 위해 먼저 호의를 베풀며 경계심을 늦추는 행동.

**   언어를 이용해 진실을 왜곡하고 여론을 조정하는 것.

는 육체적·정서적 괴롭힘이 뇌에 상처를 입힌다는 사실을 밝혀냈다. 이들의 연구는 육체적·정서적 고통이 뇌에 영구적인 상처를 남긴다는 사실을 강조한다.

미국, 영국, 독일, 핀란드, 일본, 한국, 칠레를 비롯해 전 세계에서 실시한 연구에 따르면 12세에서 16세 사이의 학생 약 10퍼센트가 일상에서 괴롭힘을 당한다고 한다. 괴롭힘에 신체 공격이 포함되기도 하지만 괴롭힘 사건의 85퍼센트 이상에서는 신체 공격이 보이지 않았고, 대신 가해자가 무시하는 말을 하고 피해자를 뒷담화의 대상으로 전락시키는 등의 행동이 나타났다. 안타깝게도 괴롭힘을 당한 피해자는 학교교육이 끝나고 가해자가 사라진 이후에도 오랫동안 고통을 겪는다.[52]

피해자는 어떻게 가해자가 되는가

보이지 않는 뇌의 상처는 그 고통을 어떻게 드러낼까? 우울증, 자살 사고suicidal ideation*, 심지어 자살로 나타난다.

괴롭힘의 패러다임에서 성인들은 아이들의 행동을 변화시키기

---

* 자살에 대해 심사숙고하거나 자신을 죽음으로 이끄는 사고 유형.

위해 체벌을 가하고 이들을 나무라고 모욕을 주고 사회적으로 매장한다. 이런 방법은 시대에 뒤떨어진 생각이다. 이 모든 행위가 뇌에 상처를 주기 때문이다. 따라서 마음 같아서는 가해자를 똑같이 벌주고 나무라고 모욕을 주고 싶겠지만, 많은 경우 행동 조절에 어려움을 겪는 가해자 역시 한때 피해자였다는 사실을 인정해야 한다. 캘리포니아 교도소의 경우 수감자의 70퍼센트가 위탁 가정에서 자랐다.[53] 교도소는 상처받은 뇌로 가득한 것이다. 심리학 및 정신의학 분야의 연구 결과를 종합해보면 트라우마 피해자가 경험하는 정서, 신념, 반응 대부분은 사실상 "과거 트라우마에 대한 비대사 반응이다." 이런 반응은 계속적으로 관계와 학습에 악영향을 미친다.[54] 뇌스캔 결과에 따르면 가해자는 대개 학대로 인한 과거의 트라우마 때문에 상처받은 뇌를 안고 있는 경우가 많다.[55]

가해자가 어린아이인 경우에도 우리는 이들의 질 나쁜 행동을 뇌 문제가 아닌 나쁜 행위로 보고 체벌, 정학 또는 제적을 시킨다. 광범위한 연구에서는 학교에서 교도소로 이어지는 배관이 트라우마를 더욱 쌓는 데 일조하면서 뇌의 치유를 점점 어렵게 만든다는 점이 분명하게 나타난다.[56] 이들을 처벌하고 나무라고 모욕을 주고 배척하는 것보다는 다친 뇌를 고치고 치료해야 괴롭힘의 악순환 또는 괴롭힘이 전염되는 현상을 멈출 수 있을 것이다. 정신과 전문의 대니얼 에이멘은 이렇게 말한다. "지금까지 연구를 해보니 나쁜 짓을 하는 사람은 많은 경우 뇌에 문제가 있었다. (…) 이건 놀랍지 않지만 (…) 놀라운 사실은 이런 사람의 뇌가 많은 경우 다시 회복될 수 있다는 것이다."[57] 아픈 뇌를 회복시킨다고 꼭 피해자를 노출시킬 필요는 없다. 피해자를 보호하는 일이 분명 가장 중요하지만, 뇌 장애를 치유하거나 파괴적인 행동을 야기하는 뇌 신경망을 다시 정비하는 일은 이보다 훨씬 건강한 방법으로 이루어질 수 있다.[58] 가해자들에게 그들의 문제는 도덕적인 것이 아니라 의학적인 것이며, 문제를 고칠 수 있고 건강을 되찾을 수 있다고 가르쳐준다면, 이들은 되도록 빨리 문제를 자각하고 도움을 요청할 것이다. "뇌 영상을 보여주면 사람들이 자신들의 문제를 도덕적 문제가 아닌 의학적 문제로 인식한다. 이 때문에 이런 영상은 즉시 치욕감을 줄여준다. 정신의학에서 이만큼 강력하고 즉각적인 방법은 아무것도 없다."[59]

우리는 신경과학계의 발견 덕분에 완전히 새로운 시대에 들어섰다. 새로운 발견은 괴롭힘이라는 유행병에 해독제 역할을 한다. 이들은 괴롭힘의 패러다임을 해체하고, 망가지고 오래된 뼈대를 뇌 지식에 기반한 새로운 뼈대로 교체할 수 있는 방법을 제공해주었다. 이 책의 가장 중요한 목표는 괴롭힘과 학대가 뇌에 영향을 준다는 신경과학적 발견을 공유해서, 교훈을 전달하면서 우리 삶에서 실용적으로 적용할 수 있는 길을 닦는 것이다. 자신의 뇌가 괴롭힘과 학대로 고통받았다는 사실을 인지하는 것이 상처를 치유하고 건강을 회복하는 첫 번째 단계다.

먼저 시간을 들여 짚어봐야 할 부분은 괴롭힘이 아이들 사이에서 자연스럽게 나타나는 성장의 일부분이라는 믿음에 우리가 얼마나 세뇌되어 있는지 되짚어봐야 한다. 성인이 아이에게 가하는 괴롭힘이 위대한 목표 달성을 위한 필요악이라고 믿는 것도 멈춰야 한다. 괴롭힘과 학대를 근절하기 위해 만들어진 시스템이 제대로 작동하지 않는다는 사실도 인정해야 한다. 괴롭힘의 패러다임을 떠받치는, 의문을 제기하기 힘든 신화가 거짓임을 인정해야 비로소 증거 기반의 해결 방식을 좀 더 분명하게 볼 수 있으며, 이를 통해 상처받은 뇌가 더 강하고, 더 건강하고, 더 행복하게 바뀔 수 있다. 괴롭힘과 학대가 뇌에 미치는 파괴적인 영향을 받아들이는 일이 쉽지는 않겠지만, 우리 뇌가 치유와 회복을 얼마나 능숙하게 해내는지를 배우는 과정 또한 믿을 수 없을 정도로 흥미로울 것이다. 메르체니치의 10년간의 연구 결과가 보여주듯이 "우리 뇌는 변신의 힘을 갖추고 있기 때문에 변할 수 있는 아주 놀라운 역량"이 있다.[60]

자기 안의 회복의 도구를 찾아서

몽고메리는 코르티솔 호르몬으로 입에 궤양이 난 상태에서 항생제를 여행 가방에 챙겼다. 그리고 24시간도 채 안 되어 케냐에서 연락이 왔는데, 입안 궤양이 다 나아 약을 먹을 필요가 없다고 했다. 우리 몸이 반복적인 학대 환경에 얼마나 민감하게 반응하고, 또 그런 유독한 요소가 제거되었을 때 얼마나 빨리 치유되는지 알 수 있는 참 놀라운 일이었다. 이 일은 내 마음에 깊이 남았다. 몽고메리의 뇌에 생긴 상처에 대해 알았을 뿐 아니라 몸과 뇌가 떼려야 뗄 수 없는 관계에 있어 한쪽이 치유되면 다른 쪽도 치유될 수 있다는 사실을 알았기 때문이다. 몽고메리에게 닥친 위기로 시작한 치유 여정에서 나는 신경가소성을 이용한 치유가 성공하려면 "환자의 전체, 즉 마음-뇌-몸이 자신의 치료에 적극적으로 개입"해야 한다는 것을 알았다.[61] 핵심 단어는 *전체*로, 이는 분열된 자아가 아닌 총체적 자아를 가리키며 마음-뇌-몸이 정렬된 상태를 뜻한다.

나는 괴롭힘의 패러다임의 학습된 무기력에서 빠져나오는 방법이 마음-뇌-몸을 분열시키고 마찰을 일으키는 것이 아니라, 의식 속으로 불러내어 대화를 하며 서로 지지하고 돌보는 것이라는 사실을 배웠다. 신경과학자 노먼 도이지Norman Doidge는 이렇게 설명한다. "치유라는 단어는 고대 영어 핼란haelan에서 온 말로 단순히 '치료하다'라는 뜻만이 아니라 완전체로 만든다는 뜻이 있다."[62] 너무 흔하게 일어나서 더 이상 자각하지도 못하는 괴롭힘의 패러다임은 심지어 서구 의학에도 영향을 준다. 도이지는 환자를 치유하거나 완전체로 만드는 신경가소성 측면의 접근 방식을 분열과 정복의 의학적 접근 방식과 비교한다. 분열과 정복 방식에서 환자의 몸은 "아군이라기보다는 전쟁터"이고 질병을 무찌르기 위해 의사가 일으킨 전쟁에서 "환자는 수동적이고 무기력한 방관자가 된다."[63] 이 책에서 제시하는 신경가소성 치유 방식은 괴롭힘의 패러다임의 고질적인 믿음에 저항하고 이를 거부하는 방법을 각 단계별로 안내한다. 이를 통해 총체적인 건강을 책임지고 자신이 결코 무기력한 존재가 아님을 이해할 수 있도록 격려하고 도울 것이다.

몽고메리는 케냐에서 돌아온 후 마침내 우리에게 두 농구 코치에게서 겪은 극악무도한 학대를 털어놓았다. 이후 점점 많은 학생이 앞으로 나서 지난 수년간 계속된 학대에 관해 자세하게 증언하기 시작했다. 하고자 하는 운동에 모두 재능을 보이던 몽고메리는 농구를 통해 대학에 진학하려고 했고 또 그 꿈을 현실로 이룰 만큼 충분히 실력이 있었다. 그는 시즌 초반에 "그들 때문에 무너지지 말자"는 결심을 했다. 몽고메리는 다시는 농구 경기에서 뛰지 않을 테지만 온전한 자아를 지키는 데는 성공했다. 하지만 안타깝게도 많은 피해자는 그렇지 못하며, 그래서 이 책이 그들에게 필요하다.

〈사이언티픽 아메리칸Scientific American〉 기사에서 언론인 레이철 누워Rachel Nuwer는 "코치의 지도로 올림픽 대표 선수가 만들어질 수도 있고, 무너질 수도 있다"라는 제목을 달았다.[64] 이 제목은 내 심금을 울렸다. 꼭 기억할 것은 '무너졌다'는 느낌이 들 경우, 자기 안에 회복의 도구가 있다는 사실을 잊지 않는 것이다. 상당히 손상을 입은 뇌라도 회복될 수 있다. 신경과학자 세라-제인 블레이크모어Sarah-Jayne Blakemore와 심리학자 우타 프리스Utah Frith는 뉴런에는 복구 과정을 시작할 수 있는 회복탄력성이 있다고 말한다.[65] 살면서 부모, 교사, 동반자, 관리자, 상사 또는 멘토에게 괴롭힘 또는 학대를 당한 적이 있다면, 상처를 치유하고 건강을 회복할 필요가 있을 것이다. 여러분이 탁월한 잠재력을 발휘하기 위해 부모님이나 선생님이나 코치에게 양육과 가르침을 받는 대신 망가졌다면, 여러분의 뇌는 그 상처를 회복할 준비가 되어 있다. 자신에 대한 믿음의 불이 꺼졌다면, 여러분의 뇌는 그 믿음을 다시 되돌려 변화를 시작하도록 설계되어 있다. 자신의 재능이 커 나가기는커녕 오히려 꺾였다면, 여러분의 뇌는 건강한 신경망을 새로 구축해서 그 재능을 다시 살릴 내적인 역량을 갖추고 있다.

나는 《괴롭히는 교사Teaching Bullies》에서 내가 교사 학대를 보고한 사립학교에서 몽고메리를 비롯한 많은 학생에게 벌어진 사건을 담았으며, 이들의 경험을 심리학, 정신의학, 법률 및 신경과학, 학대 연구 등 광범위한 맥락에서 다루었다. 또한 이 사건은 캐나다 내 구독자 수가 가장 많은 신문사에서 수상 경력이 있는 범죄 수사 전문 기자가 다루었으며, 수사를 통해 부패와 은폐를 들추는 텔레비전 프로그램에서 조명하기도 했다.[66] 중요한 것은 몽고메리가 코치의 학대와 피해자에게 책임을 덮어씌우는 학교 운영진의 행태에 대해 공개적으로 목소리를 높이는 일이었지만, 언론에서 다룬 큰 이슈는 정부의 은폐였다.

이즈음 나는 왜 그렇게 많은 대학, 클럽, 스포츠 조직, 학교, 직장에서 학대가 근절되지 않는지, 또 왜 오히려 일어난 학대 사건이 은폐되는지 알아보기 위해 조사를 이어갔고, 그 결과 언론에서 예외적으로 이 사실을 보도하더라도 변하는 건 없을 거라는 사실을 깨달았다. 학대는 발생한 후 보통 수년에서 수십 년간 계속된다. 사건은 은폐되고, 이런 학대와 은폐가 언론에 노출되면 뒤이어 약속과 비난이 이어지고 세상이 떠들썩해지지만, 다시 언론에서 또 다른 스캔들을 보도하기 전까지 곧 평소와 같은 일상으로 돌아간다. 이것이 바로 내가 이해하고 깨부수고 싶은 패턴이었다.

1837년 네덜란드 동화 작가 한스 크리스찬 안데르센Hans Christian Andersen은 두 명의 거짓말쟁이 재봉사가 거만한 임금님에게 아름답고 우아한 옷 한 벌을 새로 지어주겠다고 약속하는 동화 한 편을 썼다. 그러나 그것은 모두 거짓말이었다. 재봉사들은 아무것도 만들지 않으면서, 줄곧 반짝이는 금실로 새 옷을 짓고 있다고 임금님을 속인다. 허구의 옷이 완성되고, 재봉사의 말에 속아 넘어간 임금님은 벌거벗었는데도 본인이 옷을 차려입었다고 믿으며 군중 속에서 행진한다. 하지만 임금님의 화를 돋워 감옥에 갇힐까 봐 어느 누구도 감히 임금님에게 진실을 말하거나 질문할 엄두를 못 낸다. 정말 멋있는 새 옷이라고 사람들이 아첨의 말을 쏟아 놓는 가운데 임금님의 신하들도 새 옷을 보고 박수를 치며 고개를 조아린다. 그때 어린 소년 하나가 소리를 높여 이렇게 말한다. "임금님은 벌거벗었어요."

우리는 비록 두렵겠지만 괴롭힘의 패러다임의 금실이 위험한 허구라는 사실을 폭로할 것이다. 우리는 과학을 통해 어린아이의 용기를 갖추고 벌거벗은 진실에 다가갈 것이다.

1

변화하는 뇌

내가 네 살이었을 때 1학년이던 오빠는 어느 날 학교에서 집으로 돌아와 부모님에게 "제 머리가 고장 난 것 같아요"라며 푸념을 했다. 이 일로 즉시 오빠는 아동 정신과 전문의를 만나게 되었고, 의사는 이 문제를 부모가 자녀에게 스스로 온전한 자아를 볼 수 있는 전신 거울을 제공하지 않아 생긴 결과라고 진단했다. 진단에 따르면 오빠는 자신의 자아가 허리춤에서 끝났다고 믿고 있었다. 그때 나는 처음으로 전문가라고 항상 올바른 진단을 내리는 건 아니라는 생각을 하게 되었다. 당시 아이였던 나는 어쩌면 학교 선생님도 늘 올바른 판단을 내리지는 못할 거라는 생각을 했다. 선생님이 우리의 잠재력에 대해 매번 정확한 판단을 내리지는 못할 것이라는 생각 말이다. 어쩌면 그것은 선생님에게 학생의 정보처리 및 기술 습득 능력을 제대로 평가할 지식이나 수단이 부족하기 때문인지도 몰랐다. 오빠의 방대한 독서량, 사진을 찍은 듯 정확한 기억력, 풍부한 어휘, 유머 감각, 역사와 문학에 대한 열정을 보면 어떻게 학교에서 그런 대우를 받고 그런 성적을 받는지 납득이 되지 않았다. 오빠는 총명했지만 친구들의 괴롭힘을 피하지는 못했다. 오빠가 교육 시스템 속에서 힘들어하고 선생님들에게 무심코 괴롭힘을 당하고 어떤 아이들에게 보복을 당하는 모습을 지켜보면서 나는 일찍부터 일반적인 범주에서 벗어난 학습 능력을 가지고 있다는 것을 경계하게 되었다. 마치 자신이 신이라도 된 양 학생을 좌지우지하는 선생님에게 반항심이 생겨난 것도 다 이 때문인지도 모른다. 이런 반항적인 기질이 고등학교 때 나를 구해주리라는 건 전혀 몰랐지만 말이다.

학교 시스템 안에서 수년간 고전한 끝에 오빠는 7학년이 돼서야 '노력하지 않는다' 또는 '부주의하고 게으르다'며 나무라지 않는 선생님을 만났다. 오빠는 질문에 답하고 토론할 때는 상당히 박식했지만 그런 기발한 생각을 글로 쓰지는 못했다. 그때는 랩톱이 나오기 전이었고, 심지어 타자기도 학교에 제대로 갖추어지지 않던 시기였다. 우리는 손 글씨와 수학이 지적 역량과 미래 잠재력을 나타내는 가장 정확한 지표라는 1970년대의 믿음 속에서 자라났다. 글씨를 줄에 맞춰 깔끔하게 쓸 수 있으면 재능이 있는 아이였다.

지금도 오빠의 7학년 때 선생님 성함이 생각난다. 브라운 선생님은 오빠의 뇌가 정보를 독특한 방식으로 처리한다는 걸 인정하면서 오빠를 존중하고 공감하는 마음으로 대해주신 분이었다. 브라운 선생님이 오빠의 뛰어난 지능을 믿어준 덕분에 오빠는 자신을 믿고 상상력이 결핍된, 잔인한 학교 시스템에서 탈출구를 찾을 수 있었다. 7학년을 마친 후 엄마는 매년 브라운 선생님에게 편지를 써서 오빠가 고등학교에서 인기가 많으며 공부를 잘하고 있다는 소식, 대학을 졸업한다는 소식, 또 오빠의 뉴욕 오프오프브로드웨이* 연극이 화제를 일으키고 있다는 소식, 오빠의 TV 미니시리즈가 〈뉴욕타임스〉에서 찬사를 받았다는 소식 등을 전했다. 만약 브라운 선생님 같은 분이 없었더라면 오빠는 어떻게 되었을까?

뇌의 역량에 관한 새로운 관점

일찍이 1990년대, 교육자들은 스트레스가 가득하고 정서적으로 통제되지 않으며 위협적인 환경이 매우 중요한 학습 중추인 해마를 비롯한 뇌 전체를 고도의 경계 상태로 만든다고 지적했다. 뇌가 위협에 대처하려고 나서면서 학습 및 기술 발달은 돌연 멈추게 된다. "위협이 감지되면 우리는 말 그대로 뇌 기능을 쓰지 못하게 되는 것이다."[1]

몽고메리가 받았을지 모를 상처를 알아보기 위해 나는 구글에서

---

* 브로드웨이와 오프브로드웨이 극장보다 소규모로 운영되는 곳으로 브로드웨이의 지나친 상업화에 반기를 들고 실험 정신을 구현하고자 하는 의도로 시작되었다.

'뇌와 괴롭힘', '정서적 학대와 신체적 학대', '괴롭힘의 신경과학' 같은 말을 검색해 보았다. 나는 둘째 아이 앵거스가 참여하고 있는 뇌 훈련 프로그램을 통해 신경과학을 접하게 되었다. 신경가소성에 대해서는 들어보기는 했던 터라 정서적 학대가 뇌 발달에 어떤 영향을 미칠 수 있는지 궁금해졌다.

학대의 영향에 관해 말한 연구를 알아보면서 에밀리 앤시스Emily Anthes가 2010년 〈보스턴글로브〉에 발표한 기사, "상처받은 뇌의 내면: 조롱의 놀라운 신경과학"을 접하게 되었는데, 이걸 읽고 그동안 내가 뭘 몰랐다는 착잡한 생각이 들면서 의문점이 수도 없이 고개를 들었다. 기사를 읽는 동안 내 심장은 점점 **빠르게 뛰기** 시작했다. 앤시스는 심리학 및 교육학과 교수인 트레이시 베일런코트Tracy Vaillancourt의 연구 결과를 근거로 들면서 괴롭힘은 면역 시스템을 약화하고 "해마 내 뉴런을 죽일" 수 있다고 주장했다.[2] 당시에 나는 해마는 물론 뉴런이라는 말도 잘 몰랐는데, 뉴런은 뇌세포이고 해마는 뇌에서 기억 저장과 회상에 관여하는 부위라는 것을 기사를 통해 배웠다. 우리 뇌를 보다 확실히 이해할 수 있도록 도와주는 이런 생소한 단어는 사실 프랑스어, 중국어, 스페인어를 배우는 것만큼이나 중요하다. 그런데 왜 두개골 내부로 들어가 우리 뇌에 관해 알 수 있게 해주는 용어의 의미를 학교에서 가르치지 않는 걸까?

만약 두 교사가 내 아들의 팔을 반복적으로 부러뜨렸다면, 부모로서 이를 당연히 알아야 하는 것과 똑같이, 두 선생님에게 받은 괴롭힘 때문에 아들의 코르티솔 수치가 아주 위험한 수준까지 올라 갔다는 사실을 나는 부모로서 알아야 했다. 하지만 뇌에 생긴 보이지 않는 상처는 제대로 표현할 용어조차 없다. 반면 팔이 부러지면 즉각 조치가 취해져 의료진이 뼈가 잘 붙을 수 있도록 깁스를 해준다.[3] 신체의 아픈 곳을 치료할 때는 아무 문제없이 나서면서 왜 뇌에 생긴 상처에는 똑같이 서둘러서 효과적인 조치를 취하지 않는 가? 앤시스의 기사는 내가 살면서 부모로서, 또 교사로서 한 번도 의문을 제기하지 않던 전체 구조를 뒤집어주었다.

작가 제임스 클리어James Clear는 한 아이가 무심코 던진 야구 방망이에 머리를 맞아 일생일대의 위기를 맞이했지만 '아주 작은 습관의 힘atomic habits'을 이용하여 삶을 건강하게 이끈다. 당시 아이였던 클리어는 급하게 병원에 실려 갔고, 그곳에서 다시 더 좋은 병원으로 헬리콥터를 타고 이동해 20명의 의료진에게 다친 머리를 치료받았다. 하지만 괴롭힘으로 상처받은 뇌는 치유는 고사하고 이와 동일한 의료적인 치료나 사회적 관심조차 받지 못한다. 클리어는 사고로 상처를 입었지만, 괴롭힘으로 병든 뇌는 고의적인 행동이 계속 반복되면서 손상을 입는다.[4] 괴롭힘을 당하는 사람들은 자기들이 실패자라는 사실에, 또 중독과 자기 파괴적인 습관을 끊지 못하는 현실에 스스로를 못살게 괴롭히는 경향이 있기 때문에 이런 차이를 알고 있는 것이 중요하다. 클리어의 기발한 '아주 작은 습관의 힘'을 실제로 적용할 수 있으려면, 우선 어떻게 뇌가 상처를 입었는지 알 필요가 있다. 사회가 이를 대신해주지 않기 때문이다.

한때 베일런코트는 괴롭힘과 그 심각한 영향에 관한 본인의 연구가 거의 관심을 받지 못해 좌절했지만, 드디어 생물학적인 증거를 제시할 수 있게 되면서 언론의 헤드라인을 장식하게 되었다. 10년 전 그는 뇌가 입는 상처에 대한 새로운 이해 방식이 정책을 바꾸는 계기가 될 것이라며 희망에 부풀었다.[5] 그런데 내가 아는 한 그동안 아무것도 변한 게 없다. 지난 10년간 시간을 배로 쏟으며 그동안 정책 변화가 있는지, 메르체니치가 말하는 '파산 개념bankrupt notion'으로 우리가 살아가고 있다는 인식이 널리 퍼져 있는지 알아봤지만 괴롭히는 행위가 뇌에 얼마나 파괴적인 영향을 주는지, 그리고 또 우리 뇌를 잘 보살피고 훈련하면 현 상태를 바꾸고 상처를 치유하는 데 뇌가 얼마나 탁월한 능력을 발휘하는지 교육 및 의료계 종사자와 권력을 가진 사람들에게 이해시키는 과정이 정말 힘든 싸움임을 깨달았다.[6] 메르체니치처럼 명성이 자자한 신경과학자도 이런 변화를 일으키지는 못했다. 그가 말하는 "혁명적인 과학 관점"이 분명 우리 삶을 건설적이고 건강한 방향으로 이끌어주겠지만, 현재는 관심을 거의 받지 못하고 알려지지도 않은 상태다.[7]

메르체니치는 20세기 중반경부터 "진행되기 시작한 의료계 신경과학 주류의 연구가 뇌의 리모델링이 마치 초기 아동기에 국한되어 일어난다는 점을 입증하는 것으로 보였다"고 말했다. 과학자들은 초기 아동기가 지나면 뇌 신경망이 평생 고착된다고 생각했다. 그러나 생리심리학자들은 파블로프 조건형성으로 잘 알려진 행동 조건형성을 연구하면서 "나이가 들면서 뇌의 역량"이 변한다는 사실을 밝혀냈다. 주류 뇌 과학계는 이런 연구를 무시했다. 메르체니치의 연구는 바로 이 부분에서 날개를 단다. "우리 연구 팀은 주류 과학계와 공동으로 실시한 흥미로운 연구에서 우리 뇌가 평생 그 경험에 따라 리모델링된다는 것을 좀 더 완벽하고 좀 더 유용한 방식으로 보여주었습니다." 이 획기적인 연구는 장소, 시간, 강도의 영역에서 이런 긍정적이고 부정적인 변화의 측면을 둘 다 광범위하게 보여주었다. 메르체니치가 이끄는 연구 팀은 "힘들어하는 자녀와 성인 문제 해결에 실질적으로 적용할 수 있도록 램프의 요정 지니를 맘대로 부릴 기초 능력 제공" 차원의 연구를 설계하고 실시했다.[8] 우리의 뇌와 변화 역량을 이해하는 것이 매우 중요하기 때문에 이 연구의 역사는 3장에서 더욱 자세히 다루겠다.

메르체니치가 성인의 뇌에도 신경가소성이 있고 이에 따라 "뇌의 강화와 회복"을 위한 기회가 많다는 사실을 깨달았을 때, 그는 "과학계와 의료계가 재빨리 그동안의 잘못된 이해를 바로잡을 거라고" 예상했다. 하지만 대신 그는 회의적인 태도에 부딪쳤고 상당한 조롱을 받았다. 지금까지 고정관념에 사로잡혀 있던 모든 뇌 과학자의 뇌를 리모델링하기 위해 긴 여정을 끝마친 메르체니치는 이제 대부분의 과학자는 인간이 태어나서 지구상에서 마지막 숨을 거둘 때까지 뇌에 가소성이 있다는 사실을 이해하고 있다고 설명한다.[9]

과학자들이야 이렇게 중요하고 혁명적인 개념을 이해하고 있지만, 그 외 많은 사람은 어떨까? 혁명은 일어났지만 그 혁명이 과학 실험실 영역 너머로, 실제 절실하게 필요한 주류 안으로는 전파되지 못했다.

보이지 않는 상처

앤시스의 기사를 읽었던 그 숙명적인 날, 내가 언젠가 베일런코트의 좌절을 함께 느끼고 메르체니치와 합심하여 고질적인 믿음을 바꾸기 위한 전투를 벌이리라고는 생각도 못했다. 케케묵은 괴롭힘의 패러다임이 얼마나 해로운지, 또 이를 드러내기 위해 얼마나 많은 연구가 이루어졌는지, 이를 다른 사람들에게 알리기까지 얼마나 오랜 시간이 필요한지 그때는 전혀 몰랐다. 본인의 신경 손상을 치유하기 위해 애쓰는 몽고메리를 지켜보면서 나는 설령 괴롭힘과 학대에서 치유될 수 있다 해도 사회가 이런 치유와 회복을 뒷받침해주지 않는다면 그 회복 과정이 훨씬 부담스럽고 어려워진다는 것을 깨달았다.

앤시스는 기사를 이렇게 시작한다. "괴롭힘 당한 아이는 우울증과 불안, 자살 충동에 시달릴 확률이 높다. 이런 아이들은 무기를 소지하고 싸움에 휘말리고 약물에 의지할 가능성이 크다."[10] 이 연구 기사를 읽으면서 우리의 자녀에게 이를 직접 적용해보면 앞의 단어들이 다르게 들린다. 천천히 읽다 보면 우울, 불안, 자살, 또 무기, 싸움, 약물 등 한 단어 한 단어에 눈길이 멈춘다. 몽고메리는 수차례 '물이 잔잔하고 깊게 흐르는$^{still\ waters\ run\ deep*}$' 아이로 묘사되었다. 아들은 공격적으로 행동할 아이가 아니었다. 대신 본인이 겪은 반복적인 학대를 내면화된 고통으로 바꿀 가능성이 아주 높았다. 아들은 실제로 불안 수준이 높았고 우울증을 심하게 앓았다. 몽고메리는 공황 증상을 겪기 시작했다. 괴롭힘이 두뇌에 미치는 이런 증상은 단지 교사들이 매일매일 자행한 학대를 통해서만 발현되지 않았다. 교장 선생이 학대를 발설한 학생들을 다시 희생양으로 삼자 이런 증상이 다시 고개를 들었다. 이런 배신감은 몽고메리를 무너뜨렸지만, 마침내 그는 백미러를 통해 도로 상황을 전부 확인하고 계속 앞으로 나아가야겠다는 의식적인 결단을 내렸다. 이런 사건은 드물게 일어난다고, 보통 아이들을 보호해야 할 위치에 있는 학교 운영진이 대개는 그들의 의무를 충실하게 이행한다고 말하고 싶지만 실상은 그렇지 않다. 나는 아동 학대에 관해 광범위하게 연구하면서 운영진이 가해자를 보호하고 오히려 사건을 보고한 사람들을 다시 희생양으로 삼는 일이 *흔하게* 일어난다는 사실을 알았

---

*   라틴어에서 유래한 속담으로 겉은 평온하지만 열정적이고 민감한 본성을 숨기고 있다는
      의미로 쓰인다.

다.[11] 괴롭힘과 학대로 인해 약물 남용, 무기 사용, 싸움, 불안, 우울증, 자살 충동이 발생한다면 왜 이를 멈추지 않는가? 이후 10년 동안 나는 이 의문점에 대한 답을 찾기 위해 매달렸다. 가장 분명하고 실질적인 답변은 신경과학 연구에서 나왔다.

앤시스는 기사 초반에 한 학생이 또 다른 학생에게 가하는 동료 간의 괴롭힘에 초점을 맞추었는데, 영향력 있는 성인의 괴롭힘은 어떨까? 부모와 교사, 코치의 괴롭힘은 어떨까? 사실상 힘없는 아이가 피해자의 뇌에 이런 영향을 끼칠 수 있다면, 10대 아이에 비해 어마어마한 힘을 가진 교사가 가해자일 때 그 상처가 얼마나 클까? 괴롭힘은 힘의 불균형으로 생겨나지만 힘의 불균형이 가장 큰 상황, 즉 성인이 아이에게 가하는 괴롭힘은 거의 다루어지지 않았다. 앤시스는 기사 처음에 우리가 괴롭힘을 무시하는 이유는 괴롭힘이 뚜렷한 상처를 전혀 남기지 않고 단지 피해자의 감정만 상하게 한다고 간주되기 때문이라고 운을 뗐다. 하지만 이어서 '연구의 새로운 물결'로 밝혀진 결과에 따르면 "괴롭힘은 한창 자라고 발달하는 10대의 뇌에 지울 수 없는 상처를 남길 수 있다"고 전했다.[12]

기사를 읽으면서 공포감이 생기기 시작했다. 뇌에 "지울 수 없는 상처"가 생긴다니 그게 무슨 뜻일까? 결코 씻어 버릴 수 없는 일종의 자국이나 오염을 말하는 걸까? 계속 읽으면서 분노와 걱정이 몰려왔다. 어떻게 교사들이 한창 자라나는 10대에게 이런 피해를 입힌단 말인가. 그렇지만 그 순간 나 자신도 교사들이 '연구의 새로운 물결'을 아직 접해보지 못했다는 사실을 인정해야 했다. 나 자신조차 청소년들의 발달하는 뇌와 그 취약성에 대해서는 고사하고, 뇌에 대해 아는 것이 거의 없었기 때문이다.[13]

기사의 두 번째 쪽에서 나는 그때까지 찾고 있었지만 끔찍하게 두려워했던 정답을 찾아냈다. 정신과 교수인 마틴 타이처Martin Teicher는 1천 명의 청소년을 대상으로 성인의 언어적 학대가 뇌에 상처를 주는지 알아보는 연구를 실시했다. 연구 결과 "언어적 학대는 폭행만큼이나 심리적인 기능에 피해를 줄 수도 있다"는 것이 드러났다. 그는 또래 간의 언어적 학대, 즉 놀리기, 조롱, 비판, 고함, 욕설도 이들 청소년의 뇌에 비슷한 영향을 주는지 궁금했다. 괴롭힘을 당한 청소년 63명의 뇌를 스캔해본 연구진은 괴롭힘이 피해자의 뇌량corpus callosum에 영향을 주었고, 그 결과 이들 뇌의 절연체 즉 미엘린myelin*이 건강한 사람보다 적다는 사실을 알아냈다.[14] 다시 말하지만 이런 단어는 내게 낯선 용어였다. 뇌량은 단단하게 엮인 섬유질로 이루어졌는데, 이것이 뇌의 우반구와 좌반구를 연결해주며 많은 핵심 기능과 함께 시각 처리와 기억에 관여한다. 뇌에 미엘린, 즉 절연체가 많을수록 이런 기능이 효과적으로 이루어진다. 이런 사실은 신경과학자들에 의해 밝혀진, 괴롭힘과 학대가 뇌에 미치는 부정적인 영향의 서막에 불과하다. 여러분도 나와 마찬가지로 살면

---

* 신경섬유의 신경돌기를 싸는 지방성 물질.

서 자신의 뇌 또는 다른 사람의 뇌에 이런 피해가 발생했다는 사실을 전혀 모른다면 상처를 치유하고 건강을 회복하기가 힘들 것이기 때문에 이 책 전반에 걸쳐서는 바로 이런 종류의 연구 결과를 살펴볼 것이다.

나는 독서와 날카로운 분석에 뛰어난 사람이지만 에밀리 앤시스의 기사는 단번에 눈에 들어오지 않았다. 배신감과 함께 답답한 마음이 들었다. 교육계에 몸담고 있는 사람이 어떻게 학생의 뇌를 안전하고 건강하게 지키는 일에 거의 아무것도 모를 수 있는가. 나는 의자에 몸을 기대고 창밖을 바라보았다. 그렇게 중요한 것을 모르고 있었다니 충격이 컸다. 그런 고통스러운 순간에 나는 괴롭힘과 학대가 뇌에 끼치는 영향에 대해 혼자 힘으로 배워보리라 결심했다. 그래서 얻은 지식을 내 동료 교사들과 단계별로 공유하리라. 뇌가 괴롭힘에 얼마나 취약한지 전 세계 교육계 종사자의 이목을 끌운동을 시작해 보리라. 코치와 교사는 어마어마한 힘을 가지고 있어 긍정적인 변화를 이끌어낼 수 있다. 이렇게 스스로 독려하는 사이, 전 세계적으로 괴롭힘의 패러다임을 내몰고 좀 더 객관적인 정보로 학생의 성장을 도우며 공감하고 지지해주고 마음을 살피는 기반을 도입하자는 운동이 이미 시작되었다는 사실을 알아냈다. 시작은 빠르면 빠를수록 좋다.

겨우 최근 몇 년 전에야 비로소 우리는 뇌스캔을 통해 뇌진탕이 심각하고 위험하다는 사실을 알았다.[15] 뇌진탕은 뇌에 생명을 위협하는 상처를 남기기 때문에 치료하는 동안 빨리 나을 수 있도록 특별한 조치를 취해야 한다. 팔이 부러졌는데 병원에 가 깁스를 하지 않으면 뼈가 제대로 붙지 않을 가능성이 크다. 괴롭힘과 학대에 의해 뇌에 생긴 상처도 마찬가지다. 뇌진탕과 관련된 이해가 바뀌어 관련 법규가 생기는 것처럼, 나는 지식과 교육을 통해 뇌를 전적으로 무시하는 케케묵은 괴롭힘의 패러다임을 교사와 코치가 바꿀 수 있을 것이라 희망했다. 그런 내가 방해물에 부딪칠 것이라는 생각은 꿈에도 하지 않았다.

메르체니치는 나와 함께 타이처의 연구를 논의하면서 좀 걱정스럽다는 생각을 내비쳤다. "(국지적으로 해마에 생긴 부정적인 변화를 밝히는 연구처럼) 뇌량의 절연체에 생긴 변화를 밝힌 타이처의 연구는 과학적 접근 방식에 변화가 생겼음을 알려주는 사례이고, 당신은 이런 증거를 찾다 우연히 그 연구 결과를 발견한 겁니다." 우리가 기억해야 할 점은 과학은 극도로 정확해야 하고 오직 정확한 결과만을 보고해야 한다는 것이다. 메르체니치는 타이처의 연구는 뇌량을 관찰할 목적으로 이루어졌거나 "변화량이 충분히 커서" 특정 변화를 확인할 수 있었던 경우라고 부연 설명해주었다. 그가 걱정하는 것은 "다른 수많은 변화를 찾을 수 **없는** 경우도 있고, 아니면 방법론적인 접근 방식의 한계를 감안할 때 이런 변화가 눈에 쉽게 띄지 않을 수도 있다는 점"이다. 과학 연구에서 보고한 대로 몽고메리가 중요한 뇌 부위에 상처를 입었을지도 모른다는 생각에 괴로워하고 있는 와중에, 메르체니치는 "뇌량 절연체가 변했다는 것은 뇌의 가소성이 전체적으로 나빠졌다는 것을 의미한다고 설명하여 나를 더욱 큰 충격에 빠뜨렸다. 그는 이렇게 말하면서 최후의 일격을 가했다. "이 정도 수준의 뇌량 변화라면 30가지의 뇌 기능을 측정할 경우 그 기능이 **모두** 하락해 있다는 데 내 모든 것을 겁니다."[16]

이런 종류의 신경과학 연구 결과는 건강한 뇌를 가지고 싶은 사람 모두에게 아주 중요하게 다가온다. 이런 연구는 결정적이지만, 일반 대중은 접할 수 없다는 것이 문제다. 일대 변혁을 일으킬 잠재력을 갖추었지만, 이 연구는 교사가 학생을 어떻게 교육해야 하는지, 코치가 선수를 어떻게 훈련시켜야 하는지, 만성질환을 어떻게 예방하는지, 정신질환을 어떻게 고쳐야 하는지, 파괴적인 행동을 어떻게 교정할지, 정책을 어떻게 만들어야 하는지, 직장 분위기를 어떻게 조성해야 할지에 관해서는 전혀 언급이 없다.

1997년으로 되돌아가 정신과 전문의 스탠리 그린스펀Stanley Greenspan은 한 연구 결과에서 심각한 방치와 학대를 겪다가 급기야 사회를 엉망으로 만들고 남에게 해를 끼치며 중독으로 괴로워하고 원치 않은 아이를 출산하고 의료와 사법계에 어마어마한 금전적 피해를 끼치는 아동은 겨우 5퍼센트에 불과하지만 우리는 이런 악순환에 제동을 걸 변화를 아직 일구어내지 못하고 있다고 지적했다.[17] 그 이후 연구 조사에서는 이 수치가 훨씬 높아져서 청소년기 막바지에는 무려 25~30퍼센트의 청소년이 심각한 심리적 트라우마를 겨게 된다고 보고했다.[18]◆ 지난 30년간에 걸쳐 신경과학자들은 현대사회 운영 방식에 큰 변혁을 가져올 만한 광대한 지식을 제공해 왔지만, 우리는 대신 케케묵은 학대의 패러다임에 여전히 갇혀 있다. 학대의 패러다임이 허술한 구조이고 확실한 과학적 기준이 없는, 신뢰성 없는 연구를 기반으로 구축되었다고 해도, 분명 이 패러다임은 우리 뇌에 깊숙이 뿌리박혀 있는 것이다.

2010년 기사에서 앤시스는 신경과학자들이 또래 간 괴롭힘에서 생긴다고 지목한 뇌 손상의 종류를 나열했는데, 그 피해 상태는 심각했다. 사실 피해 정도가 너무 심각해서 과학자들은 신경 손상을 입은 상처받은 뇌는 성인에게 성폭행을 당한 아이의 뇌와 비슷하다고 주장했다.[19] 이 기사의 핵심 내용은 성인이나 다른 아이들이 가한 온갖 형태의 괴롭힘과 학대가 "심각한 아동기 트라우마의 한 형태"로 간주된다는 것이었다.[20] 목이 조여오는 것이 느껴져, 나는 심호흡을 하며 마음을 가라앉혔다. 틀림없이 나는 일생일대에 마주하게 될 가장 중요한 정보를 읽고 있었다. 인생을 바꿀 만한 획기적인 연구 결과를 접하고 있었던 것이다. 이 연구는 정서적·신체적·성적 학대를 비롯한 온갖 형태의 방치 행위 등 모든 종류의 괴롭힘에 대한 사고방식과 대처 방식을 완전히 뒤집어 놓을 잠재력을 가지고

◆ 논문에 따르면 학대당한 아동을 포함하여 사춘기 아동의 74.7퍼센트가 심리적 트라우마를 겪은 적이 있다고 한다. (이동훈 등, 청소년의 트라우마, 한국심리학회지 2022; 34(2):599-621)

있었다. 깜짝 놀랄 만한 과학혁명으로 괴롭힘이 뇌에 가하는 피해가 드러났고 그 후 10년이 지났지만, 우리는 *여전히* 마치 두개골 안의 세상이 우리 통제 밖에 있는 어두운 신비의 세계이고 괴롭힘이 자연스럽고 당연한 행위인 것처럼 행동하고 있다.

영향력 있는 쿤의 저서 《과학혁명의 구조》에서 나오듯이 과학자들은 "태양이 지구 둘레를 돈다" 또는 "작은 질량은 어마어마한 양의 에너지를 생산할 수 없다", "인간의 뇌 신경망은 고정되어 있어 변할 수 없다" 같은 사고의 틀 안에서 활동해왔다. 일반적인 과학자들은 예외 또는 오작동이 발생할 때까지 이런 사고의 패러다임 안에서 생각하고 엄격한 틀 안에서 연구한다. 예외적인 현상을 해결하고 이를 설명하기 위해 노력하지만, 아무리 해도 풀리지 않고 그래서 더 노력한다. 이때 니콜라우스 코페르니쿠스 또는 앨버트 아인슈타인, 마이클 메르체니치같이 창의적인 사고를 가진 사람들이 등장한다. 이들 혁신가, 즉 쿤이 말하는 '뛰어난 과학자들'은 오랜 패러다임에서 완전히 벗어나 새로운 패러다임 안에서 연구하기 시작한다.[21] 코페르니쿠스는 *실은* 지구가 태양 주위를 돈다는 생각을 제시했다. 아인슈타인은 $E=mc^2$이라는 본인의 깨달음으로 만든 공식을 발표하며 *사실* 아주 작은 질량이라도 핵 크기의 에너지를 방출할 수 있다는 것을 보여주었다.

메르체니치는 국제 신경과학자 공동체와 함께 뇌에 대한 이해를 확 바꿔준 운동을 벌이면서 뇌가 경험에 따라 계속 리모델링된다는 현상을 입증하는 중대한 실험을 실시했다. 뇌는 우리가 사는 동안 가소성을 유지하고, 대부분의 과학자와 의료계 전문가, 교육자가 믿는 것처럼 굳어져 있거나 고정되어 있지 않다. *뇌는 자유자재로 변할 수 있고 바뀔 수 있다.* 비록 트라우마로 뇌의 기능이 저하되었다 하더라도 모든 사람은 언제, 어디에서라도 자신의 뇌를 바꾸고 강화할 내적인 힘을 보유하고 있다.[22]

비록 수년 동안 무시되고 조롱받은 것은 물론, 여러 번 의문이 제기되고 또 망각되었지만, 이런 뛰어난 새 패러다임은 이해의 혁명에 발동을 걸어 우리가 새로운 사고방식을 갖추고 이 행성에 발을 디디도록 안내해주었다. 노먼 도이지는 "'신경가소성'이라는 개념 자체가 뇌가 작동하는 근본적인 이해를 획기적으로 바꿔주었다"고 감탄한다.[23] 그러나 이 혁명이 전 세계 신경과학 연구소에서 진행되는 동안에도, 우리는 여전히 변화를 주저하고, 괴롭힘과 학대를 근절하지 못하는 진부한 생각을 반복한다. 도이지는 현상을 유지하려고 애쓰는 사람을 '현상 지킴이'라 지칭하면서 다음과 같이 쓴다. "현상 지킴이는 새로운 패러다임을 성공적으로 반대하면서 과학에 이바지하는데, 이들은 기존의 것을 지키려는 소망에 이끌리지 진실 탐구 쪽으로는 거의 이끌리지 않는다."[24] 괴롭힘과 학대를 가한 사람에게 관용을 베풀지 않고 가해자를 엄격히 다스려야 한다는 사고방식을 바꾸려고 노력하면서 얻은 경험으로 볼 때, 이 모든 시도에는 현상 지킴이가 수비를 전담하고 있었다.

60년 전, 우리는 향상된 고해상도의 엑스레이 기계와 함께 과학 혁명을 맞이했다. 의료계 과학자들은 미국 질병통제예방센터가 보고하기 훨씬 이전부터 흡연자의 폐에 타르가 있을 것이라는 사실을 짐작했고 분명 흡연이 암을 유발한다고 생각했지만, 엑스레이는 흡연 패러다임에 존재하던 신화를 날려버리는 데 도움이 되었다. 이 패러다임은 (대대적인 광고 효과 덕분에) 담배가 사람을 강인하고 멋있고 매력적으로 만들어준다는 믿음 위에 구축되었다. 엑스레이 기계의 기술적 발달로 전문가와 연구원은 사람들의 폐 상태를 몸에 상처 하나 내지 않고 들여다볼 수 있었고, 이런 좋은 기계 덕분에 흡연이 실제로 폐를 검게 만들어 종양을 만들고 그 결과 암을 유발한다는 사실을 발견했다. 이와 마찬가지로 20세기 후반, 전문가와 연구원은 뇌스캔을 통해 우리 뇌를 상처 하나 내지 않고 들여다볼 수 있게 되었다. 20세기에는 고해상도의 엑스레이 기계가 등장하더니 21세기에는 고화질의 뇌스캔이 탄생했다.

핵자기공명장치MRI는 뇌 사진을 찍어서 보여주고, 기능적 핵자기공명장치fMRI는 영상으로 뇌의 움직임을 보여준다. 뇌파기록검사 EEG는 뇌파의 패턴을 추적하고 기록해서 뇌의 전기적 활동을 검사한다. 단일광자단층촬영SPECT는 뇌 트라우마 또는 독소 및 감염 노출은 물론, 뇌 기능을 살피고 활동 수준을 파악한다. 뇌스캔은 괴롭힘과 학대로 피해자가 강해지지도, 회복탄력성을 얻지도 못한다는 증거를 보여주었다. 괴롭힘과 학대는 위대한 성취로 가는 지름길이 아니다. 괴롭힘과 학대는 오히려 수행 장애, 정신질환, 약물 남용, 공격적 행위, 나약함, 만성질환, 수명 단축과 관련되어 있다. 30년 전, 메르체니치를 비롯한 전 세계 창의적인 과학자들은 뇌 영상과 신경과학 연구의 도움으로 새로운 패러다임을 구축하기 시작했다. 이제는 새로운 *신경 패러다임*의 세계로 들어갈 때다.

10년 전 앤시스는 본인의 기사에서 신경과학 연구로 얻은 지식 덕분에 괴롭힘이 뇌스캔으로 측정할 수 있는 의학적 문제로 간주될 것이라는 희망에 차 있었다.[25] 그런데 우리는 아직 이런 종류의 돌파구 근처에도 가보지 못했다. 무너진 시스템에 지배되는 답답한 사고방식에 갇혀 있고, 이 시스템에서 우리는 주류 언론에서 매일매일 보도하는 예방 가능한 수많은 학대 이야기와 이를 은폐하는 기사를 접해야 한다. 30년간 미국 체조협회에서 일어난 정서적 학대와 물리적 폭행, 성폭력은 영국 및 독일 체조협회에서도 비슷하게 드러난다. 영국 최고 명문 학교, 성당에서 괴롭힘은 만연하며, 괴롭힘이 자주 일어나는 정치 세계에서는 이것이 은폐되기는커녕 오히려 대중에 공개된다. 직장, 특히 떠들썩했던 헐리우드에서 일어난 성희롱과 성폭행 덕분에 미투라는 신조어는 누구나 흔히 아는 말이 되었다. 럿거스대학과 메릴랜드대학에서 운동선수를 정서적·신체적으로 학대하고 폭행한 일, 미국과 캐나다 보이스카우트에서 일어난 학대 관련 '성도착 파일', 밴쿠버 화이트캡스 FC에서 일어난 수년간에 걸친 정서적·성적 학대, 캐나다경찰[RCMP] 내에서 일어난 성추행, 호주에서의 연장자 학대까지 지난 5년간의 학대 사건을 잠깐 훑어보기만 해도 우리 사회에서 일어나는 괴롭힘과 학대 행위를 이해하고 대처하는 방식에 변혁이 필요하다고 생각하게 된다. 이것은 단지 나만의 생각인가?

마음속 가해자와 학대의 악순환

상처받은 뇌는 마음속 가해자Mind-Bully를 낳고, 이 마음속 가해자는 내적 또는 외적으로 공격을 일삼는다. 이 마음속 가해자를 통해 악순환이 시작된다.[26] 내적 공격은 자신의 내면을 끊임없이 괴롭히는데, 우울증, 불안, 섭식 장애, 자해, 파괴적 관계, 약물 남용, 자살 충동, 또는 최악의 경우 자살의 형태로 나타난다. 외적 공격은 무기 소지, 범죄행위, 타인 학대, 공격적인 행동, 싸움 등으로 나타난다. 신경과학자들이 뇌스캔을 통해 이런 악순환을 확인하면서, 2010년 주류 언론은 이를 대서특필했다. 뇌 영상으로 시각적인 증거를 제시한 연구는 수십 년 동안 심리·사회·정신의학 연구에서 발표해온 현상을 확인시켜주고 이에 대해 자세히 설명해주었다. 그런데 10년도 더 지난 지금, 바뀐 것은 거의 아무것도 없다.

케케묵은 괴롭힘의 패러다임에서 이상행동에 대한 반응은 트라우마로 병든 뇌를 치료하는 것이 아니라, 성격과 행동을 보는 옛날

방식에 의존하여 자해하는 피해자에게 '나약하다', '마음이 병들었다', '너무 예민하다' 또는 '별종이다' 같은 꼬리표를 붙이고, 공격적으로 남을 괴롭히고 학대하는 사람에게는 '포식자', '괴물', '뱀' 같다고 말하는 것이다. 이는 한물간 방식이며, 심리·정신의학·신경과학 연구와 완전히 동떨어진 방식이다. 헬렌 라이스는 이런 현상을 다음과 같이 설명한다. "우리가 모든 인류를 존중과 공감할 가치가 있는 존재로 대하며 타인을 외집단으로 내모는 천성을 극복할 때, 비로소 문명은 평화롭게 상호 공존하게 된다."[27]

학대의 악순환은 인간으로 존중받지 못하는 집단을 겨냥하고, 여기에 속한 사람들을 외집단으로 내몬다. 이 역시 케케묵은 방법이다. 모든 인간의 고유한 뇌는 보정 작용이 뛰어나기 때문이다. 이런 학대의 악순환, 괴롭힘의 패러다임에서 벗어나기 위해서는 신경과학 정보로 무장한 새로운 틀, 뇌를 무시하지 않고 오히려 앞세우는 틀로 들어가야 한다. 눈에 보이는 것을 토대로 외집단이 구축되는 동안 눈에 보이지 않는 뇌는 무시되고 심지어 거부된다. 우리는 자신의 뇌에 관해 잘 알고 있어야 한다. 모든 뇌를 존중하고 자신의 뇌를 괴롭힘과 학대에서 보호하는 방법을 배우는 것은 마치 차에서 안전벨트를 매거나 자전거를 탈 때 헬멧을 쓰거나 화재에 대비해서 비상구의 위치를 파악하는 일과 같다.

신화를 물리치는 최고의 방법은 과학과 함께하는 것이다. 우리가 케케묵은 믿음에 집착하는 동안, 과학적 발견은 모든 형태의 괴롭힘과 학대가 마음과 뇌, 몸에 해를 끼친다는 사실을 확인시켜준다. 이런 괴롭힘과 학대는 최적의 방법으로 성취를 달성할 수 있도록 도와주는 것이 아니라 오히려 성취를 방해한다. 피해자를 강하게 만들기는커녕 오히려 약하게 만들어 수명을 단축시킨다. 이제 우리가 이런 과학적 발견에 대해 잘 알아야 할 때가 왔다. 뇌, 특히 13세에서 25세 사이의 뇌는 괴롭힘에 취약하지만, 놀라울 정도로 회복에 능하다. 하지만 뇌가 상처를 입었다는 사실을 모르면 치유 과정을 시작하기가 어려워진다. 가장 걱정스러운 일은 종종 피해자가 살면서 실패하고 나약해지고 중독에 빠지기 쉬운 현상을 자신의 잘못이라고 자책하는 것이다. 이들은 자신의 뇌가 피해를 입었고 그 상처를 치유할 수 있다는 사실을 모르고 있다.

유니버시티 칼리지 런던의 연구원들은 fMRI를 사용하여 아동과 청소년 20명의 뇌를 검사했다. fMRI에서 f는 기능적functional이라는 것을 뜻하는데, 이런 종류의 핵자기공명장치는 뇌가 작동하거나 기능을 수행하는 동안에 촬영된다. fMRI의 뇌스캔은 MRI 뇌 영상의 정지된 이미지와 달리 마치 비디오처럼 보인다. 이 연구에 참여한 아동들은 겉보기에 아무 이상이 없고 건강해보였지만, 몇 명은 과거에 신체적 학대를 당했고 또 몇 명은 정서적 학대를 당했다. 이 실험에서 연구진은 실험 대상자에게 화난 얼굴의 사진을 보여주었는데, 건강한 아동과 달리 학대받은 아동은 "위협을 감지했을 뿐 아니라 고통 예상에 관여하는 편도체 및 전측뇌섬엽anterior insulae의 활동 수준이 전투에 임하는 병사와 비슷하게 올라갔다."[28] 이들 아동의 뇌는 외상을 입은 상태여서 더 이상 진짜 위협과 가짜 위협을 구분하지 못했다.

이런 식의 과잉각성은 뇌 에너지를 많이 소비하기 때문에 필요한 에너지를 학습, 창의력, 문제 해결, 사고력에서 끌어온다. 이런 식으로 학대받은 뇌는 과한 경계 모드를 유지한 채 다음 공격에 대비한다. 신경과학자들에 따르면 과거에 학대받은 뇌는 괴롭힘과 학대가 실제로 일어나는 현상인지 아니면 자신이 단지 예측을 하는 건지 잘 구분하지 못한다고 한다. 학대 행위에 대해 생각하거나 걱정만 해도 뇌가 공황 상태에 들어가 코르티솔이 분비되기 시작하는 것이다. 이런 현상은 만성 스트레스를 불러와 학습된 무기력증을 일으키고 뇌에 상당한 피해를 입힌다.[29] 우리는 학습된 무기력이라는 신화를 떨쳐버리려 한다. 신경가소성으로 무장한 우리는 무기력하지 않으며, 오히려 엄청난 잠재력을 가지고 있다.

이 연구에서 외면상 괜찮아보였던 아동들은 실은 두개골 안에서 고통을 겪고 있었다. 앞으로 올 더한 통증과 고통을 예상하며 과한 경계 상태를 유지하는 편도체는 아동 또는 10대의 학습·성장·치유 능력을 방해한다. 두뇌 장애 또는 학습 장애를 보이는 많은 아동이 이런 교감신경계의 투쟁-도피 반응fight-or-flight 상태에 빠져 있는 경우가 많다. 이들은 절박함과 위험을 느끼며, 벌어지는 상황을 따라갈 수 없기 때문에 극심한 불안을 느낀다. "문제는 투쟁-도피 반응에 빠져 있는 사람은 상처를 치유하거나 학습을 잘할 수 없고, 이 때문에 뇌는 더욱 더 변하기 어려워진다."[30]

뇌를 회복하려면 *우리 자신*이 회복의 주체로 참여해야 한다. 나는 괜찮고, 괴롭힘과 학대가 나를 강하게 단련시켰으며, 상처를 준 사람들은 다 '나의 이익'을 위해서 그렇게 했다는 믿음을 버리지 못하면 회복 프로그램을 시작하는 일이 어려울 수도 있다. 괴롭힘과 학대를 통해 생긴 상처와 이를 치유하는 방법을 살펴보다 보면, 확실히 건강은 마음-뇌-몸이 하나로 통합된 자아의식 속에 있다는 것을 알게 된다. 괴롭힘과 학대를 당한 경험이 있다면, 타고난 마음-뇌-몸의 관계가 잘 정렬되는 대신 분열되어 이들 자아의 요소들이 서로 마찰을 일으킬 수 있다.

한 예로 마음에 완벽주의적 성향이 있으면 몸이 기아 상태가 될 정도로 나빠질 수 있다. 가령 아주 마르고 싶은 욕망에 거식증이 발동해서 몸과 뇌가 위험한 지경에 이르게 되는 경우도 있다. 또 한 가지 예는 뇌가 괴롭힘과 학대를 당해 과잉각성을 겪게 되는 경우다. 과잉각성 상태에서는 끊임없이 두려움과 불안에 떨기 때문에 집중을 할 수 없어 생산력이 떨어진다.[31] 불안을 잠재우기 위해 마음을 수련하고 이용하지 못하는 상태다. 이때 우리 몸은 만성 스트레스에 시달리게 된다. 연구에 따르면 이런 만성 스트레스는 중년에 만성적인 건강 문제를 일으킬 수 있다. 다시 한번 말하지만 괴롭힘과 학대를 당한 사람은 마음-뇌가 서로 공조하는 통합된 개체가 아니다. 이렇게 틀어진 관계를 되돌리는 방법을 알려주는 연구는 상당히 많다. 각 장의 마지막에 이런 망가진 관계를 바로잡기 위한 증거 기반의 실천 방법을 소개한다.

1단계: 신경가소성을 이용하라

첫 단계에서는 뇌를 무시하던 과거의 습관에서 벗어나 뇌를 알고 신경가소성을 이용할 수 있도록 변화를 꾀하는 데 필요한 다섯 가지 원리를 소개하겠다. 무엇보다 신경가소성이란 우리 의지에 따라 뇌가 변할 수 있다는 뜻임을 기억하라.

괴롭힘과 학대가 뇌에 끼치는 파괴적인 영향을 발표하면, 이야기가 끝나고 잠시 침묵이 흐른 후 사람들이 걱정이 역력한 표정으로 질문을 한다. "뇌가 입은 상처를 치료할 방법이 있는 건가요? 신경 손상은 고칠 수 있나요? 건강을 회복할 수 있습니까?" 짧게 답한다면 물론이다.

뇌가소성 혁명에 깊은 영감을 받고 이에 흥분하면서 메르체니치의 용어를 언급하는 것은 다 이 때문이다. 메르체니치는 40년 이상 신경가소성에 관한 연구 성과를 냈을 뿐 아니라, 특정 트라우마와 왜곡을 해결하는 프로그램을 만들기도 했다. 그의 말을 가슴에 새겨보라. "우리 뇌가 대대적인 왜곡을 겪어 발달 장애 또는 정신이상 증세가 동반되더라도, 또 살다가 수많은 방식으로 물리적으로 손상을 입었다고 해도, 우리는 다시 강해지고 회복하고 되돌아갈 힘이 있습니다."[32] 우리는, 아니 구체적으로 말해 우리 뇌는 상처를 치유하고 건강을 회복할 힘이 있다. 우리가 괴롭힘이나 학대를 받은 경우, 상처를 치유하고 건강을 회복하는 방법을 배울 때 명심해야 할 몇 가지 원리가 있다.

첫째, *우리 뇌는 지문만큼이나 저마다 다르다*. 천편일률적인 해결 방법은 없다는 뜻이다. 어느 누구도 개개인의 뇌에 좋은 운동을 특정해서 알려줄 수 없지만, 지금까지 꽤 성공적인 결과를 냈으며 누구나 적용하고 적응할 수 있는 증거 기반의 실천 방법과 접근 방식, 심지어 아주 구체적인 훈련 프로그램도 있다. 6장에서는 괴롭힘과 학대 등 트라우마로 피해를 입은 아동과 성인의 신경망을 치유하기 위해 메르체니치와 그의 연구진이 개발한 프로그램을 살펴볼 것이다. 이 책의 8, 9, 10장에서는 각각 치유와 회복을 가져오는 공감, 마음 챙김, 운동이 뇌에 어떤 효과를 미치는지 알아본다.

둘째, 우리 뇌는 저마다 다를 뿐 아니라 적어도 *860억 개의 뉴런*을 가지고 있다. 과학자들은 이따금 뇌가 얼마나 광활하고 대단한 곳인지 전달하기 위해 860억 개의 뉴런을 언급하면서 마치 은하계에 떠 있는 무수히 많은 별과 같다고 말하곤 한다(정확하게 맞는 건 아니지만 그 정도 규모를 전달하기 위해서는 이 방법밖에 없다).[33] 우리 뇌가 광활하다는 사실을 잊지 말라. 은하계만큼 광활한 곳이라 아무도 우리에게서 뇌를 뺏어갈 수 없다. 괴롭힘과 학대로 반짝이던 별 일부가 침침해졌더라도 이들을 다시 밝힐 수 있다. 언제나 우리 뇌는 두개골 안에서 우리가 그들을 꺼내 자세히 들여다보기를 기다리고 있다.

셋째, *같이 발화되는 것은 같이 연결된다*는 말은 약 70년 전 심리학자 윌리엄 헤브William Hebb가 주장한 근본적인 뇌 변화 이론이다. 신경과학 연구에서 반복적으로 주장하는 뇌의 변화 역량은 뇌의 행복을 책임지는 주체가 바로 *우리 자신*이라는 사실을 다시 한번 되새겨준다. 우리 사회는 음악, 운동 또는 학업 같은 활동에서 두각을 나타내거나 재능을 보이려면 시간을 들여 연습해야 한다는 것을 당연하게 생각하고 사회 구성원인 우리가 그렇게 믿도록 교육해왔다. 가만히 앉아만 있어서는 뛰어난 피아노 연주자나 체조 선수, 또는 수학자가 되지 못한다. 뭔가를 성취하기 위해서는 일하고 연습하고 훈련하고 공부하고 실패하고 떨어져도 봐야 한다. 그 후 더 열심히 노력해서 더 다듬어지고 더욱 정교한 훈련이나 수업 방식을 찾는 것이 당연한 이치다. 나는 메르체니치에게 뇌 안에서 이런 성취 과정이 어떻게 이루어지는지 물었다.

연습을 하면서 어떤 기술을 향상하고 싶다고 가정해봅시다. 연습을 하면, 우리 뇌는 이를 비교적 성공적이라고 해석하고 모든 연결을 강화합니다. 즉 매 순간 발화되는(시시각각 '같이 발화'되는) 모든 뉴런을 같이 연결하는 것이죠. 부족한 점을 보완하며 반복하고 발전하다 보면 우리는 드디어 기술 숙달의 길로 들어서게 됩니다.

흥미로운 점은 결코 빠른 처방은 없지만 이런 뇌 변화를 통해, "장기간에 걸쳐 계속 훈련을 반복하면 뇌가 점점 좋은 쪽으로 변할 수 있다"는 사실을 깨닫게 된다는 것이다. 연습을 하면 뇌의 외적인 측면에서는 처리 속도와 작업 기억, 물리적 기술 습득을 향상할 수 있고, 뇌 안쪽에서는 "작업 성공에 기여하는 뉴런 간의 연결 강도가 더 강해진다." 메르체니치는 "서서히, 그렇지만 기필코 우리의 성취 능력은 향상되어 드디어 기술을 숙달하는 경지에 이르게 된다"라고 말하며 끝을 맺는다.[34]

우리의 목적은 이런 뇌 변화 원칙이 치유와 회복에 적용됨을 깨닫는 것이다. 마음을 진정하고 합리적으로 사고하는 뇌의 기능을 아직까지 연습해본 적이 없다면, 해당 신경망을 자주 쓰지 않았다면 뉴런을 같이 연결하는 일이 어려워진다. 뉴런이 연결되기는커녕 괴롭힘과 학대로 인해 불안, 비합리적인 사고 패턴, 방어적 반응을 하는 신경망이 기본 값으로 설정되어 있다는 것을 알게 될 수도 있다. 사소한 일에도 과하게 경계하고 벌컥 화를 낸다면 그동안 괴롭힘과 학대를 당해 상당히 방어적이고 공격적인 공황 상태의 신경망이 발달해서, 기본 값으로 설정된 그 신경망이 계속 발화하고 연결되기 때문이다. 그동안 뇌는 이런 반응 행동을 통해 너무 오랫동안 자신의 안전을 지켜왔기 때문에 이런 행동의 달인이 되었다. 이런 공격적인 반복 행동이 우리 뇌를 형성해 온 것이다.

하지만 우리는 이런 뇌를 바꿀 수 있다. 자신의 뇌가 기본 값으로 불안 또는 우울, 공격이나 자신에게 도움이 되지 않는 신경 패턴으로 설정되어 있더라도 우리는 뇌를 바꿀 수 있다. 쉽지는 않다. 빠른 처방을 기대하지 않으면 좋겠다. 그런 처방은 없다. 신경망을 바꾸려면 여러 시간, 여러 날, 수개월에 걸친 집중 연습이 필요하지만, 시도할 가치가 있다. 그리고 이 책의 실천 단계에서 다루겠지만, 이런 집중 연습을 가능하게 만들어줄 방법도 있다. 지난 50년 동안 뇌가 개조되고 변할 수 있다는 것을 직접 목격해 온 과학자로서, 메르체니치는 우리가 먼저 뇌의 회복 능력을 이해하는 것이 중요하다고 말한다.

저는 보통 뇌의 노화를 집중 연구해왔지만, 중요한 것은 신경학적 장애의 원천과 교정력이 있는 뇌가소성 원칙은 상처가 있거나 심리적 외상 또는 발달 장애가 있거나 환경적으로 궁핍하거나 마음이 뒤틀렸거나 약물에 오염되었거나 감염 또는 중독, 우울, 집착, 혐오, 걱정, 산만, 산소 결핍 또는 정신질환이 있는 사람을 비롯해 천여가지의 뇌 기반 질환 중 어떤 것에도 다 적용되며, 당연히 노화 또는 이와 관련하여 심지어 현재 수행 능력이 상당히 높은 뇌의 잠재력을 키우는 데도 적용할 수 있다는 것이죠.[35]

다시 말해 교정력이 있는 뇌가소성 원칙은 다양한 트라우마를 앓고 있는 모든 고유한 뇌에 다 적용된다. 비록 자신의 뇌가 괴롭힘을 당했거나 학대로 인해 심적 외상을 입지 않았다고 해도, 자신의 뇌가 매우 건강하고 수행 능력이 상당히 좋더라도, 교정력이 있는 뇌가소성의 놀라운 힘을 이용하면 뇌 성능을 *훨씬 더* 높일 수 있다. 호주 출신 다큐멘터리 제작자이자 TV 명사인 토드 샘슨Todd Sampson은 3부작 시리즈 〈뇌를 다시 설계하라Redesign My Brain〉를 만들었다. 이 프로그램에서 메르체니치는 샘슨의 고성능 뇌를 한층 더 우수하게 업그레이드시켰다. 그의 작업 기억과 처리 속도, 집중력, 창의력, 신체 지능, 시각화 기술, 정서 지능이 모두 향상되었다.[36] 트라우마를 겪은 뇌로는 그 기능을 다방면으로 최적화할 수 없다.

넷째, *우리 뇌는 근육과 같다.* 쓰지 않으면 힘과 유연성, 지구력을 잃을 수 있다. 따라서 훈련을 통해 뇌를 바꾸는 것은 훈련을 통해 몸을 바꾸는 것과 동일하다. 몸의 균형이 무너졌다고 상상해보자. 가장 먼저 헬스클럽에 가서 예전의 몸을 되찾아야겠다고 생각한다. 일단 작은 것부터 실천해야 한다. 소파에 앉아 넷플릭스만 시청하다가 갑자기 10킬로미터를 뛸 수는 없다. 목표는 꾸준히 해낼 수 있는 합리적인 계획을 세우는 것이다. 우선 매일, 그리고 매주 목표를 정한다. 심장, 폐, 근육이 서서히 그렇지만 분명히 더 강하게 단련되고 지구력이 향상되도록 매주 살핀다. 소파에 앉아 있는 것을 너무 많이 연습한 탓에 이 신경망이 우리 몸에 기본 패턴으로 설정되어 있기 때문에 처음에는 마음을 단단히 먹어야 한다. TV 시청 신경망을 지나치게 많이 발화한 탓에 이 패턴이 뇌에 고착되었고, 그게 바로 뇌가 원하는 것이 되어버렸다. 갑자기 이 패턴을 바꾸면 뇌는 안전지대에서 밀려난 느낌을 받으면서 어려움을 느끼고 어쩌면 호기심이 약간 생길지도 모른다. 그 호기심을 이용하라. 멋진 몸이 되면 내 인생이 어떻게 될까?

멋진 몸을 만드는 데 걸리는 시간은 각자의 몸마다, 각자의 뇌마다 다르다. 나의 경우 6개월 정도가 걸린다. 6개월이 지나면 나는 완전히 다른 사람이 된다. 소파에 편안히 앉아 드라마를 볼 시간이 없지 않을까 걱정하는 대신, 달리기를 하러 나갈 시간이 없지 않을까 걱정하게 된다. 이것은 완전한 반전이다. 우리 뇌는 우리 몸과 비슷한 패턴을 따른다. 우리는 (평온과 대응 같은) 필요한 신경망을 강화하고 이들을 (굳지 않게) 유연하게 만들 수 있다. 불안 또는 공격의 신경망을 발화하지 않으면 이들은 사용 부족으로 퇴화된다. 더 이상 기본 패턴이 아니게 되는 셈이다.

다섯째 원칙은 우리 뇌는 *한정된 대뇌피질 공간*을 가지고 있어 자신에게 유용하다고 여겨지는 것만 저장할 수 있다는 것이다.[37] 신경망을 규칙적으로 발화하지 않으면 해당 신경망은 퇴화된다. 이 원칙을 설명하기 위해 신경과학자들은 "뇌의 대뇌피질 공간은 한정되어 있다"는 말을 쓴다. 뇌에 관해 설명하면서 "사용하라, 그러지 않으면 잃는다"는 말을 상기시키는 것이다. 다시 말해 우리 뇌는 사용하지 않는 신경망은 없애버린다. 친절의 신경망을 반복적으로 발화해서 이 패턴이 뇌에 연결되면 불친절하거나 남을 괴롭히는 행동의 신경 공간은 더 이상 남아 있지 않게 된다. 연민의 신경망을 반복적으로 발화해서 이 패턴이 뇌에 연결되면 잔인하거나 학대하는 행동의 신경 공간은 더 이상 남아 있지 않게 된다. TV를 시청하거나 인터넷에 접속하는 것처럼, 한 사회 구성원이 의무적으로 건강한 사회 행동에 시간을 할애해야 하는 사회, 즉 이 기술을 연습하고 해당 신경망을 발화해야 하는 그런 사회를 상상해보라.

뇌에서 마음 속 가해자에게 할당되는 시간이나 대뇌피질 공간을 없애면, 이 파괴적인 신경망을 지탱하는 뇌 속 신경망은 퇴화된다. 그렇게 되면 회복된 우리의 마음은 자기를 방치하지 않고 스스로를 돌보며, 뇌와 몸 모두를 위해 학대 없는 치유의 시간을 보내기로 결정할 수 있기 때문에 마침내 마음-뇌-몸의 삼위일체가 이루어진다. 앞으로 자세하게 논의해볼 테지만, 연구 결과 운동, 마음 챙김, 긍정적인 마음가짐, 집중적인 뇌 훈련이 우리 뇌의 성능을 향상한다는 것은 분명하다. 뇌 속 건강한 신경망을 강화하면 이의 도움으로 우리 마음은 더욱 현명한 결정을 내릴 수 있고, 그 결과 마음-뇌-몸의 건강에 매진하게 되면서 이들의 협응력도 높아지게 된다. 건강한, 고성능의 마음-뇌-몸을 만들면 우리는 자신의 놀라운 잠재력을 훨씬 잘 발휘할 수 있다.

2

학대는 필요악이라는 거짓말

1990년대 중반, 미국 뉴저지에 위치한 한 고등학교 학생이었던 데이미언 셔젤Damien Chazelle은 들어가기 힘들다고 소문난 재즈 밴드에 가입하여 손이 부르트고 피가 날 때까지 드럼 연습에 몰두했다.[1] 밴드에서 했던 드럼 연습은 폭력으로 얼룩져 있었고, "드럼 가죽이 찢어지고 드럼 스틱이 부러질 정도로 연습한 탓에" 셔젤의 귀는 "쉴 새 없이 윙윙거렸다."[2] 많은 관중 앞에 서야하는 무대 공포 대신 셔젤은 지휘자가 주는 공포에 질려 있었다고 당시를 회상한다. "드럼 주자인 제가 두려워한 대상은 오직 지휘자뿐이었습니다."[3] 이런 교사로 인해 매일매일 느꼈던 공포는 셔젤의 잠자리까지 파고들었다. "무대에서 드럼을 치다 비트를 놓치는 악몽을 계속 꾸었죠."[4] 불안은 급기야 음악에 대한 애정을 잠식하면서 지휘자 주변을 맴돈다. 셔젤은 학대받는 상황에서 오히려 학대자를 숭배하는 현상을 경험하는 것처럼 보인다. "자신의 야망과 목표 그리고 꿈이 한 사람에게 집중적으로 투하된다는 것은 재미있는 일입니다. 이런 식으로 그 사람은 괴력을 보유하게 되죠"라고 당시를 회상한다.[5] 셔젤은 이런 경험에 소진되어 급기야 여기에 완전히 동화되는 지경에까지 이르게 된다. "저는 재즈 드러머였고 그건 한동안 제 인생이었습니다. 매일 살면서 숨 쉬는 모든 것이었죠."[6]

자나 깨나 하는 끊임없는 연습과 인정사정없이 모욕을 주는 교사. 몽고메리가 몸담았던 농구가 아니라는 것을 빼면 내게는 상황이 꽤 익숙하게 들렸다. 하지만 재즈 교사가 음악도이자 10대인 셔젤에게 행사한 힘이 충분하지 않았던지, 셔젤은 끝내 음악의 길에서 벗어나 애초에 좋아하던 영화의 길로 돌아간다. 몸과 마음이 크는 시기에 학대하는 멘토와 시간을 보내며 셔젤은 불안과 우울감에서 벗어나려 몸부림쳤다.[7] 하버드대학에서 시각 환경학으로 학사 학위를 받은 후 만든 영화는 모두 음악과 관련된 것들이었다. 2014년, 학대하는 재즈 선생을 주제로 만든 영화 〈위플래시〉가 평단의 호평을 받으며 상영되었다. 이 영화의 주연인 드럼 주자 앤드루 니먼은 지휘자 테런스 플레처의 집중 공격 대상이다. 앤드루는 영화에서 손에 피가 날 때까지 지독하게 드럼 연습에 몰두한다.

셔젤은 〈위플래시〉를 열병에 걸린 사람처럼 썼다고 회상한다.[8] 이 영화는 음악하는 기쁨에 관한 영화가 아니라 공포와 고통에 관한 영화다.[9] 10대 시절, 셔젤은 드럼 연주에 열정을 가득 품고 있어 시간나는 대로 한 번에 몇 시간이라도 연습에 몰두했지만, 결국 이 열정은 그가 받은 학대와 뒤엉켜버렸다. 셔젤은 열정 넘치던 연습이 아닌 모욕당한 순간들을 기억한다. "그 재즈 밴드에 관해 기억나는 일이 아주 많습니다. 지휘자는 틀리게 연주한 사람을 색출하거나 밴드 대원이 지켜보는 앞에서 저를 지목해 수시간 동안 연주를 반복하게 했죠."[10] 신경과학 연구에 따르면 청소년 시기에 이런 식으로 교사에게 색출을 당해 다른 학생이 보는 앞에서 모욕을 당하면 발달하는 뇌가 극심한 스트레스를 받는다고 한다.[11]

셔젤은 재즈 밴드에서 공포로 물든 시간 덕분에 본인의 실력이 성장했다고 본다. "제 이야기의 결말은 결국 제가 드럼을 정말 잘 치게 되었다는 거예요. 만약 지독한 지휘자와 숨 막힐 만큼 가혹한 환경이 아니었더라면, 저는 드럼을 그렇게 잘 치지 못했을 겁니다."[12] 하지만 셔젤 스스로 일군 성취와 비교하면 고등학교 시절 '정말 잘 치는 드럼 주자'가 된 것은 별것 아닌 것처럼 느껴진다. 〈위플래시〉는 아카데미상 5개 부문 후보에 올랐고 최고각색상을 포함한 3개 부분에서 상을 수상했다. 차기작 〈라라랜드〉는 아카데미상 14개 부문 후보에 올랐고, 최고감독상을 비롯한 6개 상을 거머쥐었다. 셔젤은 아카데미 역사상 가장 젊은 나이에 감독상을 받았다.

셔젤이 드럼을 치면서 혹독한 훈련을 받았고 또 그 덕분에 드럼을 잘 치게 되었다고 말하는 걸 보면, 영화를 찍을 때도 음악할 때와 똑같이 가혹한 환경을 조성하지 않았을까 싶다. 그러나 셔젤은 〈위플래시〉의 초점은 음악이 아닌, 그가 배우고 훈련받은 환경이었다고 말한다. "드럼이라는 악기의 특성 이전에 정서를 먼저 잡아내고 싶었습니다. 음악가로서 느끼는 두려움, 무대 위에서 느끼는 두려움, 사람들에게 기쁨을 주는 행위를 해야할 때 느끼는 두려움이 어떤 느낌인지 표현하고 싶었어요. 이런 정서를 표현한 영화는 공포에 관한 영화이기 때문에 마치 스릴러물처럼 느껴질 겁니다."[13] 학생들에게 공포심을 주입하는 것이 셔젤의 음악 선생이 채택한 방식이었지만, 그는 두 편의 아카데미 수상작을 감독할 때 기쁨과 자유가 넘치는 작업 환경을 조성하는 데 중점을 두었다. "저는 세트장이 행복한 장소였으면 합니다. 사람들이 마음껏 경험할 수 있는 그런 곳 말입니다."[14]

영화에서 셔젤은 예술 감성 충만한, 상처받기 쉬운 10대를 내세워 이야기를 전하지만, 이내 영화의 초점은 위협적이고 모욕을 일삼는 지휘자가 그의 뇌에 박아 넣는 메아리로 옮겨간다. "훌륭한 드러머가 되겠다는 저의 동기는 두려움에서 태어났습니다. 이 두려움은 어떤 면에서 예술이 추구하는 바와는 정반대인데도 말이죠."[15] 그러나 그는 이런 생각을 막강한 지휘자에게 억눌려 보낸 10대 시절에 내면화한 믿음으로 반박한다. "'응석을 받아주지 말라, 잘했다고 마냥 칭찬하지 말라'는 말은 어느 정도 일리가 있다고 생각해요."[16] 이걸 보면 과거에 일어난 일과 그 일에서 깨달은 사실을 묘사할 때 셔젤이 마치 두 가지 상반된 목소리를 내는 것 같다.

놀라운 일은 학대당한 경험으로 돌아가면서 셔젤은 트라우마가 종종 그렇듯, 다시 한번 공포에 질렸다는 점이다. "〈위플래시〉는 저를 공포로 몰아넣었죠." 그러나 시나리오작가이자 감독으로서 셔젤은 실생활에서, 즉 경험과 감성 양쪽에서 작품을 끌어오고 싶다고 설명한다. 그는 위대함에 관해, 위대함이 치를 값어치와 의미하는 바에 관해 질문을 던지려 했다. "여전히 사회에서 자신들의 입지를 찾고 있는 어린 학생들의 마음에 위대함이 어떤 영향을 끼칠까요?"[17] 가혹하고 숨 막히는 환경을 만들던 막강한 지도자 곁을 떠난 상태에서, 셔젤은 있는 힘껏 용기를 내어 지독한 스트레스와 트라우마가 가득했던 그 시기로 돌아간다. "작품을 만들면서 두려움이 엄습해 올 때마다 시도할 만한 가치가 있겠다는 생각이 들었습니다."[18] 셔젤은 일종의 순환 논리로 우리를 끌어들인다. "그는 동기부여가 목적인 공포 가득한 환경에서 재즈를 배운다. 그 공포가 동기부여는 되었지만 결국 그는 음악과 멀어지게 된다. 하지만 그는 감독으로 돌아와 자신이 시나리오를 쓰고 감독하는 영화에서 공포의 경험을 풀어낸다."

음악계와 스포츠계에서 자행되는 학대

2015년 《괴롭히는 교사》를 출간한 이후, 나는 인터뷰 요청과 가족이나 변호사와의 상담 요청 또는 괴롭힘과 학대 행위에 관한 회의와 모임에 참석해 달라는 요청을 자주 받았다. 그런 자리에서 불가피하게 모진 것과 학대하는 행위 사이의 미묘한 차이를 이야기해 달라는 질문을 받곤 했다. 미묘한 차이는 없다. 대신 이런 질문은 괴롭힘의 패러다임이 그렇지 않은 모습으로 감쪽같이 위장한다는 것을 보여주는 대표적인 예라고 볼 수 있다. 부모, 교사 또는 코치로서 아이들에게 뒷심과 오뚜기 근성을 가르친다는 이유로 이들을 모질게 훈련할 때는 방법이 맞는지 의심할 필요가 있다. 광범위하게 실시한 여러 연구 결과에 의하면, 어른들은 안전, 믿음, 공감의 환경에서 (불가능한 기대가 아닌) 기대치를 높게 설정하고 아이들이 저마다 최고의 기량을 달성할 수 있고 달성할 것이라는 믿음에 매진하면서 이들을 매 단계마다 지지해줄 필요가 있다고 한다. 이런 교육 방침은 아이들을 위협하고 가혹하게 대하고 비하하거나 또 어떤 아이는 편애하고 다른 아이는 나무라는 그런 방식과는 거리가 아주 멀다. 아이에게 엄격한 것과 아이를 비하하는 것의 차이는 아주 크다.

비하하거나 모욕을 주는 행위가 피해자 뇌에 가하는 영향을 조사하면서 정신과 전문의 베셀 반 데어 콜크Bessel van der Kolk는 학대 행위 피해자는 강렬한 수치심 때문에 자기와 눈도 마주치지 못했는데, 이 수치심이 비정상적인 뇌 활동으로 나타난다는 사실을 발견했다. 건강한 뇌의 경우, 누군가의 눈길을 받으면 전전두엽 피질이 눈길을 준 사람을 평가한다. 전전두엽 피질은 뇌에서 가장 늦게 성숙하는 부위인데, 종종 뇌의 CEO라 불린다. 이 부위는 미래를 생각하고 결과를 가늠해보고 이성적이고 이치에 맞게 생각하고 상황을 다양한 관점에서 판단하는 사고 과정에 참여한다. 즉 전전두엽 피질은 의사 결정, 계획, 자기통제, 사회관계, 자아 인식에 관여한다.[19] 반 데어 콜크에 따르면 만성 트라우마를 겪은 사람들은 전전두엽 피질이 활동을 하지 않고, 대신 정서적인 뇌의 깊숙한 곳에 위치한 수도 주변 회백질Periaqueductal Gray이 강렬하게 반응한다. 뇌의 이 부위는 생존과 관련되어 있어서 깜짝 놀라고 과잉각성을 일으키고 위축되는 등 방어 및 자기 보호와 관련된 행동을 일으킨다. 학대를 당한 사람들은 그들의 본능적인 생존 모드를 극복하는 것과 타인의 눈길에 자신감과 호기심으로 응답하는 데 어려움을 겪는다.[20] 하지만 우리가 (학대와는 정반대인) 엄격한 방식으로 훈련받는 경우, 뇌는 타인과의 상호작용을 전전두엽 피질을 통해 처리한다. 다른 사람과 눈을 편안하게 맞출 수 있고 놀라거나 위축되지 않는다. 우리 뇌의 CEO는 자신감과 책임감이 넘친다.

2014년에 〈위플래시〉를 극장에서 보는데, 어느새 내 뺨 위로 눈물이 주르륵 흘러내렸다. 학대 행위를 지켜보는 게 너무 고통스러웠다. 8명 학생의 증언으로 직접 알게 된, 몽고메리가 겪은 바로 그 고초가 영화 속에서 묘사되었기 때문이다. 10대 아이들이 기억을 짜깁기해 짧게 보고하는 학대 행위를 듣는 것과, 학대 행위가 영화에서 살아나 피해자에게 강렬한 트라우마를 일으키고, 그 결과로 일어나는 자살과 가해 교사의 정당화를 꼼짝없이 지켜보는 것은 전혀 별개의 일이다.

영화를 본 관객들은 플레처가 제자들에게 엄격한 건지, 제자들을 깔아뭉개는 건지 갈피를 잡지 못한다. 이런 혼동은 괴롭힘과 학대가 흔한 세상에서 당연히 일어나는 현상이다. 한 인터뷰에서 셔젤은 플레처의 생각을 이야기한다. "만약 100명의 학생 중에 99명이 내 교육 방식 때문에 낙담하고 짓밟히더라도, 단 한 명이라도 찰리 파커Charlie Parker가 된다면 그것은 가치 있는 일이다." 셔젤은 재능은 발견할지 몰라도 추구 과정에서 많은 상처를 남기는 이런 사고방식에 동의하지 않는다고 재빨리 덧붙인다.[21] 셔젤의 상충되는 감정은 동기에 대해 이야기하는 인터뷰에서 다시 표면 위로 떠오른다.

저는 개인적으로 공포가 동기를 유발한다고 생각하며, 우리는 이점을 부인하면 안됩니다. 플레처 같은 사람은 공포를 먹이로 삼습니다. 그의 방법론이 때때로 실생활과 영화에서 먹히는 이유가 있는 거죠. 그러나 플레처의 방법은 이 탁자 위에 있는 개미를 죽이는 데 불도저를 쓰는 것과 같아요. 개미는 죽였겠지만 다른 피해도 많이 남기는 거죠.[22]

괴롭힘의 패러다임에서 훈련받은 사람들은 이 문제에 관한 셔젤의 양분된 감정에 공감한다. 일부 영화 비평가와 평론가는 플레처를 학생들 안에 내재된 재능을 계발하는 열정적이고 헌신적인 지도

자이자 제자들에게서 최고의 성취를 원하는 불같은 교육자로 본다. 자살한 학생, 즉 이런 교육 방식의 '잔해'인 숀 케이시는 무시된다. 플레처는 밴드 단원들에게 그가 차 사고로 사망했다고 전하지만, 사실 케이시는 불안과 우울증에 시달리다 목을 매 자살했다. 앤드루 또한 공연장으로 가는 도중 차 사고를 당하는데, 이 때문인지 앤드루와 케이시가 좀 더 가깝고도 불길하게 밀착된다.

괴롭힘의 패러다임은 괴롭힘과 자살 간의 상관관계를 떼어 놓으려 애를 쓴다. 하지만 괴롭힘, 희롱, 학대, 2차 피해를 자살과 떨어뜨리려는 노력이 수포로 끝나, 우리 시대는 '괴롭힘으로 인한 자살 bullycide'이라는 신조어를 만들어야 했다. 이 단어가 말해주듯 피해자는 마음속 가해자를 두고 살 수 없어, 불안과 스트레스와 절망적인 우울감을 벗어나기 위해 스스로 생을 마감한다. 〈위플래시〉의 한가운데 자리한 자살 문제는 괴롭힘의 패러다임에 관한 결정적인 질문을 제시한다. 학대하는 지휘자는 할리우드 영화를 만들기 위한 지나친 설정인가? 드라마 측면에서 정서적 학대와 자살이 조금이라도 관련이 있는가?

런던대학의 공연 수석이자 음대 강사인 이안 페이스Ian Pace는 〈위플래시〉에서 밴드 교사가 보여주는 괴롭힘은 전형적이고 일반화된 사례라고 알려준다.

엘리트 음악 코스를 거쳐 전문 음악인으로 일하면서, 또 은밀하게 들려오는 많은 정보를 통해 목격한 것은 막강한 힘을 가진 파렴치한 음악인들의 제도적인 지배 패턴, 무자비, 인간성 말살, 괴롭힘, 정서적 조종이었고, 성폭행은 그런 여러 패턴 중 하나다.[23]

스포츠계의 경우, 사람들은 스포츠가 다른 직업이나 훈련과 전혀 딴판인 괴물 같은 분야라고 주저 없이 말한다. 그 세계가 얼마나 힘든지, 그 벽이 얼마나 높은지, 그걸 깨고 영광으로 가는 길이 얼마나 힘든지 알려면 우리가 직접 그 세계에 *들어가* 봐야 한다고 말이다. 고함, 욕설, 신체적·심리적 위협, 동성애 혐오 욕설 같이 다른 상황에서라면 괴롭힘과 학대로 *간주될* 것들이 스포츠 경기의 치열한 세계에서는 사실상 당연하게 여겨진다. 하지만 페이스의 말대로 *예술계*에서도 스포츠계와 동일한 학대 행위가 이루어진다는 사실은 시사하는 바가 크다. 아니, 재즈 교사나 발레 강사는 훈련 교관이나 미식축구 코치, 보이스카우트나 종교 지도자와 다른 교육 방식을 써야하는 것 아닌가?

실상은 그렇지 않다. 〈위플래시〉는 관객에게 군대나 코칭 스포츠에서 자행되는 학대 전략이 음악학교, 직장, 교회학교에서도 똑같이 나타날 수 있음을 보여준다. 맥락에 관계없이 학대는 학대인데도, 우리는 이런 불편한 현실을 부정하기 위해 온갖 추한 형태에 몰두한다.

〈슬레이트 매거진〉에서 제이 브라이언 로더J. Bryan Lowder는 테런스 플레처가 쓰는 동성애 혐오를 이렇게 분석한다.

> 밴드 교사의 욕설은 반유대주의와 이런저런 불쾌한 영역을 건드
> 리는데, 그중 동성애 혐오는 그만의 안성맞춤 무기가 된다. 그가
> 현대 문화를 구제 불능일 정도로 '약해 빠진 게이' 문화라고 느끼
> 기 때문이다. 플레처에 따르면, 현 시대의 상징인 '좋은 직업'은
> 동성애자가 판치는 평범한 세계로 들어가는 초대장이다.[24]

스포츠계에서 동성애 혐오 욕설을 듣는 10대 학생들은 이것이
다 그들을 단련시키기 위해서라는 말을 듣는다. 그러나 왜 재즈 러
허설에서 음악 교사가 그런 욕을 해야 하는가? 트럼펫이나 피아노
를 치려면 강하게 단련되어 하는가? 오늘날 학대의 격납고에서 이
런 욕은 언어 학대, 즉 말로 사람에게 상처를 입히는 행위다. 그런
데 이렇게 모욕적인 말은 동성애 혐오와 여성 혐오라는 이중 무기
로 개인의 성적 자아도 공격한다. 이런 말은 여성을 불쌍하고 나약
하고 형편없는, 구역질 나는 존재로 깔아뭉개는 동시에 자신도 계
집애 취급을 당할지도 모른다는 공포의 감정을 자아낸다. 어린 학
생들이 다른 사람을 공격하거나 폭력을 행사하면서 동성애 혐오와
여성 혐오 욕설을 남발하면, 우리는 즉시 비난-수치-추방 모델을
가동한다. 얼마나 영향력 있는 성인이 가르치거나 지도하길래 학생
들이 이렇게 무시무시한 행동을 저지르는지, 둘 사이의 관계를 생

각해보지도 않고 말이다.

도대체 동성애 혐오가 어떻게 재능을 발굴한단 말인가. 재능의 온상을 조성하는 한 방편으로 동성애 혐오나 여성 혐오 또는 반유대주의나 인종차별주의가 서로 연관되어 있다고 주장하면서 교육학적·심리학적·신경과학적 증거를 제시하는 연구 결과는 한 번도 본 적이 없다.

학대 행위는 우리의 회복탄력성을 높여 가혹한 세상에서 성공할 수 있도록 이끌어준다는 믿음이 뿌리 깊게 박혀 있지만, 연구 결과는 모욕부터 성희롱까지 모든 형태의 학대는 스트레스 수준을 높여 학습과 성공을 *방해한다*는 점을 분명히 밝힌다.[25] 왜 그럴까? 이미 밝혔지만, 만성 스트레스는 뇌를 공격해 뇌 구조에 손상을 입히기 때문이다. "경미한 스트레스가 만성이 되면 코르티솔이 걷잡을 수 없이 분비되면서, 시냅스 연결이 끊기고 가지돌기^{dendrites}가 위축되면서 세포가 사멸하는 유전 활동이 촉발된다. 결국 해마가 물리적으로 건포도처럼 쭈그러든다."[26] 배우고 생각하고 추론하고 문제를 해결하는 활동을 할 때, 이 활동의 목표는 뇌 속의 시냅스를 *연결하는* 것이다. 그러나 만성 스트레스를 겪으면 이 시냅스의 연결이 *끊기게* 된다. 해결 방법은 가지돌기를 키워서 확장하는 것, 즉 신경망에서 가지를 더욱 뻗쳐내는 일인데, 뇌세포의 전송 라인, 즉 축삭돌기^{axons}를 미엘린으로 감싸서 절연시키면 활동의 효율성을 높일 수 있다. 가지돌기의 확장과 축삭돌기의 미엘린화는 연습과 리허설이 추구하는 모든 것이라 해도 과언이 아닌데, 스트레스를 받으면 뇌 속의 가지돌기가 *위축된다*. 게다가 반복적으로 만성 스트레스를 받으면 미엘린화가 일어나지 않아 뇌 속의 기억 중추가 쭈그러드는 것은 물론, 뇌세포가 무럭무럭 자라지 못하고 *사멸하고* 만다. 학대 행위는 '심리전 교육 방식', '지속적인 괴롭힘 및 학대 작전'으로 표현된다.[27] 셔젤 같은 사람이 교사의 학대 행위를 아카데미 수상작으로 만들어내기까지 이런 행위가 얼마나 많이 일어나고 은폐되었을까. 심지어 이런 상황에서 〈위플래시〉가 학생들의 든든한 보호막 구실을 한 것 같지는 않다.

2013년 이후, 럿거스대학의 야구 코치 마이크 라이스Mike Rice를 시작으로 전미대학체육협회 코치들이 학대 행위로 줄줄이 해고되었다. 이런 사람들의 인성 묘사에는 어김없이 지킬 박사와 하이드가 등장한다.[28] 마찬가지로 심리학자들은 가정 폭력에서 인격 분열을 이야기할 때 "지킬 박사와 하이드가 공포의 가면을 벗다" 같은 표현을 사용한다.[29] 이 용어는 로버트 루이스 스티븐슨Robert Louis Stevenson이 쓴 19세기 소설에서 따왔다. 이 소설에서는 심지가 곧고 존경받으며 배려심 많은 의사인 지킬 박사가 등장하는데, 이 사람의 또 다른 자아는 폭력적이고 파괴적인 성격의 냉혈한이다. 그는 하고 싶은 것을 맘대로 할 때는 다른 사람이 눈치채지 못하도록 외모를 하이드로 바꾼다. 하지만 어느 날 지킬 박사는 괴물 같은 살인마인 하이드로 변신한 후 다시 돌아오는 능력을 상실해 결국 자살을 한다. 아주 친한 친구와 가족마저 지킬 박사와 하이드가 동일 인물이라는 사실을 모른다. 마찬가지로 학대 사건에서 사람들은 한 인물 안에 전혀 다른 두 인성, 즉 지킬 박사같이 존경받는 전문 직업인에 교육을 잘 받은, 고상하며 사람들에게 인기가 많은 인성과 하이드처럼 폭력적이고 집착이 심하고 남에게 해를 가하는 학대자 인성이 함께 존재한다는 사실에 놀라움을 금치 못한다.

〈위플래시〉는 눈 깜짝할 사이에 학대하는 가해자에서 매력적인 사람으로 바뀌는, 지킬 박사와 하이드와 같은 이중인격자의 모습을 정확히 그리고 있다. 영화에서 플레처는 손가락 한 번만 튕기면 매력적인 사람에서 냉혈한으로 또 불같이 화를 내는 사람으로 바뀌는 마력의 괴물로 묘사된다.[30] '마력의 괴물'이라는 말 자체가 인간성이 빠진 말이고, 피해자와 가해자 모두 괴롭힘의 패러다임에서 인간성이 말살된다는 사실에 주목해야 한다. 하지만 피해자와 가해자를 이야기할 때 뇌가 손상되었다거나 이상해졌다는 측면으로 보는 경우는 없다. 어느 쪽도 회복과 치유를 위해 뇌 재활이나 뇌 훈련을 받지 않는다.

메르체니치는 아동기에 뇌가 손상되거나 왜곡된 사람이 자라서 다시 남을 괴롭히는 상호 비극의 사태를 언급한다. 이런 사람은 남을 학대하고 해를 입히고 상황을 왜곡하는 가해자인 동시에 어린 시절 학대를 당한 피해자다. 그의 주장을 뒷받침하는 과학 연구는 방대하지만, 메르체니치는 괴롭히고 학대하는 뇌는 "신경학적으로 뭔가 문제"가 있다고, 단도직입적으로 이 현상을 표현한다. 사람들은 무의식중에 그런 행동을 배우고, 이들의 뇌는 괴롭히는 멘토에게서 반복적으로 자극을 받는다. 아동기에 학대를 당하면 뇌가 약해지고 왜곡되어 결국 파괴적이고 남을 조종하는 행동이 생겨난다.[31] 신경과학적 관점에서 잘잘못을 따지려고 드는 것은 닭이 먼저인지, 달걀이 먼저인지 따지는 것과 같다. 대신 누구의 잘못인지 따지는 데 들이는 시간을, 상처를 치유하고 악순환을 멈추게 하는 데 집중적으로 할애할 수 있다. 연구에 따르면 괴롭힘을 당하면 그 영향이 "직접적이고 다양하게 발현되며, 그 파장이 오래 지속되고, 피해자나 가해자 모두에게 막심한 피해를 남긴다." 아동기에 괴롭힘을 모면한 사람들은 안전하지만, 괴롭힘을 당한 피해자였거나 피해자였다가 나중에 가해자가 된 경우는 청소년기 정신이상을 일으킬 위험이 있다.[32] 이래서 상호 비극이다. 괴롭힘과 관련된 모든 뇌는 치유가 필요하다.

가해자에게 나타나는 4가지 인성

괴롭힘과 학대에 관한 연구에서는 전문가들이 '어둠의 4총사'라고 칭하는 4가지 인성을 찾아볼 수 있다. 괴롭히고 학대하는 사람에게 중첩되어 나타나는 이 4가지 특성은 각각 나르시시즘, 반사회적 성

격 장애, 가학성 성도착증, 그리고 마키아벨리즘이라고 알려진 남을 조종하고 기만하는 행위다.[33]

나르시시스트는 너무 자기중심적이라 자신의 모습 이외에 남을 바라보고 피해자의 고통이나 괴로움을 느낄 마음속 여지가 없다.[34] 정신과 전문의 스탠리 그린스펀Stanley Greenspan은 아동기 때 성인에게 정서적으로 학대당하거나 방치되어 정서가 차단된 사람은, 많은 경우 "다른 사람에게 마음 아픈, 심지어 치명적인 해를 가하지만, 피해자가 자기와 똑같이 감정을 가지고 있다는 사실을 실제로 인지하지 못한다"고 말한다.[35] 나르시시스트는 자연적·정서적 발달을 차단한 부정적 아동기 경험으로 인해 자기의 행동이 해롭다는 점을 알지 못하고 본인이 오히려 피해자라는 믿음을 갖게 된다. 나르시시즘은 공감 결여, 과장, 정서 조절 불능으로 특징되는 심각한 장애로, 뇌 이상과 관련이 있다.[36] 이는 심각한 질환으로, 거짓말을 잘하고, 매력적이면서 똑똑하고, 교활함과 남을 조종하는 권모술수에 의지하는 거창한 자아로 모습을 드러낸다.

나르시시즘이 뇌 속에서는 어떻게 나타날까? 학대를 당하지 않은 뇌는 공감 영역이 활성화되어 있는 반면, 나르시시즘이 발현된 사람의 뇌에서는 "공감 부위, 특히 오른쪽 전측뇌섬엽anterior insular의 활동이 확연하게 줄어든다." 신경 영상 자료를 더 살펴보면 나르시시즘 경향이 심한 사람은 전측뇌섬엽 활동이 더 저하되어 있다는 사실을 알 수 있다.[37] 최근 연구 결과에 따르면 전측뇌섬엽 피질에 생긴 종양 절제로 뇌에 환부가 생긴 환자들은 고통에 공감하는 뇌 활동이 부족한 것으로 나타났다. 깜짝 놀랄 만한 사실은 전측뇌섬엽 피질에 병소가 있는 환자의 공감 결핍 증상이 경계선 성격 장애와 자기애성 성격 장애 등 여러 정신질환에서 보이는 공감 결핍 증상과 놀라울 정도로 유사하다는 것이다.[38] 만약 어떤 사람이 종양 제거로 뇌에 병소가 생겨 파괴적인 행동을 보인다는 사실을 알면, 그 사람에게 동정심이 생기겠는가? 어떤 사람에게 어린 시절의 학대로 인해 뇌에 위와 필적할 만한 병소가 생겼다면, 이럴 경우에도 동정심이 생기겠는가? 우리는 전자는 의료적 문제로 보는 반면, 후자는 의식적인 선택 및 형편없는 인성의 증거로 보는 경향이 있다. 목표는 이런 행동을 재활이 필요한 대상으로 보는 것이다. 사람들이 종양이나 병소 같은 의료적 문제로 고통받는다면, 우리는 가장 최신 치료 방식으로 이들을 고쳐주려 애쓴다. 그렇다면 이와 비슷하게 학대로 인한 뇌 손상으로 고통받는 사람들에게는 왜 똑같은 관심을 기울이지 않는가.

나르시시즘이 좀 더 심각하게 발현된 사람들은 "전전두엽 피질과 복측 선조체ventral striatum 등 특정 뇌 영역 간의 연결성 역시 낮았다." 이들 영역이 잘 연결되고 통합되면 자신에 대해 긍정적으로 사고할 수 있는 반면, 이들 뇌 영역의 활동 수준이 낮으면 자꾸 다른 사람에게 확인을 받고 동의를 구하려고 한다. 이런 특성이 나르시스트에 관한 심리학적 연구 결과와 일치하는데, 이들은 겉으로는 자신만만하고 스스로를 과시하지만 실제로는 낮은 자존감과 자기혐오로 괴로워한다. 자아 개념이 부족하기 때문에 왜 그런지 이해하기 어렵고 어쩌면 이해가 불가능할지도 모른다.[39] 나르시시즘의 신경과학은 보기보다 훨씬 복잡하지만 핵심은 상처를 입은 뇌는 치유가 필요하다는 점을 기억하는 것이다.

가학성 성 도착증과 반사회적 성격 장애는 나르시시즘이 심해진 상태로 증세가 겹치는 부분도 있지만, 마키아벨리즘은 뚜렷한 다른 특성을 보인다. 연구에 따르면 마키아벨리처럼 통제력을 얻기 위해서라면 권모술수도 마다하지 않는 사람들은 통제 집단과 비교하여 사회 정서적 이해와 공감, 정서 지능이 떨어진다. 이들은 선제공격이 없어도 먼저 공격을 하고, 단기적 이득을 위해 타인을 조종하며 정신적·사회적·정서적 능력이 낮아 좌절을 겪지만 성공에 대한 강한 열망을 품고 있다. 자신에 대한 높은 기대와 이런 기대가 끊임없이 좌절되면서 생기는 갈등은 결국 타인을 향한 혐오의 표출과 무슨 수를 써서라도 남을 이기고 남보다 앞서겠다는 강박적이고 광적인 행동으로 나타난다.[40] 그들은 재능과 능력의 부족을 숨기기 위한 방편으로 행정직, 관리직 또는 리더십 지위에 있는 사람의 환심을 사서 조직에서 살아남으려고 한다. 이들에 관한 연구에서 연구진은 보상 추구, 부정적인 감정 조절, 계획, 타인 속이기, 혐오감, 부정적인 좌절감 억제와 관련된 뇌의 부위가 다른 사람들과 확연히 차이 난다는 것을 발견했다. 연구진은 "이 모든 부위가 은밀한 정치적

책략에 관여하는 마키아벨리주의자의 성향과 연관이 있다"고 밝혔다.[41] 마키아벨리주의자의 뇌를 조금만 살펴봐도 우리 사회 시스템에서 이런 성향의 사람을 인식하고 다루는 일이 얼마나 힘든지 쉽게 이해할 수 있다. 시스템의 책임자들 역시 다른 피해자들과 마찬가지로 이들에게 조종당할 수 있다.

사회의 리더와 피해자는 마키아벨리 같은 부류 사람의 속임수나 나르시시스트의 결백하다는 주장을 혼동스러워하며 이를 믿게 된다. 이 때문에 전문서에서 이들을 '정장 입은 뱀'이라고 부르는 것이다.[42] 물론 뱀이라는 용어 자체가 비인간적인 것이지만, 이 분야를 이끄는 연구원 폴 바비악Paul Babiak과 로버트 헤어Robert Hare는 이런 파괴적인 성향을 가진 사람들의 뚜렷한 특성은 양심이 없는 동시에 이런저런 구실을 붙이고 상황을 왜곡하고 위협하면서 아주 능숙하게 대화를 이끄는 점이라고 말한다.[43]

가학성 성 도착증과 반사회적 성격 장애가 어둠의 사총사를 더욱 부각시키는 이유는 바로 이런 특성 때문이다. 성서 시대 이래로 뱀은 남을 조종하는 상징적인 존재로, 어둠을 빛이라 믿게 하고, 위대함을 약속하면서 이를 파괴하고, 사람들에게 자아를 뺏으면서 힘을 부여한다. 바비악과 헤어의 저서를 읽는데 마치 뱀이 슬그머니 교실, 체육관, 예배당, 집 또는 직장으로 기어들어 가는 것을 보는 것 같아 소름이 오싹 끼쳤다. 사람들을 힘들게 하고 괴롭히는 뇌 왜곡에 대해 알았다면, 이제 이런 파괴적인 성향을 가진 사람을 어떻게 도와줘야 할까? 다시 한번 말하지만 목표는 용서하고 잊고 무시하고 부인하는 것이 아니다. 목표는 가능한 통찰력을 구하고 진단을 내리고 재활을 돕는 것이며, 무엇보다 피해자에게 보호막을 쳐주는 것이다.

학대하는 뇌, 학대받는 뇌

마틴 타이처는 현대 기술을 이용하여 괴롭히는 교사의 뇌를 검사하고는 이들을 지킬 박사와 하이드로 만드는 요인이 아동기 학대라는 사실을 밝혀냈다. 이것은 악순환이다. 지킬 박사와 하이드를 일컫는 의학 용어는 해리성 정체감 장애associative identity disorder다. 이 증상은 "겉보기에 완전히 별개인 두 사람이 서로의 존재를 모른 채, 다른 시간대에 동일한 몸을 점유"하는 것이다. 이 점을 염두에 둔다면 학대하는 사람이 때때로 자신이 결백하다고 철석같이 믿는 것도 있을 법한 일이다. 타이처는 해리성 정체감 장애는 경계선 성격 장애의 좀 더 심각한 형태라고 말한다.[44]

경계선 성격 장애를 살펴보면, 아주 특정 지어 남을 지목해서 괴롭히고 학대하지만 다른 상황에서는 카리스마 있고 인기 많고 절제력 있게 살아가는 사람들을 이해하는 데 도움이 된다. 어떤 의미에서 이들의 뇌는 두 개의 다른 자아로 분열되어 있다. 이들 학대하는 나르시시스트는 극적으로 변하는 다른 인격을 품고 있으며, 이들에 관해 별개의 온전한 기억을 가진다.[45] 만약 이들이 완전히 분열된 인격이라면 자기들이 한 짓을 기억하지 못하기 때문에 학대 사건을 은폐하려 들지 않겠지만, 학대하는 사람들은 십중팔구 자신들의 학대 행위를 숨기기 위해 아주 공을 들인다. 언론에서 학대를 저지른 사람의 기사를 읽어보면 여지없이 사람들이 학대자를 변호하고 그가 얼마나 훌륭하고 친절하고 남을 배려하는지와 관련된 일화를 소개한다. 이 때문에 피해자가 의심을 받는다. 하지만 신경과학적 관점에서는 분명 과거 피해자였던 가해자가 뇌 이상, 즉 인격 분열을 일으켜 특정인을 겨냥하고, 다른 사람한테는 친절과 특혜를 베풀고, 권력이 있는 사람들의 비위를 맞추고, 학대 행위를 은폐해서 학대를 영속화하는 현상이 완벽하게 이해가 된다.

1990년대 말 괴롭히는 행위, 즉 동물의 사회적 복종을 연구하던 신경과학자들은 괴롭힘을 당할 때 동물의 뇌에서 어떤 일이 벌어지는지 관찰했다. 피해자에게 가해진 상처를 알아본 결과, 피해를 입은 동물은 가해자 역할을 할 가능성이 높은 것으로 나타났다. 플레처의 성장기에 또는 가장 취약한 청소년기 뇌 발달 시기에 어떤 일이 일어났는지 알 수 없지만, 그 역시 한때 피해자였을 거라고 추론해보는 것은 충분히 일리가 있다. 성체 동물에게 괴롭힘을 당한 청소년기 동물은 자기보다 더 작은 동물에게는 공격적인 행동을 취하고 자기와 동등하거나 몸집이 큰 동물에게는 두려움을 갖고 복종한다.[46] 여기서 다시 한번 우리는 괴롭힘을 당한 피해자가 커서 괴롭힘을 가하는 가해자가 된다는 악순환을 볼 수 있다. 다시 말해 성인에게 학대당한 아이는 남을 괴롭히는 가해자가 된다. 다른 말로 표현하면, 아이에게 폭력을 행사하면 그 아이가 자라면서 어릴 때 받은 폭력을 영속화한다. 이 연구 결과가 시사하는 것은 청소년기는 장차 성인기의 공격적인 행동이 싹을 틔울 수 있는 민감한 시기라는 점이고, 이에 따라 〈위플래시〉를 보는 관객은 플레처의 아동기와 10대 시절에 무슨 일이 있었는지 궁금증을 품게 된다.

셔젤의 영화는 스포츠나 전쟁 영화의 플롯과 비교되는데, 이런 영화에서는 한 개인이 불사조같이 재 속에서 불뚝 일어나 마지막 시합이나 전투에서 승리를 거두고, 학대하는 훈련 교관이나 코치는 그 목표를 달성할 때까지 이 사람을 짓밟는 역할을 맡는다. 교사의 학대로 인해 짓밟힌 앤드루는 아버지의 독려로 플레처를 신고하고, 플레처는 해고된다. 마지막 장면에서 학대 교사 플레처는 앤드루에게 잘못된 공연 악보를 넘겨 사람들 앞에서 그에게 망신을 줄 마지막 기회를 잡는다. 망신을 주려는 마지막 시도는 스포츠와 전쟁 영화의 플롯과 다르다. 이런 영화에서는 흔히 훈련 교관과 병사 또는 코치와 선수 간에 일종의 회합이나 친목이 이루어지기 때문이다.

앤드루는 공개적으로 망신을 주려는 교사의 마지막 시도를 좌절시키며 훌륭하고 누구와도 견줄 수 없는 드럼 솔로를 선보인다. 아이러니하게도 스포츠에서 승리를 하거나 예술적 경지에 이르기 위해서는 희생이 필요하다는 믿음에 세뇌된 사람은 괴롭히는 패러다임을 지지하기 위한 수단으로 이 장면을 이용한다. 이 장면을 괴롭힘과 학대가 위대함을 창조하고 위대함을 이룩하는 필요악*이라는* 증거로 보는 것이다. 플레처는 동성애자와 계집애의 자리인 평범함을 벗어나 한층 더 성취하길 원한다면 반드시 괴롭힘과 학대에 복종해야 한다고 주장한다. 하지만 셔젤은 그의 영화에 승리를 암시하는 음악적 제목을 붙이지 않았다. 그는 행크 레비Hank Levy의 노래를 따 〈위플래시〉라는 제목을 붙였다. 이 단어는 보이지 않는 상처를 의미한다. 위플래시는 두개골 안에 생기는 폐쇄성 상처로 당연히 뇌에 해를 줄 수 있다. 영화 마지막에서 앤드루를 온전하게 성공한 인물로 보는 사람들은 플레처에게 받은 학대로 인해 그의 뇌가 분열되었거나 망가졌을지도 모른다는 생각은 하지 못한다. 바로 이점 때문에 그가 여자 친구와 깊은 관계를 맺지 못하거나 지난 일을 이야기하지 않은 채 자기 인생에서 여자 친구를 무시하는 장면은 암시하는 바가 크다. 셔젤에 따르면 앤드루는 재능을 발굴하는 미니 플레처가 되어가고 있는 것이 아니라, 자신의 자기부정과 자기혐오를 투영할 거울로 다른 사람을 이용하는 미니 플레처가 되어가고 있다. 셔젤의 표현대로 그는 용서할 수 없을 정도로 잔인하게 변해간다.[47]

언론인 데이비드 심스David Sims는 앤드루의 마지막 공연을 피루스의 승리*라고 부르며, 그의 승리는 막대한 희생을 치렀기 때문에 패배라고 봐도 무방하다고 말한다.[48] 교사의 학대를 개인적인 차원에서 잘 알고 있는 셔젤은 음악 교사의 학대로 승리하지 않았다. 셔젤은 오늘날 수많은 학생과 마찬가지로 불안과 우울증을 겪었다. 보이지 않는 부상이나 뇌진탕처럼 불안과 우울은 심각한 상처이지만 뇌 영상 기술 없이는 눈으로 볼 수 없다. 셔젤은 앤드루가 그의 학대자를 기쁘게 하기 위해 건강하지 못한 방식으로 연습할 때 피까지 흘리도록 설정한다. 이도 모자라 영화 중반부에는 음악 교사의 다른 학대 대상인 숀 케이시의 자살을 그리며, 관객들에게 미국에서만 하루 자살하는 학생이 13명이라는 엄연한 사실을 상기시켜 준다. 영화 마지막 장면에서 음악이나 공연 또는 밴드의 유대감이 보여주는 일종의 승리는 교사의 학대 피해자 중 한 명인 케이시가 괴롭힘으로 인해 자살하는 장면을 언급하지 않고서는, 또 겉으로는 성공한 것처럼 보이는 또 다른 피해자가 자동차 사고에서 입은 상해처럼 보이지 않는 상처로 피를 흘리고 괴로워하는 장면을 언급하지 않고서는 논할 수 없다. 우리는 괴롭힘과 학대 패러다임에 대해 너무 잘 교육된 나머지 오직 성공만을 본다. 그래서 우리에게는 피를 보여주는 영화가 필요하다.

---

*　　기원전 3세기 고대 그리스 에피루스의 왕 피루스가 로마군과 싸워 이겼으나 많은 전사자를 낸 것에서 나온 표현으로 큰 희생을 치르고 얻은 승리를 뜻한다.

학대는 성공의 조건이 아니다

〈위플래시〉에 나오는 음악학교는 뉴욕의 줄리아드음악학교를 모델로 삼았다는 이야기가 많다. 실제로 밴드 연습실 장면은 줄리아드에서 찍었다. 〈위플래시〉가 상연된 후 전문 음악인이자 줄리아드의 재즈 교수인 마이클 셔먼Michael Sherman은 유명한 음악학교에서 자행되는 학대적 수업 실태에 관해 인터뷰를 했다. 셔먼은 에둘러 말하지 않는다. "신체적 학대에 가까운 이런 식의 정신적·언어적 학대는 상당히 심각하게 받아들여져서 아무리 뛰어난 선생이라도 줄리아드뿐 아니라 대부분의 학교에서 발을 붙이지 못합니다."[49] 그런데 좀 걱정스러운 면이 있다. 동일 인터뷰에서 셔먼은 영화에 관해 최종적으로 이렇게 평을 한다.

> 전 사실 영화 엔딩 장면에서 울음이 터졌어요. 앤드루가 마지막 곡에서 제 실력을 기차게 보여주잖아요. 이 장면에서 가장 중요한 건 아마 밴드 지휘자가 처음 시작부터 모든 학생에게서 끄집어내려고 했던 자질이죠. 적어도 제가 보기엔 말이죠, 그는 학생들에게 자기와 같은 리더가 되라고 가르쳤던 겁니다. 그리고 바로 마지막 장면에서 (앤드루가) 말하죠, '내가 신호를 줄게요.' 그는 이제 리더가 된 거예요.[50]

그저 놀라울 뿐이다. 한편에서는 줄리아드를 비롯한 어느 학교에서도 정서적 학대는 용납되지 않는다. 그런데 다른 한편에서는 교사가 학생을 학대한다면 그것은 실제 학대가 아니라 리더십 훈련이다. "그는 학생들에게 자기와 같은 리더가 되라고 가르쳤던 겁니다"라는 말은 우리 뇌 속을 파고든 괴롭힘의 패러다임의 놀라운 사례 중 하나에 지나지 않는다. 셔먼은 분열된 인격의 소유자처럼 보인다. 한쪽 자아는 학대가 용납되지 않는다고 힘주어 말하지만, 또 다른 자아가 등장해 학대처럼 보이는 것이 사실 리더십 훈련이고 행운의 피해자는 그 교훈을 깨달아 "이제 리더가 된 거예요"라고 말한다. 앤드루가 〈위플래시〉에서 뭔가 바뀌었다면, 학대하는 나르시시스트나 셔젤의 표현대로 "용서할 수 없을 정도로 잔인하게" 변한 것이 분명하다.

셔먼의 말이 우려스러운 것은 우리 사회에서 이런 식으로 학대가 정상적으로 취급된다는 것을 아주 분명하게 드러내기 때문이다. 그것은 성공이나 성취에 눈이 멀면 우리가 학대를 얼마나 순식간에 잊어버리는지를 보여준다. 어떻게 마지막까지 제자에게 틀린 악보를 줘서 망신을 주려는 플레처가 리더십의 역할 모델이란 말인가. 괴롭히는 교사에게서 벗어나 그를 신고한 학생이 "내가 신호를 줄게요"라고 말한다고 해서, 이것이 교사가 구축한 심리적 덫에서 벗어난 자유와 독립을 표현한다고 할 수 있는가. 만약 정말 그렇다면, 훌륭하게 연주한 드럼 솔로는 학대에 맞선 승리와 자신만의 창작

스타일 그리고 스스로의 잠재력을 달성했음을 상징할 것이다. 다른 사람들과 더불어 셔먼 교수가 학생의 성공을 괴롭히는 교사 덕이라고 보는 것은 충격적이지만 전형적인 현상이기도 하다.

이런 사고방식은 다른 많은 분야에서 모습을 드러낸다. 미식축구 팀이나 소프트볼 팀이 경기에서 이기거나 연승을 하거나 우승을 거머쥐면, 우리는 학생 선수들이 다치거나 심지어 사망했다는 사실은 잊어버린다. 지나다가 사람들의 등짝을 치며 "고통 없이는 얻는 게 없다"고 말하거나 그 팀이 분명 '피와 땀, 눈물'의 혹독한 시간을 거쳤을 것이라고 장담한다. 여러 피해자에게서 학대 신고를 당한 회사 매니저가 거물급 의뢰인 고객을 낚으면 학대는 결국 회사 이익을 위한 필요악이라고 포장된다. 영화 제작자 하비 와인스타인Harvey Weinstein의 학대는 그가 또 한 편의 굉장한 영화를 내놓자 없는 일처럼 되어 버렸다. 〈위플래시〉에서 영화 내내 가혹한 학대를 겪는 가공의 드럼 주자는 멋진 드럼 솔로를 선보이고, 실제로 줄리아드의 교수인 셔먼은 그걸로 충분하다며 학대를 잊는다.

자, 이제 한걸음 더 나아가면, 셔먼은 학대를 리더십 추구로 바꿔버렸고 앤드루가 학대자가 아닌 리더가 되었다고 믿는다. 부디 셔먼의 궤변을 가스라이팅으로 보기를 바란다. 〈위플래시〉에서 셔젤은 앤드루가 자신을 괴롭히는 교사의 모습으로 변해가는 과정을 그리고 있다. 여자 친구를 대하는 모습에서 미니 플레처가 되어가는 앤드루를 볼 수 있다. 셔젤의 표현을 빌리자면 "앤드루는 그저 가만히 앉아 여자 친구를 엑스레이로 투시할 수 있다고 거짓말을 한다."[51] 셔젤은 앤드루가 이런 식의 나르시시즘적 태도를 플레처에게서 배웠다고 단언한다. 그는 〈위플래시〉에서 플레처와 미니 플레처를 보여주기 위해 자신이 만든 패턴을 설명한다. 그의 인터뷰를 들어보자. "앤드루와 이야기를 나눈 테런스 플레처는 이제 제자의 모든 것을 알았다고 단정하고, 상처를 주는 방법을 정확히 포착합니다."[52] 셔젤 자신은 리더에서 추종자로, 학대자에서 피해자로 학대의 바통이 넘어가는 운명을 피했지만 영화에서는 이런 운명을 인상 깊게 묘사한다.

러거스대학의 농구 코치 마이크 라이스가 신체적·언어적으로 선수를 학대한 혐의로 언론에 노출되어 사임해야 했을 때, 그의 보조 코치인 지미 마르텔리Jimmy Martelli 역시 바로 사임했다. 선수들은 마르텔리가 라이스의 학대 행위를 그대로 따라했다며 그를 "베이비 라이스"라고 불렀다.[53] 지그문트 프로이트 시대로 거슬러 올라가 최근 신경과학 연구에서 여전히 논의되고 있는 현상을 보자면, 반복적으로 괴롭힘과 학대를 목격한 사람은 그 학대 행위를 정상으로 여기거나 그대로 흉내낸다. "아이는 심리적인 방어 메커니즘으로 다른 사람들이 부당하거나 몰지각한 대우를 *받을 만하다*고 확신하고 그런 행동을 모방하기 시작한다."[54] 지목된 피해자는 절대 학대를 *당할 만한* 사람이 아니다. 아이러니하게도 연구에 따르면 지목된 대상이 재능 있는 사람일 경우, 얕잡아 보기, 모욕, 고함, 희생양 삼기, 부인, 왕따, 협박, 무시 같은 정서적 학대가 특히 심해지는 경향이 있다.[55] 다시 말해 학대하는 사람은 재능을 공략하지만 이를 모방하는 사람은 학대의 신념 체계에 아주 깊이 빠져들어 잘못은 피해자에게 있고, 피해자는 실패나 잘못을 해서 또는 뭔가 부족하기 때문에 부당한 대우를 *받을 만하다*고 생각한다.

가해자와 한마음이 되는 수동적인 목격자나 적극적인 모방자는 다중 학대 신고가 접수되어 조사가 시작되거나 언론 노출이 시작될 때 자주 소환된다. 이들은 괴롭힘이나 학대가 전혀 없었다고 말하며 사실 문제의 제작자나 매니저, 교사 또는 코치는 사람을 가혹하게 대하거나 학대하지 않았다고 주장한다. 사실상 이들은 가해자를 감싸고 가해자에게 힘을 실어준다. 이들은 피해자가 약하고 재능이 부족하기 때문에 그런 대우를 *받을 만하다*고 말할 것이다. 그것이 피해자의 잘못이라고 말이다. 괴롭힘과 학대의 목격자나 모방자들이 이런 식으로 말하는 심리학적·신경과학적 이유를 안다면, 가해자에게 동조하는 것이 방어 메커니즘이고 생존 전략임을 분명히 확인할 수 있다. 이들이 이런 논리를 진실로 받아들이는 사이에 괴롭힘의 패러다임은 영속화되고, 이들과 사회 전반을 끝없이 돌아가는 악순환의 고리 위에 올려놓는다.

셔젤은 10대 때 음악 교사에게서 학대받은 경험을 트라우마에 맞서 이기는 승리의 이야기로 바꿨다. 셔젤은 괴롭힘으로 인해 자살한 피해자는 나약하고 정신질환을 앓으며, 괴롭힘은 다 그들의 잘못으로 생긴 일이라는 궤변을 뒤집어 놓았다. 셔젤은 영화의 장면, 장면마다 한 학생을 갈기갈기 조각내어 더 이상 온전한 일체감을 느낄 수 없게 하는, 권력, 폭력, 모욕의 치명적인 조합을 풀어서 보여준다. 그러나 셔젤은 문화의 독자이기를, 괴롭힘의 패러다임의 추종자이기를 거부하고, 대신 문화의 저자로서 새로운 길을 닦는다. 셔젤을 파괴적인 마력에서, 즉 자신을 해하고 모욕하는 세력에서 벗어나게 해준 위대한 힘은 스스로에 대한 믿음이다. 그의 고등학교 재즈 교사는 창의력을 꽃피워 영화를 만들겠다는 셔젤의 믿음을 끝내 짓밟지 못했다.

셔젤은 학대받았기 때문에 본인이 눈부시게 성공했다고 보지 않는다. 그는 그 공을 자신의 의지력에 돌린다. 무엇이 그의 의지력에 불을 붙여 경로를 이탈하지 않게 도와주고 스스로를 단련시키고 믿기지 않을 정도로 열심히 일하게 했을까? 그의 말을 들어보자. "영화를 만들고 싶다고 하면 여러분을 깎아내리는 사람이 많이 나타날 겁니다. 하지만 실제로 영화를 만들 때 필요한 요소는 많은 부분이 의지력입니다. 영화를 만들 것이라는 믿음이 있다면 의지력으로 그 꿈을 현실로 만들 수 있습니다."[56] 다음 장에서 이 자기 믿음이라는 개념을 더 자세히 살펴보고, 이와 함께 스스로에 대한 믿음을 저버린 사람들에 대해서도 알아보려 한다. 이것은 그들의 잘못이 아니고, 그래서 가슴이 미어지는 일이다.

2단계: 비판적으로 사고하라

이 장에서 연습할 실천 단계는 버겁게 느껴질 수 있다. 우선 사회적·문화적으로 받은 훈련과 상관없이 사고할 수 있어야 한다. 이런 식의 비판적인 사고는 어려운 일이지만 우리 뇌에는 상당히 좋은 연습이다. 잘못된 사고의 구름을 걷어내 이것을 명료한 사고로 바꿀수록 우리 뇌는 더 건강해지고 유연해지며 회복탄력성이 높아진다. 혹시 우리 사회에서 괴롭힘과 학대를 여러 가지로 달리 해석하는 현상 때문에 혼란스럽고, 정서적으로 짓눌리고, 인지 부조화*를 겪고 있다면 여러분 혼자만 그런 것이 아니다. 사실 우리 사회에서 생겨나는 고도의 정신질환은 학대 행위에 관한 사회의 상충된 메시지와 상관관계가 있을지 모른다.

학대는 악순환이기 때문에, 현재 권력을 가진 사람들의 뇌도 괴롭힘과 학대를 정상적으로 여기는 풍조와 괴롭힘과 학대 위에 구축된 문화에 의해 형성되어 있다. 더 이상 명료하게 생각할 수 없다는 뜻이다.[57] 이 장에서 명심해야 할 핵심 사항은 괴롭힘의 패러다임의 위선에서 벗어나 뇌를 여러 상충된 메시지의 공격으로부터 보호하고 싶다면, 우선 문화의 소극적인 독자 역할을 중단하고 문화의

---

*   모순되는 신념, 태도에 따른 인지적 갈등.

적극적인 저자가 되어야 한다. 셔젤은 학대 환경에서 고통을 겪은 후 문화의 저자가 되었다. 자신의 작품을 자기 아닌 누군가와 꼭 공유할 필요는 없지만, 괴롭힘의 패러다임을 떠받치는 신화와 거짓, 그리고 노골적인 조작을 거부하는 습관은 상처를 치유하고 건강을 회복하기 위한 좋은 출발점이다. 문화의 저자가 되는 방식은 여러 형태를 취할 수 있다. 일기를 쓰고 녹음을 하고 사진을 찍고 그림을 그리고 스케치하고 만화를 그리고 콜라주를 만들거나 영화를 찍으면 된다.

이 책을 읽는 것만으로도 두 가지 혁명의 선봉에 서는 것이다. 혁명 한 가지는 뇌에 관해 배우는 것이고, 다른 혁명은 괴롭힘의 패러다임의 신화를 드러내는 것이다. 먼저 우리는 왜 뇌에 관해 거의 아무것도 배우지 않는지 질문해본다. 왜 교사가 뇌의 학습 방식에 관해 교육받지 않는지, 왜 정신건강 의료진들이 뇌 영상을 가지고 진료하도록 훈련받지 않는지를 이상하게 여겨본다. 스포츠가 '정신력 싸움'인데도 어떻게 코치가 뇌에 관해 아는 바가 거의 없는지 그 이유를 알고 싶다. 뇌 경제Brain Economy* 시스템 속에 있으면서도 어째서 직장에서는 무엇이 뇌의 성능을 최적으로 이끌며 무엇이 뇌의 최적화를 방해하는지에 관한 기본 지식조차 없는지 점점 의아해지

---

*   디지털화된 경제, 즉 육체 기술보다는 뇌 자본이 중요한 경제.

기만 한다.[58]

두 번째, 우리가 괴롭힘과 학대에 관해 학교, 스포츠 현장, 예술 프로그램, 통치와 정치, 직장에서 발견하고 배우는 것은 실정을 제대로 파악하지 못한 것이고, 최악의 경우 노골적으로 해로운 것이다. 아이들은 서로 괴롭히지 말라고 배우지만 이들 세계의 권위자들은 부모, 교사, 종교 관계자, 코치 들이 학대 행위를 저지르면 다른 곳을 응시한다. 아이들이 학대 행위를 저지르면 용납할 수 없지만, 어른들이 학대 행위를 하면 종종 피해자인 아이들이 비난을 받는다. 아이들은 어른들에게서 괴롭히는 행동을 배우지만, 아무도 이런 파괴적인 행동이 어른에서 아이로 옮겨가는 것에 대해서는 언급하지 않는다. 아이들은 어쨌든 잘못이 자기들에게 있다고 느끼게 된다. 아이들은 시인 윌리엄 워즈워스william wordsworth의 표현대로 "영광의 구름을 따라가는" 존재는 아니지만, 괴롭힘이라는 문제를 놓고 보면 성인 사회에 물의를 일으키기로 작정한 존재다. 이 말은 잘 생각해보면 어처구니없지만, 우리 모두 이런 생각이 옳은 양 훈련받았기 때문에 상황을 제대로 바라보지 못한다.

이번 장과 실천 단계에서 내가 권장하는 사항은 스스로를 위한 대안을 써보라는 것이다. 다른 패러다임, 즉 모순되지 않고 위선적이지 않으며 악순환을 중단시키는 사회 기반을 상상하고 명확하게 표현해보라. 우리가 괴롭힘의 패러다임에서 빠져나와 신경가소성의 정보로 무장한, 새로운 문화의 저자가 되면 어떤 일이 벌어질까? 우리가 뇌를 바꿀 수 있다면, 뇌를 치유해서 더 강하게 만들 수 있다면 우리는 비로소 학대의 악순환을 끝낼 수 있다. 분명 해볼 만한 가치가 있는 일이다.

괴롭힘과 학대가 우리 자신을 분열시켜 이중인격자가 된다면, 간단히 말해 아이에게는 남을 괴롭히지 말라고 하고선, 뒤돌아 자기는 아이와 성인을 괴롭히면서 다 그들을 위한 것이라는 궤변을 늘어놓는다면, 우리는 자신에게 존재하는 이런 위선을 극복하기 위해 의식적으로 노력할 필요가 있다. 시간을 내어 괴롭힘의 패러다임이 지배하는 망가진 시스템 속에서 자신에게 따라붙었을 수도 있는 꼬리표를 떼어내라. 자신을 이쪽 아니면 저쪽으로 밀어 넣는 이분법에서 벗어나려 노력하고, 자신을 피해자로 간주하는 대신 어떻게 그런 역할에 놓이게 되었는지 알아보라. 자신을 가해자로 간주하는 대신, 멀리 과거를 돌아보면서 어떻게 생존 전략으로 학대 행동을 채택하게 되었는지 생각해보라. 가해자에게 동조했기 때문에 마음속 가해자를 만들거나 외부적으로 남을 괴롭히는 행동을 했던 것인가? 아니면 방관자였는가? 내부 고발자 역할을 했는가? 과거 자신이 한 역할을 되돌아보지 않고서는 괴롭힘의 패러다임에서 빠져나올 수 없다.

괴롭힘과 학대에 감염되지 않은 사람은 거의 없다. 문제는 '우리가 가진 다양한 트라우마에 어떻게 대처할 것인가?'이다. 우리의 뇌는 치유되고 회복될 수 있으니, 이제는 괴롭힘의 패러다임에서 벗어나 새로운 패러다임을 향해 진취적인 행보를 취할 때다. 새로운 패러다임은 우리 각자의 뇌와 우리 각자의 이야기만큼 독특할 것이다. 이번 장의 실천 단계는 괴롭힘의 패러다임에서 빠져나오는 출구와 우리 상처를 치유하고 건강을 회복시켜줄 패러다임의 입구를 상상해보는 시간이다.

꼬리표가 달린 분열된 자아의 파편들을 마음-뇌-몸을 아우르는 좀 더 총체적인 이야기로 바꿔라. 이런 총체적인 이야기가 어떻게 하면 우리 인생에 좀 더 일체감 있게 접근해서 우리가 주도권을 제대로 잡게 할 수 있을까? 우리에게는 마음-뇌-몸을 바꿀 힘이 있기 때문에, 현재 우리는 피해자가 아니다. 문화의 독자였던 과거에 무슨 일이 일어났든 간에 그것은 지나간 일이다. 과거에 대해서는 할 수 있는 일이 아무것도 없지만 뇌 속에는 현재와 미래를 바꿀 놀라운 힘이 있다. 마음-뇌-몸이 정렬되어 자신의 건강과 행복, 그리고 타인의 건강과 행복을 위해 공조하는 새로운 패러다임을 상상하고, 스스로 현재와 미래를 써내려가는 모습을 그려보라. 일단 자신을 믿으면 열심히 연습하고 노력해서 놀라운 잠재력을 발휘할 수 있다.

셔젤은 플레처 같은 교사가 찰리 파커를 발굴하거나 만들어 내는 사람이 아님을 분명히 밝힌다. 그는 10대 시절 학대를 당한 후, 〈위플래시〉에서 괴롭힘의 패러다임과 이것을 정당화하는 모든 것에 반기를 들었다. 그 이후 셔젤은 학대는 위대함을 이룩하기 위한 필요악이 *아니*라고 분명히 단언한다. 그렇다면 평범함을 깨고 예술적 경지에 이르기 위한 중요한 요소는 무엇일까? 그것은 한마디로 노력이다.

> 예술을 위해서 우리가 고통을 당해야 한다고는 생각하지 않는다. 내 생각에 그것은 낭만주의적인 발상이다. 결론적으로 어느 분야의 천재든 이들이 서로 공유하는 유일한 공통점은 그 누구보다 열심히 노력했다는 것이다. 이들이 천재성을 가지고 태어나 거저먹는다는 생각은 쓰레기 같은 것일 뿐이다.[59]

3

복종의 악순환

1963년, 예일대학의 심리학자였던 스탠리 밀그램Stanley Milgram은 유대인 대학살 당시 어떻게 평범한 독일 시민이 같은 시민을 대상으로 끔찍한 만행을 저지를 수 있었는지 탐구해보고 싶었다.[1] 누렘베르크 재판에서 전범으로 기소당한 많은 독일 시민은 그저 명령을 따랐기 때문에 자신들이 저지른 행위, 즉 상상할 수 없는 잔인한 범죄와 대량 학살에 책임이 *없다*고 주장했다. 이런 주장은 괴롭힘의 패러다임에서 자주 수면 위로 떠오른다. 학대 행위로 고발된 사람들은 결백을 주장하면서 심지어 *자기들*이 피해자라고 스스로 주지시키고 다른 사람들을 설득한다. 전에 언급했듯이, 여러 피해자가 나온 사건에서 학대 행위의 고발이 어떻게 순식간에 "이건 마녀사냥이다"라는 주장으로 변질되는지 놀라울 따름이다. 이런 반전은 놀라울 정도로 빨리 이루어져, 학대 행위 고발에 대해 목소리를 높이다가 자기도 모르게 피해자에게 덮어씌우는 시나리오에 동조하게 된다. 이 반전은 책임 소재가 보이지 않도록 학대 행위를 뒤집어놓는다. 유대인 대학살은 백만 명의 독일인에 의해 자행되었지만, 수백만 명의 죽음은 배후에서 조종한 소수 권력자들의 잘못이었다.

밀그램은 평범한 조^{Joe}*가 권위 있는 사람에게 명령을 받을 경우 끔찍한 일을 저지르는지 실험해보기로 했다. 그는 그의 이론을 시험하기 위해 교육적 맥락을 선택했다. 밀그램이 설정한 실험에는 세 가지 역할이 있었다. 권위자(배우가 연기하는 인물)와 선생(실험에 참여하겠다고 동의한 임의의 인물), 그리고 학생(밀그램 자신 또는 실험에 참가한 또 다른 인물)이다.[2] 연구 실험에 참여하겠다고 동의한 임의의 인물인 평범한 조는 유리벽 뒤에서 질문에 답을 하기로 되어 있는 사람에게 전기 충격을 가하라는 지시를 받았다. 유리벽 뒤에서 (밀그램이 연기하는) 이 학생은 틀린 답을 말할 경우에만 전기 충격을 받았다. 일종의 선생 역할을 하는 평범한 조 앞에는 다이얼이 있었고, 여기에는 학생에게 보내는 전기 충격의 강도를 보여주는 숫자가 뚜렷이 적혀 있었다. 실험 내내 평범한 조 옆에 서 있는 사람은 권위 있는 인물로 흰색 실험실 가운을 입었고 어느 모로 보나 진지한 예일대학 연구원, 다시 말해 가볍게 질문을 던질 사람은 아닌 것으로 보였다. 임의의 인물인 평범한 조는 같이 연구에 참여하는 권위 있는 인물이 연기자이고, 자기가 전기 충격을 가할 학생이 밀그램이라는 사실은 전혀 모르고 있었다. 그리고 평범한 조가 가하는 전기

---

*　　　조는 미국에서 흔한 이름으로, 평범한 일반 사람들을 가리킬 때 쓴다.

충격은 실은 가짜였다. 평범한 조가 들은 지시는 단순하다. 학생이 질문에 맞는 답을 하지 못하면 전기 충격으로 벌을 줘야 한다는 것이다. 충격의 강도는 15볼트(약한 충격)에서 450볼트(아주 심한 충격)까지였으며, 다이얼 눈금에는 300볼트부터 전기 충격이 학생에게 위험하다는 내용이 명시되어 있었다.

이 실험은 40명의 참가자를 대상으로 40차례 반복 시행되었다. 특정 시점에서 학생(밀그램이 연기하고 있다는 것을 기억할 것)은 고통스러운 징후를 보이기 시작해서 나중에는 괴로움에 몸부림치고 소리를 지르기까지 했다. 밀그램은 전기 충격으로 괴로워하는 학생 역할을 그럴싸하게 해냈다. 만약 선생 역할을 하는 평범한 조가 전기 충격을 높이라는 권위자의 명령에 저항하면, 흰색 실험실 가운을 입은 이 권위자는 다음과 같은 순서에 따라 평범한 조를 재촉했다.

재촉 1 계속하세요.

재촉 2 실험상 계속하셔야 합니다.

재촉 3 계속하는 것이 절대적으로 중요합니다.

재촉 4 계속할 수밖에 없습니다.

이런 말들은 압박감이 있는 명령이다. 평범한 조는 분명 부담을 느끼겠지만, 여기서 기억할 점은 그가 단지 길을 가다 연구 실험에 참여하기로 동의한 임의의 인물이라는 것이다. 잘 생각해보면 큰 이해관계가 걸려 있는 상황이 아니다. 평범한 조는 예일대학의 교수를 도와주려고 하는 보통 시민이다. 명령을 철저히 따라야 할 상황도 아니고 "집어치워. 내가 이 실험에 정식으로 관여하는 건 아니잖아. 이 사람들은 돌았어. 유리벽 뒤에 있는 사람을 다치게 하진 않을 거야. 예일대학 교수가 이 연구 결과를 가지고 논문을 내서 종신 교수직을 따는 게 뭐가 대수야. 나는 여기에서 나가겠어!" 하는 말을 못 할 상황도 아니다. 평범한 조는 위와 같이 말한 다음 문을 박차고 나갈 수 있었다. 그리고 사실 아무도 정답을 말하지 못한 불운한 학생에게 전기 충격을 가하라고 강요하진 않았다.

자, 밀그램이 발견한 사실을 논하기 전에 다음 두 가지 질문으로 권위에 대한 복종을 여러분이 어떻게 추측했는지 알아보려고 한다.

질문 1 0~40명 중 얼마나 많은 사람이 학생에게 위험한 수준인 300볼트까지 전기 충격을 가했을 거라고 생각하는가? 답을 기록해서 나중에 좀 더 생각해보자.

질문 2 0~40명 중 얼마나 많은 사람이 학생에게 450볼트 수준까지 전기 충격을 가했을 거라고 생각하는가? 답을 기록해서 나중에 좀 더 생각해보자.

다음은 밀그램이 발견한 실험 결과다.

답 1 선생 역할을 하던 *평범한 조는 모두* 권위자의 명령에 따라 학생에게 위험 수준인 300볼트까지 전기 충격을 가했다.

이 결과를 잠시 곰곰히 생각해보자. 이 답은 시민과 복종에 관해 어떤 점을 알려주는가? 우리는 아이에게 복종하라는 말을 얼마나 강제적으로 주입하고 있는가? 위의 답으로 미루어볼 때 아이는 이런 가르침의 결과로 생각 없이 복종하는 어른으로 자라는데 말이다. 우리가 자라고 교육받아, 남을 해치라고 *지시받은* 이상 그렇게 하도록 하는 괴롭힘의 패러다임에 관해 어떤 이야기를 전해주는가? 이 실험 결과는 하염없이 돌아가는 레코드판처럼 우리 뇌에 괴롭힘과 학대의 홈이 깊게 파여 있다면 그것을 메우는 일이 어렵다는 점을 알려준다.

하지만 쉽지 않을지는 몰라도 *가능한* 일이다. 밀그램의 실험에 참여한 평범한 조는 다른 사람들과 똑같이 신경가소성을 갖추고 있어서, 사람들에게 위험한 수준으로 전기 충격을 가하는 게 사실상 괜찮지 *않다고* 가르쳐주는 집중 재활 프로그램에 들어갈 수가 있다. 다른 사람에게 지시받은 대로 할 필요는 없다. 자리를 박차고 일어나 다른 사람의 말을 일축하고 학습된 무기력의 우리에서 벗어날 수 있는 것이다. 평범한 조는 무기력하지 않다. 이들은 저항할 수 있고 거부할 수 있다. 권위자에게 반항할 수 있는 사람들이다. 우리도 그렇다.

밀그램의 실험 결과에서 특히 소름이 끼쳤던 것은 실제 걸려 있는 위험은 아무것도 없다는 점이었다. 평범한 조에게 걸린 이해 문제는 거의 없는데도, 이들은 *여전히* 지령에 복종하며 다른 사람에게 고통을 주고 이들을 위험에 빠뜨린다. 이 상황을 실제 상황과 비교해보자. 권위라는 미명하에 다른 사람들을 괴롭히고 학대하는 권력자에게 심각한 위협을 가할 수 있는 힘이 있어서 어쩔 수 없이 위협에 복종해야 한다고 해보자. 이럴 경우 우리는 심각한 딜레마에 처한다. 내 위치와 사회적 지위, 추천서, 기회, 장학금을 걸고 권위에 저항해야 하나? 내 직장을 걸고 저항해야 하나? 내 가족을 걸고 저항해야 하나? 이런 딜레마는 남을 괴롭히고 학대하는 자들을 상대할 때 우리의 입을 막고 순응하게 하는 감옥 속 창살이다. 평범한 조는 이렇게 위험을 걸 만한 요소가 없는데도 *여전히* 복종했다.

자, 이런 실망스러운 생각을 품은 채 2번 답을 살펴보자. 2번 문제는 "0~40명 중 얼마나 많은 사람이 학생에게 거의 450볼트 수준까지 전기 충격을 가했다고 생각하는가"였다.

답 2 선생 역할을 하던 평범한 조의 65퍼센트는 권위자의 재촉대로 치명적이라고 할 수 있는 수준인 450볼트까지 학생에게 전기 충격을 가했다.

생각해보면 놀라운 일이지만 이것이 실제 상황이다. 우리 뇌는 생각하거나 느끼거나 의문을 제기하지 말라는 훈련을 받는다. 우리는 아동기 초기부터 순응하라는 훈련을 받는다. 복종하도록 훈련받는 것이다. 평범한 조의 머릿속에 있는 마음속 가해자는 명령받은 대로 해야 한다고 이야기하고, 그에게는 목소리를 높일 권위도, 부탁받은 것에 저항할 권위도 없다고 말한다. 평범한 조는 자신이 누구라고 생각할까? 남을 괴롭히는 사람과 가해자를 마음속 가해자로 내면화한 사람은 피해자의 가치 없음과 목소리 없음, 그리고 힘없는 위치를 강조하는 반어적 의문을 즐겨 쓴다.

왜 소수만이 권위에 도전할까

농구 연습에서 한 선생이 연습을 중지시키고 그 앞 바닥을 가리키면 몽고메리는 그 자리에 서 있어야 했다. 그러면 선생은 그의 면전에 대고 반어적 의문을 쏟아낸다. "지금 도대체 뭐하는 거야? 농구를 좋아하기는 하는 거야? 너 같은 애가 경기를 해도 되는 거야?" 이런 질문은 언뜻 악의가 없어 보이지만 문제는 몽고메리의 얼굴 바로 앞에서 호통치면서 전달되었다는 것이다. 선수들은 이를 사악하다고 표현했고, 선생을 멈추게 하고 싶었다고 말했다. 하지만 상대방이 선생이었기 때문에 아무도 그렇게 하지 못했다. 다른 선생이 이 장면을 옆에서 지켜보았다는 것은 학생에게 모욕을 주는 일이 정상적인 것으로 간주되었다는 의미다. 몽고메리가 견디다 못해 그 상황을 빠져나가려고 하면 선생은 그의 팔이나 운동복을 움켜쥐고 계속 반어적 질문을 내뱉었다. 나는 몽고메리에게 이런 상황이 얼마나 자주 벌어졌는지 물었다. 그는 수백 번이라고 답했다. 몽고메리는 수치심과 공포에 마비되어 이런 반어적 질문에 아무 대답도 하지 못했다. 10대에게 또래 집단 앞에서 모욕을 주는 일은 이들의 발달하는 뇌에 최악의 짓을 저지르는 것이다.

몽고메리는 집에 와서 학교에서 일어난 일을 절대 말하지 않았다. 팀의 다른 아이들이 증언하기 전까지 나는 이 사실을 몰랐다. 눈을 내리깔고 잠자코(경직) 있으라고 말하는 마음속 가해자는 우리를 보호하려는 것이다. 달아나라고(도피) 말하는 마음속 가해자는 우리를 보호하려는 것이다. 가해자에게 폭력을 가하는(투쟁) 마음속 가해자 역시 우리를 보호하려는 것이다. 이런 식의 뇌 훈련을 상상해보면 평범한 조에 공감할 수도 있다. 경직, 도피 또는 투쟁하는 훈련에 직면하여 평범한 조는 경직되었고 명령받은 대로 실행했다. 괴롭힘과 학대 현장의 목격자들은 왜 옆에 서 있기만 하고 개입하지 않는 걸까? 그냥 서 있으라고 훈련받았기 때문이다. 이들의 마음속 가해자는 개입해서 피해를 막으려면 모험을 해야 하고 어쩌면 위험하다는 것을 안다.

만약 평범한 조가 용감하게 일어나 감옥을 벗어나려고 했어도, 평범한 조의 마음속 가해자는 옆에 있는 연구원을 본인의 생존에 위험한 존재, 위협적인 존재로 잘못 해석했을 것이다. 방어 또는 보호의 역할을 수행하는 마음속 가해자는 평범한 조가 어떤 위험에 처해 있을 때, 분란을 초래하느니 그냥 명령을 따르는 게 더 나을 것이라고 생각했다. 안타깝게도 65퍼센트의 평범한 조 안에 있는 마음속 가해자는 권위에 맞서 목소리를 내고, 저항하고, 반항하는 일이 위험해지는 경험을 꽤 많이 한 게 틀림없다. 따라서 비록 연구 실험임에도 마음속 가해자는 입을 다물고 복종하는 게 가장 안전한 행동이라고 믿었던 것이다. 학대받은 사람들이 과잉 각성 증상을 보이면서 움츠러들고 깜짝 놀란다고 발표한 베셀 반 데어 콜크의 연구를 기억해보라. 이들은 권위자와 눈도 맞추지 못했다. 이들은 합리적이고 침착하고 도덕적이고 신중한 결정을 내리는 전전두엽이 아니라 뇌의 정서 중추에서 상황을 처리했다. 밀그램의 연구에서 주목할 만한 사실은 이런 종류의 사람들이 특이한 별종이 아니라 보통 사람이라는 것이다. 밀그램은 "사람들이 스스로의 도덕적인 판단과 소망에 반하는 행동을 할 때, 두려움에서 또는 협조적으로 보이고 싶다는 욕망에서 복종을 한다"는 사실을 발견했다.[3]

실험 후, 평범한 조는 실제 전기 충격은 없었다는 말을 들었다. 평범한 조 중 한 명은 학생이 죽었겠다는 생각을 했는데 정말 다행이라며 눈물을 터뜨렸다. 밀그램은 평범한 조의 반응을 세 범주로 나누었다. 첫 번째 범주는 권위에 복종했지만 그들의 행위를 정당화한 사람들이었다. 이것은 남을 괴롭히고 학대하는 사람들의 교과서적인 대처 방식이다. 이들은 자기들의 행동을 별것 아니라고 여기고, 만약 이것이 통하지 않으면 그 행동을 부인한다. 자기들은 항상 결백하고 항상 피해자다. 이들은 책임을 다른 곳으로 돌린다. 밀그램은 이 범주에 해당하는 평범한 조는 실험을 하는 사람이나 학생을 비난한다는 사실을 발견했다. "그 사람이 너무 멍청하고 아둔해서 전기 충격을 받을 만했어요."[4] '받을 만했다'라는 표현은 남을 괴롭히고 학대하는 사람들이 꼭 쓰는 말이다. 피해자는 그럴 만했다. 혼쭐이 난 것이다. 두 번째 범주에 해당하는 평범한 조는 자기 자신을 비난했다. 자기들이 한 짓에 죄책감을 느꼈고, 스스로 자책했다. 이들은 학대자를 내면화하지 않았고, 앞으로는 권위에 의문을 제기할 가능성이 큰 사람들이다.

세 번째 범주는 반역자였다. "이들은 실험자의 권위에 의문을 제기했고 실험자의 필요보다 학습자의 보호를 요청할 윤리적 의무가 더 크다고 주장했다."[5] 데이미언 셔젤과 더불어 몽고메리도 이 범주에 들어갔지만, 이들은 학대하는 사람에게서 벗어난 후에야 반역을 시작했다. 왜 그랬을까? 이들은 학대하는 체제 안에서 자란 아이들이고 무엇보다 생존이 먼저이기 때문이다. 특히 아동기에 목소리를 높이는 것은 아주 어려운 일이다. 어마어마한 용기와 희생이 필요한 것이다. 몽고메리는 위험을 인지했고 결국 농구 팀에서 빠져나왔다. 셔젤은 재즈 드럼을 더 이상 치지 않았다. 괴롭힘의 패러다임에서는 아이들이 학대를 신고해서 보호를 요청해도 학대가 눈감아지고 계속 자행되기 때문에 이런 열정을 어쩔 수 없이 포기할 수밖에 없다.

밀그램의 실험은 왜 오직 소수의 사람들만이 권위에 도전하는지 알아보기 위해 설계되었는데, 그는 "복종이 너무 깊게 뿌리박혀 있어 개인의 행동 강령이 힘을 못 쓴다"는 사실을 발견했다.[6] 다시 말해 복종 또는 순응하도록 훈련받아 개인적 윤리나 신조가 짓밟히는 지경까지 이르는 것이다. 이 실험은 2007년 심리학자 제리 버거Jerry Burger가 똑같이 반복 시행했고, 역시 밀그램의 실험과 같은 결과가 나왔다.[7] 괴롭힘의 패러다임은 1960년 이후 지금까지 변하지 않은 것이다. 사회학자 매슈 홀랜더Matthew Hollander는 밀그램의 실험을 연구한 논문에서 해로운 명령에 거역하는 능력은 다른 것처럼 배울 수 있는 기술이며, 말하는 내용과 방식을 배우면 된다고 결론 내린다.[8] 그렇다면 절박한 문제는 '왜 우리는 이런 기술을 가르치지 않는가?'다.

이 시점에서 "뇌는 많이 하는 일을 잘하게 된다"는 중요한 신경과학 원칙을 다시 한번 떠올려보자. 같이 발화하는 세포는 같이 연결된다. 다시 말해 괴롭힘의 패러다임 내에서 반복적으로 같이 발화되는 세포는 만약 권위자가 있다면, (여기서는 흰색 실험 가운이 옴짝달싹 못할 권위의 증거다) 그 사람 말이 아무리 잔인하고 역겹고 잘못되었다 할지라도 하라는 대로 해야 한다며 부추긴다. 우리가 보통 사람일 경우(뉴헤이븐 주변을 걸어다니다 예일대학에서 실시하는 실험을 좀 도와달라고 정중하게 부탁받은 평범한 조), 뇌는 복종하도록 프로그래밍되어 있다. 마음-뇌-몸의 관계를 다시 바로잡아야 하는 이유가 바로 여기에 있다. 우리는 무력감을 떨치고 힘과 주도권을 이용하는 방법, 파괴적이고 한물간 케케묵은 괴롭힘의 패러다임에 더이상 참여하지 않겠다고 분명히 거부의 의사를 밝히는 방법을 배워야 한다.

우리는 가해자에 동조하고 자신의 두개골 속에 존재하는 마음속 가해자와 동행하는 것은 물론, 이들에게 조아린다. 우리의 본능적인 공감 능력을 무시하면서 이들이 하라는 대로 한다. 그러나 주목하라. 밀그램의 실험에서 35퍼센트의 평범한 조는 권위자에게 "하지 않겠다"고 말했다. 이는 매 순간 우리의 선택이다. 권위자가 말하는 대로 하는 65퍼센트 진영에 속할 수도 있고, 케케묵은 틀에 참여하기를 거부하는 35퍼센트 진영에 속할 수도 있다.

밀그램은 이 실험을 18가지로 변형해서 실시했지만, 매번 동일한 결과를 얻었다. 그는 "복종의 위험"이라는 기사에서 다음과 같은 결론을 내렸다.

냉혹한 권위는 다른 사람을 해치면 안 된다는 (평범한 조의) 강한 도덕적 의무와 맞붙었고, (평범한 조의) 귀에 피해자의 비명 소리가 울려 퍼지는 가운데 대부분의 경우 권위가 승리를 거두었다. 권위자의 명령에 복종하겠다는 사람들의 극단적 의지는 이 연구에서 부각된 사실이고 이는 무엇보다 시급한 해명이 이루어져야 할 부분이다.[9]

여러분은 금기를 깨고 괴롭힘의 패러다임에 따라 아이를 키우는 교육이 누군가의 고통이나 죽음을 불러올 수 있는 명령을 따르는 데 주저함이 없는 순응형 성인을 만들어냈다는 사실을 이야기할 수 있는가? 이런 깨달음을 통해 새로운 패러다임, 즉 뇌스캔과 신경과학적 통찰력을 바탕으로 이루어지는 패러다임을 선택할 수 있는가? 뇌는 실수를 통해 배운다. 그러니 뇌를 벌하는 일은 그만해도 좋겠다.

괴롭힘은 우리의 공감 능력을 공격한다

충격적인 사실은 신경과학자들이 세뇌를 당하는 사람들의 뇌 스캔 자료를 살펴보니 그들의 뇌는 단지 사물을 보는 관점만 고정되는 것이 아니라 가소성 기반의 해부학적 차이가 있어 더 이상 일반적인 대립이나 설득에 건강하게 반응하지 않았다.[10] 메르체니치는 건강한 사람들도 자기 자신의 '캐리커처*'로 완전히 바뀔 수 있다고 경고한다. 나이가 들면서 생각, 감정, 행동을 생각 없이 반복하거나 학대의 악순환에서 뇌가 상처를 입으면 그렇게 될 수 있다. 만약 하비 와인스타인이나 래리 나사르처럼 한 개인이 한 해, 한 해 피해자

---

*   어떤 사람의 특징을 지나치게 과장하거나 단순화하여 우스꽝스럽게 표현한 것.

를 바꿔가며 학대 행위를 반복한다면, 이들은 자신의 캐리커처로 서서히 변해갈 것이다. 마치 짜여진 각본을 따라가는 것처럼 학대를 반복할 때마다 외면에서는 역동적인 인간성을 한 조각씩 잃고, 내면에서는 신경가소성을 한 조각씩 잃을 것이다. 이들은 많은 경우 학대받은 과거를 통해 이루어진 세뇌로 인해 남과 진정으로 관계하는 능력이 사라졌다. 또 애착 정서가 형성되지 못하고 분열되어 타인을 향해 적을 향한 증오심과 비슷한 감정을 가지게 된다. 메르체니치는 "양육의 질 차이는 육체적·기능적 뇌의 차이를 크게 만들고, 양육받는 인물의 성공이나 실패에서도 차이를 만들어낸다"라고 말한다.[11]

아이를 어른의 권위에 복종하도록 훈련시키는 것은 영향력이 상당히 커서 타고난 뇌의 거울 뉴런mirror neurons을 압도하는 것처럼 보인다. 즉 이런 훈련은 다른 사람의 고통, 정서, 경험에 따라 즉각 발동되는 뇌의 공유 신경 회로를 망가뜨린다. 거울 뉴런은 거의 30년 전 이탈리아 파르마의 한 신경과학 실험실에서 우연히 발견되었다. 여전히 조사와 과학적 토론이 필요한 주제기는 하지만 거울 뉴런의 존재는 이제 수백 건의 연구로 입증되었다. 거울 뉴런 시스템은 신체의 고통은 물론 자세와 얼굴 표정에도 반응한다.[12] 신경 영상 연구는 "우리 뇌의 신경망이 친사회적 행동, 즉 남을 돕는 행동에 얼마나 강하게 연결되어 있는지" 밝혀냈다.[13] 이런 성향을 밀그램의 실험에 참여한 평범한 조와 나란히 비교해보면, 괴롭힘의 패러다임이 인간의 천부적인 공감 능력을 얼마나 효과적으로 앗아갔는지 눈에 보인다. 그렇다면 우리가 아이들에게 강요한 복종 훈련이 사실상 거울 뉴런을 제거하거나 죽여서 이 아이들이 공감할 상황에도, 심지어 다른 사람의 극심한 고통에도 더 이상 반응하지 않는 평범한 조로 자라난 것은 아닌지 걱정이 된다. 남을 도우려는 타고난 인간의 충동이 경험이나 훈련을 통해 제거된 것처럼 보인다.

우리 뇌에 깔린 신경망이 타고난 거울 뉴런을 망가뜨려, 잔인한 명령에도 복종하게 되었다고 상상해보자. 이런 작용은 꽤 어린 나이부터 시작해서 상당히 자주 반복된다. 우리가 다 같이 힘을 합쳐 없애야 하는 것이 바로 이런 신경망이다. 권위에 대한 복종을 우리 본성인 공감으로, 비판적인 사고로, 본능에 대한 깊은 신뢰로 바꾸려면 내부 혁명(바라건대 사회적으로 더 큰 혁명)이 필요하고, 학대의 명령을 거부하려면 집중적인 뇌 훈련이 필요하다. 6장에서 자세히 다루겠지만, 메르체니치의 뇌 훈련 프로그램은 치유하고 강화해야 할 많은 뇌 영역 중에서 특히 우리가 취약한 사회·정서적인 뇌 건강 증진을 위해 증거에 기반한 치료법을 제시한다.

복종하는 성향으로 고통받고 있다면 유연한 성장형 사고방식으로 돌아가기가 어렵기 때문에 자신에 대한 공감과 마음챙김이 필요하다. 우리에게는 신경망을 바꿀 역량이 있기 때문에 마음만 먹으면 선택으로 굳어진 사고방식을 성장형 사고방식으로 바꿀 수 있다.

새로운 신경망을 연결하라

나는 메르체니치에게 신경과학 역사를 한번 훑어달라고 부탁했다. 아래는 메르체니치가 오늘날 뇌의 변화 능력을 이해할 수 있게 이끌어준 핵심 인물과 그동안의 연구 방식을 간략하게 정리한 것이다.

19세기 말, 생리 심리학의 아버지 윌리엄 제임스William James는 그의 관찰에 근거하여 우리 뇌는 *틀림없이* 반복 경험을 통해 리모델링된다고 주장했습니다. 그의 견해에 따르면, 이런 리모델링은 우리의 모든 신경행동력 습득의 근본 틀이고, 이런 리모델링을 통한 좋은 습관 형성이 인간 교육의 기본 목표가 되어야 한다는 것이었죠. 20세기 전반, 위대한 신경과학자인 노벨상 수상자 찰스 셰링턴Charles Sherrington과 위대한 생리심리학자 칼 래슐리Karl Lashley는 고등 영장류(원숭이 또는 유인원)의 뇌가 부상을 당한 후, 또는 상당히 집중적이고 반복적인 뇌 자극을 받은 후 자체적으로 리모델링되는 역량을 연구해서 발표했습니다. 1960년대와 1970년대, 제임스와 래슐리의 뒤를 이은 심리학 성향의 과학자들(그중 특히 L. 로이 존스L. Roy Johns, 리처드 톰프슨Richard Thompson, 찰스 우디Charles Woody, 노먼 와인버거Norman Weinberger 등)은 고전적인 (파블로프) 조건형성에 사용된 전기 또는 청각 자극에 대한 신경 표상의 변화와, 이런 훈련을 통해 반복적으로 유발된 행동 반응의 신경 표상이 물리적으로 확장됨을 확인했어요. 무엇보다 위에서 소개한 과학자들은 이런 연구에서 사용된 파블로프 조건형성(특정 자극을 보상이나 처벌과 연관시킴)이 행동학적으로 힘을 잃었을 때, 이런 긍정적인 가소성 변화가 사라졌다고 밝혔습니다. 이와 동시에 다른 과학자들(가장 중요한 인물은 메리언 다이아몬드)은 동물이 풍부한 경험을 하면 대뇌피질에서 가장 직접적으로 연관된 부위가 두꺼워져서 뇌세포 처리과정이 정교해지고 뇌세포 상호 연결이 한층 복잡해진다는 것을 보여주었습니다.

여기까지 듣고 상황 종결이라고 생각할지도 모르겠어요. 뇌는 평생 가소성을 가진다고요. 안타깝게도, 의료 신경과학 주류에서 실시한 좀 더 정교하고 기술적으로 한층 발전한 연구는 정반대의 결과를 보여주는 것 같았어요. 뇌 신경망 발달에 관한 수많은 연구에서 유아기 동물의 뇌 신경망 연결은 경험을 통해 또는 물리적 조작을 통해 거듭 변하는 것으로 나타났지만, 이 가소성은 얼마 지나지 않아 사라지는 것으로 보였습니다. 제2의 중요한 연구 범주로, 노벨상 수상자 에릭 캔들을 비롯한 과학자들이 처음 묘사한 가소성 과정은 유아기 동물에서 채취한 뇌 조각에서는 쉽게 나타난 반면, 이보다 성숙한 뇌에서 채취한 조각에서는 전혀 보이지 않았으니까요. 가소성은 유아기 또는 초기 아동기에 발전이 다 끝나는 것으로 보였죠.

마지막으로 이 시기 과학에서 가장 주목할 만한 부분은, 시각 뇌의 성숙을 광범위하고 정교하게 연구하던 과학자들(데이비드 허블 David Hubel과 토르스텐 비셀Torsten Wiesel은 이 연구의 자금을 조성하고 완성도를 높인 공로로 노벨상을 수상했다)이 뇌의 시각망 연결은 아주 어린 유아기에는 가소성이 *있지*만 (이들의 주장에 따르면) 뇌가 자라면서 모든 뉴런과 모든 뇌 연결이 완성되면 상당히 어린 나이에도 신경망 연결이 굳어진다고 발표한 점이에요. 생리 심리학자 모델과 대조 구별하여 인간의 경우로 바꿔보면, 주류 의학과 교육계에서 보는 가소성은 생후 1년 또는 2년 후반, 기껏해야 3년 안에 모두 완성되어 끝난다는 의미였던 거죠.

의료 신경과학 주류에서 활동하는 저와 제 동료 연구진은 1980년대와 1990년대에 드디어 이 문제를 해결해준 중요한 연구를 진행했습니다. 이들(과 다른 연구진)은 유아기에 두 가지 아주 중요한 요소가 성장한다는 것을 확인했습니다. 첫째 요소는 가소성 발달을 *관리해* 뇌의 변화를 *주관하는* 조직입니다. 가소성은 성숙한 뇌에서 단독으로 채취한 뇌 조직에서는 나타나지 않았습니다. 이 성숙한 조직에서는 나이로 인해 변화를 관장하는 조건이 충족될 수 없었기 때문입니다. 이때 변화는 뇌가 자체적으로 이득이 있다고 판단하는 경우에만 이루어졌어요. 두 번째, 변화의 규모는 나이에 따라 바뀌었습니다. 큰 줄기의 신경망은 성숙한 뇌에서 더 이상 쉽사리 변경되지 않지만, *국지적* 개선과 연결망의 리모델링은 대대적으로 이루어집니다.

무엇보다 저는 시각 피질 모델이 아주 우수하다는 것을 입증했습니다. 다른 위대한 뇌 시스템 중에서 가소성 발달을 관리하는 조직은 기술 습득이나 향상의 결과로 발전되고 이에 수반되는 물리적·기능적 뇌 변화는 각 훈련 단계의 성취도 향상을 *가져옵니다.* 저는 동료 연구진과 함께 장소, 시간, 강도, 주기, 자극의 연속성 등 모든 신경학적 발현 조건이 모든 뇌 연령에서 유동적임을 밝혀냈습니다. 또한 우리 연구(또 다른 많은 동시대 연구)에서 만들어지고 있는 신경학적 규칙을 근거로, 신경 표상을 처리하는 신경 부호화와 뇌 조직은 점진적 훈련에 따라 발전할 수 있지만 그만큼 쉽게 퇴화할 수도 있음을 입증했습니다. 그리고 뇌의 리모델링을 관장하는 규칙 안에서 뇌 처리 과정은 훈련으로 얼마든지 바뀔 수 있음을 보여주었죠. 마지막으로 우리 연구진은 이런 신경과학을 실생활에서 이용하기 위한 연구를 실시했고, 이제는 효과적인 훈련 형식을 개발하여 뇌 문제로 어려움을 겪는 사람 및 일반인의 뇌 건강과 뇌 활력 증진을 도모할 수 있게 되었습니다.

이런 연구는 신경가소성의 실생활 이용을 위한 중요한 과학적 버팀목을 제공했고, 저는 동료 연구진과 함께 뇌가소성 기반의 뇌 건강 및 뇌 기능 훈련 회사를 여러 곳 설립해서 신경가소성의 이해를 실험실에서 실생활로 옮겼습니다. 저희는 이런 노력을 통해 살아있는 동안 뇌의 변화가 어떻게 우리의 신경 행동 능력의 밑바탕이 되고 성장을 가능하게 하는지 입증한 공로를 인정받아 신경과학계의 노벨상이라 불리는 카블리상을 수상했습니다.

수십 년간 과학, 의학, 교육 분야의 전문가 대부분은 아이가 학교에 처음 입학하기 이미 한참 전에 뇌의 신경망이 완성되어 굳어진다고 믿었는데, 이 시기는 뇌 의학과 교육 과학에서 일종의 암흑기였습니다. 뇌는 물리적·기능적으로 회복할 수 없는 기관이고, 사는 동안 주로 물리적인 퇴화를 겪는다고 믿어졌습니다. 그러나 뇌가소성 혁명은 우리가 뇌를 적합한 방식으로 사용할 경우, 뇌가 새로운 힘을 얻고 건강과 강도를 키워 나갈 수 있음을 입증해 주었습니다. 하지만 우리가 뇌의 발화를 멈추고 새로운 기술을 배워서 신경망 연결하는 일을 중단한다면 뇌는 퇴화할 겁니다.[14]

내 생각에 이 신경과학의 역사는 어린 학생들이 배워야 할 가장 중요한 과목이고, 국가의 역사보다 훨씬 더 중요하다. 과연 얼마나 많은 학교가 이 교육과정을 가르치는지 궁금하다. 나는 아이와 청소년을 가르치는 어른으로서는 물론 어릴 때도 뇌에 관해서는 배워본 적이 없다. 내가 신경가소성의 역사에서 깨닫는 핵심 포인트는 우리 뇌가 배움에 목말라한다는 것이다. 학습은 신경 구조를 바꾸는 유전자에 불을 켜준다.[15] 아무도 현재의 우리 뇌에 대해 함부로 말할 수 없는 이유는 바로 이 때문이다. 항상 관건은 *미래*의 우리 뇌의 모습이다. 다시 한번 앞의 내용을 되살려보자면, 모든 뇌는 저마다 지문만큼 독특하다. 쌍둥이의 뇌라도 신경 가지, 연결, 회로가 다 똑같지는 않다.[16] 목표는 우리의 독특한 뇌가 항상 변하고 적응하고 성장하고 도전을 받고 새로운 기술을 배우고 이 기술을 신경망에 연결하도록 힘쓰는 것이다.

도이지는 뇌의 신경 가지에 대해 설명한다. 신경과학자들은 우리 뇌를 나무처럼 상상하고 묘사한다. 나무와 관련된 용어를 쓴다는 점을 기억하면, 복잡한 뇌에 압도당하는 현상을 줄일 수 있다. 우리 뇌는 대뇌*피질*이라는 얇은 신경 조직 층으로 덮여 있는데, *피질*cortex 은 라틴어로 (나무)껍질이라는 뜻이다. 뉴런에는 구불구불한 *가지 돌기*dendrites가 뻗어나와 있고 덴드라이트는 그리스어로 '가지' 또는 '가지 같은'이라는 뜻이다. 뉴런 또는 뇌세포가 가지로만 둘러싸인 것은 아니다. 뉴런에는 나무의 뿌리처럼 생긴 *축삭돌기*도 있다. 뇌 중앙의 *솔방울샘*pineal gland은 솔방울처럼 생겼다고 해서 이런 이름이 붙었다. 뇌의 경보 중추인 *편도*amygdala는 아몬드처럼 생겨서 이름을 아몬드(나무의 씨앗)의 그리스어에서 따왔다. 더욱 놀라운 것은 호두를 깨면 그 속에 뇌의 두 반구와 소름 끼치게 비슷한 모양의 열매가 들어 있다는 점이다. 마치 자연이 우리에게 뇌는 나무처럼 자라는 기관이라고 상기시켜주는 것 같다. 나무에서 내뿜는 산소를 들이마실 때, 나무를 옆으로 눕혀 놓은 모양의 폐 안으로 산소가 들어간다고 상상해보자. 한쪽 폐는 복잡한 가지와 뿌리를 갖추었고, 다른 쪽 폐는 가지돌기가 태양을 향해 뻗어 있다. 신경과학자 데이비드 이글먼David Eagleman은 희망찬 목소리로 묻는다. "언젠가는 사람의 뇌세포 숲에 각인된 아주 미세한 조직에서 그 사람의 인생을 어느 정도 자세히 읽을 수 있지 않을까?"[17]

두 차례의 집중적인 발달기(0~3세의 유아기와 13~24세의 청소년기)동안, 우리 뇌가 모든 가능성과 배움을 이용하고 정보를 흡수하는 현상을 신경과학자들은 '꽃피우기'라고 표현한다. 이후 뇌가 쓸모없는 가지를 버려야 할 때, 즉 뇌에 남은 과도한 시냅스를 치우고 특정 신경망 또는 가지를 보강해야 할 때, '가지치기' 현상이 일어난다. 신경과학자 세라-제인 블랙모어는 다음과 같이 설명한다. "사용되는 시냅스는 유지·강화되며, 사용되지 않는 시냅스는 가지치기로 잘려 나간다."[18] 우리 뇌의 성장 잠재력을 기억하려면 두개골 안에서 우리 뇌가 나무처럼 성장하는 모습을 그려보는 것이 가장 좋다. 끊임없이 꽃을 피우고 새로운 학습의 잎을 펼치면서, 자신의 건강이나 행복에 더 이상 도움이 되지 않는 사고와 감정, 행동의 가지는 버리거나 쳐내는 나무 말이다. 이글먼은 계속해서 변하는 뇌의 사이클을 간단히 이렇게 표현한다. "뉴런 간 연결은 끊임없이 꽃피고 지며 다시 이루어진다."[19]

앞서 언급했듯이 우리 뇌는 대뇌피질 공간이 제한되어 있기 때문에 사용하지 않는 신경망은 재빨리 정리한다. 다윈의 적자생존 이론이 뇌 안에서 전개된다고 보면 된다. 이곳에서 시냅스 연결은 생존과 *성장*을 위해 경쟁하고, 이 과정은 각자의 경험과 연습에 좌우된다.[20] 핵심 단어는 연습이다.

잠시 숨을 고르면서 이 개념을 제대로 이해해보자. 인생에서 반복적이고 의도적이며 목적이 있는 연습에 매진할 때, 우리는 뇌 속의 신경망을 강화하는 것이다. 피아노 연습을 한다면 베토벤 소나타 연주를 위한 신경망을 강화하는 것이고, 요가 연습에 시간과 에너지를 쏟는다면 자기 돌봄과 유연성, 힘에 해당하는 신경망을 강화하는 것이다. 다 우리 몫이다. 피아노 연습을 30분 한다고 베토벤 소나타를 잘 칠 수는 없다. 마찬가지로 요가 수업을 다닌다고 자기 돌봄, 유연성, 힘이 길러지는 것은 아니다. 연습이란 어떤 활동에 시간과 에너지를 반복적으로 쏟는 것을 의미한다. 처음에는 우리 뇌가 저항할 가능성이 많다. 편안하고 안정감 있고 만족스러운 신경망을 모두 정리하고 그 자리에 익숙하지 않은, 어색한 신경망을 채우는 건 기분 좋은 일은 아니다. 그러나 일단 우리 뇌가 타성과 저항을 극복했다면 당신이 구축하고 싶은 습관이 꽃을 피우도록, 또 자신에게 해를 가하거나 발목을 잡는 습관이 사라지도록 뇌가 이런 습관의 신경망을 정리할 때까지 자신에게 격려의 말을 건네보자.

우리 뇌가 정말 놀라운 점은, 훨씬 나은 인생을 만들어줄 건강한 치유의 습관을 들이는 데 우리가 의식적으로 집중한다면, 우리 뇌도 건강한 습관을 만드는 데 매진한다는 것이다. 긍정 심리학자 숀 아처Shawn Achor는 이렇게 설명한다. "우리 뇌는 일단 습관을 형성하는 쪽으로 들어서면 자연스럽게 그쪽 방향으로 굴러가며 저항을 가장 덜 받는 길을 따라간다."[21] 우리 뇌는 파괴적인 습관에도 그랬듯이 건강한 새 습관을 구축하는 데도 흥미를 보이며 헌신한다. 핵심은 믿는 것이고, 이 믿는 힘은 새로운 습관을 연습하는 데 촉매 역할을 하는 활동 에너지를 불러모은다.[22]

시간과 관심과 에너지를 쏟는 대상이 무엇이든 우리 뇌는 갈수록 정교한 방식으로 신경망을 만들어 그 노력에 응답한다. 반대로 시간과 에너지를 들이지 않는 대상은 어떤 것이든 우리 뇌가 해당 신경망을 가지치기로 쳐낸다는 사실을 알아두자.[23] 메르체니치가 설명하는 것처럼 어떤 신경망을 반복적으로 발화하면 쓰지 않는 신경망은 가지치기를 통해 정리된다. "뇌의 변화에서 플러스 방향의 가소성은 현재 일어나는 상황을 좀 더 밝고 선명하게 만드는 일을 한다. 이와 동시에 마이너스 방향의 가소성은 선명하게 상황을 구축하고 기록하는 것을 방해하는 부적절하고 짜증나는 연무나 소음을 없애주는 역할을 한다."[24] 상황을 선명하게 보는 뇌가 건강한 뇌이며, 연무와 소음 때문에 끊임없이 산만해지고 다른 방향으로 끌려갈 때 뇌는 고통받는다.

고정형 사고방식과 성장형 사고방식

고정형 사고방식을 가진 사람은 자기 뇌를 마치 기계처럼 본다. 하지만 성장형 사고방식을 가진 사람은 자기 뇌를 자라나는 나무로 이해한다. 심리학자 캐럴 드웩Carol Dweck은 고정형 사고방식과 성장형 사고방식을 연구한다. 고정형 사고방식은 우리의 발목을 잡고, 성장형 사고방식은 뇌의 성능을 최적화할 수 있도록 도와준다. 성장형 사고방식을 갖기 위해서는 자신을 따라다니는 꼬리표를 모두 떼어버리는 것이 중요하다. 드웩의 연구에 따르면 칭찬의 꼬리표는 모욕의 꼬리표만큼이나 사람을 현혹하고 잘못된 길로 인도한다. 자신이 똑똑하다고 믿든 느리다고 믿든 고정형 사고방식을 가진 아이는 장애물이나 난관에 부딪칠 경우, 빨리 포기한다. 고정형 사고방식을 가진 아이는 장애물과 난관에 부딪치는 일을 피하려고 애쓴다. '총명하다'는 꼬리표가 붙은 아이는 완벽하게 습득해서 타고난 꼬리표를 입증할 수 있는 활동에 끌린다. '고전한다', '느리다' 같은 꼬리표가 붙은 아이는 빨리 습득할 수 없다는 것에 수치를 느끼기 때문에 도전적인 활동을 두려워한다. 고정형 사고방식을 가진 아이는 장애물을 극복하거나 어려운 상황을 딛고 올라서는 성취를 연습, 노력, 일과 연관시키지 못한다. 반면 성장형 사고방식을 가진 아이는 문제를 해결하는 일에 흥미를 느끼며 팔을 걷어붙이고 달려든다. 만약 잘되지 않으면, 더 열심히 노력하고 다른 전략을 시도해보는 등 틀에 박힌 사고방식에서 벗어난다. 이들은 자신들이 학습 여정에서 어디쯤에 있는지와 관계없이 연습, 노력, 일이 성공을 이끈다고 믿으며, 설령 어떤 벽에 부딪치더라도 시간을 배가해서 노력하여 이에 대처할 방안을 찾는다.

심리학자 앤절라 더크워스Angela Duckworth의 책에는 "능력을 고정형 사고방식으로 바라보면 역경을 비관적으로 대하고, 그 결과 애당초 도전을 포기하며 피하려고 하게 된다"는 말이 나온다. 여기에서 핵심은, 역경이 닥치더라도 성장형 사고방식을 유지해서 고통을 일종의 도가니, 즉 호된 시련의 장소로 볼 수 있도록 하고, 열심히 노력해 교훈을 얻고 능력을 향상해야 한다는 것이다. 바로 이 도가니에서 PTSD가 외상 후 성장으로 바뀔 수 있다. 우리 뇌가 가진 신경가소성이 무엇과도 견줄 수 없이 대단하다는 사실을 잊지 않는다면 '그릿grit*'이 가진 초능력을 갈고 닦을 수 있다. 더크워스가 말했듯이 그릿은 끈기를 이끌고, 이는 곧 우리가 "자신을 더욱 강하게 만들어 줄 새로운 도전"을 찾아나선다는 의미다.[25]

캐럴 드웩은 실수를 비난하고 탓하면서 모욕을 주고, 노력에 대해 불평을 늘어놓으며 일을 하는 데 한길만 고집하는 풍조를 완전히 뒤집을 필요가 있다고 주장한다. 드웩의 연구에 따르면 이런 식으로 누군가를 괴롭히는 접근 방식은 각 학습 단계를 저해하는 일이다. 드웩은 만약 어른이 "아이에게 선물을 주고 싶다면, 최고의 선물은 이들이 도전을 사랑하고 실수에 자극을 받고 노력을 즐기며

---

*　　앤절라 더크워스가 개념화한 용어로 성공과 성취를 이끌어내는 데 결정적인 역할을 하는 투지, 용기, 담대함, 끈기 등을 말한다.

새로운 전략을 추구하고 계속 배우도록 가르치는 것"이라고 말한다.[26] 우리 뇌를 건강하게 유지하고 고정형 사고방식을 성장형 사고방식으로 바꾸고 싶다면, 지속적인 학습이라는 말을 주문처럼 외우면 된다. 노년까지 건강한 뇌를 유지하고 싶다면, 평생 배움의 길을 걷는 것이 게임 체인저**가 된다. 실수를 했을 때 자책하는 대신 실수를 일을 추진하는 자극제로 삼으면 어떨까? 파괴적인 행동을 그만두는 일이 힘들어 포기하고 싶은 마음이 든다면, 훌훌 털어버리고 새로운 전략을 찾으면 어떨까?

지속적인 학습은 고정형 사고방식과 정반대다. 고정형 사고방식은 최악의 경우 급진적 성향을 띠고, 기껏해야 방어적 자세를 취하며 경직된 뇌를 만든다. 드웩의 주장을 들어보자. "학교 문화는 고정형 사고방식을 부추기거나 적어도 수용한다. 어떤 아이가 다른 아이들보다 우월함을 느끼고, 그가 다른 아이들을 괴롭혀도 된다는 생각을 받아들이고, 어떤 아이들은 적응을 못 하는 부적격자이므로 도와줄 일이 거의 없다고 판단한다."[27] 이런 경향이 바로 괴롭힘의 패러다임에서 일어나는 현상이다. 이 패러다임은 고정형 사고방식에 의존하고, 뇌가 유기적인 기관이며 나무처럼 자랄 수 있다는 사실을 인정하지 않은 채 여러 꼬리표를 붙인다.

드웩은 "일부 학교에서는 평가하는 분위기를 없애고 협동과 자체

**   어떤 상황을 완전히 바꿔놓는 사람이나 아이디어나 사건.

향상의 분위기를 만들어서 괴롭힘을 극적으로 줄였다"고 전한다.[28] 경직된 뇌와 완고한 사고방식을 가진 사람들과 이들이 모인 조직은 다름을 무시하고, 만약 다름이 이미 확립된 사고방식과 맞지 않는 다면 심지어 노골적으로 거부한다. 이것이 바로 신경과학적 측면에 서 바라보는 인종차별주의나 성차별주의다. 경직된 뇌에서 비롯된 뿌리 깊은 믿음 체계는 독립적이고 서로 다른 역동적인 뇌를 위험 에 빠뜨린다. 이미 언급했듯이 죽는 날까지 우리는 뇌를 변화시킬 수 있다. 하지만 뇌가 경직되고 굳어 있을수록 바뀌기는 더 어렵다.

도이지는 나이가 들수록 뇌의 가소성 또는 유연성이 떨어진다고 설명한다. "아무리 원한다 해도 세상에 대응해서 변하는 것이 갈수 록 어려워진다"는 것이다. 수년간 남을 괴롭히거나 학대한 사람은, 세상과 맞서야 할 때 자신이 아프다는 것을 인지하고 살아온 방식 을 바꿔 세상에 대응할 만한 유연성이 전혀 남아 있지 않다. 변화 가 불가능하지는 않지만, 한 해 한 해 지날수록 파괴적인 행동의 신 경망이 강화되고 이에 따라 자신에게 해를 가하는 습관이나 행동에 푹 빠져들어 변하는 것이 점점 더 어려워진다. 연구에 따르면 "우리 는 세상에 대한 자신의 믿음이나 인식과 맞지 않는 정보는 무시하 거나 망각하거나 불신하는 경향이 있는데, 이는 낯선 방식으로 생 각하고 인식하는 일이 상당히 고통스럽고 어렵기 때문이다."[29] 어떤 사람들은 이미 뇌가 경직되고, 사고방식이 굳어져 있기 때문에 객 관적으로 가늠하고 확인할 수 있는 엄연한 사실 대신 대안적 사실을 더 좋아한다. 낯선 방식으로 사고하고 인식하는 일에 어려움을 느끼기 때문이다. 이들은 복종하고, 선출된 권위자가 말하는 대로 따르기를 더 좋아한다.

우리는 자신의 뇌를 이끌고 스스로 새로운 존재 방식으로 안내할 필요가 있다. 낯선 것을 친숙하게 만들려면 매일 연습을 통해 그 일에 매진해야 한다. 주사 한 방에 될 일이 아니다. 빠른 처방은 없다. 어쩌면 우리 뇌가 많은 고통을 느끼면서 스트레스와 불안, 통증 완화를 위해 불법 약물이나 알코올 등 친숙한 방식의 자체 처방에 의존할 수도 있다. 이렇게 되면 파괴적인 행동의 사이클을 깰 수 없다는 잘못된 믿음이 생긴다. 생각하면 부아가 치미는 일이다. 그때 기억해야 할 사실은 자신의 마음-뇌-몸을 믿어야 한다는 것이다. 일단 세 요소가 같이 협력하면 그 어느 것도 우리를 막을 수 없다. 사실 뇌의 고통을 극복하기 위해서는 여러 번 반복해서 그 고통을 인정하고 뇌를 진정시켜야 한다. 일단 뇌가 진정되고 안전하다고 느끼면 뇌 훈련이라는 어렵지만 보람찬 일을 시작할 수 있다.

헬렌 라이스는 외적 보상을 추구하지 말라고 경고한다. 우리 뇌는 신경전달물질인 도파민을 방출한다. 간단히 말하면 짜릿한 행복감을 느끼며 외적 보상에 반응한다는 것이다. 넓은 의미에서 이런 외적 보상은 뇌에게 우리가 사회 시스템의 일부임을 알려주며, 우리 뇌는 이것이 생존에 중요하다는 것을 알게 된다. 그러나 신경화학물질이 물밀듯이 쏟아지면 우리는 쏟아지는 관심을 갈망하게 되

고, 도파민 방출을 또 한번 기대하며 핸드폰에서 눈을 떼지 못하게 된다.[30]

한 살 아기는 외적 보상을 바라지 않는다. 아기는 걸음마를 배울 때 다른 사람을 보지 않는다. 대신 자신의 성장형 사고방식에 집중하여 할 수 있는 모든 방법을 시도하면서 기다가 두 발로 걷는 도약을 이루어낸다. 메르체니치는 이런 학습 과정이 자연스러운 일임을 강조한다. "설 수 있으면 천천히 걸음마를 할 수 있고 걸음마를 하다보면 걷게 됩니다. 걷다보면 뛸 수 있고, 뛰다 보면 장애물을 뛰어넘거나 굴렁쇠를 통과할 수 있죠."[31]

기술을 배우거나 능력을 갈고닦으면서 필요한 뇌 처리 기능은 점점 더 정확해지고 신뢰성이 높아진다. 우리 모두는 살면서 우리 앞에 놓인 장애물을 뛰어넘고 굴렁쇠를 통과하고 싶어 한다. 이것은 하나의 과정이고, 우리 뇌가 지원하는 바로 그 영역이기 때문에 자신을 믿고 필요한 노력을 쏟아부어야 한다. "뇌의 뉴런 활동이 점점 조화로워지면서, 뇌 조직은 팀워크의 향상을 감지하고, 그다음 단계로 도약할 수 있도록 화학물질을 분비합니다."[32] 이는 성장형 사고방식을 갖춘 뇌 안에서 일어나는 현상을 쉽게 설명한 것으로, 새로운 도전을 하거나 기술을 습득하거나 장애물을 극복하고 목표를 달성하기 위해 열심히 노력할 때 나타나는 현상이다.

자, 이제 숙달할 수 있는 뇌의 타고난 역량이 학대의 소음으로 발휘되지 못하는 경우를 상상해보라. 누군가 우리에게 지속적으로 소리를 지르고, 모욕을 주면서 공개적으로 망신을 주고, 꾸짖고 위협한 결과, 뇌의 타고난 학습 방식에 차질이 생겼다고 상상해보자. 이런 방식이 바로 〈위플래시〉에 나오는 테런스 플레처의 교육 공구함 속에 든 것들이다. 이런 전략은 괴롭힘의 패러다임에서 흔히 보이는 접근 방식이다. 우리의 목표는 고정형 사고방식을 잠식하는 외적 보상이나 외적 학대에서 벗어나는 것이다.

드웩은 마음-뇌-몸에서 내적 보상을 추구하라고 조언한다. 다른 사람에게서 칭찬을 바라는 순간, 실패를 자초하는 것일 수 있다. 드웩은 체조 대회에 나가 상을 전혀 타지 못한 자녀를 위로하며 자녀의 내적 보상 시스템에 불을 붙인다는 목표로 다음과 같은 조언을 하는 부모의 사례를 제시한다.

엘리자베스, 네 기분이 어떤지 알아. 기대를 잔뜩하고 최선을 다 했는데 상을 타지 못해서 너무 실망스럽겠지. 하지만 너도 알겠지 만 아직은 때가 아닌 거야. 너보다 체조를 오래하고 너보다 노력 을 훨씬 많이 한 아이들도 많단다. 상을 받고 싶다면, 그걸 위해서 정말 열심히 하면 되는 거야.

이 부모는 그저 재미로 체조를 하고 싶다면 그것도 괜찮다고 알려주지만, 대회에서 뛰어난 성적을 거두고 싶다면 정말 노력해야 한다고 이야기한다.[33] 드웩은 아버지의 조언 덕분에 엘리자베스가 상당한 실력을 갖추게 되었고 실제로 경기에 나가 우승하고 싶다는 열망을 품게 되었다고 결론을 내린다. 엘리자베스는 엄청난 시간을 쏟아부으며 기술을 향상했고 특히 자신의 약점에 집중했다. 다음번 국제 대회에서 그는 다섯 개 부문에서 우승했고 대회 종합 우승 트로피를 받았다. 이처럼 우리는 *내적* 보상과 열심히 노력해서 목표에 도달한다는 성장형 사고방식으로 최고의 기량을 만들 수 있다.

상처를 치유하고 건강을 회복해서 잠재력을 실현하기 위해서는 괴롭힘의 패러다임에서 나온 신화를 묵살하는 것이 아주 중요하다. 이 신화는 가혹함이나 몰인정한 행동이 강함과 그릿, 회복탄력성을 키운다고 말한다. 하지만 과학 연구는 이것이 진실과 정반대라는 증거를 제시한다. 괴롭힘의 패러다임을 믿는 신봉자들이 과학, 특히 신경과학을 언급하지 않는 이유가 다 여기에 있다. 양육을 받는 동안 관심받고 존중받은 아이들은 안정감이 발달하고 회복탄력성이 깊게 자리하는데, 이런 요소는 자신에게 닥친 도전을 인식하고 감당할 수 있도록 도와준다.[34] 이런 환경을 갖춘 가정이나 학교에서 자라지 않았다면, 스스로 치유와 회복 기능이 있는 학습 환경을 조성하면 된다. 직장에서 자신의 신경망과 건강을 해치는 유독한 환경에 노출되었다면, 괴롭힘의 패러다임에서 벗어나 회복 기능을 갖춘 좀 더 건강한 환경을 다시 만들면 된다.

괴롭힘의 패러다임이 불안정하고, 공포를 유발하고, 예측 불가능한 환경을 조성하는 상황에서 학습 능력이 있는, 건강한 뇌 신경망을 구축하기 위해서는 안전을 기본으로 확보해야 한다. 따라서 지속적이고 평화로운 안전한 환경 구축이 새롭고 강한 신경망을 놓기 위한 기본 단계임을 거듭 알아둘 필요가 있다. 이런 안전한 환경에서 성장형 사고방식이 자라는데, 그 이유는 이 사고방식이 '실수를 통한 배움', 즉 '실수의 반복'으로 뇌가 성장하면서 상당한 능력과 힘, 독창성을 발견한다고 전제하기 때문이다. 어쩌면 이 과정에서 교사나 멘토, 코치가 필요하다고 생각할지 모른다. 이런 유형의 권위적 인물은 밀그램의 예일대학 연구 실험에서 등장한 권위자와는 반대의 인물이다. 밀그램의 실험에서 나오는 권위자는 사람들을 몰아붙여 이들의 호기심과 비판적 사고, 윤리와 공감 중추를 차단하는 명령을 남발했다. 그들은 피해자에게 가해지는 고통과 위험에 아랑곳하지 않고, 평범한 조를 좌지우지하며 그에게 시키는 대로 하라고 명령했다.

이번 장의 실천 단계에서는 순응을 요구하는 마음속 가해자를 대체할 다른 유형의 권위자를 찾아 나선다. 우리는 우리의 말을 들어주고 용기를 주며 궁극적으로 힘을 길러주는 교사, 코치, 멘토를 찾아 나설 것이다. 마음속 가해자처럼 이상적인 권위자 역시 우리 뇌 안에 있을 수 있다. 이번 장의 실천 단계에서는 성장형 사고방식을 길러 재능을 키울 수 있도록 도와주는 이상적인 인물에 관해 논하겠다.

단계 3: 재능을 키우라

언론인 대니얼 코일^{Daniel Coyle}은 '재능의 온상'을 전 세계적으로 탐구하면서 여기에는 세 가지 핵심 요소, 점화(목표를 달성할 수 있다는 믿음), 의도적인 연습(목표를 달성할 수 있도록 기술 향상을 위해 매일 매진하는 노력), 마지막으로 '재능을 속삭여주는 사람'의 지도가 있다는 사실을 발견했다.[35] 코일은 영국 육상 선수 로저 배니스터^{Roger Bannister}가 1954년에 불가능해 보이던 마의 4분대 기록*을 깬 승리의 순간을 예로 들면서, 불과 몇 주 만에 다른 선수들도 이 기록을 재현했다고 말했다. 코일이 한 말의 핵심은 현실적이지 않거나 가능해 보이지 않는 목표를 세우면 이를 달성하기가 힘들다는 것이다. 재능을 키우기 위해서는 믿을 만한 목표로 시작하는 것이 중요하다. 자신 안에 불을 지펴서 힘든 노력을 감내하고 연습하는 데 매진하려면 스스로를 믿어야 한다.

괴롭힘의 패러다임에서 가장 파괴적인 유산은 자신에 대한 믿음이 사라진다는 것이다. 괴롭힘의 패러다임은 자신에 대한 믿음을 부정확한 꼬리표와 모욕적인 말로, 그러니까 나는 학대를 받을 만하고 그것은 내 잘못이며 내 책임이라는 질책으로 바꾼다. 그런데

---

* 약 1.6킬로미터를 4분 안에 들어오는 빠르기를 말한다.

괴롭히고 학대하는 사람은 아무런 책임도 지지 않고 상황을 빠져나가 우리 마음속에 무슨 일이 일어났는지, 또 누가 책임을 져야 하는지에 관해 의심의 씨앗을 뿌린다.

이번 장의 실천 단계에서 가장 중요한 부분은 자신이 언제, 어떻게 자신에 대한 믿음을 저버렸는지 확인하는 것이다. 이후에 그 믿음을 회복할 계획을 짜고 개발할 필요가 있다. 우리에게는 신경가소성이 있어서 뇌를 바꿔 자신의 힘으로 다른 길을 완주할 수 있다. 오로지 자기 자신을 믿어야만 연습하는 데 시간과 노력을 매진할 에너지를 찾고 헌신할 수 있다.

재능을 키우는 두 번째 단계인 의도적 연습을 연구하면서, 코일은 특정 활동을 연습하면 이에 해당하는 신경망이 미엘린으로 보호된다는 신경과학적 연구 결과를 언급한다. 미엘린은 앞서 언급했듯이 신경망이 반복적으로 발화하거나 활성화될 때 축삭돌기, 즉 신경망을 둘러싸는 지방질의 절연체다. 뭔가 연습해서 지식과 기술을 습득할 때 우리 뇌 속의 해당 신경망은 미엘린 덕분에 점점 더 효율적이고 빠르게 전기 신호를 보낸다. 메르체니치는 "신경망이 절연이 잘 될수록 정보가 잘 통합되어 더욱 빠른 속도로 내보낼 수 있다"고 표현한다.[36] 뇌 속 축삭돌기가 미엘린으로 절연되면 정보 전송의 효율성이 높아지고 속도가 빨라지는 현상을 다시 한번 살펴보자. 연민을 매일 실천하면 이 행위에 해당하는 신경망이 우리 뇌 속에서 수초화myelinated*된다. 반대로 사람을 매일 괴롭히면 이 행위에 해당하는 신경망이 뇌 속에서 수초화된다. 어쩌면 우리는 정보를 읽고 흡수하거나, 여러 가지 외국어를 말하거나, 화학 실험을 하거나, 튜바를 연주하거나, 장기를 두거나, 원반을 던지거나, 비디오 게임에서 탁월한 실력을 발휘하거나 협상, 길 찾기 등의 활동을 하는 데 필요한 축삭돌기를 이미 수초화했을지도 모른다. 1장의 내용을 되새겨보면 다음과 같다. "같이 발화하는 신경망은 같이 연결된다." "뇌는 많이 하는 일을 잘하게 된다." 미엘린 수초가 뇌 속의 재능을 키우는 데 핵심 역할을 한다는 신경과학적 발견을 다룬 코일의 연구에서, 그는 단순히 특정 동작을 반복한다고 기술 향상을 기대할 수는 없다고 말하며 어떻게 연습하면 될지 그 방법을 자세하게 알려준다. 부모의 뛰어난 양육, 코치와 교사의 지도, 멘토의 도움이 필요한 지점도 바로 이 부분이다.

코일은 뇌 속의 재능을 최고 수준으로 발화하기 위해서는 앞서 언급했듯이 '재능을 속삭여주는 사람', 즉 뛰어난 코치를 옆에 두는 것이 게임 체인저가 된다고 말한다. 다음은 재능을 속삭여주는 사람의 자질로, 이런 자질이 케케묵은 괴롭힘의 패러다임을 지배하는 코치의 자질(특히 괄호 안에 덧붙인 말)과는 정반대임을 알 수 있다.

*　미엘린 수초가 축삭돌기에 감싸여 자극 전달 속도가 더욱 빨라지는 현상.

- 조용하고 심지어는 내성적인 사람(괴롭힘의 패러다임에서 성공의 열쇠라고 주장하는 고함, 욕설, 호통, 모욕, 협박과는 반대).

- 한결같고 깊고 흔들림 없는 응시를 하는 사람(남을 괴롭히면서 눈도 제대로 맞추지 못하는 사람과는 반대).

- 자기 말을 하기 보다 남의 말을 훨씬 많이 듣는 사람(악담을 퍼붓고 무시하고 창피를 주고 폭언을 멈추지 않는 사람의 말에 귀 기울이는 괴롭힘의 패러다임과는 반대).

- 가르치는 사람을 세심하게 대하면서 각 학생의 성격에 따라 맞춤형 메시지를 전달하는 사람(무감각하고 공감 능력이 없으며 힘의 불균형을 이용해 각 학생의 성격과는 관계없이 그저 반복적으로 학대할 대상을 골라 여러 피해자를 공략하는, 괴롭히는 행동과는 반대).

재능을 속삭여주는 사람의 마지막 자질은 공감 코치의 자질과 정확히 일치한다. 이런 사람은 적극적으로 대응하지 반사적으로 반응하지 않는다. 반대로 마음속 가해자는 괴롭힘의 패러다임 안에서 방어 전략으로 생겨났을 가능성이 크기 때문에 상황에 바로 반응하는 성향이 높다. 마음속 가해자는 우리를 불안하고 우울하게 만들수 있으며, 약물을 사용하는 등 자체 처방을 하거나 자해를 저질러 만성적인 스트레스를 진정시키라고 밀어붙일 수 있다. 이런 행위는 괴롭힘과 학대에 대해 내면된 반응이다. 마음속 가해자는 또한 난폭해지고 격분하고 남을 비난하고, 모욕을 주거나 해치도록 이끌기도 한다. 이런 반응 행동은 과거에 괴롭힘이나 학대를 당한 일을 외부로 표출할 때 일어난다.

마음속 가해자의 이런 행동 양상이 나타나면 마치 덫에 걸린 것처럼 빠져나갈 수 없다는 생각이 들 수 있다. 그러나 성장형 사고방식의 주춧돌 역할을 하는 신경가소성은 그렇지 않다고 말한다. 우리가 신경망을 바꿀 수 있고, 반응적 성향을 현재에 집중하는, 대응하는 성향으로 바꿀 수 있다는 증거는 아주 방대하다. 쉬운 일은 아니지만 할 수 있는 일이다. 우선 마음속 가해자를 내쫓고 공감 코치가 들어설 자리를 마련할 필요가 있다. 공감 코치가 우리 머릿속에 뿌리를 내리도록 대뇌피질 영역을 확보해야 한다.

과거에 이미 경험했고 현재 알고 있는 것(마음속 가해자)을 알지도 못하는 것(공감 코치)으로 바꾸는 데 왜 이 모든 수고를 감수해야 할까? 그 이유는 공감 코치가 재능을 속삭여주기 때문이다. 공감 코치는 조용히 관찰하고, 공감하는 마음으로 경청하며, 전하고자 하는 메시지와 상대방에게 지금 필요한 메시지를 맞춤식으로 전달할 수 있기 때문에 황금처럼 귀중한 존재다. 마음속 가해자를 만드는 기존 신경망을 바꿔서 새로운 영역을 만들고 새로운 길을 개척하면서, 옛 지도를 새로운 지도로 바꾸는 일은 쉽지는 않지만 시도할 가치가 있는 일이다.

코일은 시대를 막론하고 가장 위대한 코치로 손꼽히는 전설적인 농구 코치, 존 우든John Wooden처럼 재능을 속삭이는 코치는 선수를 칭찬하거나 비판하는 데 시간을 들이지 않는다고 말한다. 학습자의 빠른 재간을 칭찬하거나 느린 성향을 나무라는 것 모두 역효과를 낳는다는 캐럴 드웩의 말을 기억하는가? 이 때문에 재능을 속삭이는 코치는 판단을 내리지 않고 상황에 대응하는 정보를 제공한다.[37] 마음속 가해자가 아닌 공감 코치를 내면화하기로 결정했다면, 자신에게 끊임없이 남에게 친절하고 호기심을 가지라고(즉 남에게 공감하고 상황에 대응하라고) 일러줄 필요가 있다.

판단하지 말라. 그저 마음-뇌-몸이 보내는 소리를 듣고 이들이 서로 협응하는 모습을 지켜보라. 그러면 이들 세 주체는 우리가 그 존재도 몰랐을 재능의 보고를 이용해 우리에게 보답할 것이다. 빠른 처방은 없다는 사실을 기억하라. "깊이 있게 연습할수록 더 나아진다"는 우든의 주문은 바로 이런 이유에서 나온 것이다.[38] 괴롭힘의 패러다임은 우든이 선수들을 학대하지 않았기 때문에 수많은 게임에 지고 챔피언십을 차지하지 못했다고 지적할 테지만, 이런 생각을 뒷받침하는 증거는 전혀 없다. 사실 이것은 거짓이다. 우든은 12년 넘는 기간 동안 UCLA 브루인스 팀의 코치를 맡아 무려 열 번의 전미대학체육협회 우승을 이끌었다.

4

뇌 잠재력 훈련

심리학자 마틴 셀리그먼Martin Seligman은 독일 셰퍼드를 우리에 가둔 다음 심한 고통을 유발하는 전기 충격을 반복적으로 가해, 이 개가 울부짖으며 필사적으로 탈출을 시도하도록 유도하는 실험을 했다. 그러나 고통이 계속되자 어느날 셰퍼드는 탈출을 체념했고, 심지 어 탈출구가 뻔히 보이는 우리에 풀어놓았는데도 무기력한 상태로 그 자리를 떠나지 않았다. 존 머다나는 "대부분의 학습이 차단되었 고, 이 부분이 아마도 최악이었던 것 같다"고 평한다.[1] 독일 셰퍼드 를 대상으로 한 셀리그먼의 실험은 끔찍했지만 학습된 무기력이라 는 중요한 현상을 발견해냈다.

괴롭힘 또는 학대의 대상이 되지 않더라도 학습된 무기력은 생겨 날 수 있다. 단순히 학대와 괴롭힘의 장면을 목격하는 것만으로 모 욕과 불안, 덫에 갇힌 느낌이 들 수 있다. 이런 유독한 감정은 반복 적으로 일어나 만성이 되는 경우 우리 뇌에 특히 해롭다. 신경과학 자 릭 핸슨Rick Hanson은 "자신이 쓸모없다고 느끼는 고통스러운 경험을 단 몇 번만 해도 순식간에 우울증과 관련된 무기력증이 엄습할 수 있다"고 밝힌다. 이 자체로는 우울한 소식이지만 좋은 소식은 우리가 그런 무기력한 순간에 느껴지는 우울감을 유능함과 자신감으로 바꿔 자신이 쓸모 있는 사람이라고 느끼는 강렬한 효능의 순간으로 다시 고쳐쓸 수 있다는 것이다.[2] 괴롭히거나 학대하는 집에 살거나 그런 학교나 직장에 다니거나, 그런 환경에서 스포츠 경기를 하거나 예술 공연을 하면 무기력과 무력함의 감정에 깊이 빠지게 된다.[3] 앤절라 더크워스가 말하는 것처럼 "과학 연구는 통제 수단 없이 트라우마를 경험하면 그 사람이 무너질 수 있다는 것을 분명히 알려준다."[4]

2008년, 몽고메리의 동생인 앵거스가 3학년이었을 때, 그의 선생님이 의논할 게 있다며 우리 부부를 학교로 불렀다. 선생님은 앵거스의 학습 능력을 걱정했다. 앵거스는 책을 큰 소리로 완벽하게 읽을 수 있었고 학급 토론에 활기차고 적극적으로 임했지만, 읽은 내용에 관해 묻는 문제를 풀어야 할 경우 거의 0점에 가까운 점수를 받았다. 그는 책을 읽고 알게 된 내용을 보여주는 대신, 책을 아예 읽지 않은 사람처럼 전혀 다른 이야기를 지어냈다. 그 무렵 앵거스는 그리스·로마 신화에 매료되어 제우스와 아테나 여신에 대해 시시콜콜한 면까지 자세한 이야기를 늘어놓았고, 《오디세이》에 나오는 괴물과 《일리아드》에 나오는 전투 장면을 묘사하곤 했기 때문에 나는 이 사실을 듣고 깜짝 놀랐다. 나는 앵거스에게 그리스·로

마 신화를 비롯한 많은 책을 읽어주었고 아들은 절대 잊는 법이 없었다. 그런데 아동용 책을 읽고 푸는 3학년 시험에서 정답을 쓸 수 없다니 이것이 도대체 무슨 일인가? 나는 그때 앵거스의 문제가 내 오빠가 학교에서 겪었던 일과 상당히 비슷하다는 것을 깨달았다. 시간상 현재라는 것 빼고는 말이다. 우리는 앵거스를 교육 심리학자에게 데려가 정보처리 능력을 검사받았다. 검사가 끝난 후, 앵거스는 시각 정보를 보유하는 뇌 용량이 1퍼센트 미만이지만 청각 정보를 보유하는 능력은 측정 불가할 만큼 뛰어나다는 결과를 받았다. 문제는 학교에서는 교과서를 읽어주는 내용을 *듣는* 대신, *눈으로 봐야 한다*는 것이었다.

오늘날 학교 시스템과 직장은 대부분 시각 처리를 중심으로 돌아가기 때문에 이런 평가는 걱정스러웠다. 그러나 신경가소성을 기반으로 인지 신경망을 다시 연결하도록 도와주는 이턴 애로스미스 프로그램을 통해 교육적인 면에서 치명타가 될 수 있었던 상황을 바꿀 수 있었다. 인지적이라는 말은 추론과 사고, 기억에 모두 사용되는 보편적인 단어다. 뇌 속에서 이루어지는 지적인 처리와 관계된 말인 것이다. 자, 이제 우리 뇌에 신경망이 잔뜩 깔려 있어 마치 전선으로 연결된 별처럼 반짝반짝 빛난다고 상상해보자. 여덟 살 앵거스의 밤하늘 같은 뇌를 망원경으로 들여다보면 시각 처리를 담당하는 성좌, 즉 시각 처리를 맡는 신경망에서 정보의 흐름을 방해하는 끊김이 여러 군데 발생하는 것을 발견할 수 있다.

나는 교사였지만 시각 정보를 처리할 용량이 1퍼센트도 안 되는 뇌의 결함을 보완해주는 프로그램이 있다는 이야기는 들어본 적이 없었다. 그때 한 학습 자원 전문가가 이턴 애로스미스 학교에 문의해보라고 귀띔해주었다.♦

이듬해, 많은 걱정과 의심을 품고 우리는 앵거스를 이턴 애로스미스 학교로 보내 응용 신경과학 프로그램 과정을 밟도록 했다. 이 학교는 인지 결함 강화에 초점을 맞춘 혁신적인 교과과정을 제공했다. 전혀 들어보지 못한 교과과정이라 걱정되었고 너무 복잡해서 이해할 수 없었으며 수업료도 비쌌다. 집중적인 뇌 훈련 과정을 운영하는 학교는 생소했지만 신경과학 관점에서 이 접근 방식은 확실하고 직관적인 방법이었다. 신경과학자 세라-제인 블레이크모어는 "뇌 훈련이 가능할까요?"라는 반어적 의문을 제기한 다음 밝은 목소리로 답한다. "물론 가능합니다! 뇌는 가소성이 있고 변할 수 있어요. 새로운 것을 배울 때마다 뇌는 변합니다."[5] 전 세계에서 괴롭힘의 패러다임이 활개를 치는 가운데 우리가 아는 사실과, 신경과학 연구실에서 발견된 사실은 이렇게 격차가 크다. 뇌와 뇌를 변화시키는 요소를 모른다는 것은 온갖 형태의 괴롭힘과 학대가 뇌에 부정적인 영향을 주고 뇌 건강을 해친다는 사실에 무지하

♦ 한국은 이턴 애로스미스 학교 같은 전문 공공기관은 없지만, 사설 연구소나 전문가의 개인적인 도움을 구할 수 있다.

다는 뜻이다.

학교에 다니고 약 3개월 후 앵거스는 할머니의 차에 타면서 이렇게 말했다. "왜 그동안 아무것도 배울 수 없는 학교에 저를 보내셨어요?" 그가 전에 다니던 학교는 상당히 좋은 곳이었지만 앵거스처럼 시각 정보처리에 장애가 있거나 다른 사람과 다른 뇌를 가진 학생은 가르칠 수 없었다. 이턴 애로스미스 프로그램은 학생의 뇌 신경망을 다시 연결하여 인지 결함을 치료한다.

이를 통해 우리는 새로운 신경 패러다임의 놀랍고 긍정적인 힘이 실제로 효과가 있다는 것을 직접 목격했다. 4년 후, 앵거스는 교육 심리학자에게 또 한 번 검사를 받았고, 그는 더 이상 앵거스에게 시각 정보 저장 장애가 없다고 나오자 놀라움을 금치 못했다. 앵거스는 타고난 청각 학습자였지만 이제는 눈으로 글을 읽고 상당히 높은 수준으로 세부 정보를 저장하는 능력까지 갖추었다. 현재 그는 왕성하게 책을 읽고 수백 권의 책 내용을 술술 이야기한다. 스티브 실버먼Steve Silberman의 《뉴로트라이브》에서 말하는 것처럼, 미래에는 앵거스가 경험한 교육 방식이 감당 못 할 정도로 비싸거나 특이하게 비치지 않을 것이다. 실버먼은 신경 다양성의 미래에 관해 설득력 있는 주장을 펼치면서 이런 미래를 상상한다.[6] 내가 앵거스를 지켜보면서 크게 얻은 교훈은 뇌 속의 별자리나 신경망은 변하거나 다시 연결될 수 있다는 것이다. 이걸 누가 알았겠는가? 나는 두개골 속에서 별처럼 반짝이는 860억 개의 뉴런에도 벅찬 감명을 받았지만 별자리가 부정적으로 또 긍정적으로 움직이고, 모양이 바뀌고 또 변한다는 사실에도 압도되었다.

한편 교사로서의 나는 밑도 끝도 없이 추락하는 중이었다. 학생의 뇌를 (다른 많은 요소와 더불어) 교사가 바꿀 수 있다는 생각은 모든 것을 바꿔놓았다. 교사는 거대한 분수에서 나오는 지식을 학생들 뇌에 쏟아붓는 사람이 아니다. 교사는 잡초를 뽑고 거름을 주고 폭우와 강풍으로부터 어린 나무와 꽃을 보호하는 정원사 같은 사람이다. 교사는 학생의 장래 희망이 무엇이든, 그 분야에서 꽃을 피우도록 죽은 가지는 쳐내고 튼튼한 가지는 보강해주는 사람이다. 심리학자 앨리슨 고프닉Alison Gopnik은 《정원사 부모와 목수 부모》에서 아동과 이들 뇌의 다양성, 그리고 부모와 자녀 관계에 대해 이야기한다. 그는 부모에게 자녀가 식물이 자라는 것처럼 창의적이고 예측할 수 없는 방식으로 성장할 수 있도록 환경을 조성하고, 자녀를 경직된 틀 안에 집어넣지 말라고 조언한다.[7] 고프닉의 조언은 캐럴 드웩이 연구한 성장형 사고방식과 일맥상통하며, 신경과학자들이 우리의 신경망을 거대한 숲으로 보라고 말했던 것을 다시 상기시켜준다.

1970년대 나의 오빠처럼 앵거스가 시각 정보를 기억하지 못해 자신은 똑똑하지 못한 사람이라고 체념했다면, 그에게 무슨 일이 벌어졌을까? 앵거스가 시험을 엉망으로 보고 책에 있는 내용을 적는 대신 답을 지어냈을 때, 선생님이 앵거스에게 '게으르다'거나 '집중력이 부족하다'고 혼냈다면 어떤 일이 벌어졌을까? 우리 부부가 그가 '느리거나' 지능이 떨어진다거나 '노력하지 않는다'고 믿었다면 어떤 일이 벌어졌을까? 이런 식의 부정확한 꼬리표 때문에 사람들은 자신이 변하지 못하고 운명에 갇혀 있으며 무기력하다고 믿는다. 많은 성인이 어릴 때 따라붙은 이런 평가나 심판을 여전히 믿는다. 그러나 우리에게는 신경가소성을 발견하고, 뇌 훈련을 통해 뇌의 잠재력을 최적화할 수 있다는 사실을 받아들이고, 마침내 그 잠재력을 충분히 발휘할 기회가 있다. 언제 어느 때라도 우리는 학습된 무기력의 우리에서 빠져나올 수 있다.

신경가소성의 잠재력

이턴 애로스미스의 공동 창립자인 바버라 애로스미스-영Barbara Arrowsmith-Young은 어릴 때 학습 장애로 어려움을 겪은 후, 뇌와 교육을 완전히 새롭게 보는 사고방식을 개발했다. 자신의 회고록이자 교육적 신기원을 이룩한 저서 《자신의 뇌를 바꾼 사람The Woman Who Changed Her Brain》에서 애로스미스-영은 자신이 만든 프로그램을 따라 자기처럼 뇌를 변화시켜 인생을 바꾼 아동과 성인의 이야기를 전한다.[8] 어쩌면 우리 또는 우리가 아는 다른 사람들도 아동기부터 지배당한 괴롭힘의 패러다임으로 인해 뛰어난 잠재력을 뇌 한구석에 팽

개쳐두고 있을지도 모른다. 애로스미스-영은 어떤 괴롭힘을 당했을까? 그는 '멍청하다', '느리다', '발달이 늦다'라는 말을 들었다. 당시에는 이런 종류의 꼬리표가 뇌에 부정적인 영향을 미친다는 사실이 알려지지 않았다. 아이러니하게도 사실 발달이 느리고 뒤처진 것은 괴롭힘을 고수하는 학교의 교육 시스템이며, 교육과 학습에 대해 시대에 뒤떨어진 패러다임을 고집하는 쪽도 대개 학교 시스템이다(놀랍지만 물론 예외인 경우가 있기는 하다). 학교 시스템은 그에게 평가를 내리고 꼬리표를 붙였지만, 그는 이를 거부하고 자신의 길을 개척하면서 당시 새로운 이해 방식으로 떠오른 신경가소성을 발견했다. 애로스미스-영은 타고난 발명가이자 뛰어난 사상가로, 사람들의 뇌를 극적으로 향상했다. 노먼 도이지는 애로스미스-영의 이야기를 전하며 이 프로그램을 통해 학생들이 예전에 개발되지 못했던 기술에 접근했고 그 결과 소속감 및 안정감뿐 아니라 엄청난 해방감을 느꼈다고 설명한다.[9] 신경가소성의 의미는 우리 모두가 괴롭힘의 패러다임에서 생겨난 학습된 무기력의 우리에서 빠져나올 수 있다는 뜻이다.

교육 현장에서 신경가소성이 앵거스를 바꾸는 장면을 목격하면서, 나는 신경가소성의 잠재력을 깨달았다. 내 오빠를 지켜본 경험과 그 이후 교사로서 맞이한 수차례의 경험을 통해 나는 뇌의 작동 방식과 불협화음을 일으키는 교육 세계에서 배우는 일이 얼마나 힘들고 좌절감을 안겨주고 사람을 의기소침하게 만드는지 알았다. 앵거스는 이런 불행을 겪지 않았다. 그리고 우리 뇌는 집중적으로 훈련하고 시간 간격을 두고 연습을 반복하면 극적으로 *변할* 수 있다는 정말 놀라운 발견을 했다. 신경가소성이 내포하는 뇌의 변화 능력은 흥미롭고 그 범위가 상당히 넓다. 간단히 말해 우리에게는 신경학적 상처를 치유하고 전반적인 건강을 회복하여 마음-뇌-몸의 삼위일체를 이룰 능력이 있다. 신경가소성 덕분에 앵거스는 인지적 결함을 보완했지만, 학대를 반복해서 당한 몽고메리는 이 신경가소성 때문에 코르티솔 호르몬이 분비되어 입에 온통 물집이 잡히고 인지능력이 상당히 약해졌다.

도이지는 앵거스처럼 운이 좋았던 한 남학생 이야기를 한다. "애로스미스 훈련으로 장애에서 해방되자 이 학생에게 내재해 있던 배움에 대한 열망이 활짝 꽃을 피웠습니다." 그는 뇌 장애를 겪는 아이들을 언급하면서, 사실 뛰어난 자질을 가지고 태어난 애로스미스-영도 혼자 힘으로 이런 장애를 겪어야 했다며 다음과 같은 말을 덧붙인다. "이런 아이들은 부주의하다는 꾸지람을 자주 듣고, 지시 사항을 잊고 무책임하게 행동하거나 게으르다고 생각됩니다. 종종 정리가 안 되고 변덕스럽고 실수를 통해 배우지 못하는 아이로 비치기도 합니다." 이와 달리 "애로스미스-영은 히스테릭하거나 반사회적이라는 꼬리표가 붙은 사람들은 전두엽이 약한 경우가 많다고 본다." 전두엽은 계획, 전략 개발, 분류, 목표 수립과 끈질긴 수행에 관여하는 뇌 영역이다. 애로스미스-영의 믿음에서 주목할 사항은

아이를 바라보는 관점이 도덕적 평가에서 벗어나 신경과학적 측면으로 바뀌었다는 것이다.[10]

학습에 고전하는 아이들은 게으름, 히스테리, 변덕이 심함, 무책임 같이 괴롭힘의 패러다임의 꼬리표가 따라붙는 안타까운 성격의 소유자가 아닐 수도 있다. 신경과학자가 보기에 이들은 분명 뇌 속에 일종의 결함이나 상처가 있는 것이다. 지금이야말로 우리가 도덕적 평가의 낙인을 떼고 그 자리에 근본적인 뇌 기반의 원인을 나타내는 진단명을 붙여야 할 때다. 아무도 팔이 부러져 글씨를 쓸 수 없는 사람에게 게으르다는 말을 하지 않는다. 이와는 반대로 머리가 고장 나 글씨를 쓸 수 없는 사람에게는 노력을 하지 않는다거나 더 열심히 공부를 해야 한다거나 칠칠치 못하다거나 글씨가 엉망진창이라는 말을 하기도 한다. 심지어 게으르다고 말하는 사람도 있다. 이 두 상황의 차이점은 무엇일까? 부러진 팔은 볼 수 있다. 다른 상황은 뇌스캔 없이는 볼 수 없다.

메르체니치가 개발한 뇌가소성 기반의 컴퓨터 게임식 훈련 프로그램은 최소한의 비용으로 언어와 읽기 장애가 있는 수백만 명의 아동을 학업적 성공의 가도 위에 올려놓았다.[11]◆ 안타깝게도 읽기에 고전하는 많은 아이는 부모나 교육 관계자 등으로부터 받는 조롱과

◆ 한국에서도 브레인HQ의 한국 파트너가 뇌 훈련 교육을 지원하고 있다. 홈페이지 주소는 다음과 같다. https://www.neuronlearning.co.kr

부정적인 피드백으로 인해 언어를 골칫거리라고 생각한다.[12] 메르체니치는 존 코코란이라는 학생의 잔인할 정도로 슬픈 이야기를 들려주며, 그가 읽지 못한다는 이유로 학교에서 체벌을 받았다고 이야기한다. 괴롭힘의 패러다임에 찬성하는 이 교사는 일단 코코란을 먼저 때리고 이후 모든 학생에게 그의 종아리를 때리라고 부추긴 다음, 그를 '멍청이 분단'으로 돌려보냈다. 어른들은 바로 이런 식으로 아이들에게 괴롭히는 행위를 가르치면서 정작 아이들이 자신들의 행위를 흉내내고 한 아이를 겨냥해 학대하고 모욕을 주면, 남을 괴롭히지 말라고 하며 우려를 내비친다.

나와 오빠가 학교를 다니던 시절, 선생님들은 코코란 같은 학생이 난독증을 가지고 있고, 이러한 비정상적인 뇌에는 읽기가 특히 어려운 과제라는 것을 전혀 몰랐다. 하지만 결국 존은 중년에 읽기를 배워 이에 관해 책을 썼다.[13] 존의 이야기는 우리 뇌가 가소성이 있으며, 살아 있는 한 배울 수 있고 배우기를 *원한다*는 메르체니치의 메시지를 조명해준다.[14]

10년도 더 전에 도이지는 "애로스미스의 접근 방식과 뇌 훈련 방법을 전반적으로 이용하는 것은 교육에 중대한 영향을 끼친다"고 말했다.[15] 하지만 오늘날 얼마나 많은 학교에서 뇌 훈련을 이용하고 있는가? 거의 없을 것이다. 환자가 건강하기를 바라는 의사는 몸에 관해 꿰뚫고 있어야 한다. 마찬가지로 아이가 잠재력을 마음껏 발휘하기를 원한다면 부모, 교사, 코치는 이들의 뇌에 관해 꿰뚫고 있어야 한다. 우리 직장을 한번 쭉 훑어보면 이와 비슷한 모순이 드러난다. 고용주는 직원의 신체건강을 위해 체력 단련실을 두지만 직원의 뇌 건강에는 이와 동일한 투자를 하지 않는다. 뇌의 인지 결함을 고칠 수 있다면 분열 행위, 반사회적 행위, 히스테릭한 행동을 비롯한 뇌의 결함도 고칠 수 있다.

프랑스 교육학자 폴 마돌Paul Madaule은 전 세계에 30곳의 센터를 설립하여 뇌 장애가 있는 아이들을 성공적으로 치유했다. 도이지는 마돌이 왜 학생들의 뇌를 고치는 데 평생을 바쳤는지 그 뒷이야기를 들려준다. 1960년대, 오빠와 내가 학교에 다니기 직전에는 코코란과 애로스미스-영, 그리고 마돌이 앓았던 난독증 및 다른 뇌 장애 또는 비이상적 뇌 문제에 관해서 알려진 것이 거의 없었다. 나도 목격한 사실이지만 1970년대에 학교 시스템은 이런 신경 다양성에 관해 아무것도 몰랐다. 매주 받는 성적표에서 마돌은 학급에서 바닥을 기었고 모든 과목은 낙제점을 기록했다. 그의 부모님은 그가 게으르다고 생각했고 매주 성적표에 사인을 할 때마다 고함 소리가 끊이지 않았다. 학급 아이들 또한 마돌을 놀렸고, 체육 선생님은 그를 깔보며 뚱뚱한 거위라고 불렀다.[16] 원시적이고 상황에 무지한 성적표를 남발한 학교 시스템은 용서할 수 있다. 잘못된 정보에 길을 잃고 걱정하고 화를 낸 부모의 마음도 공감하고 이해할 수 있다. 그러나 반 아이들에게 찍혀 힘들어 하는 아이를 같이 놀리기로 작정한 교사가 있다고 상상해보라. 이것은 성인의 괴롭힘 행위이며, 정서적 학대다. 이런 행위는 뇌에 상처를 준다. 매일 모욕과 고통을 예상하며 고도로 각성된 마돌의 뇌가 성장하고 치유되고 배우기 얼마나 어려울지 상상해보라.

학습된 무기력의 우리에서 탈출할 때 직면하는 가장 어려운 장애물은 배운 것을 잊는 일이 배우는 것보다 훨씬 어렵다는 것이다. 아동기 시절, 자라고 발달하도록 준비된 우리의 탁월한 뇌는 괴롭힘의 패러다임이 내리는 모든 지령을 전부 흡수한다. 이런 일이 너무 흔하게 일어나기 때문에 연결된 신경망을 끊고 배운 것을 잊고 괴롭힘의 패러다임에서 탈출하기가 어렵다. 이 패러다임은 너무 많은 사람을 극악무도한 학대에 저항하기는커녕 문제 제기도 못 하도록 바꿔놓았다. 피해자와 마찬가지로 학대하는 사람들은 악순환에 갇혀 있다. 폴 페르티에^{Paul Pelletier}는 이렇게 설명한다. "오늘날 많은 지도자가 명령하고 통제하는 관리자에게 지도를 받았고, 많은 조직 문화 또한 여전히 명령 및 통제 규범에 기반한다. 이런 역사적 영향과 지배에서 벗어나기는 어렵다."[17] 벗어나기는 어렵다는 말의 다른 표현은 심리학 용어인 학습된 무기력이다. 한 사람이 이런 무기력을 겪는 것과 우리 사회가 총체적으로 무기력을 겪는 것은 전혀 별개의 문제다.

우리 대부분은 학대 또는 괴롭힘을 당하는 아이나 성인이 탈출구가 전혀 없다고 느낄 수 있다는 데 동의한다. 이런 피해자가 무기력을 온몸으로 느끼는 건 당연하기 때문이다. 그런데도 변호사가 피해자에게 처음 묻는 질문은 "괴롭힘이나 학대를 당했으면서 왜 빠져나오지 못했나요?"다. 문제는 바로 여기에 있다. 이런 질문에 뇌 관련 용어를 써가며 자신에게 탈출할 수 없다는 인식이 생겼고, 관련 인지력 붕괴가 일어났다고 설명할 줄 아는 아이나 성인은 거의 없고, 설령 있다고 해도 매우 드물다는 것이다.[18] 변호사는 이어서 "당신은 중독자이므로 당신에게 잘못이 있다"고 단정할 수 있다. 마찬가지로 피해자는 법정에 출두하기 전 연구 조사를 통해 약물 남용이 실은 고통을 탈출하기 위한 시도이고 우울 또는 불안, PTSD, ADHD 같은 증상을 해결하기 위해 자체 처방한 것이라고 해명해야 하는데, 그럴 가능성은 없다.[19] 학대 피해자들은 자신들의 상황을 제대로 인식하고 전달하기 위한 교육과 훈련을 받지 못하는 경우가 많다. 이들은 학습된 무기력을 겪으며 탈출구가 전혀 없다는 믿음과 인식, 생각에 빠져 있다. 뇌 속에 이런 차단막이 생기고 나면 사고나 인지 기술의 붕괴가 뒤따른다. 올바로 생각하거나 문제를 해결할 수 없는데, 어떻게 가해자에게서 벗어날 계획을 세울 수 있겠는가. 가해자 즉 마음속 가해자가 머릿속 공간을 차지할 정도로 내면화되어 있다면 이 탈출 계획은 특히 어려워진다.

신경과학자 데이비드 이글먼은 뇌가 "제대로 개발되려면 적당한 인풋이 필요하다"고 말한다. 만약 인풋이 학대를 통해 또는 무관심 속에서 이루어지면 뇌는 제대로 개발되지 않는다. 그가 언급하는 해리 할로Harry Harlow의 연구는 독일 셰퍼드를 대상으로 한 셀리그먼의 연구만큼이나 마음이 아프다. 할로는 우울증을 실험하고 알아보기 위해 원숭이를 이용했다. 전기 충격 같은 실제 고통은 가하지 않았지만, 이와 마찬가지의 고통을 주었다. 새끼 원숭이를 어미가 없는 텅 빈 우리에 가두었던 것이다. 이글먼은 "새끼 원숭이는 정상적인 유대감을 개발할 기회가 전혀 없었기 때문에(출생 직후 우리 속에 들어감), 심각한 심리적 장애를 보였다"고 밝힌다. 이런 장애가 성인기로 이어지자 우리가 괴롭힘의 사이클에서 목격했듯이 이들 새끼 원숭이는 세상과 고립된 무관심한 부모나 과격하고 공격적인 부모가 되었다. "결과는 비참했다."[20]

부정적인 꼬리표를 떼어내는 과정

지금은 눈을 감고 숨을 깊게 쉰 다음, 괴롭힘과 학대의 우리에 갇혔다고 느끼는 누군가의 처지에 공감하며 가슴 깊이 연민을 느껴볼 시간이다. 자기 자신을 이런 공감과 연민으로 바라봐도 좋다. 이것이 덫에 갇혀 있다고, 더 빨리 출구를 찾지 못한다고, 수년간 마비를 느꼈다고 자신을 채찍질하는 악순환을 멈추기 위한 첫 번째 단계다. 이 모든 감정은 괴롭힘이나 학대를 당할 때 이미 예정되어 있었다. 이런 감정은 학대를 받으면서 자연스럽게 생겨나는 뇌 반응이다. 그러니 자신을 더 이상 탓하지 말라. 에너지를 모아 고개를 높이 들고 학습된 무기력의 우리에서 빠져나오는 데 집중하자.

잘못된 꼬리표가 붙은 우리 모두에게, 또 자신의 마음-뇌-몸에 관한 허위 사실을 내면화했을 우리 모두에게 희망차고 흥미로운 사실은 신경가소성을 이용하여 우리가 부정적인 꼬리표를 없앨 수 있다는 점이다. 우리에게는 신경망을 다시 연결하고 배운 것을 떨쳐버리고 새로운 신경망을 다시 구축할 어마어마한 역량이 있다. 우리는 자신의 뇌를 강화할 수 있다.

2014년에 잠재력에 관한 테드TED 강연에서 브릿 안드레아타Britt Andreatta는 뇌에 새 신경 통로를 깔기 위해서는 같은 일을 약 40번 반복할 필요가 있다고 말한다. 안드레아타는 주가가 높은 실적 향상 코치로, 이 강연에서 똑똑해 보이고 싶은 절박한 마음에 직장 동료를 따돌리는 한 고객 이야기를 전한다. 사실 이 남자의 잘못된 소속감 욕구는 어린 시절 괴롭힘 때문에 생겨났다. 안드레아타는 직장에서 자신의 가치와 목소리를 인정받고자 하는 고객의 광적인 열망이 과거에 입은 뇌의 상처 때문이라는 것을 알게 되었다. 그는 전학한 지 얼마 되지 않았을 때 선생님의 권유로 우연히 스펠링 비spelling bee* 대회에 참가하게 되었다. 단어를 틀리게 말한 그는 다른 아이들의 웃음거리가 되었으며 수년간 멍청하다고 괴롭힘 당했다. 학급 친구들은 그를 외집단으로 밀어냈고 이런 따돌림은 그에게 극심한

---

* 전미 영어 철자 맞추기 대회. 미국의 미디어 그룹 스크립스사가 매년 5월 주최한다.

고통을 주었다. 소속되려는 열망은 인간의 뇌에 마치 생존의 문제인 것처럼 각인되어 있기 때문이다. 그때의 괴롭힘으로 인한 신경학적 상처는 수년간 이 사람의 직업 생활에 부정적인 영향을 주었다. 안드레아타는 다음과 같은 구호를 외치며 테드 강연을 마무리한다. "이것을 가르칩시다!" 여기에서 이것은 신경과학이다.[21]

배우는 데 저항감이 들 때, 지식을 쌓고 싶지 않을 때, 노력을 멈추고 싶을 때, 이럴 때는 자신에게 붙은 꼬리표를 떼어놓고 신경과학자처럼 생각할 필요가 있다. 지금 느끼는 감정과 실패 의식에 도덕적 꼬리표를 붙이고 싶은 유혹을 견뎌라. 대신 뇌 관점에서 자신의 어려움을 평가할 필요가 있다. 뇌는 육안으로 볼 수 없지만, 눈에 보이지 않는다고 자신의 뇌가 그 기량을 마음껏 발휘하고 그 기능을 최적화하고 있을 거라고 맘 편히 생각할 수는 없다. 내 목표는 여러분이 자신을 탓하지 *않도록*, 그리고 자신의 뇌가 정적이고 신경망은 모두 완성되어 변하지 않는다는 얼토당토 않은 말을 믿지 *않도록* 도와주는 것이다. 이런 생각은 학습된 무기력의 우리를 만드는 창살이다. 자신을 해방하라. 의도적인 연습을 통해 우리는 자신의 뇌를 다시 연결할 수 있다. 그리고 20세기 괴롭힘의 패러다임에는 먹혔을지 몰라도 21세기 *신경 패러다임*에서는 시대에 뒤떨어진, 어린 시절 또는 성인기에 자신에게 붙었던 도덕적 꼬리표에 밝은 과학의 빛을 비추면 된다.

메르체니치는 우리가 자신의 뇌를 스포츠나 화학 또는 제2외국어를 능숙하게 하도록 단련시킬 수 있을 뿐 아니라 죽는 날까지 윤리적·정신적으로 올바르게 살도록 변화시킬 수도 있다고 힘주어 말한다. "우리 모두는 자신의 힘으로 더 높은 대지로 올라갈 능력을 가지고 있습니다. 살아 있는 한 자신의 영혼을 인도할 삶의 원칙을 더욱 높은 수준으로 올릴 역량, 즉 현재의 자신을 좀 더 나은 인간으로 바꿀 역량이 우리에게 있습니다."[22] 그는 몽고메리처럼 학대로 뇌에 장애가 생긴 아이들도 회복하고 성공할 수 있다고 설명한다. 또한 앵거스처럼 유전적 결함으로 뇌에 장애가 생긴 아이들도 실패로 이어지는 복구 불가능한 길에 갇혀 있지 않다고 설명한다.[23] 메르체니치는 또한 괴롭힘의 패러다임이 불가피한 현상이고 여기에서 탈출할 수 없다는 인식에 의문을 제기한다. 우리가 행동 수준을 높여 더 높은 대지로 올라갈 수 있다면, 괴롭힘과 학대를 행하는 가해자들도 (특히 조기에 찾아낼 경우) 치유될 수 있고 이들의 뇌 또한 건강하게 회복될 수 있다.

2016년에 우리 가족은 앵거스가 희귀한 유전 질환인 클리펠-파일 증후군[KFS]을 앓고 있다는 것을 알았다. 이 질환은 두 개의 경추가 유합되어 인지 결함을 일으키는 병이다. 전문의의 진단을 받았을 무렵, 앵거스는 이미 이턴 애로스미스에서 뇌 훈련을 받고 뇌의 '고장'을 복구하는 중이었다. 메르체니치가 40년 동안 자폐 환자부터 심각한 뇌 손상을 입은 환자, 학대 가정에서 자란 환자, 종양 제거가 필요한 환자(환자의 거의 절반은 종양 제거를 해야 한다)까지 온갖 환자를 치료한 후 내린 결론은 누구든 뇌 기능을 *회복할* 수 있고 건강을 회복하고 행복을 증진할 수 있다는 것이다.

한 아이의 유년 시절 환경이 어떠했든, 그 아이의 과거와 현재 상태가 어떠하든, 모든 인간은 발전하고 좀 나은 쪽으로 변화하고 회복하고 건강을 되찾을 역량을 갖추고 있습니다. 지금 거울에 보이는 당신은 내일이면 좀 더 강하고 유능하며 활기차고 잘 집중하는, 여전히 성장하는 사람으로 바뀔 수 있습니다.[24]

세계 최고의 신경가소성 전문가에게서 듣는 이런 명쾌한 이야기는 괴롭힘의 패러다임이 우리에게 믿으라고 부추기는 이야기와 정반대다. 괴롭힘의 패러다임은 실수와 결함, 차이, 발버둥질과 실패를 들추어내는 사고방식을 만들어냈다. 괴롭힘의 패러다임은 그나마 나은 상황에서는 상대에 대해 무지한 채, 최악의 상황에서는 상대에게 전혀 공감하지 못한 채로 꼬리표를 남발할 대상이 없는지 눈에 불을 켜고 찾고 있다. 괴롭힘의 패러다임은 뇌는 굳어져 성장할 수 없다는 완고한 믿음 체계에서 활동한다. 이를 뒷받침하는 연구 결과는 전혀 없지만 괴롭힘의 패러다임은 이단을 믿는 사람과 똑같이 자기 원칙을 열정적으로 고수한다.

학교 시스템이 앵거스를 제대로 평가하기는커녕 이해조차 못 했을 때도 앵거스의 뇌에는 탁월한 잠재력이 있었다. 앵거스는 책에서 눈으로 읽은 정보를 기억할 수 없기 때문에 시험 볼 때 답을 지어냈다. 앵거스가 시각 처리 결함 문제를 가지고 있었다는 것이 맞을까? 부분적으로는 맞다. 3학년 시험은 아이들이 정보를 기억해서 재생산하는 능력을 측정하고 있었다. 그런데 가만히 생각해보면 이런 시험에는 심각한 한계가 있다. 앵거스가 창의적인 작가가 되기 위해 꼭 필요한 뛰어난 잠재력을 갖추고 있었기 때문에 답을 지어냈다는 것을 시험은 발견하지 못했다. 앵거스는 다른 사람의 소설을 읽고 머릿속에 기록해서 재생산하지 못했는데, 시험은 애당초 이런 면을 평가하려는 목적으로 만들어졌다. 대신 앵거스는 자신의 생각과 이야기, 소설을 쓰는 성인으로 성장할 것이다. 앵거스는 여덟 살 때 선생님과 가족에게 자기의 열정과 재능이 창의적인 글쓰기에 있다는 것을 보여주었지만, 이러한 잠재력은 그의 마음속에 갇혀 있었다. 현재 스무 살인 앵거스는 창의적인 글쓰기를 공부하고 있다. 그의 사고방식으로는 여러 플롯이 얽히고설킨, 정교하고 독창적인 소설을 쓸 수 있다.

직업 상담사는 고객에게 여덟 살 시절에 정말 하고 싶었던 것이 무엇인지 기억해보라는 주문을 자주 한다. "여러분의 호기심을 사로잡고 시간과 에너지를 쏟아부어야겠다는 욕망에 불을 지핀, 목적의식과 행복감을 준 대상은 무엇이었습니까?" 여덟 살의 마음과 뇌로 돌아가 생각해보라. 그 시절 우리 가슴을 뛰게 한 은하계에는 오늘날의 온전함, 일체감, 목적, 기쁨의 별자리가 있다.

4단계: 공감의 신경망을 연결하라

뇌의 인지 결함은 복구할 수 있고 따라서 괴롭힘과 학대로 인한 신경학적 상처나 결함도 고칠 수 있다. 반복적이고 의도적인 연습으로 과거의 트라우마가 아닌 우리가 자신의 마음-뇌-몸을 만들어갈 수 있다는 사실을 깨달으면 한층 살아갈 힘이 생긴다. 그동안 괴롭힘 또는 학대를 받아왔다면 자신의 진짜 자아와 괴롭힘의 내러티브를 분리하는 것이 무엇보다 중요하다.

괴롭힘과 학대의 피해를 복구할 때 그 앞에 으레 장애물이 생기는 이유는 우리가 괴롭힘이나 학대에 의해 자신에게 투영된 이야기나 진술을 자기 자신의 이야기와 섞어놓기 때문이다. 우리는 이 두 이야기를 분리하는 데 애를 먹고, 이들은 뇌 속에 들어와 엉켜버린다.[25] 괴롭힘의 패러다임에서 활동하는 문화의 독자로서, 스스로에게 약하고 게으르고 제멋대로이고 완고하고 상처받기 쉽고 늦되고 엉망진창이라고 말한다. 자신을 탓하고 부끄러워하며 모든 게 자기 잘못이라고 믿을 수도 있고 다른 사람과 떨어져 고립되어 있을지도 모른다. 비난, 창피 주기, 따돌리기는 케케묵은 괴롭힘의 패러다임에 걸맞는 행동이다. 같은 행동이 *신경 패러다임*에서는 "그것이 뇌가 배우는 방식이니까 실수를 축하하기, 뇌는 장애물을 넘어 순항하는 거니까 성장형 사고방식을 격려하기, 뇌는 사회적 투자로 활짝 꽃피우므로 서로 협동하고 인맥을 맺기" 등으로 바뀔 수 있다.

이번 장 실천 단계의 목표는 괴롭힘의 패러다임의 독자에서 새로운 패러다임의 저자로 변신하는 통과의례를 행할 때, 뇌의 중요한 역할을 무시하지 않고 이를 고려하여 좀 더 주도적으로 활약하는 것이다. 이번 장의 실천 단계는 주도권, 자유, 온전함으로 돌아가는 일을 도와주려는 목적으로 만들었다. 궁극적인 목표는 무시, 빠른 처방, 파괴적인 자체 처방 같은 괴롭힘의 패러다임이 내놓는 유혹에 마음-뇌-몸을 더 이상 희생시키지 않는 것이다.

사회 노동 및 관리학 교수인 브레네 브라운Brené Brown은 추측항법에서 위치 추측reconing이란 용어가 자신의 현재 위치를 계산하는 과정이라고 설명한다. 그리고 위치 추측의 원래 의미는 서술하거나 진술하는 것이었다고 덧붙인다.[26] 우리는 자신이 누구인지는 고사하고 자신의 위치조차 파악할 수 없는 것 같다. 위치 추측을 하려면 우선 다른 사람이 자신에게 투영했지만 이제 그만 버려야 하는 이야기가 무엇인지 의식해야 한다. 이 단계를 통해 과거의 이야기를 우리 스스로 선택한 새로운 이야기로 연결하거나 다시 쓸 기회를 잡을 수 있다.

마음-뇌-몸에서 나오는 목소리와 부딪칠 작정을 하고, 이를 조화로운 대화로 바꿔보는 것도 한 방법이다. 예를 들어 괴롭힘과 학대로 생긴 신경학적 상처 때문에 "너는 결코 운동선수가 되지 못할 거야", "너는 게을러", "너는 불쌍해", "너는 멍청해" 같은 생각을 마치 진짜처럼 믿고 행동하는 사람이 있다고 해보자. 이런 생각을 자기 것이 아닌 말, 즉 자기 안에서 생겨나지 않은 이질적인 말로 해석할 용기를 냈다면 이제는 이 말을 다른 말로 바꿔야 한다. 어떻게 하면 될까?

우리는 이런 거짓된 주문이 의식 속으로 들어올 때마다 하던 일을 멈추고 뇌 신경망을 다시 연결해야 한다. "너는 결코 운동선수가 되지 못할 거야"라는 생각은 5분 동안 제자리 뛰기를 하다 다음에는 10분, 그다음에는 15분, 시간을 점점 늘려 마침내 하프 마라톤을 뛸 수 있는 사람이 되면서 사라진다. "너는 게을러"라는 생각은 현실적인 목표를 세워 이 목표를 달성하면서 사라진다. "너는 불쌍해"라는 생각은 명상 시간을 이용해 자신의 회복탄력성을 의식적으로 끄집어내고, 그릿의 신경망을 점화해서 자신이 정서적·정신적·윤리적 또는 물리적 힘을 발휘했던 매 순간을 떠올리면서 바꾼다. "너는 멍청해"라는 생각은 창의적이고 독창적이고 혁신적인 생각을 할 때마다, 재치있는 농담을 할 때마다, 곤경이나 위기에서 벗어날 방도를 찾아낼 때마다, 자신의 뇌가 정보를 수집하고 평가하고 결합하고 의문을 제기하고 전에는 보지 못했던 새로운 방식으로 만들어내는 과정을 목격할 때마다, 자신의 두개골 안에서 860억 개별 중 하나가 반짝이는 것을 의식할 때마다 이를 종이에 기록하면서 떨쳐낸다. 이 모든 신경망을 발화할수록 자신에 관한 케케묵은 말이 차지할 공간은 사라진다. 기억하라. 뇌의 대뇌피질 영역은 한 정되어 있기 때문에 우리 뇌에 에너지로 충만하고 움직임을 지향하는, 적극적이고 긍정적이며 힘을 강화하는 신경망이 가득차면 괴롭힘과 학대의 신경망이 들어설 공간이 충분하지 않게 된다.[27]

존 아든John Arden은 카이저 퍼머넌트Kaiser Permanente의 정신건강훈련 소장이다. 아든은 트라우마 경험을 이야기하거나 과거를 들추거나 파괴적이거나 해로운 생각, 감정, 행동의 원천을 분석하는 행위는 중요하지 않다고 생각한다. 대신 우리가 지금까지 다뤄왔고 계속 중시해야 하는 신경가소성의 핵심 주문인 "같이 발화하는 세포는 같이 연결된다"를 거듭 강조한다.[28] 일단 자신의 위치를 파악하고 헤아렸다면, 이제는 이들 신경망의 발화를 멈출 때다.

과거에 괴롭힘을 당하거나 학대를 당했다면, 이에 관해 이야기하고 분석하고 해부하고 여기에 현재의 온갖 믿음과 감정을 갖다붙일 수도 있지만 이런 행위는 괴롭힘과 학대의 기억을 뇌 속에 더 각인시킬 수 있다. 신경가소성의 미학은 우리가 기억하는 것과 기억하는 방식, 실제로 하는 것과 하는 방식에 변화를 주면 뇌가 과거의 신경망을 무시하고 새 신경망으로 갈아탄다는 것이다. 정신건강 의료진의 도움으로 일단 자신의 위치 추측을 끝냈다면, 이제 그다음 단계를 진행할 수 있다. 왜 자신을 괴롭히거나 학대한 사람들을 더 발화하는가? 왜 이들을 뇌 속에 더 확실하게 각인시키는가? 이들을 제거하라. 이들이 과거의 나를 지배했을지도, 이제는 우리의 의지에 따라 옛날의 자아를 무시하고 이를 새로운 자아로 교체할 수 있다. 독자에서 저자로 변신하는 비법은 여기에서 소개한 것이 전부다. 괴롭힘의 패러다임에서 문화의 독자였던 과거의 나는 학습된 무기력의 우리에 갇힌 듯한 느낌을 받을지 몰라도 문화의 저자인 새로운 나는 이제 자유의 몸임을 깨닫는다.

지금까지의 연구 결과는 우리 뇌가 작동하는 방식, 기본으로 설정하는 모드, 마음 및 몸과 주고받는 상호작용이 다 *우리*에게 달려 있다고 분명히 말한다(광범위하게 반복 시행되고 동료 연구진의 심사를 받고 합의를 거친 연구다). 이런 말을 들으면 당연히 분발해야겠다는 생각이 들겠지만, 변화하려면 노력이 필요하다. 빠른 처방은 없다. 어느 날 아침에 일어나 "어이, 나를 괴롭히고 학대한 자들, 여기 좀 보라고. 내 머릿속 신경망에 연결된 너희가 정말 지겨워 죽겠어. 이제는 너희를 새로운 신경망으로, 좀 더 건강하고 내게 도움이 되고 좀 더 만족스러운 신경망으로 바꿔야겠어"라고 말한다고 해서 갑자기 새로운 내가 뿅 하고 등장하지는 않는다. 이런 방식은 통하지 않는다. 우리의 몸도 마찬가지다. 어느 날 아침에 일어나 몸을 만들겠다 결심한다고 해서, 짠 하고 군살 없는 근육질의 유연한 몸이 만들어지지는 않는다. 물론 이런 몸을 만들 수는 있지만 매일매일 운동을 해야 한다. 거기에 전념할 필요가 있다. 운동을 하되 중간에 그만두지 말아야 하고 자신을 믿어야 하며 조언을 해줄 개인 트레이너를 둬도 좋다. 뇌도 몸과 똑같다. 신경망이 우리의 바람대로 강해지고, 유연해지며, 회복탄력성을 갖추는 것은 결국 우리 자신에게 달려 있다. 그렇기 때문에 여러분의 노력은 매 순간 가치가 있다.

아든은 종종 인용되는 "같이 발화하는 뉴런은 같이 연결된다"는 문구를 인상적으로 비틀어서 제시한다. 그는 "떨어져서 발화하는 뉴런은 연결이 끊어진다"라고 말하면서 이 역시 뇌의 중요한 원칙이라고 덧붙인다.[29] 다시 말해 "나는 괴롭힘당했어", "나는 학대당했어", "나는 이용당했어"에 해당하는 신경망을 덜 발화할수록 여기에 해당하는 뇌 접속과 연결, 신경망은 점점 사라지게 된다. 먼저 뇌에 생긴 신경학적 상처와 뇌에 가해진 손상, 피해를 확인할 필요가 있다. 이를 무시하면 스스로 또는 정신건강 의료진이 문제를 진단해서 맞춤식 처방을 내리기가 어려워진다. 그러나 자신의 가짜 자아와 동조하고 싶지는 않을 것이다. 우리는 자기 인생 이야기의 저자이고, 우리를 괴롭히고 학대한 사람들은 그저 훼방꾼에 지나지 않는다. 하지만 대단히 파괴적인 훼방꾼이었으니 절대로 이들에게 우리 이야기를 말하도록 맡겨둬서는 안 된다.

신경과학적인 접근 방식을 이용해 자신의 뇌 신경망을 다시 연결하려면, 과거를 기억하고 고쳐 말하고 반복하고 되풀이하는 것은 삼가야 한다. 대신 우리는 새로운 것을 기억해야 한다. 기본 설정 또는 일반적 패턴에 따라 자신에게 벌어졌던 지긋지긋한 기록이 재생될 때마다 새로운 것을 시도하라. 자신의 이야기를 다시 쓰고 신경망을 다시 연결하고 케케묵은 괴롭힘과 학대의 줄거리를 깜짝 놀랄 정도의 변화를 창출하는 혁신적인 새로운 내러티브로 바꿀 힘은 전적으로 우리 뇌 안에 있다.

간단하게 말하자면 다음과 같이 표현해볼 수 있다. "나는 고등학교 시절 세 명의 선생님에게 괴롭힘과 학대를 당했다. 그들은 내게 아픔을 주고 나의 뇌에 상처를 남겼다. 지금 내가 이렇게 된 것은 과거에 일어난 일 때문이다." 이제 이런 과거의 이야기를 다음과 같은 새로운 이야기로 바꿔보자. "나는 고등학교 시절 어른에게 학대를 당했지만 그걸 이겨냈다. 그들은 심리적으로 망가진 사람들이었다. 그들의 잘못된 행동은 어린 시절 나의 뇌에 영향을 주었다. 하지만 지금의 내게는 아무런 영향을 주지 *않는다*. 자기 공감과 자기 연민의 신경망을 발화하고 연결하기 위해 열심히 노력했기 때문이다." 여기서 주목할 것은 내가 위치 추측을 건너뛰지 않았다는 것이다. 피해가 있었다는 점을 인정했지만 내가 허락하지 않는 한 어떤 나쁜 유산이나 지속적인 피해도 남지 않는다. 우리 뇌에서 가장 중요한 핵심은 신경가소성이 있다는 것이고 이는 곧 우리에게 주도권이 있다는 뜻이다. 우리의 선택, 결정, 행동이 과거에 경험한 일보다 뇌를 형성하는 데 훨씬 강력한 힘을 발휘한다. 우리는 뇌의 부정적인 신경망을 없애고 이들을 긍정적인 신경망으로 복구할 역량이 있다.

아든은 이를 단도직입적으로 표현한다. "신경가소성은 '사용하라, 그러지 않으면 잃어버린다'는 말과 같습니다. 한 기술에 해당하는 시냅스 연결을 사용하면 그 연결이 강화되고, 그 기술을 가만히 내버려두면 시냅스 연결이 약해져요. 운동을 그만두면 근육이 약해지는 것과 비슷한 원리입니다."[30]

괴롭힘당하거나 학대받은 기억을 약하고 무른 기억으로 바꾸는 가장 좋은 방법은 무엇일까? 자신의 역경이나 고통을 상기시키는 신경망이나 통로를 사용하지 않는 것이다. 자신의 뇌가 역경이나 고통의 길로 들어서려고 하는 순간 우리는 내면의 반역자를 깨울 필요가 있다. 게릴라 군대를 동원해 쿠데타를 일으켜라. 이 부분에서 우리 마음이 해결의 열쇠를 쥐고 있다. 마음은 반역의 선봉자다. 뇌가 끊임없이 괴롭힘당하고 학대받은 과거의 순간을 헤매면서 또 상처받지 않을까 두려워하는 동안, 마음은 그 일은 *과거에* 일어났다고 확실히 못 박을 수 있다. 그 일은 오래전에, 아니면 한 시간 전에 끝난 일이라고 말이다. 어쨌든 그것은 끝난 일이고 우리 마음은 다시 운전석에 앉아 있다. 마음은 의식적으로 친절하게 (트라우마 회상에서 중요한 정보가 필요할 경우를 대비해 약간의 호기심은 간직한 채) 우리를 다른 길로 인도해야 한다.

우리 뇌는 걱정이 지나칠 뿐 아니라 천성적으로 개척자가 아니기 때문에 처음에는 다른 길로 가려고 할 때 저항할지도 모른다. 뇌는 잘 다져진 길을 좋아하고, 만약 누군가 마체테machete* 를 꺼내주며 새로운 길을 내라고 요청하면 난리법석을 떤다. 릭 한슨Rick Hanson의 연구에 따르면 뇌는 우리의 생존을 돕기 위해 기본적으로 위험했던 순간을 생생히 기억하도록 진화했다. 그러나 시간이 지나 안전하다는 확신이 들면 위험한 사람들과 사건을 잊고 자신을 도와주고 치유해주는 사람과 사건으로 그 자리를 대신할 필요가 있다. 한슨은 이런 과정을 '뇌 구축'이라고 부르며, 뇌를 더욱 강하게 구축하는 데는 지속성, 강도, 다중 형식, 새로움, 개개인에 맞는 맞춤 처방 등 다섯 가지 핵심 요소가 필요하다고 설명한다.[31]

- 첫째, 우선 시간과 노력을 들일 필요가 있다. 빠른 처방은 없다. 지속성이 열쇠다. 타이핑이나 탁구 또는 첼로를 연습할 때와 똑같이 시간과 에너지, 노력, 인내, 그리고 열심히 노력하면 빛을 본다는 신념이 필요하다.

---

*   날이 넓고 무거운 칼로 밀림에서 길을 낼 때 사용한다.

- 둘째, 강도 높게 연습할 필요가 있다. 열정을 쏟아붓고 이를 이용해 무기력, 우울, 소용없다는 체념의 감정을 독립, 기쁨, 희망의 감정으로 바꿔라.

- 셋째, 연습에 마음 챙김의 방식을 활용하라. 자신의 힘을 느끼는 연습을 하면 본인이 무기력하지 않음을 깨닫게 된다. 여러 형식을 이용해서 그 힘을 경험하라. 힘 있는 자세를 취하고, 소리내어 말하고, 노래하고, 쓰고, 그림으로 표현하고, 친구나 같은 단체에 있는 사람과 공유하라. 학습된 무기력에서 벗어나기 위해 더 많은 형식과 방법을 동원할수록 결과는 좋아진다.

- 넷째, 뇌에게 깜짝 놀랄 자극을 줘라. *새로운 것을 시도하라.* 독립, 기쁨, 힘을 경험하는 연습을 일상처럼 반복되는 지루한 방법으로 하지 마라. 우리 뇌는 신선하고 새로운 것을 훨씬 적극적으로 연결한다.

- 다섯째, 자신의 고유한 뇌를 깨울 만한 연습을 고안하고 매진하라. 다른 사람의 방식을 따라 자유와 신념, 행복을 얻는 연습을 하는 대신 자신에게 *개인적으로* 맞는 방법을 이용하여 학습된 무기력의 우리에서 빠져나오라.

위의 방법이 어렵다고 느낄지도 모른다. 중압감이 들 수도 있다. 그러나 연습을 통해 우리 신경망을 다시 연결하는 것은 실제로 가

능하다. 핵심은 자주, 꾸준히 해야 한다는 것이다. 아든이 말했듯이 "반복하면 뇌가 연결되고 습관이 형성된다."³² 나쁜 습관은 반복할 때마다 더욱 굳어진다. 이제 지긋지긋한데도 자신에게 해가 되는 생각이나 행동을 하고 있다면, 그때마다 잠시 멈추고, 자기가 또 한 번 나쁜 방향으로 뇌를 연결하고 있다는 사실을 의식하라. 도이지는 다음과 같이 설명한다.

> 떨어져서 발화하는 뉴런은 연결이 끊어지기 때문에, 도움이 되지 않는 뇌 신경망을 끊어버릴 때도 "사용하라, 그러지 않으면 잃는다"는 원칙을 이용할 수 있다. 예를 들어 어떤 사람에게 감정적으로 화가 날 때마다 그 고통을 먹는 걸로 푸는 나쁜 습관이 생겼다고 해보자. 이 나쁜 습관을 없애려면 음식과 감정적 고통 간의 관계를 끊는 방법을 배워야 한다.³³

우리는 이 책에서 다른 방법으로 뇌를 다시 연결할 수 있는 힘을 얻었다. 믿음의 한계에 얽매이지 않고 건강하지 못한 습관을 들이지 않으려면 매일매일 이런 뇌의 힘을 이용하면 된다. 긍정적인 행동(먹기)과 부정적인 의도(슬픔, 공포, 불안 등)를 분리하거나 와해하는 것은 뇌 속에서 이들의 관계를 끊는(신경망 연결을 끊는) 것이다. 여기에는 시간, 노력과 에너지가 필요하다는 점을 기억하라. 따라서 당장 끊지 못하더라도 변화는 일어나게 되어 있다. 파괴적인 습관을 들이는 데도 많은 시간이 필요하겠지만, 이를 건설적인 습관으로 바꾸는 데도 많은 시간이 필요하다.

비록 빠른 처방은 없지만 우리 뇌를 다시 연결하는 총체적 과업에는 마법의 탄환이 있다. 불행하게도 이 마법의 탄환에는 뇌유래 신경영양인자brain-derived neurotrophic factor, BDNF라는 장황한 신경과학 용어가 있다. 다행히도 이런 용어를 밥 먹듯이 사용하는 과학자들이 BDNF라는 약자를 만들어냈다. 내가 처음 BDNF에 대해 들은 것은 존 레이티John Ratey의 저서 《운동화 신은 뇌》다. 이 책에서 레이티 교수는 BDNF가 새로운 뇌세포를 만들고 성장시키는 것은 물론, 신경가소성에 기적 같은 비료 역할을 한다고 말한다.[34]

그렇다면 괴롭힘과 학대는 뇌 속의 BDNF에 어떤 영향을 미칠까? 보나 마나다. 괴롭힘과 학대에 동반되는 만성 스트레스는 신경가소성과 신경 생성에 중요한 이 물질이 뇌에서 덜 분비되도록 작용한다. 연구 결과에 따르면 피해자의 뇌는 BDNF를 덜 생산하게 되는데, BDNF가 결핍되면 명료하게 생각하고 정서적 안정을 누리게 도와주는 도파민, 세로토닌을 비롯한 핵심 화학물질을 뇌가 충분히 생산할 수 없다.[35] 바로 이 때문에 괴롭힘과 학대의 신경망을 차단하고 이들을 공감과 연민의 신경망으로 다시 연결해야 하는 것이다.

메르체니치는 브레인HQ 프로그램를 이용하여 여러 두뇌 훈련 연구에서 BDNF 수준을 측정했다. 브레인HQ는 연구 목적뿐 아니라 모든 사람이 매주 뇌 운동을 할 수 있도록 만든 사이트로, 뇌 운동은 뇌를 강화하고 뇌에 에너지를 공급하면서 전반적인 건강과 행복을 유지하도록 해준다. 연구 결과에 따르면 "BDNF의 분비 수준은 훈련을 통해 상당히 많이 높아진다." 만약 뇌가 트라우마를 겪어 BDNF 분비 수준이 병적으로 낮아졌다면 뇌 훈련으로 이 물질의 수준을 정상으로 되돌릴 수 있다. 메르체니치는 뇌 훈련의 핵심이 "들인 노력을 최대한 활용하여 학습 조절 및 학습 가능 영역이 발달하도록 뇌를 훈련하는 것"이라고 설명하고, "약 10년간에 걸친 많은 연구가 바로 이런 문제에 초점을 맞추어 진행되었다"고 덧붙인다.[36]

연구 결과는 분명하다. 우리는 신경과학자들이 알려주는, 뇌를 치유하고 뇌 성능을 최적화하는 방법에 따라 뇌 훈련을 시작하기만 하면 된다. 뇌가 역동적인 신경가소성 이론에 따라 그 진실된 모습을 보여주는 지금, 우리의 발목을 잡는 덫은 환영에 불과하다. 뇌의 잠재력은 무한하다.

5

뇌가 괴롭힘을 기억하는 방식

2015년, 나는 국제바칼로레아 영문학 코스반에서 똑똑한 여학생을
한 명 가르쳤다. 사생활 보호를 위해, 이 여학생을 엘런이라고 부르
겠다. 엘런은 내가 근무하던 사립학교에서 운영 중이던 패밀리 스
테이 프로그램의 일환으로 학교 교장 선생님 부부와 함께 지내던
중국 유학생이었다. 영어는 엘런의 제2언어였지만, 그럼에도 엘런
은 통찰력 있고 표현이 명료한 글을 썼다. 호리호리하고 가냘픈 몸
매의 엘런은 어깨까지 오는 검은 머리에 표정이 풍부한 눈과 냉소
적인 미소를 가진 학생이었다.

그해 3월, 〈토론토 스타〉와 CTV의 〈W5〉 프로그램이 내가 전에
근무하던 학교에서 일어난 학대 사건을 터뜨리자 엘런은 학대로부
터 안전한 학교에 다닐 학생의 권익을 위해 목소리를 내주었다며
나를 자랑스러워했다. 그해가 끝날 때쯤 나온 기말 과제는 주 시험
을 대비해 에세이를 제출하는 것이었고, 엘런은 자살에 관한 글을
썼다. 엘런은 똑똑하고 재미있을 뿐 아니라 곁에 멋진 친구도 있었

기 때문에 이 에세이는 정말 당황스러웠다. 걱정이 된 나는 엘런의 에세이를 학교 상담 선생님께 가져갔다. 엘런은 가끔 견딜 수 없는 불안감을 느낄 때면 수업 중간에 교실에서 나가 상담 선생님 방을 안전한 도피처로 생각하고 마음을 진정하곤 했다. 영어가 너무 지겨워서 그랬다며 농담으로 웃어 넘기려 했지만, 그 말이 우습게 들리지는 않았다. 상담 선생님이 나보다 엘런의 정신건강에 대해 훨씬 잘 알고 있었기 때문에 나는 이분에게 에세이를 맡겨두었다.

여름이 시작되기 전 마지막 회의에서 교사진은 엘런이 마지막 학년에도 학교를 그대로 다니려면 부모님 한 분과 같이 살아야 한다고 통보했다. 우리는 엘런의 아버지가 12학년 동안 딸과 함께 지내기 위해 오실 거라는 소식을 들었다. 아마 그렇게 되면 엘런은 안정을 찾을 수 있을 터였다. 들은 바에 따르면 엘런은 아홉 살 때부터 기숙학교에 다녔고, 나는 그것이 끔찍하다고 생각했지만 어쩌면 그런 생각도 문화적 편견일지 몰랐다. 여덟 살의 나이에 기숙학교에 들어갔던 앨릭스 렌턴Alex Renton은 아이들을 너무 어린 나이에 기숙학교에 보내는 영국 엘리트 집단을 비난한다. 그는 다른 많은 아이처럼 부모와의 애착 분열attachment fragment을 겪었다.[1]

다음 해, 나는 엘런을 가르치지 않았지만 가끔 만나기는 했다. 그해가 시작될 무렵 엘런은 친구와 함께 와서 차를 마시러 나가자고 청했고, 차를 마시는 자리에서 자기의 탈선담을 유쾌하게 이야기하며 우리를 즐겁게 해주었다. 하지만 나는 엘런이 쓴 에세이가 머릿속에서 떠나지 않았고, 엘런의 이야기에도 우려할 만한 부분이 있었다. 엘런은 깊이 있는 지성을 기반으로 구축된 번뜩이는 위트의 소유자였고 항상 웃긴 이야기를 했지만, 모순이나 비꼬는 말 뒤에는 불안감이 깃들어 있었다. 2015년 10월, 엘런은 도서관에 있는 내게 다가와 이야기할 시간이 있는지 물었다. 그리고 한 선생님에게 성추행을 당하고 있다고 고백했다. 엘런은 그 사람이 바로 교장 선생님이라고 말해주었다. 내가 다른 학교에서 일어난 아동 학대 사건의 내부 고발자라는 사실을 알고서도 나를 채용한, 내 아들에게 정말 친절했고 엘런의 패밀리 스테이 아버지였던 바로 그 교장 선생이었다.

그 당시에 나는 학대자의 본성에 대해 아무것도 몰랐다. 남을 학대하는 사람들은 힘없는 아이는 물론 그 누구에게라도 상처를 줄 사람이 아닌 것처럼 연기하는 데 도가 튼 이들이다. 하비 와인스타인은 여성에게 성폭력을 행사하지 않을 때는 여성 감독과 여성 문제를 지지하는 선봉대에 섰다. 제리 선더스키Jerry Sandusky는 펜실베이니아주립대학 샤워실에서 학생들을 성추행하지 않을 때는 고아들을 위해 세컨드 마일Second Mile 자선 행사를 열었고, 이 행사로 상까지 받았다. 래리 내서는 수백 명의 선수를 추행하지 않을 때는, 환자를 위해 *무엇이든* 불사하는 의사로 알려져 있다. 몽고메리를 학대한 교사 한 명은 과거 신체적 장애를 가진 한 학생을 *공개적으로* 지원했지만 *개인적으로는* 동성애 혐오 욕을 아이들에게 퍼붓고 다른 선생이 학생들을 "빌어먹을 지진아"라고 욕해도 이를 지켜보기만 했다. 우리는 각 사건마다 지킬 박사와 하이드를 마주하지만 매번 이런 인물에 속아 넘어가는 것 같다. 다른 가해자들처럼 그 친절한 교장이 엘런에게만 다른 모습을 보였다는 것도 사실은 놀랄 일이 아니었다.

충격은 차치하고, 내게는 전 학교에서 했던 것처럼 사건을 신고해야 할 법적 의무가 있었다. 문제는 더 이상 교사징계분과 및 위원회를 믿을 수 없다는 사실이었다. 하지만 사안이 성적 학대였기 때문에 나는 경찰이 나서주길 기대했다. 사실 전 학교의 교장도 여러건의 정서적·신체적 학대 혐의를 경찰에 신고했지만, 경찰은 학대가 본질상 범죄가 아니라고 하면서 아무 조치도 취하지 않았다. 우리가 몽고메리가 당한 수백 건의 학대 행위를 언급하며 의문을 제기하면, 경찰은 판사가 교사가 그저 동기부여를 할 목적으로 그런것이라는 판결을 내릴 거라고 이야기했다. 만약 회사의 상사나 관리자가 직원에게 이런 식으로 행동한다면 이들은 당장 공격 혐의로 기소되겠지만, 성인과 아이처럼 힘의 불균형이 있을 때는 그 법이 바뀐다. 공격 행위가 동기부여로 탈바꿈하는 것이다. 그러나 본질상 학대가 성적인 것일 때는 경찰이 개입할 수 있기 때문에 나는 엘런이 보호받을 것이라는 작은 희망을 품었다.

나는 학교 상담 선생님에게 엘런이 한 말을 전해주었고 우리 둘은 학교 운영진에 이 사건을 보고했다. 교장은 일시 정직당했다. 운영진은 엘런의 진술서를 가져오라고 했고 나는 전 학교에서 여덟 명의 학생에게 했던 것과 똑같은 과정을 반복했다. 연락을 받은 경찰이 수사를 시작했다. 전 학교에서 겪은 충격적인 경험을 반복하는 것이라 나는 이 추잡한 일에서 손을 뗐으면 했지만 엘런의 고통이 너무 심했다. 엘런은 내게 이메일을 보내 자신이 느끼는 공포와 신고를 했다는 안도감, 교장이 겪게 될 고초로 인한 죄의식, 그리고 자기혐오감을 토로했고 나는 이런 감정을 이해하느라 애를 먹었다. 10월에 성추행 사실을 밝힌 엘런은 날이 가면서 더욱 안절부절못하는 것 같았다. 이미 전 학교에서 괴롭힘의 패러다임이 어떻게 돌아가는지 다 겪은 나도, 엘런이 벌어진 일에 얼마나 자책을 하던지 여기에 더 낙담했다. 교과서적인, 피해자에게 덮어씌우기 현상이 벌어지고 있었지만 엘런은 스스로를 탓했다. 엘런은 어쩌면 자신이 그저 "지나치게 예민한 건 아니었는지" 걱정했다.

교장은 학교에 복직하지 않았지만 모두 그의 근황에 대해 거짓 소식을 들었다. 그러니 당연히 이런 상황이 엘런의 혼란스러운 마음에 불을 붙였을 것이다. 엘런은 교장의 복직 재판에 참석할 수 있고, 만약 그렇게 해준다면 교장이 유죄판결을 받지 않을 것이라는 이야기를 들었다. 왜 피해자에게 가해자를 보호해달라는 부탁을 하는 것인가? 가해자를 지지해서 그가 책임을 공개적으로 면하게 해주라고? 엘런은 10대 학생이었고 교장은 60대의 학교 수장이었다. 분명 피해자는 교장의 학대 행위를 처리하는 법 집행 과정에 개입

할 필요가 없었다. 그 어떤 상황도 납득이 되지 않아 나는 그저 엘런의 이메일에 최선을 다해 답변했다. 엘런이 훌륭한 정신건강 치료를 많이 받을 것이라는 이야기를 들었던 터라, 전문가가 아닌 나는 다만 엘런에게 옳은 일을 했다는 확신을 주기 위해 노력했다. 복직 재판에 참석하라는 부추김이 극에 달한 시점에 나는 엘런에게 변호사가 있는지 물어보았다. 엘런은 없다고 답했다. 내가 보기에 한쪽에게 유리한 싸움이 될 것이 뻔했다. 아이들은 원래도 자신의 안전을 지킬 지식과 경험이 부족하지만, 시스템이 성인 가해자를 보호하도록 만들어져 있을 때는 자신을 지킬 기회가 아예 없다. 특히 현지에서 기숙하는 유학생은 가족이 다른 언어를 쓰고 다른 문화에 속해 있으며 다른 법을 따르기 때문에 특정 위험에 노출되어 있다.

이듬해 봄, 경찰은 교장에 대한 혐의를 취하했다. 엘런은 약물 과다 복용으로 끝내 병원 신세를 지게 되었다. 엘런에게서 온 이메일에 나는 이성을 잃었다. 완전히 힘이 빠진 나머지, 내가 할 수 있는 일이라곤 옴부즈맨 사무실Ombudsman's Office*에 편지를 써서 이제까지 벌어진 일과 우려되는 바를 알리는 것밖에 없었다. 학교 커뮤니티와 교사진은 교장이 병가 중이라는 이야기를 들었고, 몇 개월이

---

* 행정 관료의 불법행위 또는 부당한 행정처분으로 피해를 입은 시민이 구제를 호소할 경우, 조사 및 시정을 촉구해서 시민의 기본권을 보호하는 구실을 하는 곳.

지난 후 학교 운영자들은 그 거짓말을 스트레스로 인한 병가로 바꾸었다. 왜 그가 한 일을 덮어주는가? 만약 그가 정말 결백하다면 혐의를 벗고 학교로 복직할 텐데 말이다. 당연히 엘런은 더욱 안절부절못하면서 죄책감을 느꼈다. 괴롭힘의 패러다임은 피해자에게 잘못이 너희에게 있다는 메시지를 에둘러서 보낸다. 피해자는 보통 가해자와 충성심으로 엮어 있어 어른의 고통을 자기 탓으로 돌리며 자책한다. 세상은 피해자에게 어른이 한 짓을 은폐해줘야 한다고 말하면서 피해자의 뇌에 왜곡되고 해로운 신호를 보낸다.

성추행, 그리고 연쇄적인 뇌의 충격

엘런은 5월에 국제바칼로레아 시험을 쳤다. 이 어려운 시험을 통과하면 대학 첫 1년 과정을 면제받을 수 있다. 엘런은 전교에서 최고 점수를 기록했다. 시험 직후 엘런은 또 한 차례 자살을 시도했고, 이번에는 안전과 건강 회복을 위해 2주간 병원의 정신과 병동에 감금되었다. 나는 병원에 와달라는 엘런의 부탁을 받고 문병을 갔다. 엘런의 자포자기한 모습에 얼마나 걱정이 되던지 침대 한쪽에 앉아 있는데 다리가 후들후들 떨렸다. 나는 자해를 시도하면 그동안 돌봐준 많은 사람에게 상처를 주는 것이라고 이야기하며 엘런을 설득하려고 했다. 그 시점에는 나도 견디는 게 힘들었다. 학교에 갈 때마다 심장이 떨렸고, 운영진과 교사진이 졸업 준비를 하기 위해 위선적인 회의를 거듭할 때마다 내 눈에는 눈물이 가득 고였다. 마치 나 역시 엘런처럼 갈피를 못 잡고 무너져내리는 것만 같았다. 졸업식에 참석해서 모든 게 정상인 것처럼 연기하기가 싫은 나머지, 나는 스트레스로 인한 병가를 신청했다.

졸업식이 끝난 후, 단단히 화가 나 있는 엘런에게서 소식을 들었다. 졸업식에서 학교 운영진이 엘런이 듣는 자리에서 미리 알려주지도 않고 교장에 대한 찬사를 늘어놓았다는 것이다. 왜 교장이 졸업식에 참석을 하지 않는지 아무도 궁금해하는 것 같지 않았다. 운영진은 교장의 18년 교직 생활을 이야기하며 그가 학교 발전에 얼마나 이바지했는지 칭송했다. 엘런에 따르면 사람들은 교장이 학생들에게 너무 많이 전념한 나머지 일종의 신경쇠약증이 와서 스트레스 병가를 낸 것으로 알고 있었다. 이런 상황에서 아동보호를 호소할 마지막 수단인 옴부즈맨 사무실의 타성과 학교 운영진의 위선은 내게 너무 힘겹게 다가왔다. 나는 괴롭힘의 패러다임이 그 전 학교뿐 아니라 다른 학교에서도 활개를 친다는 사실을 깨달아야 했다. 이는 아동보호를 위한 간절한 청원에도 결코 뒤집힐 수 없는, 널리 퍼진 고질적인 믿음 체제였다.

엘런은 다행히도 대학에 진학했다. 몽고메리가 말하는 것처럼 엘런이 학대받은 기억을 '백미러'로 바라볼 수 있다면 상처는 치유될 수 있을 거라는 생각이 들었다. 과거의 상처를 잊고 자신의 삶을 헤쳐나갈 수 있을 거라고 말이다. 엘런은 과학 분야에 재능을 타고났고 의사가 되고 싶어 했다. 학교에서는 싱크로나이즈드스위밍 대표 선수로 발탁되었다. 엘런은 가끔 이메일을 보내 내게 전기 충격 같은 공포를 선사했지만 학교생활을 꽤 잘 해내는 것 같았다. 나는 항상 엘런에게 답장을 써서 그때 옳은 일을 한 것이라고 말해주었다. 엘런은 피해자였다. 성적 학대를 한 교장을 보호할 책임이 없었다. 엘런이 내 말을 알아들었는지는 잘 모르겠다. 엘런은 대학 2학년이 되기 전 늦은 여름에 내게 차를 같이 마실 수 있을지 물어왔지만 나는 하필 그때 교외에 있었다. 당시 나는 엘런이 한 달 전 페이스북에 글을 올렸다는 사실을 전혀 모르고 있었다. 2017년 7월 5일자 글이었고, "DF 메디컬 뷰티 센터에서 일을 시작했다"는 제목이 달려 있었다.

엘런이 글을 올린 지 5개월이 지난 12월 어느 날, 또 다른 학생이 내게 그 글을 보여주었다.

한동안 이 글을 올릴지 고민했다. 분명 힘든 결정이었다. 하지만 당신이 나와 강의실에서 몇 번 마주쳤을 뿐인 사람이라도, 이 글을 읽을 수 있게 공개해두려고 한다. 물론 글이 길어질 테니 읽고 싶지 않은 사람은 화면을 내려 이 글을 무시하기 바란다.

수년간 나는 정신건강 문제로 힘들게 지내왔다. 경계선 성격 장애, 우울증, 불안, 1차 강박장애, 해리성 정체감 장애 등 그동안 받은 진단명도 여러 가지다. 고등학교에 다닐 때는 불안으로 인해 섭식 장애도 겪었다. 나는 과거 성폭행을 당한 적이 있고 가족 문제를 안고 있다. 내 우울증은 초등학교 때 시작되었다. 하지만 11살 때까지는 그게 뭔지도 몰랐다. 치료를 받기 시작한 지 얼마 지나지 않아 나는 고등학교의 한 선생님에게 성추행을 당했다. 그는 나의 신뢰를 저버렸다. 그 이후 모든 것이 통제 불능이 됐다. 자살 시도도 수차례 했다. 한동안은 한 달 간격으로 입원을 했다.

이 이야기를 밝히는 이유는 여러분의 공감을 얻고자 함이 아니다. 나는 사람들과 있을 때 항상 미소 짓고 농담을 하며 모두를 웃게 하지만, 마음속 깊숙한 곳에서는 그런 감정을 거의 느낄 수 없다. 내가 행복한 척을 하는 것은 아니다. 나는 최선을 다하지만 트라우마 사건 때문에 내 몸은 자기방어로 감정의 문을 닫아버렸다. 내가 느낄 수 있는 유일한 감정은 깊은 우울감과 불안이다. 나는 항상 너무 불안하다. 사람과의 관계는 아주 짧지만 강렬하다. 때때로 나는 관심을 끌고 싶어 하거나 사람을 조종하는 듯한 말을 하기도 한다. 나는 자해도 한다. 대부분의 시간 동안 내 신체와 정신을 갈라놓는 무색 벽이 있는 것 같다. 그리고 불안과 우울감이 강렬하지만 짧게 지나간다. 이런 것들은 모두 경계선 성격 장애 증상이다. 경계선 성격 장애에는 온갖 낙인이 남는다. 이 장애를 앓는 사람으로서 내가 할 수 있는 말은 이 병이 말로 표현할 수 없는 고통을 준다는 것뿐이다.

칠흑 같은 우울감에 빠져 있을 때 나는 지난날을 돌아보며 '만약 자살을 시도했을 때 발견되지 않았다면 어땠을까?' 하는 생각을 하곤 한다. 내가 자살에 성공했더라면 내 주변 대부분의 사람은 내가 힘겨워했다는 것을 전혀 몰랐을 것이다. 내가 만약 그런 사람 중 한 명이라면 나는 분명 죄책감을 느낄 것이다. 분명 지난날을 돌아보고 그때 다르게 행동했더라면 한 생명을 구할 수도 있었을 거라며 안타까워할 것이다. 그런데 실제로 도와주려는 시도가 도움이 안 되는 이유는 사람들이 우울증이 어떤 것인지, 빠져나갈 구멍이 전혀 없는 것 같은 기분이 어떤 것인지 이해하지 못하기 때문이다. 그래서 혹시 내 이야기를 나누면 남에게 도움을 주고 싶은 사람들에게 적어도 제대로 도울 수 있는 기회를 마련해줄 수 있지 않을까 싶었다.

나는 여전히 힘겹게 살아가고 있다. 여전히 자살 사고를 한다. 어쩔 수 없다. 정말 기를 쓰고 노력했지만 수년 동안 나아진 게 전혀 없다. 나는 내 이야기를 공유하는 것이 많은 의미가 있다고 생각한다. 낙인이 찍히지 않을까 염려되기도 하지만 동시에 '이게 질병이라면 왜 이 병을 질병처럼 치료하지 않는가?'라는 의구심이 든다.

암 환자와 똑같이 심각한 우울증을 앓는 사람 역시 사망할 위험이 있다. 암 환자와 똑같이 이 병이 어디로 튀어도 손을 쓸 수 없다. 암 환자와 똑같이 마술봉을 휘두르며 미소 짓는다고 이 병이 사라지는 것은 아니다. 암 환자와 똑같이 마음속 깊숙한 곳에서는 살고 싶어 하지만, 그게 마음대로 되지 않는다. 당신이 이 글을 끝까지 읽는다면 시간을 들여 정신질환에 관해 공부해보길 바란다. 주변에는 당신 생각보다 정신질환으로 고통받는 사람이 많고, 그저 이 사람들에게 어떻게 지내냐고 물어주기만 해도 큰 도움이 될 수 있다. 나도 한때 내 말을 진지하게 들어준 사람 덕분에 위기를 벗어났고, 그에게 내 미래 계획도 이야기했다. 시간을 들여 내가 배설한 지루하고 긴 이야기를 읽어 줘서 감사하다.[2]

제자와 카페에 앉아 이 글을 읽어 내려가는데 눈물이 탁자 위로 떨어졌다. 엘런은 10대임에도 괴롭힘의 패러다임에 따라 작동하는 세상에서 무엇이 위험한지 분명히 짚어낼 수 있었다. 글은 명료하고 고통의 표현은 강력했지만 여전히 세상은 엘런의 말을 듣지 못하는 것 같다. 페이스북에 올린 엘런의 글은 마치 뇌에 생긴 질환이 문제가 되지 않고 고칠 필요가 없는 것처럼 반응하는 케케묵은 패러다임의 모순, 즉 근본적인 결함을 보여준다.

글 서두에서 엘런은 자신의 개인적인 정신건강 이야기를 공유하는 것이 어려운 결정이었다고 밝힌다. 엘런이 나열하는 진단명을 보면 그동안 여러 가지 치료를 받았겠다는 추측을 하게 되지만, 진단명이 줄줄이 나오는 중에도 효과적인 치료를 받아본 적이 있다는 이야기는 전혀 나오지 않는다. 이 책을 통해 교육자나 부모의 접근 방식에 대해 의문을 제기하는 것이 이들을 비난하려는 의도가 아닌 것처럼, 이것은 정신건강 의료진을 비판하자는 의도가 아니다. 이런 이야기를 꺼내는 중요한 목표는 왜 암을 치료하는 데는 엄청난 관심을 보이고 밤낮 가리지 않고 연구하여 가시적인 결과를 얻으면서, 뇌에 생긴 이상이나 질환에 관해서는 그만큼 투자하거나 공개하지 않는 건지 답하기 껄끄러운 질문을 해보는 것이다. 사실 누군가 정신건강 이야기를 꺼내는 순간 대화의 초점은 낙인으로 바뀐다. 왜 그럴까? 신체에 이상이 생기거나 부상을 당하는 것은 받아들일 수 있으면서 왜 뇌에 생긴 이상이나 질환은 받아들이지 못하는 걸까? 심지어 머리와 몸은 별개라고 말하거나 돌봄이나 치료의 측면에서 한쪽이 다른 쪽보다 우선권이 있다고 이야기하는 것은 전혀 납득이 되지 않는다.

신경과학자들은 "고통을 당한 경험이 어떻게 정서적인 장애와 자살 성향을 일으키는가?"와 같은 질문을 던진다. 그러면서 이에 대한 답으로 괴롭힘이 스트레스에 대한 생리적 반응을 바꾸는 힘이 있으며, 특히 엘런의 경우 학대받은 경험이 "유전적인 정서 장애의 취약성과 상호작용하면서 또는 위협적 상황에 대한 인지 반응에 변화를 일으키면서 텔로미어telomere의 길이나 후성유전체epigenome*에 영향을 주었을 것이다"라고 답변한다.[3] 과거에 겪은 학대로 인해 이

＊　게놈상의 자체 조절이나 노화 및 환경에 의해 변화하는 염기 서열 정보들의 총합.

미 엘런은 약해져 있었기 때문에 교장 선생님이 성추행으로 위협을 했을 때 분명 비정상적인 인지 반응을 일으켰을 것이다. 더욱 우려되는 것은, 염색체 말단의 복합 구조물인 텔로미어는 그 길이가 길어질 경우 암과 직접적인 상관관계를 보인다는 점이다.[4] 자신이 느끼는 고통이 암의 고통과 비슷하다고 말한 엘런의 은유적 표현은 사실 은유가 아니라 의학적 진단에 더 가깝다.

엘런은 연구 결과를 언급하지는 않지만, 아동기의 성적 학대 및 가정 문제와 자신에게 길게 따라붙은 진단명에 서로 관계가 있다고 본다. 엘런은 우울증 치료와 우울증에 도움이 되는 보조 치료를 받고 있었지만 다시 한번 성폭행 시나리오에 끌려들어 갔다. 성폭행이 마지막 결정타였던 것 같다. 주목할 점은 피해의 여파가 엘런의 몸에는 나타나지 않았다는 것이다. 교장의 배신으로 엉망이 된 것은 엘런의 뇌였다. 이 때문에 엘런은 누구를 믿어야 할지, 누구를 두려워해야 할지, 누가 도움이 되고 누가 위험한 인물인지 종잡을 수 없었다. 힘 있는 어른에 대한 신뢰가 산산이 깨져버렸다. 엘런은 뇌에 가해진 타격—광범위한 연구에서 밝혀진 대로 비유적 상처가 아니다—을 자살 사고와 연관 짓는다. 엘런은 입원을 수차례 했지만 의료진은 그의 배신감 또는 깊은 혼란, 뇌가 입은 충격을 치유하지 못한 것 같다. 매달 의료진은 엘런의 자기 파괴 충동을 저지하기 위해 애쓴다. 하지만 엘런의 뇌에 대해서는 치료되기는커녕 언급조차 되지 않는 것 같다. 전문가들은 도대체 엘런의 뇌에 무슨 일이 벌어졌길래 그가 가장 깊은 곳에 있는 생존 본능을 충실히 수행하는 대신 자신의 죽음을 집행하려고 애쓰는지 한 번쯤 고민해봐야 하지 않을까?

메르체니치는 엘런이 세로토닌 조절 장애와 정서가emotional valence* 의 균형 변화로 고통받는 것으로 보인다고 말한다. 우리는 정서가가 뇌의 감정가 또는 화학적 균형과 관계가 있고, 또 여기에 영향받기 때문에 이 점을 고려해야 한다고 배우지 않는다. 세로토닌은 기분 조절 등 뇌에서 다각적인 기능을 많이 수행하는 신경전달물질이다. 엘런의 뇌는 기분 불균형으로 고통받고 있다. 뇌가 행복과 슬픔의 균형을 더 이상 맞추지 못하는 것이다. 엘런의 총체적인 정서는 어두운 쪽, 즉 슬픔 쪽으로 기울어져 있다.

뇌가 감정의 문을 닫다

내가 엘런이 뇌에 필요한 적절한 진단과 치료를 받지 못했다고 격정하자 메르체니치는 이에 동의하면서 엘런이 신경학적 왜곡을 겪고 있는 것은 분명하지만 이 증상은 "쉽게 감지되고 뇌 훈련으로 쉽게 효과를 본다"고 말한다. 이 문장은 이 책에서 아주 중요한 부분

＊   긍정적이거나 부정적인 정서의 정도를 나타내는 말.

이다. 여러분이나 주변에 아는 사람이 심각한 슬픔 또는 우울증, 다시 말해 세로토닌 조절 장애를 겪고 있는 경우, 메르체니치와 그의 연구진이 실시한 실험에서 "세로토닌 생산과 분비는 집중적인 뇌 훈련으로 극적으로 달라질 수 있음"을 입증했다는 것을 기억할 필요가 있다.[5] 6장에서 이 내용을 자세히 다루려고 한다.

엘런은 자신이 상처받았다는 것을 분명히 알고 있다. 그는 트라우마를 겪으며 자신이 분열되었다는 점을 명확하게 이야기한다. 사람들 앞에서는 미소짓고 있지만 혼자 있을 때는 우울증, 걱정, 불안감을 느낀다. 엘런의 뇌가 정서가를 판단하는 데 혼란을 겪고 있다는 점을 다시 한번 상기하자. 엘런은 이렇게 설명한다. "나는 최선을 다하지만 트라우마 사건 때문에 내 몸은 자기방어로 감정의 문을 닫아버렸다." 정신의학에서 엘런이 설명하는 증상은 감정 표현 불능증alexithymia으로, 이 말은 그리스어로 감정을 표현할 말이 없다는 뜻이다.[6] 엘런은 이 부분에서 감정의 문을 닫는 것이 자기 몸이라고 믿는 실수를 한다. 사실은 그렇지 않다. 뇌가 감정의 문을 닫은 것이다.[7] 이 증상은 신경학적 왜곡이다. 수많은 신경학 연구에 따르면, 사람이 특히 학대로 인한 트라우마를 겪으면 뇌는 다음 번 타격을 대기하느라 고도의 각성 상태를 유지한다. 이렇게 되면 생존과 안전에 관여하는 뇌 영역이 뇌의 에너지와 집중력을 대부분 써버리기 때문에 다른 기능은 뒤로 밀린다. 뇌가 생존을 위해 과잉 각성hypervigilance을 유발하는 것이다.

엘런은 보이지 않는 무색 벽이 자신의 신체와 정신을 갈라놓는다고 설명한다. 자신이 두 개의 다른 자아, 즉 몸과 뇌로 분열되고 있다고 느낀다. 전문가들은 이 증상에 경계선 성격 장애 또는 해리성 정체감 장애라는 진단명을 내린다. 엘런이 만들어낸 마음속 가해자가 마치 다른 사람, 즉 별개의 인격인 것처럼 엘런을 공격하면서, 그 안에서는 전투가 벌어진다. 한 사람이 자기 자신을 공격하고 해치면서 스스로의 가해자가 되는 섭식 장애와 자해를 이 밖에 어떤 방법으로 이해할 수 있을까? 물론 이런 행위는 대부분 학대와 관련되어 있다. 신뢰와 힘의 자리에 있는 성인에게 학대를 받은 아이들이 살아가는 방법 중 하나는 세상과 분리되는 것이다. 이들의 뇌가 인지 부조화를 감당할 수 없기 때문이다. 만약 다른 사람에게 그런 사건이 일어난다면 트라우마는 그 정도가 덜할 것이다. 하지만 트라우마 피해자는 트라우마에 더 쉽게 반응한다. 트라우마 전문가인 베셀 반 데어 콜크는 다음과 같이 설명한다.

트라우마를 겪은 사람들은 그들의 몸에서 만성적인 불안감을 느낀다. 내면의 불안을 갉아먹는 식으로 이들은 과거를 되살린다. 이들의 몸은 본능적인 경고 신호로 끊임없이 폭격을 당하고, 이런 과정을 통제하기 위해 종종 자신의 직감을 무시하고 내면에서 펼쳐지는 상황을 멍하게 받아들이는 데 달인이 된다. 자기 자신에게서 도피하는 법을 배우는 것이다.[8]

엘런은 글을 읽는 사람들에게 스스로 분열되는 것, 내면화된 가해자(즉 마음속 가해자)와 고통받는 피해자로 사는 것이 말로 표현할 수 없이 고통스럽다고 말한다. 표현할 말은 없지만, 엘런은 그 고통을 설명하기 위해 부단히 애를 쓰며, 낙인과 수치심을 이겨내기 위해 노력한다.

아이들은 학대를 신고하더라도 학대 방지를 위해 필요한 보호 조치를 받지 못할뿐더러, 학대에서도 보호받지 못하는 경우가 너무 많다. 아이들은 그들이 오해했다거나 그럴 리가 없다거나 어른의 명성에 누가 될 수 있다거나 그들이 학대를 자초했다는 이야기를 듣는다. 아이들은 스스로를 보호할 수 없고, 이들 세상의 어른들도 아이들을 보호해주지 못한다. 따라서 아이들은 괴롭힘의 패러다임의 핵심에 자리한 이런 이해하기 어려운 결함을 내면화하면서 어느새 수치와 자기혐오에 휩싸이게 된다. 학대하는 사람을 해를 가한 인물로 명확히 인식하는 대신 아이들은 자신이 괴물 같다고 생각한다. 이것은 새로운 연구 결과가 아니다.

1980년대에 정신과 전문의 롤런드 서밋Roland Summit과 정신과 전문의 앨리스 밀러스Allice Millers는 저서에서 이런 현상을 자세히 설명했다.[9] 신경과학자들의 연구에서도 40년 전 이미 학대가 피해자의 뇌에 어떤 영향을 끼치는지, 또 이를 저지하지 못하면 무슨 일이 벌어지는지 정신의학적으로 밝혀졌다는 것이 확인된다. 하지만 수십 년간 신경과학 연구가 이루어지고 뇌스캔으로 확실한 증거가 나왔는데도 괴롭힘의 패러다임의 구조를 무너뜨리는 데는 역부족이었다. 우리 사회가 이런 파괴적이고 한물간 패러다임에서 빠져나와 고질적인 믿음이 아닌 연구에 의해 밝혀진 새로운 길로 들어서기 위해서는 어떤 노력이 필요할까?

엘런은 자기가 글을 올리는 목적은 공감을 이끌어내는 것이 아니라 괴롭힘의 패러다임에서 자행되는 잘못된 방식을 드러내는 것임을 분명히 밝힌다.

엘런은 기분이 푹 가라앉은 가장 우울한 상태에서, 만약 자살 시도가 성공했더라면 "내 주변 대부분의 사람"이 자신의 자살을 괴롭힘으로 인한 자살, 즉 학대로 인한 괴로움의 결과로 자신에게 가한 살인 행위라고 보지 못할 것이라고 상상한다. 괴롭힘으로 인한 자살이라는 말은 엘런이 드러내고자 하는 심정을 강력하게 표현하는 단어다. 사람을 죽이면 그것은 살인이다. 괴롭힘으로 인한 자살을 하면 자신을 학대하고, 희롱하고, 죽고 싶을 만큼 비참하게 만든 마음속 가해자를 죽이는 것이다. 하지만 우리 뇌는 이런 가해자와 아주 효과적으로 한마음이 되고 이렇게 생긴 마음속 가해자를 너무 깊게 내면화해서 결국은 스스로 목숨을 끊고 만다. 이것이 바로 피해자에게 덮어씌우는 결말이 아닐까? 입은 피해를 내면화하면 뇌가 망가지기 시작한다. 우리 뇌는 자신이 학대를 당할 만하다고 믿는다. 이것은 신경학적 왜곡이지만 아무도 뇌에 문제가 있다고 생각하지 않는다.

엘런의 몸은 괜찮아 보였다. 항상 웃고 있었기 때문에 주변 사람들은 엘런이 안전하다고 생각했다. 엘런을 성추행한 교장은 직위해제되어 학교에 복직하지 못했다. 따라서 엘런은 안전한 것이다. 여기서 우리가 놓친 부분은 교장이 해한 건 엘런의 몸이 아니었다는 점이다. 해를 입은 건 엘런의 뇌였지만 그 상처는 눈에 띄지 않았다. 엘런은 글에서 왜 자신의 정신건강 분투 과정에 관해 공개하는 어려운 결심을 하게 되었는지 밝힌다. 엘런은 누군가 살기 위해 몸부림치고 있는데 *자신이* 이 사실을 눈치채지 못한다면, 죄의식을 느낄 것이라고 말한다. 엘런은 사람들에게 누군가를 도울 기회를 주기 위해 그 글을 썼다.

보호받는 학대자

엘런 같은 피해자가 혼자 싸우지 않고, 낙인 찍히거나 치욕적인 온갖 꼬리표를 달지 않으려면 우리가 어떤 노력을 해야 할까? 엘런은 우리가 지난날을 돌아보고 의문을 제기할 필요가 있다고 말한다. 나를 포함한 엘런의 주변 인물들이 실패한 부분은 우리 모두 그의 우울증을 이해하지 못했고 그가 덫에 걸려 있다는 사실을 몰랐다는 것이다. 그리고 가장 안타까운 부분이 바로 여기다. 엘런은 "사람들이 도와주기를 원할 경우 사람들에게 적어도 도와줄 기회를 주고"

싶어서 이 글을 공유한다. 자기 글을 읽는 사람들에게 기회를 주고 있는 것이다. 엘런을 도와주기에 너무 늦은 것은 아니었다. 마치 엘런은 사람들이 "우울증이 어떤 것인지" 이해해준다면, 자신의 건강을 치유하고 행복을 되찾을 길이 있음을 아는 것 같다.

엘런은 이어서 우리가 이해하고 도움을 줄 수 있도록 우울증을 알아듣기 쉬운 용어로 설명한다. 이 부분에서 그의 고통이 확실히 느껴진다. 엘런은 자살 사고를 갖게 된 것에 대해 수치감을 느끼거나 낙인이 찍힐까 봐 두려워하고 있다. 엘런은 자신이 겪는 병이 암 같은 질환과 다를 바 없다는 것을 알고 있다. 그가 이해하지 못하는 것은 왜 뇌에 생긴 질환이 도덕적 결함으로 비치고, 몸에 생긴 질환과 다르게 취급되는지다. 엘런은 이해해달라고, 도와달라고 절규한다. "암 환자와 똑같이 마음속 깊숙한 곳에서는 살고 싶어 하지만 그게 마음대로 되지 않는다." 엘런의 뇌는 통제 능력을 잃은 것이 분명하기 때문에 이 말은 끔찍하게 다가온다.

베셀 반 데어 콜크는 이것이 학대에 대한 자연스러운 반응이라고 말한다. "트라우마는 자신을 책임지고 있다는 생각, 즉 자기 리더십을 앗아가 버린다."[10] 엘런 내면의 리더는 생명을 위협하는 가해자, 즉 자신을 자해로 내몰고 섭식 장애를 겪게 하고 진짜 감정을 숨기게 하고 자기 세상이 무너져내리는데도 다른 사람을 즐겁게 하려고 애쓰고 무엇보다 낙인을 견딜 수 없어 "가까스로 생명을 부지하며 살아가는 것을" 비밀에 부치게 하는 마음속 가해자에게 주도권을 뺏기고 말았다.[11] 엘런의 뇌는 이 강탈자, 박해자, 마음속 가해자와 지독하게 한마음이 되어 자체 리더십이 위험에 빠졌을 뿐 아니라 몸도 해를 입을 지경에 이르렀다.

반 데어 콜크는 그의 동료에게 이런 질문을 던진다. "학대, 배신, 방치로 인한 상처를 갖고 사는 사람들을 진료할 때, 어쩔 수 없이 우울증, 공황장애, 양극성기분장애, 또는 경계선 성격 장애 같은 진단을 내리지만, 이런 진단으로 이들의 문제가 제대로 해결되지 않는다면 어떻게 이들을 치료할 것인가?"[12] 엘런은 신뢰하는 어른에게 배신당했다는 것을 깨달았을 때 뇌가 통제 불능이 되었다고 밝힌다. 엘런은 의료진에게 자신이 우울증과 경계선 성격 장애를 앓고 있다는 말을 들었다. 하지만 자신이 당한 학대와 뇌의 상처를 연결하지 못한다. 그는 잘못된 죄책감과 자기 증오로 소진되었다. 학교 커뮤니티와 교육 당국은 교장이 가해자라는 것을 분명히 밝히지 않고 그에게 공식적으로 책임을 물리지 않는다. 이들은 교장에게 피해를 당한 아이를 보호하는 대신, 교장의 명성과 학교의 명예를 지키려는 잘못된 충동에서 교장이 저지른 짓을 감싸준다.

반 데어 콜크는 트라우마에 관해 쓴 저서 《몸은 기억한다》에서 환자가 부정적 아동기 경험에 대처하는 방법으로 자신에게 칼을 겨누는 사례를 소개한다. 그는 "아무 데도 분출할 곳이 없는 분노는 우울증, 자기 증오, 자기 파괴 행위의 형태로 자신에게 다시 돌아간다"라고 설명한다.[13] 우울증, 자기 증오, 자살 또는 자기 파괴 행위의 세 가지 형태는 모두 엘런에게 적용된다. 피해자는 보통 자신을 학대하는 사람에게 충성심을 보이는데, 특히 학대자가 가족의 일원이거나 신뢰와 권위를 가진 어른일 경우 더욱 그렇다. 아이들은 "비록 자기들을 학대한다고 해도 본래 그들을 돌봐주는 사람들에게 충성하게 되어 있다."[14] 아이들이 복종하고, 존경하고 신뢰하라고 교육받는 가족 일원이나 의사, 교사, 코치에게도 이런 현상이 적용된다. 사회에서 받은 교육 때문에 아이들은 자기들을 돌봐주는 사람을 신고하는 건 고사하고 제대로 의문을 제기하지도 못한다.

학대자를 보호하려는 이런 충성심이나 충동은 비단 아이들에게만 국한되지 않는다. "인질들은 인질범들을 위해 보석 보증을 서고 이들과 결혼하고 싶다는 소망을 표하거나 이들과 성관계를 가진다. 가정 폭력 피해자는 폭력을 휘두른 가해자를 종종 감싸고 돈다."[15] 언론에서 학대 기사를 읽는 사람들은 신고당한 학대자를 주변 사람들이 변호하는 경우, 이런 행동이 충성심에서 비롯된 것이며 가해 행동을 일반적인 것으로 만들거나 보이지 않게 편집하는 행위라는 사실을 깨닫지 못한다. 우리 뇌가 바로 앞에 있는 것을 보지 못한다는 사실은 연구를 통해 광범위하게 밝혀졌으며, 이런 현상을 무주의 맹시inattentional blindness라고 한다. 게다가 우리 뇌는 "관계가 없어 보이는 정보는 걸러낸다."[16] 우리 뇌는 선택적 지각selective perception*을 함으로써, 학대 행위로 신고된 사람이라도 그와 수년간 긍정적인 만남을 가졌다면, 이 경험에 압도당해 그 사람은 절대 그런 사람

이 아니라는 메시지를 듣는다. 숀 아처가 말하듯이 "우리는 찾는 것
만 보고 나머지는 놓친다."[17]

엘런이 차차 경험한 사실이지만 교장이 재판 과정을 거치는 동안
엘런은 교장에게 힘을 실어줘야 할 사람으로 지목되었다. 학교의
교직원과 학생들에게는 거짓 정보가 유포되었다. 이들은 오랜 교직
생활을 한 헌신적인 교장이 스트레스로 인해 몸이 안 좋아져서 조
기 은퇴해야 한다는 사실에 유감을 표하도록 부추겨졌다. 그러나
그가 비난을 받지 않는다면, 그에게 책임을 물리지 않는다면 누구
에게 책임을 지울 것인가? 엘런은 죄책감과 증오심을 자신에게 돌
리고, 자신을 비난한다. 이는 피해자에게 덮어씌우기의 특히 일그
러진 형태지만 흔하게 일어난다. 목소리를 내는 것은 극도로 어렵
다. 트라우마는 학대를 일관성 있게 진술하는 피해자의 기억과 능
력을 마비시키기 때문이다. 우리 뇌가 트라우마를 겪게 하는 유독
한 환경에 노출되어 배신과 위험, 위협, 공포에 지배되면 기억이 단
절되고, 건강한 신경망이 형성되지 않는다. 엘런은 목소리를 낸 강
단과 용기, 진실성에 대해 공식적으로 인정받지 못한다. 졸업식에
서 칭찬받지도 못한다. 하지만 교장은 칭송받는다.

엘런의 마지막 말은 그가 신경학적 왜곡의 손아귀에 잡혔음을 보
여준다. 엘런은 마음을 다잡고 자기 글을 읽는 사람들에게 누군가

＊　　　모호한 상황에 대해 부분적인 정보만을 받아들여 성급히 판단하는 것.

에게 도움을 줄 수 있다는 사실을 상기시킨다. 우리가 엘런 말을 들어준다면 어쩌면 엘런은 괴롭힘으로 인한 자살을 저지를 계획을 터놓고 자기의 머리를 점령한 마음속 가해자를 몰아낼 수 있을지도 모른다. 하지만 이내 자기 비하조로 바뀌면서 자신이 올린 글을 깎아내린다. 자신을 분열시킨 고통의 표현, 지인과 전문 의료진마저도 병을 이해하지 못하는 답답함, 뇌에 생긴 상처를 고려하지 못하는 괴롭힘의 패러다임의 모순, 도와달라는 절규와 함께 우울증을 설명하는 절절함, 이 모든 것이 결국은 "내가 배설한 지루하고 긴 이야기"라는 자기 모욕으로 주저앉는다.

엘런이 쓴 용기 있고 명확하고 가슴이 찢어지는 글은 돌연 추하고 수준 없는 이미지로 전락한다. 언어적인 유창함은 괴롭힘 전술집에서 뽑아온 전형적인 비하와 모욕적인 언어로 바뀐다. 이런 언어는 마음속 가해자가 진짜 자아를 비하하기 위해 쓰는 말이기도 하다. 이런 말은 피해자를 자기혐오로 가득 차게 해서 단 1분도 버틸 수 없게끔 만드는 내면화된 가해자의 목소리처럼 들린다. 엘런은 학대에 관해 목소리를 내고 이를 정신질환과 연결한 대가로 공격을 감내해야 하리라는 것을 예상하면서 미리 선수를 친다.

망가져버린 뇌의 감각 처리 시스템

여기서 기억할 것은 우리 뇌가 저마다 고유하다는 사실이다. 괴롭힘, 추행, 학대와 뇌 손상 간의 원인과 결과는 결코 단순하지 않다. 마틴 타이처의 연구 결과에 따르면, 한 아이가 자라고 발달하면서 "서로 다른 뇌 영역은 각각 서로 다른 시기에 영향을 받는다." 다시 말해 학대와 냉대는 발달 시기에 따라 각각 다른 방식으로 뇌에 영향을 준다. 타이처는 학대와 방치에 노출된 영향이 복잡하게 나타난다고 설명한다.[18] 학대와 방치의 파괴적인 힘을 대수롭지 않게 여기고 싶은 사람은 "한 피해자는 괜찮고, 다른 피해자는 괜찮지 않다면 이것은 그 사람이 '지나치게 예민해서' 그런 것 아니냐'고 반박할 것이다. 하지만 그렇지 않다. 단지 우리 뇌가 저마다 고유하기 때문이고, 저마다의 방식으로 학대에 반응하고 대처하기 때문이다. 부정적인 반응이 차곡차곡 쌓이거나 이로 인해 사건이 터지는 것은 추행이나 괴롭힘 또는 학대가 일어난 시기, 또 과거에 겪은 학대의 종류에 따라 달라질 수 있다. 동료 연구진의 검토를 거쳐 반복 시행된 연구 결과에 따르면 학대와 방치로 인한 피해는 "개인마다 현격하게 차이가 난다."[19]

한 연구 결과, 부모가 아이에게 폭언을 하면 "청각 피질의 회백질 부피가 변할" 수 있다고 한다. 연구에 따르면 성폭력을 당한 여자아이들은 뇌에서 음핵clitoris과 생식기 주변 부위에 해당하는 체감각피질somatosensory cortex이 점점 얇아지게 된다. 아동 학대는 이들 뇌의 감각 처리 시스템을 엉망으로 만든다. 온갖 형태의 아동 학대는 뇌의 위협 감지 및 반응 회로에 관여하는 핵심 구성 요소를 구조적·기능적으로 바꿔버린다. 아동 학대와 방치는 뇌의 형태와 기능, 신경망 구조에 영향을 준다.[20] 10년 전, 에밀리 앤시스는 〈보스턴 글로브〉에서 타이처의 연구를 집중 조명했다. 내가 방금 인용한 타이처의 연구는 타이처 및 그의 연구진이 하버드에서 2017년에 시행한 것이다. 언제쯤에야 이런 연구 결과가 우리 같은 일반 대중에게 알려져 학대에서 우리를 보호하고, 일이 벌어졌을 때 뇌를 치유하는 방법을 알려줄 수 있을까? 언제쯤에야 이런 연구 결과가 엘런 같은 아이들을 구해낼 수 있을까?

아동기의 심리적·물리적·성적 트라우마는 엘런의 경우처럼 아동기에 나타나거나 다른 많은 사람의 경우처럼 더 늦은 시기에 정신질환으로 모습을 드러낼 수 있다. 그 피해는 분노, 수치심, 절망으로 나타나며 피해자는 엘런의 말대로 자기 자신에게 등을 돌리는 경우가 많다. 이미 언급했듯이 연구 결과에 따르면 엘런 같은 피해자는 학대를 *자기 내부로* 돌려 "우울증, 불안, 자살 사고, 외상 후 스트레스 장애" 같은 증상을 보인다. 입은 상처를 *바깥으로* 돌리는 피해자들은 "공격성, 충동성, 태만, 과잉 행동, 약물 남용" 같은 문제를 드러낸다.[21] 이런 파괴적 행동은 아동기에 발생할 경우, 가정과 학교, 사법 시스템에서 혹독한 질책과 처벌로 이어지는 경우가 많은데, 이는 개인의 트라우마에 부채질을 할 뿐이다.[22] 문제 행동을 보이는 아이는 성인이 되면 이런 파괴적인 행동을 훨씬 교묘한 방법으로 숨긴다. 따라서 우리는 괴롭힘과 학대가 자체적으로 영속한다는 것을 기억해야 한다.

책임 소재를 언급할 때, 내 말은 가해자가 비난받고 망신당하고 배척당해도 된다는 뜻은 아니다. 이런 말은 케케묵고 망가진 괴롭힘의 패러다임의 교리와도 같다. 중요한 것은 신경과학 연구 결과를 이용해 학대는 악순환된다는 점, 즉 남을 학대하는 사람이 대부분의 경우 한때 피해자였다는 점을 이해하는 것이다. 이들을 치유할 것인가 아니면 괴롭힐 것인가? 왜 신경학적 왜곡을 다루는 과학적 접근 방식을 이용해 암을 치료하듯이 이들의 아픈 뇌를 다시 회복시키지 않는가? 그러지 못한다면 이유는 무엇인가? 신경가소성이란 우리가 노력한다면 학대의 책임을 자기 자신에게 돌려 자살 사고를 하는 사람을 구해낼 수 있다는 의미다. 신경가소성과 집중적인 뇌 훈련이란 우리가 노력을 기울인다면 학대자에게 책임을 물을 수 있고, 또한 이들의 신경학적 왜곡을 바로잡을 수 있다는 의미다. 어떤 사람들은 회복되지 않을 수도 있지만, 그렇다고 이들 모두를 포기해야 한다는 뜻은 아니다.

나는 앞서 〈위플래시〉의 괴롭히는 교사, 테런스 플레처가 경계선 성격 장애를 앓고 있을 거라고 말했다. 우리는 마틴 타이처가 테런스 플레처같이 괴롭히는 교사의 뇌를 검사한 결과, 사람을 다중 인격 또는 지킬 박사와 하이드로 만드는 원인이 아동 학대라는 점을 확인했다. 좀 더 정확히 말해 다중 인격, 즉 지킬 박사와 하이드를 일컫는 의학 용어는 해리성 정체감 장애였다. 이 증상은 "겉보기에 완전히 별개인 두 사람이 서로의 존재를 전혀 모른 채 다른 시간대에 동일한 몸을 점유"하는 것이다. 경계선 성격 장애의 좀 더 심각한 형태라고 볼 수 있다.[23] 우리는 경계선 성격 장애라는 진단 명을 통해 자신을 외면하고 자살까지 시도하는, 엘런 같은 학대 피해자를 좀 더 정확하게 이해할 수 있다.

엘런이 나와 학교 운영진에게 진술서를 제출한 후, 나는 엘런에게 이메일을 써서 기분이 어떤지 물어보았다. 엘런은 다음과 같이 답변했다.

제가 한 일에 여전히 죄책감이 심하게 들어요. 비록 그 일이 옳은 일이라는 것을 알고, 어느 정도 목소리를 낼 수밖에 없었지만요. 교장 선생님은 제게 정말 친절했고 신경을 많이 써주셨어요. 진심으로 그분에게 아무 일도 일어나지 않았으면 해요.

엘런은 심한 죄책감을 느꼈고, 교장을 보호해주고 싶어 했고, 그에게 아무 일도 일어나지 않기를 원했다. 근데 도대체 이게 무슨 소리인가? 나는 엘런에게 그가 목소리를 냈기 때문에 다른 피해자를 구원했다고 말해주었다. 학대의 진행 방식을 생각하면 교장을 보호해주고 싶은 마음은 이해하지만, 그것 역시 잘못된 것이라고 엘런을 이해시키기 위해 노력했다. 엘런에게 죄책감을 가져야 할 사람은 바로 *교장*이라고 거듭 이야기했다. 아동 학대에서 처음에 공을 들이는 그루밍 단계에서는 가해자가 피해자를 조종하고 끌어들이기 위해 친절한 태도를 유지한다는 점을 엘런이 이해했으면 했다. 어른의 배신행위에 직면한 아이가 이런 책임을 짊어지는 모습을 바라보고 있자니 믿을 수 없을 정도로 절망감이 들면서 슬픔이 몰려왔다. 어떤 말을 해도 나는 엘런의 믿음 체계를 깨뜨릴 수 없을 것 같았다.

엘런은 충성심을 버리고 감히 목소리를 내면서 오히려 버림받았다는 느낌을 받았다고 했다. "저는 홀로 남아, 어떻게 하면 나 자신에게 갖는 죄책감과 증오심에 어른처럼 대처할 수 있을지 파악하고 있는 중이에요." 목소리를 내고서도 잘한 일이라고 공개적으로 칭찬받지 못하는 이 아이는 결국 가해자와 한마음이 되어 자신이 나쁜 짓을 했다고 믿는다. 엘런의 반응은 이제 안전하다는 안도감의 표현이 *아니다.* 학대를 신고할 용기를 냈다는 자부심의 표현이 *아니다.* 오히려 엘런은 망가진 시스템에서 죄인이 되었다. 일어난 상황에 대해 진실을 말하지 못하는 어른들 때문에, 아동 안전에 책임을 져야 할 어른들 때문에 엘런은 자신에게 증오심을 느낀다. 마음속 가해자는 다시 한번 엘런의 뇌를 통제하고, 엘런은 자신을 배신한 교장에게 느껴야 할 모든 혐오감을 자기 자신에게 돌린다.

이 이메일에서 엘런은 '홀로 남아', '어른처럼' 대처해야 하는 상황에 분노한다. 모든 위기는 피부양 아동이라는 엘런의 지위 때문에, 학교의 수장으로서 아동을 지도할 자격이 있고 홈스테이 아버지라는 믿을 만한 자리에 있던 교장을 신뢰한 아이의 위치 때문에 발생했기 때문에 특히 잔혹하다. 그러나 이런 망가진 시스템에서 학교를 이끄는 사람들은 학대 행위를 은폐하더라도 교장과 학교의 명성을 보호하기 위해 달려든다. 괴롭힘의 패러다임에서 잘못된 믿음은 일단 신체적으로 아이를 보호하면 그 아이가 괜찮을 거라는 생각이다. 일단 소아성애자가 학교에 발을 들여놓지 못한다면, 아이는 이제 안전하다는 의식이 사람들을 지배한다. 이것은 완전히 역행적 사고방식이다. 이미 아이의 뇌는 학대로 인해 병들어 왜곡되었기 때문이다. 학대의 대상이 되어 막강한 어른에게 충성심으로 묶이고, 살아남기 위해 이들 어른에게 공감하며 엮인 아이들은 자기들이 희생양이 되었다는 사실을 알아차리지 못한다. 이들은 많은 이유로 신고를 하지 못하지만, 그중 한 가지 이유는 자기들이 학대당했다는 것을 모르기 때문이다. 심지어 어떤 아이는 가해 어른이 자기를 사랑한다고 믿는다.

엘런은 서서히 전개되는 상황의 역전을 바라본다. 여기에서 엘런은 성인의 역할을 떠맡고, 오히려 실제 성인인 60대 교장이 보호받고 응석을 부리고 마치 다친 아이인 것처럼 안달을 낸다. 내게는 혼란스럽고, 엘런에게는 정신적으로 무너지는 일이었다. 학교의 많은 사람이 처음에는 병가로, 그 이후에는 스트레스로 인한 병가로 학교에 나오지 않는 교장을 상당히 걱정했다. 사람들은 교장이 학생과 학교를 위해 너무 열심히 일을 한 나머지 몸이 상해 조기 은퇴를 해야 했다고 짐작했다. 엘런은 학교를 졸업하고 대학에 진학했다. 비록 엘런의 몸은 교장으로부터 안전했지만 뇌는 계속 고통받았다. 엘런의 뇌는 소음으로 가득 찼고 흐릿했으며 손을 쓸 수가 없었다. 엘런은 자신의 신경학적 왜곡을 치유하고 회복할 증거 기반의 방법이 있다는 것을 몰랐다. 2017년 7월 5일, 엘런은 페이스북에 자신의 병을 이해해달라며 도움을 요청하는 절규의 글을 올렸다.

그리고 2017년 11월 21일, 배신감으로 어찌할 바 모르던 엘런은 열아홉의 나이에 자살로 생을 마감한다. 엘런의 자살이 나와 그를 사랑하던 많은 사람에게 끼친 충격은 이루 말로 표현할 수 없다. 비통한, 하늘이 무너져 내리는, 가슴이 찢어지는 같은 말은 내 심정을 표현하기엔 역부족이다. 내가 한 달이나 늦게 또 한명의 제자와 카페에서 마주보고 앉아 엘런의 글을 읽는 모습을 그려보라.

5단계: 애도하라

이번 장의 실천 단계는 애도하기다. 내가 애도에 관한 저서 《좋은 병사가 되어라》에서 다음과 같은 문장을 썼을 때, 나는 이 문장이 엘런을 잃은 고통을 미리 예견하는 것이리라고는 꿈에도 생각하지 못했다. "슬픔을 글로 표현하는 것은, 저자의 입장에서 분명 반역 행위다. 그는 고통스러운 사건이 세상에 알려지는 것을 막으려는 그 자신의 내부 메커니즘을 동시에 알고 있기 때문이다."[24]

내가 애도하기를 권하는 이유는 괴롭힘의 패러다임이 우리가 슬픔을 억누르기를 바라기 때문이다. 애도는 괴롭힘의 패러다임과 이것이 무시하고 부인하는 모든 고통에 대한 반역 행위다. 고통과 분투를 피하고자 하는 내면의 보호 메커니즘을 알면 우리는 자신과 타인을 향한 공감과 연민의 깊은 감정을 이용할 수 있다.

나는 몽고메리를 학대에서 구해내지 못했다. 엘런을 괴롭힘으로 인한 자살에서 구해내지도 못했다. 이런 실패는 내게 끊임없는 고통을 안겨주지만 애도가 그 고통을 더는 데 도움이 된다. 그동안 괴롭힘의 패러다임에 관해 글을 쓰지 말라고 하는 사람들을 많이 만났다. 이 사람들은 그런 고통스러운 사건이 알려지는 것을 못 견뎌 한다. 이들의 마음을 알고 이들에게 공감하지만, 그래도 나는 글을 써서 반역을 해야 한다. 아이들의 생명이 위태롭다.

6

몸과 뇌를 돌보는 새로운 패러다임

엘런이 자살한 후, 나는 많은 시간을 소파에 앉아 하염없이 벽을 바라보며 보냈다. 눈물은 더 이상 나오지 않았다. 때로는 다리가 후들거려, 일어나서 돌아다녀야 진정이 되곤 했다. 읽을 수도 없었다. 그저 책장을 넘길 뿐이었고, 때로는 문단 하나, 문장 하나를 읽는데도 오랜 시간이 걸렸다. 집중을 할 수도 없었다. 그렇게 자포자기해 있던 어느 날 아침, 정신과 전문의이자 정신생물학 교수인 야크 판크세프Jaak Panksepp의 책을 집어 들었다. 읽는 도중에 두려움, 추구, 공포, 분노 같은 포유류의 기본 정서 반응을 그린 도표에 눈이 갔다. 이 도표를 보니 괴롭힘의 패러다임이 한층 더 깊게 와 닿았다. 두려움은 경직과 도피(피해자의 반응)에 해당된다. 추구는 식욕 행동(괴롭힘과 학대에서 벗어나 안전해진 사람의 행위)이다. 분노 또는 공격, 물어뜯기, 싸움은 분명 가해자의 영역이다. 그동안 배우지 않은 반응은 공포였다. 판크세프는 공포가 운동 불안motor agitation으로 발현된다고 말한다. 다리의 떨림이 공포였을까? 그는 이어서 운동 불안이 고립으로 유발되고 추구, 특히 사회적 접촉 추구로 이어진다고 말한다.[1] 그의 설명은 나의 뇌 안에서 벌어진 상황을 환하게 비춰주었다. 나는 의식 깊숙이 공포 상태에 있었던 것이다.

나는 오지에 고립되어 괴롭힘이 난무하는 세상에 더 이상 속해 있는 것 같지 않았다. 엘런이 정신질환 때문에 자살했다고 말하는 그런 가짜 세상과 어울릴 수 없었기 때문이다. 마치 사회에서 추방되어 외집단에 떨어진 것 같았다. 가짜 세상의 주장은 딱 절반만 진실이었다. 다른 절반의 진실은 엘런이 신뢰와 힘을 가진 어른에게, 부모의 자리에 있던 어른에게 거듭 성적 학대를 당했다는 것이다. 판크세프의 책을 덮으려는데, 어느 새 내 손이 "잃어버린 내 아이, 티나에게 바친다"는 문장에서 멈췄다. 다리의 떨림이 진정되면서 눈물이 뺨 아래로 주르륵 흘러내렸다. 판크세프는 딸 아이에게 바친다는 문구 뒤에 '상실 뒤로 이어진 길'이라는 제목의 아네사 밀러Anesa Miller의 시를 실었다. 슬픔에 빠져 있다가 글쓰기를 통해 서서히 회복하는 과정을 그린 시였다. 그 시는 내 심금을 울렸고 내가 다시 돌아갈 길을 활짝 열어주었다.

더 이상 고립감이 느껴지지 않았다. 책을 읽고 다른 저자에게서 배우고 이들과 소통하면서 나는 "내 종이 배"의 노를 젓고, "저 높이 빛과 소리와 친구들에게/닿는 사다리"를 만들 수 있었다. 판크세프처럼 나 역시 "끝도 없는 슬픔을 박차고" 올라올 필요가 있었다.

아동기 경험과 만성질환의 관계

1990년대 말, 미국 내과 전문의인 빈센트 펠리티Vincent Felitti와 로버트 앤더Robert Anda는 아동기 때 겪은 학대와 암 같은 중년기 만성질환 사이에 연관성이나 상관관계가 있는지 알아보기 위해 광범위한 연구 프로젝트를 시작했다. 이 연구는 부정적 아동기 경험Adverse Childhood Experiences, ACE 연구라고 불린다. 1995년과 1997년 사이에 이들은 카이저 퍼머넌트 의료보험 시스템에 가입된 약 2만 명의 환자를 대상으로 부정적 아동기 경험과 현재 질환에 관해 조사했다. 두 의사는 이혼, 가정 폭력, 가족 구성원의 알코올이나 약물 중독, 또는 감옥 수감 등 성인에 의해 자행된 충격적인 부정적 아동기 경험이 실제 중년기 만성질환으로 이어진다는 사실을 밝혀냈다. 신체적·정서적 방치와 함께 신체적·정서적·성적 학대가 중년기 만성질환의 전구체precursor 역할을 한다는 사실을 알아낸 것이다.[2] 괴롭힘, 학대, 그리고 이에 수반되는 극심한 스트레스가 중년기 정신건강 문제의 원인이 될 뿐 아니라, 노년기의 만성적인 건강 위기를 가져오고 결국 수명을 단축시키는 데 *상당한* 영향을 준다는 연구 결과는 의심의 여지가 없었다. 아동기에 괴롭힘과 학대를 당하면 중년기에 우울증, 불안, 경계선 성격 장애, 나르시시즘 등 정신질환을 일으킬 가능성만 증가하는 것이 아니다. 암과 심장 질환, 당뇨, 관절염, 자가면역 이상이 생길 가능성도 증가한다.

펠리티와 앤더는 부정적 아동기 경험과 학대가 실제 밝혀지거나 알려진 것보다 훨씬 흔하게 일어난다는 사실을 알고 놀랐다. 괴롭힘의 패러다임은 괴롭힘이 거의 일어나지 않으며 학대가 가해자의 평판을 해칠 의도로 부풀려진다고 주장하지만, 사실 학대는 만연해 있고 이로 인해 피해자 대부분의 수명이 단축된다. 심리학자 앨리슨 고프닉은 "부모가 할 일은 저마다 다른 욕구와 인성, 어려움을 가진 각양각색의 아이들이 스스로 꽃필 수 있도록 사랑과 안전, 안정이 깃든 보호처를 제공하는 것이다"라고 쓴다.[3] ACE 연구는 너무나 많은 아이가 공격과 위험, 불안정으로 인해 사랑과 안전, 안정감을 뺏겼다고 말한다. 트라우마는 심지어 자궁 속에서도 뇌에 영향을 끼친다. 메르체니치는 "여성이 임신 중 배우자의 학대, 중독, 가난 등 스트레스 상황을 겪을 경우, 뇌와 몸의 유전자 발현이 고위협 생존 모드로 설정된다"고 지적한다. 그는 이 모드가 태아의 유전자로 옮겨져 아기는 세상에 태어나기도 전에 "그 작은 뇌에서 유전자 통제 경보가 울리게 된다"고 설명한다. 메르체니치는 오늘날 의학계의 가장 중요한 책임은 우리가 가진 지식으로 **산모의 뇌 건강을 돌보고 관리하는** 것이라고 주장한다. 물론 산모를 위해서도 이런 대책이 중요하지만, 아이들이 공평한 인생의 경기장에서 타고난 황금기 뇌와 신체의 잠재력을 무사히 간직한 채 인생을 시작할 수 있도록 하기 위해서도 필요한 조치다.[4]

펠리티와 앤더의 연구는 혁명적이었고, 연구 결과는 의학계를 뒤

흔들었다.[5] 이들은 이민, 천재지변, 전쟁, 난민 상태와 같은 외부 사건으로 인한 역경이 *아니라* 성인에 의해 자행된 부정적 아동기 경험을 조사해서 발표했다. 어릴 때 괴롭힘의 패러다임 속에서 자란 성인은 그들의 역경을 자녀들에게 전달한다. 이런 악순환은 무시되고 부인되지만 이들의 건강은 아주 심각한 상태로 그 모습을 드러낸다. 펠리티와 앤더는 아동기 학대가 위험 행동 및 자기 파괴적인 행동을 낳고, 이 때문에 가뜩이나 취약한 이 아이들의 건강과 행복이 더욱 위태로워진다고 설명한다. 아동기에 학대를 당한 사람들은 위험한 공격 성향을 가지거나 마음속 가해자를 키우는 경우가 많으며, 이런 성향은 그 공격성을 내면으로 돌려 섭식 장애와 중독, 파괴적 관계, 자해를 일으키고 심지어 자살에까지 이르게 한다.

펠리티와 앤더는 중독이 중독성 물질의 남용 뿐 아니라 트라우마나 학대 같은 아동기의 부정적 경험에 의해서도 발생한다고 밝힌다.[6] 다시 말해 코카인의 유혹이나 흡연 또는 알코올에 빠지기 쉬운 유전적 소인이 중독에 영향을 주는 인자이기는 하지만, 한 개인이 아동기에 성인에 의해 반복적인 역경을 겪었는지 여부와 비교해보면 그 중요성이 떨어진다는 것이다. 이 연구 결과는 의학계에 혁명을 불러왔다. "옛 가정은 폐기되고 새로운 패러다임이 들어섰다."[7]

새로운 패러다임은 성인이 아이들에게 역경을 줄 경우 이들이 자라도 그 역경이 멈추지 않는다는 것을 인정한다. 이런 아이들은 겉보기에 아무 이상이 없고 건강해보일지 모르지만 그것은 우리가 이들의 머릿속은 볼 수 없기 때문이다. 뇌는 역경과 학대의 상처를 성인기까지 지고 가기 때문에, 아동기에 피해를 입은 사람은 나중에 성인이 되어서도 자신과 타인을 대할 때 어려움을 겪는다.

흡연, 무기력, 폭식, 마약·알코올 남용 같이 건강하지 못한 습관으로 생긴 중년기 만성질환을 주로 치료하는 의학계는 이런 건강하지 못한 선택이 트라우마를 겪은 뇌에서 비롯된 경우가 많다는 사실을 알아냈다. 여러분은 이런 사실을 깨달았으니 아이를 돌보는 방식, 즉 부모, 교사, 코치를 비롯해 아이와 생활하는 모든 일선 직업인을 교육하고, 아동보호 조치를 실시하고, 학대가 발견되거나 신고되는 즉시 학대를 멈추도록 조치하는 데서 의미심장한 변화가 촉발되었을 것이라고 생각할지도 모르겠다. 놀랍고도 비극적인 사실이지만 이런 일은 일어나지 않았다. 메르체니치는 으레 그렇듯 문제의 핵심으로 직진한다. "현대 인간은 개인의 성취와 성공, 보이는 능력이 다 개인의 공로라는 생각, 반대로 개인의 실망, 실패, 수준 낮은 삶 역시 다 개인의 잘못이라는 생각을 있는 그대로 받아들였습니다."[8]

ACE 연구는 우리 자신과 타인에 관한 이런 평가가 잘못된 생각이라는 증거를 광범위하게 제시한다. 정확하고 현실적으로 평가하려면 개인적으로 겪었을지 모르는 환경적인 뇌 손상 또는 그동안 그 사람의 뇌를 지켜준 행운을 고려해야 한다. 타인의 실패를 비난하거나 자신의 실패를 무자비하게 자기 탓으로 돌리면 정작 과학적인 원인은 고려하지 못하게 된다. 마치 낭성 섬유증cystic fibrosis이나 뇌성마비에 걸렸다고 괜한 사람을 탓하는 것이나 마찬가지다. 우리 모두 개인적인 책임 의식을 가져야 하고 현명하고 건강한 선택을 하기 위해 노력해야 하지만, 자신이나 주위 사람들이 그러지 못할 때 그것을 아동기 때 경험과는 별개로 보는 경향에도 반기를 들 필요가 있다. 아동기는 발달상 중요한 시기지만 자신의 결정과 뇌 건강, 전반적인 행복을 스스로 통제하지 못하는 시기이기도 하기 때문이다.

메르체니치는 바로 이 점을 강조한다. "좋다 또는 나쁘다, 성공했다 또는 실패했다, 유능하다 또는 무능하다, 중독자다 또는 바른 사람이다, 용기 있다 또는 비열하다 등 다른 사람을 평가할 때, 우리가 인간의 신경학적 기원을 얼마나 잘못 이해하고 있는지 안타깝기 그지없습니다."[9] ACE 연구가 발표된 지 20년이 지났지만 여전히 사회 전반에 학대가 만연해 있는 것을 보면, 아이들은 집, 학교, 스포츠 현장, 예술계, 클럽에서, 또 의사나 성직자의 손에서, 그리고 그 어느 곳에서도 안전하다고 볼 수 없다. 의학계와 신경과학계에서 패러다임 변화가 있었지만, 우리가 괴롭힘과 학대에 효과적으로 대처할 수 있게 사회가 바뀌지는 않았다. 사실 펠리티와 앤더의 혁명적인 연구에 대해 들어보지도 못한 사람이 태반이다.

ACE 연구는 68개의 설문으로 이루어졌다.[10] 아동기의 역경에 중점을 둔 각 문항은 18세 생일 이전에 대해 묻는다. 그 이후에 당한 괴롭힘과 학대가 무관하다는 뜻은 아니지만 어린 시절에는 경험이나 지식, 탈출구 또는 독립할 수단이 거의 없기 때문에 괴롭힘과 학대가 마음-몸-뇌에 끼치는 영향이 훨씬 크다. 다시 말해 자기 자신을 보호하고 구하는 일이 상당히 어렵다.

내 생각에 이 설문의 심각한 오류는 학대가 오직 집에서만 일어난다고 규정하는 것이다. 설문은 계속 가정에 대해 묻지만 학교, 교회, 클럽, 학급, 병원 진료실에서 벌어진 일은 묻지 않는다. 만약 체조 선수, 보이스카우트, 학생, 가톨릭 성당 피해자가 가정에 대한 ACE 설문에 응한다면, 이들은 자신의 과거 경험을 학대와 연결하지 못할 것이다. 아동기 경험을 제대로 평가하려면 가정의 개념을 넓히는 것이 중요하다.

설문은 또 학대 행위가 얼마나 자주 일어났는지 묻는다. 이 부분에서는 "같이 발화되는 것은 같이 연결된다"는 말이 떠오른다. 한 번의 트라우마는 반복된 트라우마만큼 위력을 발휘할 수 없을지 모른다. 하지만 때로는 한 번의 수치 또는 모욕, 위협, 구타, 성폭력의 경험만으로도 뇌가 트라우마를 겪을 수 있다. 우리 뇌는 모두 고유하고 저마다 다르게 반응하므로, 괴롭힘과 학대에 대한 자기 자신의 반응을 고려할 때 이 점을 염두에 두어야 한다. 아래에 학대와 관련된 질문을 간략하게 줄여서 소개하겠다. 내가 이 질문을 소개하는 이유는 펠리티와 앤더가 정서적 학대를 신체적·성적 학대와 동일 선상에 놓았다는 점을 상기시키기 위해서다. 뇌스캔 결과를 구체적으로 제시하진 않았지만 이들의 연구는 뇌에 가해지는 피해(정서적·언어적·심리적 학대)가 몸과 뇌에 가해지는 피해(성적·신체적 학대)만큼 심각하다는 점을 확인시켜주었다. 또한 정서적 학대에 관한 질문은 신체적 타격만이 위협적이고 트라우마를 일으키는 공격이 아니라는 점을 알려준다.

다음은 ACE 연구에 나오는 정서적 학대 문항이다.

"18세 생일 이전에 부모님이나 가정의 어른이 자주, 또는 상당히 자주 (…) 욕을 하거나 모욕을 주거나 깔보거나 창피를 주었는가? 또는 신체적으로 다칠 것 같다는 두려움이 들도록 자신을 위협했는가?"[11]

다음은 ACE 연구에 나오는 신체적 학대 문항이다.

"18세 생일 이전에 부모님이나 가정의 어른이 자주, 또는 상당히 자주 (…) 밀치거나 잡아채거나 손으로 때리거나 물건을 던진 적이 있는가? 아니면 세게 때려서 맞은 자국이 남았거나 다친 적이 있는가?"

다음은 ACE 연구에 나오는 성적 학대 문항이다.

"18세 생일 이전에 성인이나 적어도 여러분보다 다섯 살 이상 많은 사람이 (…) 건드리거나 껴안거나 여러분이 그들의 몸을 성적으로 만지도록 유도한 적이 있는가? 아니면 여러분과 구강 또는 항문, 질 성교를 시도하거나 실제로 한 적이 있는가?"

성적 학대 문항에는 다음과 같이 상대에게 공을 들이는 그루밍에 관한 질문이 포함된다.

"18세 생일 이전에 성인이나 여러분보다 적어도 다섯 살 이상 많은 사람이 (…) 원치 않은 애정 및 관심을 주거나 마사지를 하거나 껴안거나 특권을 주거나 행사에 초대하거나 선물이나 돈을 주거나 성적 농담을 하거나 건드리거나 정말 예쁘다거나 섹시하다는 등 외모에 관해 이야기를 하거나 부적절한 문자를 보내고 그 문자를 삭제하라고 요구한 적이 있는가?"

다음은 ACE 연구에 나오는 정서적 방치 문항이다.

"18세 생일 이전에 자주 또는 상당히 자주 (…) 가족 중에 아무도 여러분을 사랑하지 않는다거나 자신을 중요하거나 특별하게 여기지 않는다고 느꼈는가? 아니면 가족이 서로 신경 쓰지 않았거나 서로 애착을 느끼지 못했거나 서로 지지해주지 않았는가?"

다음은 ACE 연구에 나오는 신체적 방치 문항이다.

"18세 생일 이전에 자주 또는 상당히 자주 (…) 먹을 게 충분하지 않았거나, 더러운 옷을 입어야 했거나 아무도 보호해주지 않는다고 느꼈는가? 아니면 부모님이 만취하거나 약에 취해서 여러분을 돌볼 수 없었거나 필요한 경우 의사에게 데려갈 수 없었는가?"

ACE 연구에서 역경에 관한 나머지 다섯 개 문항은 이혼, 중독, 감옥 수감, 정신질환, 가정 폭력 같은 가정 위기에 관한 문제다. 부정적 아동기 경험에 관한 10개의 문항 이외에 나머지 58개 문항은 환자 자신과 그들의 행동, 과거의 건강 이력과 현재의 건강 상태를 묻는다.

부정적 아동기 경험에 관한 10개의 질문에 답한 후 ACE 연구 점수로 0점이 나올 경우 연구진은 응답자가 우울증에 걸리거나 비만이 되거나 중독을 일으키거나 불안감을 가지거나 자해나 자살을 저지를 확률이 아주 적다고 판단했다. 반대로 ACE 연구 점수가 4점 이상이 나올 경우에는 위에서 언급한 여러 만성질환을 앓을 가능성이 매우 높다. 이 결과에 의하면, ACE 연구 점수가 4점 이상인 사람은 자살을 시도할 가능성이 다른 사람보다 80퍼센트 더 높다고 해석할 수 있다. 만약 여러분이 ACE 검사에서 4점 이상을 받았다면 이런 결과는 듣기에 상당히 괴로울 수 있다. 설문에 응할 때는 가까이에 지원해 줄 수 있는 사람들을 두고 정신건강 의료진의 도움을 받는 것이 중요하다. 이런 정보는 마음을 심란하게 하고 트라우마 반응을 촉발할 수 있기 때문에 자기 자신을 챙기는 것이 무엇보다 중요하다. 하지만 ACE 검사 결과를 무시하면 사람에 따라 치유 프로그램을 실제로 시행하는 데 큰 걸림돌로 작용할 수 있다. 우리 뇌가 어린 시절에 상처를 입었고, 이 보이지 않는 신경학적 상처가 현재 우리의 습관을 형성하고 있다는 사실을 인지하지 못한다면, 상처 치유와 건강 회복을 위해 신경과학 연구에 의지할 가능성이 거의 없기 때문이다.

상처받은 뇌를 치유하라

ACE 연구가 뜻깊은 것은, 설문 조사에 응한 2만 명의 환자 대부분이 어릴 때 자신들에게 가해진 학대가 성인기의 나쁜 건강 상태로 이어져 잠재적인 위험 행동을 유발했다는 사실을 *전혀 몰랐다*는 점이다. 이런 위험 행동이 그들의 건강을 위험에 빠뜨렸고 수명을 단축시켰다는 사실을 고려하면, 설문 조사 결과는 결정적으로 중요한 정보라고 볼 수 있다. 더욱더 의미심장한 부분은 대부분의 의사도 이런 사실을 *몰랐다*는 것이다. 펠리티와 앤더도 ACE 연구 결과에 충격을 금치 못했다. 그렇게 많은 아이가 가정에서 성인에 의해 끔찍한 역경을 겪는다는 것을 누가 알았겠는가. 그 아이들에게 가해지는 괴롭힘과 학대가 심각한 건강 문제와 여러 가지 잠재적인 위험 행위로 이어진다는 것을, 또 이후 수많은 중년기의 성인을 만성 질환으로 신음하게 하고 조기 사망에 이르게 한다는 것을 누가 알았겠는가.

이미 언급했듯이 이 사회는 학대한 자에게는 좀처럼 책임을 물리지 않기 때문에 건강 문제는 자신을 돌보지 않아 생긴 것으로 비친다. 바로 이 때문에 자신의 진짜 마음과 마음속 가해자를 구분하는 능력이 중요하다. 통찰력과 연민으로 우리의 마음-뇌-몸을 치유하기보다, 자신에게 벌어진 일을 자신의 탓으로 돌리며 잘못된 책임을 지우는 이유는 자신을 괴롭히는 목소리를 내면화하고 여기에 귀를 기울이기 때문이다.

어떤 계기로 펠리티는 2만 명의 환자에게 ACE 연구 설문지를 돌리게 되었을까? 어느 날 한 할머니의 관상동맥 질환을 치료하던 펠리티는 이분에게 그동안 살아온 이야기를 들려달라고 부탁했다. 할머니는 자신의 병적인 비만을 되짚으며 만성적인 우울증과 그 전에 일어난 아동기 때 겪은 성폭행을 고백했다. 이 환자의 건강 상태가 점점 악화되자 펠리티는 염려스러운 마음에, 비만과 초년기 삶의 연관성을 찾기 위해 다른 비만 환자들에게 과거 일을 묻기 시작했고, 그 결과 대다수 사람이 어린 시절 성적으로 학대를 당했다는 사실을 발견했다. 이 발견으로 그는 부정적 아동기 경험과 중년기 만성질환 간의 관계를 알아보는 연구에 착수했다. 어릴 때 자주 무시와 모욕을 당하거나 협박을 받거나 방치된 경우, 체벌 또는 구타를 당한 경우, 성인에게 성적으로 유혹을 받고 성폭행을 당한 경우, 이들이 중년이 되었을 때 눈에 보이는 상해나 상처는 없었다. 상처는 이들의 두개골 안에 있었기 때문이다. 뇌에 입은 피해는 이들의 자해 또는 공격적인 성향과 상관관계가 있었다. 이들은 섭식 장애를 보이고 자해에 의존하며, 우울증과 불안을 겪고 알코올과 마약으로 자체 처방을 내리며, 건강하지 못한 관계를 추구하고 폭력 세계에 뛰어들며, 자살로 생을 마감했다.

펠리티는 질병을 현재의 행동과 몸 상태에서 발생하는 것으로 판단하고 어린 시절 환자의 뇌가 입은 피해는 무시하는 옛 패러다임에서 빠져나와, 전반적인 관점에서 환자에게 질문을 던지는 새 패러다임으로 들어왔다. 보통 의학적인 접근 방식은 뇌는 고려하지 않고 환자의 몸에 나타나는 증상만 쳇바퀴 돌듯 치료하는 것이다. 의사는 맥박과 혈압을 재고 혈액검사와 소변검사를 하며 심장에 이상이 없는지 알아보기 위해 심전도 검사를 한다. 이런 검사를 마치면 마지막으로 전뇌 연결성forebrain connectivity 검사를 받은 게 언제인지, 계열 기억serial memory 및 생각 같이 복잡한 작용을 지지하는 지속적인 뇌 활동 검사를 받았는지, 또는 뇌의 처리 속도를 측정한 적이 있는지 묻는다. 메르체니치 생각에 이런 질문은 "해본 적 없다"는 답을 의사가 미리 예상하고 던지는, 반어적 질문이나 마찬가지다.[12]

어떻게 전문가들은 우리 몸을 돌보면서 뇌에는 그만큼 신경을 쓰지 않는 것일까? 이런 현상은 법에도 나타난다. 법은 사람들이 눈에 보이는 상해를 입을 경우, 가해를 한 사람에게 책임을 물린다. 하지만 뇌에 상처를 입어 눈으로 그 상처를 볼 수 없는 경우, 가해를 한 사람에게 책임을 물리는 경우는 거의 없다. 마찬가지로 의학은 괴롭힘과 학대로 상처받은 몸을 치유하겠다고 나서지만 괴롭힘과 학대로 상처받은 뇌를 치유하는 경우는 (전혀) 없다.

괴롭힘의 패러다임은 너무 깊게 뿌리박혀 있어서 30년간의 신경과학 연구에도 여전히 우리는 뇌가 치유 불가능한 지경에 이를 때까지 이를 무시한다. 메르체니치는 뇌가 처참하게 망가져야 의료 전문진이 달려들지만 그때는 이미 늦다고 안타까워한다. 이것은 마치 자신의 뇌를 무시하고 내팽개치는 것과 같은데, 문제는 이런 현상이 우리 사회에서 흔히 일어난다는 것이다. 괴롭힘의 패러다임은 사람들을 캐리커처로 전락시킨다. 우리는 뇌 역량의 최고 정점이 복종이라고 믿도록 훈련되어 그 이상의 수준은 바라지도 못하는 것 같다. 우리는 어릴 때 겪은 역경으로 인해 자신이 가진 뛰어난 잠재력을 그냥 흘려버린다. 어릴 때 뇌에 입은 상처 때문에 자신의 건강을 망치고 있는 것이다. 하지만 상처를 입힌 어른들은 그들 자신의 역경을 다음 세대에 전하지 않도록 치료를 받기는커녕 책임을 지는 법이 없다. 이는 전염병이자 풍토병이라 뇌 건강 계획을 세워 실행할 수 있도록 우리 모두 빨리 인식할 필요가 있다. 무엇보다 건강하지 못한 행위에 케케묵은 도덕적 용어를 붙이지 말고 의학적 진단을 내려야 한다.

펠리티는 충격적인 연구 결과를 통해 비만은 죄가 아니라는 사실을 깨달았다. 비만은 폭식에 빠진, 전형적인 도덕적 낙오자로 찍히는 결함 있는 인격의 문제가 아니었다. 괴롭힘의 패러다임은 비만한 사람에게 창피를 주며 비난하는 데 주저함이 없다. 펠리티는 이런 비판은 한물갔고 맞지도 않다는 것을 깨달았다. 대부분의 경우, 비만은 학대받은 환자 관점에서 자신을 안전하게 지키려는 의식적 또는 무의식적 선택이었다. 어린 시절 강간을 당한 한 여성은 자신을 해칠지도 모를 사람들에게 메시지를 보내고 싶었다. 폭력이 난무하는 동네에 살았던 한 남자는 남이 공격하지 못하도록 몸집을 거대하게 키우고 싶었다. 펠리티는 "이런 정보를 꺼려하는 사회적 금기"를 뿌리치고, 아동기 학대와 성인이 된 환자들의 건강 문제에 서로 상관관계가 있다는 연구 결과를 발표하기로 용기 있는 결정을 내렸다.

펠리티와 앤더가 뇌와 몸이 서로 무관하다고 보는 케케묵은 의학 모델을 교체하는 동안, 교육계에서는 신경학자 안토니오 다마지오 Antonio Damasio가 이들의 연구 결과를 뒷받침할 연구에 착수하는 중이었다. 1995년에 다마지오는 17세기 르네 데카르트가 "나는 생각한다, 고로 나는 존재한다"라고 선언한 이후, 인간을 지배해온 잘못된 이분법적 사고에 의문을 던졌다. 데카르트는 인간의 인지 기능, 이

성, 합리적인 마음에 초점을 맞춘 꽤 영향력 있는 패러다임을 제안하면서, 줄곧 인간의 정서적 기능, 감정, 체화된 지능은 무시했다. 다마지오는 스스로 데카르트의 오류라고 명명한 이런 모순을 인식하면서, 뇌가 생각의 세계에 국한되지 않는다는 새로운 패러다임 안에서 연구를 시작했다. 뇌는 몸의 감정에 의존하여 합리적 결정을 내리며 몸에 없어서는 안 되는, 몸과 연결된 분리할 수 없는 기관이다. 다마지오는 뇌에 상처를 입어 자신의 정서에 접근할 수 없는 환자는 합리적인 결정을 내릴 수 없다는 사실을 발견했다. 그는 뇌와 몸의 분리는 그릇되고 인위적인 것임을 깨달았다.[13]

아동기 학대와 중년기 만성질환이 서로 연관되어 있다는 사실을 무수히 많은 사례에서 확인한 후, 펠리티는 패러다임의 변화를 촉구하기 위한 작전에 돌입했다. 그는 마음과 몸을 분리해 생각하는 것이 잘못된 것임을 확인했고, 의사가 위기 상황에서 환자의 신체질환만 진단하고 수술, 약물 또는 이외의 다른 처방을 내놓는 케케묵은 의료 과학 체계에 문제를 제기했다. 그는 이런 식으로 환자를 진단하는 방식은 사람들이 신체질환 및 고통의 원인, 즉 환자를 그 지경까지 몰고 간 학대 전력에 대해서는 알고 싶어 하지 않기 때문에 "사회적 규약과 금기를 통해 잘 유지된다"고 지적한다. 펠리티는 학대와 트라우마에 관해 묻지 않고 환자에게 접근하는 의사는 "문제의 아주 작은 부분에만 얽매여 있다"고 설명한다. 이들은 뇌를 무시하면서 몸을 치료하는 약만 처방하는 지하 격납고에 안전하고도 편안하게 갇혀 있으면 된다. 이런 현상이 바로 헬렌 라이스가 말하는 하류 의학으로, 이런 의료는 병의 원인을 찾고 이를 막기 위해 노력하기보다 그저 병을 치료하기에 급급하다. 펠리티 역시 동일한 용어로 우려를 표하면서, 의료계가 아동기 학대를 예방하는 대신 "저 하류에서 벌어지는 3차 피해"만 치료한다고 주장한다.[14]

뇌의 황금기 잠재력을 되찾는 법

중세 시대에 교육받은 지성인은 연금술을 통한 기적 같은 변화를 믿었다. 이들은 일반 금속 또는 비천 금속base metal* 물질을 금으로 바꿀 수 있다고 믿었다. 펠리티는 비참한 질문을 던진다. "어떻게 사람이 역방향의 연금술을 부리기에, 거의 무한한 잠재력을 가지고 태어난 신생아가 병으로 찌든 우울한 어른으로 바뀐단 말인가. 일단 자신의 뇌가 아동기 학대로 인해 신경학적 상처를 입었다는 것을 인지했다면, 이제 초점을 상처를 치유하고 건강을 회복하는 쪽으로 바꾸면 된다. 펠리티가 말한 역방향의 연금술을 다시 바꿀 필요가 있는 것이다. 우리 뇌의 일부가 부정적 아동기 경험 때문에 납으로 바뀌었다면, 이 비천 금속을 원래의 금으로 다시 되돌리지 못

＊　　귀금속의 상대어로 공기 중에서 쉽게 산화하는 금속.

할 이유도 없지 않은가.

펠리티는 "이런 연구 결과가 의료 실태와 사회에 어떤 점을 시사할까?"라는 의문을 던진다. 그는 앤더와 함께 실시한 대규모 연구 프로젝트의 중요성을 다음과 같이 요약한다. "우리는 분명 부정적 아동기 경험이 흔하게 일어나고 파괴적인 결과를 가져온다는 것을 보여주었다. 부정적 아동기 경험과 그것이 초래하는 파괴적인 결과는 건강과 웰빙을 결정하는 가장 중요한 요소는 아닐지라도 그중 하나로 손꼽힐 것이다." 여기서 중요한 것은 만약 부정적 아동기 경험이 건강과 웰빙을 결정하는 중요한 요소라면, 이를 치유하는 것은 우리에게 달려 있다는 것이다. 우리 뇌가 피해를 입어 마음-뇌-몸이 분열되고 서로 어긋난다면, 뇌의 명령 중추에 의존해서 이를 바꿀 수 있다. 아동기의 학대 경험은 흔하다. 피해자는 수치심으로 가득 차 자신이 공동체에 속하지 못하는 이방인 같다고 느끼는 경우가 많지만, 그렇지 않다. 그것은 괴롭힘의 패러다임을 떠받치는 또 하나의 신화에 불과하다. 어릴 때 학대를 받았다면 자신은 대다수 집단에 속해 있는 것이다. 고통을 겪는 사람들로 이루어진 거대한 네트워크 안에서 서로 도와가며 뇌에 생긴 상처를 치료할 수 있다.

앤더는 아동기 학대에서 발생하는 비용이 암이나 심장 질환을 치료하는 데 드는 비용을 초과한다고 말하면서 "미국에서 아동 학대를 근절하면 우울증 발생 비율은 절반 이하로, 알코올의존증은

3분의 2로, 자살과 마약, 가정 폭력은 4분의 3으로 줄어들 것"이라고 추정한다. 그는 "아동 학대 근절로 근무 실적이 극적으로 개선되고 감옥에 투옥되는 수감자 수도 대폭 감소할 것"이라고 결론짓는다.[15] 우리는 암을 치료하고 심장 질환 예방을 교육하는 데 자원을 쏟아붓고 뛰어난 지성을 발휘하면서, 아동기 학대를 근절하지는 못한다. 이 시점에서 시급한 질문은 바로 "역방향의 연금술을 되돌릴 수 있는가?"다. 메르체니치와 토론을 하면서 나는 이 문제에 대한 대답이 두말없이 '그렇다'임을 알았다. 우리 뇌는 훈련을 통해 온전하고 건강하게, 황금기의 잠재력을 가진 상태로 다시 돌아갈 수 있다.[16]

뇌에 생긴 다양한 트라우마를 예방하는 방법에 관한 메르체니치의 원고에서 한 부분이 유독 두드러지게 다가왔다. 어떻게 뇌가 망가질 수 있는지 설명하는 부분이었다. 메르체니치는 실험실에서 특정 방법을 통해 뇌를 형편없이 망가뜨리는 것이 가능하다고 설명한다. 끔찍한 공상과학소설처럼 들릴지 모르지만, 신경가소성에 관한 지식으로 잘 무장한 과학자들은 뇌를 특정 방향으로 훈련시켜 "오른쪽 다리를 기능적으로 사용하지 못하게 만들거나" "손을 쓸모없는 갈고리처럼 만들거나" "말하거나 쓰거나 생각하는 것을 이해하는 인지력을 파괴"할 수 있다는 것이다. 정말 충격적으로 다가온 부분은 과학자들이 목표 훈련 방식을 통해 피실험자를 "(본인이 원할 경우) 자살로 이끄는 우울의 깊은 늪으로 빠뜨릴" 수도 있다는 내용이

었다.[17]

메르체니치가 한 질문은 다음과 같다. "뇌 기능과 유기적 뇌 건강의 서로 다른 물리적·기능적 지표 중 집중적이고 점진적인 뇌 훈련을 통해 극복할 수 있는 것들이 얼마나 있을까?" 연구 결과 "모든 지표가 비교적 간단한 형식의 훈련을 통해 회복되었다"는 답이 나왔다.[18] 메르체니치는 40년 동안의 신경가소성 연구를 통해 뇌는 심각하게 상하고, 다치고, 엉망이 될 수 있지만, 적절한 훈련으로 피해를 입은 뇌를 건강하게 복구할 수 있다는 것을 밝혀냈다. 트라우마를 겪은 뇌도 대상이 될 수 있으며 심지어 전보다 더 강하게 회복될 수 있다.

메르체니치는 30년 동안 괴롭힘의 패러다임을 과학적으로 돌파했으면서도 계속 놀라움을 금치 못한다. 우리가 이해해야 할 중요한 사항은 그가 신경가소성의 긍정적인 방향과 부정적인 방향, 양쪽 모두에 대해 놀라움을 표시한다는 것이다. 뇌는 학대로 인해 변하고 그 기능이 떨어질 수 있지만 훈련을 통해 건강을 되찾을 수도 있다. 메르체니치가 2016년 카블리상을 수상한 것은 망가져 가는 뇌에 관한 연구 때문이 아니라 뇌의 건강을 되찾는 방법을 알아냈기 때문이다.

메르체니치는 뇌와 몸의 건강이 인과관계로 얽혀 있음을 독자들이 이해해야 한다고 말한다. "뇌는 자율 신경계와 호르몬 조절에서 핵심 역할을 합니다. 이런 과정은 면역반응의 강도와 조절에 영향을 끼칩니다." 좀 더 간단히 말해, 뇌와 몸은 서로 불가분의 관계에 있기 때문에 뇌가 몸의 건강을 지배하는 것이다. 건강한 뇌는 숱한 도전에 대처함은 물론, 신체 기관의 항상성과 최적의 기능 및 균형을 유지하면서 면역계의 힘에 공헌한다. 반면 건강하지 못한 뇌, 즉 손상된 뇌는 신체를 건강하게 유지하는 것을 힘겨워한다. 메르체니치는 "장수하는 사람들이 보통 수명을 다 하는 날까지 건강한 뇌를 유지하는 현상은 결코 우연이 아니다"라는 사실을 입증한다.[19]

어떻게 하면 우리가 수명을 다하는 날까지 건강한 뇌를 가질 수 있을까? 메르체니치는 자신이 독이라고 표현하는 뇌 소음을 잠재우고 건강한 뇌를 만들기 위해 누구나 쉽게 접근할 수 있는 온라인 뇌 훈련 프로그램을 개발했다.[20] 이 프로그램은 1백 건 이상의 동료 평가 연구를 걸쳐 발표되었으며, 인생의 어떤 시기에서도 뇌 건강을 획기적으로 개선할 수 있다. 이 훈련을 통해 노화와 관련된 뇌위축을 예방할 수 있고, 괴롭힘과 학대에서 비롯되는 트라우마로 인한 상처를 치유할 수 있다.

이 프로그램은 아주 저렴한 비용으로 brainHQ 홈페이지에서 이용할 수 있다. 이런 뇌 훈련이나 운동은 우리 뇌를 '자살의 우울한 늪'에서 빠져나오도록 도와주는 것은 물론 노화하면서 자연스럽게 발생하고 결국 일부 사람들에게 알츠하이머병으로 발현되는, 서서히 일어나는 뇌 기능 저하도 막을 수 있는 것으로 입증되었다. 여기에서 끊임없이 떠오르는 질문은 바로 이것이다. "이런 신경가소성 프로그램을 아는 사람은 왜 극소수일까? 우리가 자신의 뇌를 이렇게 모르고 신경과학자가 개발한 치유책에 이렇게 무지한데 어떻게 엘런 같은 학대 피해자를 도울 수 있을까?" 더 나아가 "엘런을 담당한 전문 의료진처럼, 왜 정신건강 의료진은 뇌 치료를 위해 신경과학자들이 개발한 증거 기반의 프로그램을 모르는 것일까?" 우리 뇌가 유연하게 연결되었음을 입증한 메르체니치의 40년간의 획기적 연구는 남과 공감하는 그의 유연한 마음에서 시작되었다. 그는 엘런의 자살 이야기를 들은 후 내게 이런 메시지를 보냈다. "우리 사이에 일어나는 그 많은 갈등의 진정한 원인을 이해하고, **고군분투하는 사람들에게 도움을 줄 수 있다는 사실을 알면서도** 이들을 도와주지 않고 손 놓고 있다는 것은 얼마나 잔인한 일입니까?"[21]

내 목표는 비난하고 창피를 주는 것이 아니다. 우리 사회와 의료 전문진과 정신건강 전문가 집단이 신경과학의 돌파구를 이용하기는커녕 약을 처방하는 데만 급급한 한물간 패러다임의 틀에 얼마나 답답하게 갇혀 있는지 지적하는 것이다. 지난 2년간, 메르체니치와 포짓 사이언스 연구진은 사람만큼 빨리 대처할 수 있는, 비싸지 않고 사용이 쉬운 도우미 프로그램을 연구했다. 이들은 지구 전역에서 뇌 훈련 도우미를 신속하게 구현할 수 있도록 이 프로그램을 다른 언어로 옮기고 기술을 전파하려는 노력을 하고 있다.

메르체니치는 자신의 뇌 훈련 프로그램을 어린아이들에게 맞게 바꿔 '더 강한 뇌(www.strongerbrains.org)'라는 이름의 아동용 훈련 프로그램을 개발했다. 그는 웬디 헤이그Wendy Haigh와 함께 비영리 프로그램을 이끌고 있다. 호주에서 활동하는 헤이그는 치료를 감당할 경제적 여건이 되는 가정의 자녀들뿐 아니라 모든 아이를 돕는 데 일평생 매진하며 뇌 훈련을 통해 아주 심한 트라우마 상처를 가지고 있는 아이들의 건강 회복을 지원하는 포괄적 프로그램을 구축해 왔다. 2019년 영국의료협회 전직 회장이자 어린이를 위한 국립임상센터 초대 소장인 알 앤슬리-그린Al Ansley-Green은 다음과 같이 말했다. "메르체니치와 헤이그가 착수한 새로운 노력은 망가진 뇌 회로를 새로운 뇌 자극 방식으로 되돌릴 수 있음을 보여주며, 나는 이 프로그램을 오늘날 신경과학 발달에서 가장 중요하고 흥미로운 기회로 본다."[22] 모든 사람의 삶의 질을 높이기 위해 신경가소성 지식을 적용하겠다는 메르체니치의 확고한 약속은 모든 아이에게, 특히 이들의 뇌가 트라우마로 인해 위험에 처해 있을 때 적절한 가격의 치료와 훈련 방법을 제공해서 이들의 뇌 기능을 최적화하겠다는 헤이그의 신념과 딱 맞아떨어진다.

나는 헤이그에게 보이지 않는 뇌에 생긴 상처 치유를 위해 아이들이 이용할 수 있는 프로그램을 직접 안내해 달라고 부탁했다. 헤이그와 이야기를 나누니 안도감이 느껴졌다. 지구 반대편에 살고 있지만 마치 동족을 만난 것 같은 느낌이 들었다. ACE 연구 결과에 대해 헤이그는 이제 바로 조치를 취해야 한다고 대답했다. "온갖 종류의 꼬리표가 붙은 아이들이 있습니다. 우리는 모든 아이를 받습니다. 모든 뇌를요. 이 아이들에게 뇌가 있다면 우리는 이 뇌를 튼튼하게 만들 수 있어야 합니다. 다리를 튼튼하게 만들 수 있는 것처럼 말입니다." 헤이그가 이야기하는 더 강한 뇌 프로그램의 접근 방식은 증거 기반이라 무척 고무적이었다. 그가 표명하는 명쾌함은 놀라울 정도다. 괴롭힘의 패러다임은 만연한 아동 학대를 근절시키는 일이 너무나 복잡하고 이루어질 가능성도 없다며 체념하게 한다. 하지만 헤이그의 말을 들으면 희망이 보인다.

그가 말하는 모든 것은 성인에게도 다 적용된다. 단 성인은 아이들보다 스스로 뇌 훈련을 할 수 있는 역량이 훨씬 높다. 헤이그는 문제는 커지는데 아이들의 치료 성과는 점점 나빠지고 있다는 점을 인정한다. 사실 더 강한 뇌 프로그램을 통해 학생들의 뇌 건강을 평가해보니 아이들 중 약 절반이 뇌 훈련을 필요로 하는 것으로 나타났다. "예컨대 아동 두 명당 한 명은 작업 기억 수준이 낮아 수학 같은 과목에서 상당한 어려움을 느낍니다." 하지만 이런 어려움은 아무것도 아니라는 듯 헤이그는 눈을 반짝인다. "좋은 소식은 우리가 뇌를 상당 수준 치유할 수 있다는 것이고, 정말 보람 있는 일은 기저 선이 아주 낮거나 상당히 심각한 트라우마를 앓고 있는 아동같이 치료와 훈련이 절실히 필요한 아이에게는 아주 큰 효과가 나타난다는 점입니다."

6단계: 뇌의 잠재력을 되찾아라

헤이그는 성인은 메르체니치의 브레인HQ 사이트에서 스스로 뇌 훈련을 할 수 있지만, 트라우마를 겪은 아이는 이와 같은 방식으로 '더 강한 뇌' 온라인 프로그램에 참여할 수 없다고 말한다. 헤이그와 동료 연구진은 트라우마를 겪은 아이들이 집중을 힘들어 하며, 뇌 훈련을 시작할 정도의 안정감을 찾지 못 하는 경우가 태반이라는 것을 알아냈다. 그들의 말에 따르면 프로그램은 "제대로 적용하지 않으면 효과가 없다. 이것은 빠른 처방이 아니다. 과정을 거쳐야 한다. 몸을 다쳤을 때 전문가의 도움이 필요한 것처럼 뇌도 도움이 필요하다. 프로그램에 참가하는 아이들은 뇌에 상처가 있는 아동이다." 학대로 생긴 트라우마를 외부로 표출하면서 그들의 관계와 명성, 경력을 위험에 빠뜨리는 성인 역시(약물 남용, 자해, 섭식 장애, 자살을 생각해보라) 상처 입은 아이와 똑같은 상태다. 헤이그와 그의 연구진이 더 강한 뇌 프로그램에서 설계한 것은 단지 아이에게만 적용되지 않는다. 트라우마를 겪은 성인도 이 프로그램으로 훈련하면 아동기 때 겪은 역경에서 회복할 수 있다.

더 강한 뇌 프로그램에서는 단지 아이들의 몸만으로 이들의 건강과 웰빙을 가늠하는 것이 아니라 획기적인 방식으로 이들의 뇌도 함께 고려한다. 뇌에 생긴 상처는 육안으로 보이지 않지만 이 프로그램은 이런 상처를 더 중시한다. 아이가 이 프로그램을 시작하려면 우선 많은 지원군이 필요하다. 헤이그는 다음과 같이 설명한다. "우리가 돌보는, 트라우마를 겪은 아이들은 덫에 걸려 제자리걸음을 하고 있습니다. 이런 아이들은 더 강한 뇌 프로그램의 도움을 받아 정서적 뇌의 벽에 사다리를 만들고, 이곳을 빠져나가 이성의 뇌 속으로 들어갑니다. 우리는 이 아이들과 여행하면서 이들을 더 강하고 밝은 곳으로 이끌어주죠. 지금 당장은 아이들이 생존 모드에 있지만요."

더 강한 뇌 프로그램은 멘토 훈련 모델을 사용하는데, 아이들이 친숙한 어른과 함께 훈련할 경우 좀 더 큰 효과를 보기 때문이다. 헤이그는 이런 멘토의 영향을 다음과 같이 설명한다. "멘토가 있으면 아이들은 치료 효과를 빨리 봅니다. 어른은 아이에게 동기를 부여하고 아이의 훈련을 인정하며 노력과 성취를 보상해주는 멘토의 역할을 하죠."

헤이그는 멘토 훈련 모델을 실행할 때 멘토 역할을 하는 부모나 교사가 아이들의 뇌 집행 기능이 어떻게 망가졌는지, 왜 정보를 처리하느라 힘들어 하고 남보다 뒤처지는지 확실히 알아야 한다고 강조한다. "이런 아이들은 정보를 빠르게 처리할 수 없습니다. 멘토는 그 이유를 알아야 하고, *왜* 아이들이 이런 상태가 되었는지 이해하기 위해 훈련을 받아야 합니다. 새로운 신경망을 구축해서 뇌를 신경학적 정상 상태로 복구하는 것은 힘들고 느린 과정이기 때문에 부모와 교사는 공감하고 인내하며 이들을 이해해야 합니다." 뇌를 건강하게 회복시키는 데는 보통 1년 미만의 시간이 걸린다. 더 강한 뇌 프로그램으로 매일 30분 동안 훈련하면 지속적인 변화를 거듭해서 볼 수 있다.

일단 아이들이 차분해지고 동기부여가 되면 뇌 훈련이 본격적으로 시작된다. 트라우마가 얼마나 심각한지에 따라 때로 한 아이가 집중할 수 있는 시간은 5분밖에 되지 않는다. 시간이 지나면서 아이의 집중력과 몰입도는 서서히, 하지만 확실히 향상되고, 나중에는 30분까지 그 시간이 늘어난다. 처음 훈련을 시작했을 때 집중할 수 있는 시간이 5분이라면 충분히 그럴 수 있고 이것도 칭찬받을 만하다는 점을 기억하라. 여유를 갖고 서서히 신경의 힘을 구축하라. 메르체니치의 브레인HQ 사이트에서는 자기 자신만의 '개인 신경가소성 계획'을 세워 실행할 수 있으며, 본인이 어떤 상태에 있든 프로그램을 본인에 맞게 구축할 수 있다. 우리 뇌의 어떤 부위는 상당히 강하지만, 훈련이 필요한 부위도 있다.

더 강한 뇌 프로그램은 아이들을 생존 모드에서 끌어내어 뇌 건강과 행복을 되찾게 해준다. 우선 아이들은 신경 교육을 시작으로 메르체니치가 설계한 뇌 건강 과정을 배운다. 핵심 메시지는 아이들에게는 잠재력이 가득한 고유의 뇌가 있고, 스스로 뇌를 더 강하게 만들어 "자신의 배를 운항하는 훌륭한 선장"이 될 수 있다는 것이다. 헤이그에 따르면 아이들이 노력을 통해 자신의 선장인 전전두엽 피질을 강화할 수 있다는 사실을 깨닫게 되면 "전구에 불이 켜지는 순간"을 경험한다. 바로 이 순간 아이들은 희망이 없거나 무기력하지 않다는 것을 알게 되고, 더 강한 뇌 프로그램에 자신들의 어려움을 해결하고 뇌를 강화할 방법이 있다는 것을 깨닫는다.

일단 아이들이 자신을 믿으면 그다음 단계는 이들의 뇌를 진정시키는 것이다(개인화된 강화 계획). 일단 뇌가 진정되면 아이들은 프로그램의 다음 단계인 뇌 훈련에 집중할 수 있고, 이 과정에서 새로운 신경 통로를 구축하게 된다(개인적인 신경가소성 계획). 더 강한 뇌 프로그램은 메르체니치와 그의 팀이 개발한 과학적인 평가 방식을 적용하여 아이나 청소년의 신경학적 약점을 측정한다. 측정이 끝나면 각각의 뇌마다 다른, 게임 형태의 집중 훈련을 통해 뇌의 약점을 공략한다. 이 뇌 훈련을 통해 아이들은 오랜 기간 지속된 신경학적 결함도 극복할 수 있다. 헤이그는 자신의 연구 팀과 함께 지속적으로 훈련 효과를 추적하여 목표로 한 신경학적 변화가 이루어지고 신경학적 건강이 회복되도록 만반을 기한다. 헤이그는 메르체니치와 꿈을 서로 공유한다.

우리의 미래 비전은 다리를 다친 아이들이 치료를 받듯이 학교에 다니는 모든 아이에게 정기적으로 뇌 검사를 실시하여 뇌 기능 향상을 위한 실질적인 도움과 치유책을 제공하는 것입니다. 우리가 관리하는 한 학교는 이미 학생 전체를 대상으로 뇌 훈련 프로그램을 실시하고 있고, 부모와 학생 모두를 위해 우리 서비스를 현장 건강 서비스 등 다른 서비스와 통합해서 제공하고 있습니다.

이런 신경과학적인 접근 방식은 학교가 아닌 의사의 진료실이나 과학 실험실에서 진행되는 것처럼 느껴진다. 학교에서 괴롭힘의 패러다임은 사람들을 꼬드겨 그들이 인격을 놓고 인정사정없는 전투를 벌이고 있다고 몰아가는데 말이다. 과학 기반의 접근 방식은 우리를 괴롭힘의 패러다임의 신전에서 빠져나오도록 이끌어주는 반면, 이 신전을 지배하는 괴롭힘의 패러다임은 우리가 영혼을 쟁탈하는 싸움에 참여하고 있다고 설득하려고 한다. 오해는 말라. 인격과 영혼은 싸워서 쟁취할 가치가 있지만, 개인의 건강과 웰빙을 평가하는 문제에서는 과학의 언어를 포함하는 것이 이에 못지않게 중요하다.

헤이그는 더 강한 뇌 프로그램이 학생들이 즐기는 기쁨의 장소라고 강조한다. 그는 한 남학생에 관한 이야기를 꺼냈다. 우울증이 심해서 세상과 등진 상태로 이 프로그램을 시작한 학생이었다. 이 학생은 학교를 자퇴하고 공부를 그만둔 상태였는데, 더 강한 뇌 프로그램에 참여하기 위해 집에서 매일 왕복 4시간 거리를 오갔다. 그는 "매일 아침 일찍 도착해 식사를 못 하고 오는 학급 친구를 위해 아침 식사를 준비했어요. 그리고 오후까지 남아 인터뷰나 그 밖에 끝마쳐야 할 일을 도왔죠." 헤이그는 얼굴을 환하게 밝히며 "이 학생은 저에게 기쁨이었어요"라고 말한다.

더 강한 뇌 프로그램은 학교, 대학, 감옥에서 성공적으로 진행되었다. 고용 서비스 시장과 장애인 시설, 입양 서비스 시설에서도 성공적으로 구현되었다. 헤이그는 더 강한 뇌 프로그램이 "시도하고 시험해보고 배우라"는 운동의 일환으로 퀸즐랜드대학과 멜버른대학을 통해 호주 정부의 평가를 받았다는 사실을 말해주었다. 이 운동은 장기 실직의 우려가 높은 청년들의 복지 재정 의존도를 줄이기 위해 혁신적인 방법을 모색한 선구적인 연구였다. 그는 "많은 나라에서 복지 예산은 규모가 크면서 빠른 속도로 증가하는 지출 분야이자 고갈될 수 있는 영역이기 때문에, 호주 정부가 게임 체인저를 모색하고 있었다"고 하면서 "더 강한 뇌 프로그램은 성공할 경우 국가적으로 그 시행 범위를 확대할 잠재력을 지닌 게임 체인저로 평가되었다"고 설명한다. 헤이그와 그의 연구 팀은 '뇌를 다시 연결하라'는 프로그램을 진행했고, 이 프로그램은 교육과 정신건강 분야에서, 그리고 고용 시장에서 장기 실직의 우려가 높다고 판단된 수백 명의 청년에 성공적으로 시행되어 통계적으로 중요한 성과를 보여주었다. 이제 헤이그와 메르체니치가 왜 더 강한 뇌 프로그램을 진행하는 것이 우리 시대 제1의 도덕적·사회적·재정적 책무라고 하는지 이해할 수 있을 것이다.[23]

더 강한 뇌 프로그램을 중심으로 구축되고 있는 메르체니치와 헤이그의 신경 커뮤니티를 보면 펠리티와 앤더 박사가 전율을 느끼지 않을까? ACE 연구를 통해 학대가 뇌에 얼마나 많은 상처를 주는지 드러났다면, 더 강한 뇌 프로그램은 역방향의 연금술이 그 자체로 다시 뒤집어질 수 있음을 보여준다. 뇌는 상처를 치유하고 황금기의 건강 잠재력을 회복할 *수 있다.* 하지만 우리 뇌는 부정성 편향negativity bias을 가지고 있어 역경의 경험을 좋은 기억보다 훨씬 깊이, 지울 수 없게 새긴다. 때문에 우리는 힘겨운 싸움을 벌여야 한다.

신경과학자 릭 한슨은 우리 뇌가 "나쁜 경험에 벨크로처럼" 달라붙는다고 비유한다. 우리 뇌는 나쁜 경험에 집착한다. 동시에 우리 뇌는 좋은 경험에 "테플론 코팅"처럼 반응한다.[24] 좋은 경험은 그냥 미끄러져 사라진다. 한슨은 이런 신경학적 사실에 기죽지 않는다. 행복을 우리 뇌에 강하게 연결할 수 있는 방법을 연구하는 한슨은 헤이그와 메르체니치의 아동 구출 노력을 떠받치는 '*안전, 만족, 연결*'이라는 세 기둥으로 우리가 상처를 치유할 수 있다는 것을 보여준다.[25] 이들 기둥은 과학적으로 입증된 뇌 훈련을 지지한다는 점에서 더 강한 뇌 프로그램을 다른 것과 차별화한다. 뇌 훈련의 치유력이 아직 널리 파급되지 못한 세상에서 나는 모든 피해자, 모든 교사, 모든 부모, 특히 모든 아이와 함께 이 중요한 정보를 공유할 희망과 갈망이 믿을 수 없을 정도로 솟구치는 것을 느꼈다. 연금술은 진짜다. 우리의 황금기 잠재력은 우리가 뇌와 함께 협업하기를 기다리고 있을 뿐이다.

헤이그와 이야기를 나누면서 더 강한 뇌 프로그램이 가진 변신의 힘에 관해 자세히 알았지만, 안타깝게도 나는 여전히 마음속 가해자에게서 방해 공작을 받고 있었다. 나는 나 자신을 진정 믿지 못한다는 고통스러운 진실과 마주하게 되었다. 나의 뇌를 강화하겠다는 목표를 이룰 수 있을 것 같지가 않았다. 뭔가 나를 가로막는 것이 있었고, 뭔가 잘못된 것이 있었다. 고통스러울 것이라는 건 알았지만, 나는 용기와 결단력을 가지고 10대 때 세 명의 교사에게 겪은 반복적인 학대의 기억으로 돌아가야 했다. 나의 제자 엘런처럼 나 역시 성추행당하고 성적인 그루밍을 당했으며 성적인 압력을 받았다. 몽고메리와 마찬가지로 선생의 성추행에 저항하고 이들의 성적 접근을 거부하면서 나는 무자비한 모욕의 대상이 되었다. 더 강하고, 더 건강하고, 더 행복한 뇌를 만들기 위해서는 나는 우선 이 사건과 맞서야 했다.

7

괴롭힘과 학대가 가하는 세뇌

1973년 탈옥수 얀-에릭 올손은 장전된 기관단총을 가지고 스웨덴 스톡홀름에 위치한 은행 크레디트방크에 걸어 들어갔다. 들어간 즉시 천장에 대고 총 한 발을 발사하니 "콘크리트와 유리 파편이 우르르" 쏟아져 내렸다.[1] 그는 이어서 은행 직원 비르기타 룬드블라드를 묶고, 창구 직원 크리스틴 엔마르크의 손목과 발목을 결박했다. 올손은 다른 직원을 시켜 현금 출납원 엘리사베트 올드그렌을 묶도록 했다. 나머지 사람들이 은행을 탈출하는 사이 올손은 경찰에게 칼마르교도소에서 시간을 함께 보냈던 동료 죄수 클라르크 올라프손을 보내달라고 요구했다. 경찰 쪽 협상자는 올손에게 인질과 클라르크를 교환하자고 제안했다. 올손은 이에 격분해 "엘리사베트의 목을 움켜잡고 기관총을 그의 갈비뼈에 쑤셔 넣었다."

올손의 요구에 호출된 클라르크는 오후에 도착했고 이후 은행을 둘러보다 젊은 은행 직원이 창고에 숨어 있는 것을 발견했다. 스벤 사프스트롬은 네 번째 인질이 되었다. 올손은 클라르크와 인질을 "폐쇄적이고 억압적인 분위기"의 은행 금고실에 숨겨놓기로 했다. 그런데 엘리사베트가 올손에게 자신은 폐소공포증이 있다고 이야기했다. 올손은 9미터 정도 길이의 밧줄을 엘리사베트 목에 걸었고 그 상태로 엘리사베트가 걸어 다니도록 했다. 엘리사베트는 후에 이렇게 토로했다. "올손이 밧줄을 쥐고 있어 멀리 갈 수는 없었지만 자유를 느꼈어요. 금고실을 나가게 해줘서 그가 정말 친절하다고 생각한 기억이 나요."

목에 밧줄을 건 사람이 자유를 느낀다니. 다른 사람과 함께 갇혔지만 숨 막히는 방에서 나갈 수 있었던 이 사람은 "정말 친절한" 인질범에 감동한다. 상황이 이상하게 역전되고 있다. 올손의 친절에 감동한 사람은 엘리사베트뿐만이 아니었다. 금고실을 나와 화장실에 가도 좋다는 허락을 받은 크리스틴은 바로 가까이에 경찰이 숨어 있는 것을 발견했다. 경찰관 한 명이 크리스틴에게 인질범이 몇 명을 붙잡아 두고 있는지 귓속말로 물었다. 크리스틴은 "손가락으로 알려줬다"고 말하며 "왠지 모르지만 반역자 같은 느낌이 들었다"고 답했다. 다시 한번 상황의 역전이 보인다. 경찰에게 정보를 제공한 인질은 마치 인질범을 *배반하는* 것 같은 느낌을 받는다. 추운 밤, 엘리사베트는 한기를 느꼈고 올손은 그의 어깨에 자기 코트를 둘러주었다. 한 인터뷰에서 엘리사베트는 올손을 가리켜 "잔혹함과 부드러움이 합쳐진 사람"으로 묘사한다. "오직 하루, 그의 코트의 온기를 느끼며 그라는 사람을 알았지만, 그는 분명 평생 그렇게 살았을 거예요." 엘리사베트는 전형적인 가해자, 즉 지킬 박사와 하이드의 분열된 인격을 묘사하고 있다.

하루하루 시간이 지나자 경찰 본부장은 인질이 정말 살아 있고 다치지 않았는지 확인하기 위해 이들을 보자고 요구했다. 올손은 이에 응했는데, 본부장은 인질들이 인질범이 *아닌* 자신에게 "적개심을 보인다"는 것을 알고 당황했다. 인질들은 인질범에게 편안함과 친근감을 느끼는 것 같았으며 심지어 편안한 동지애를 드러내기까지 했다. 본부장은 그의 보좌관에게 이 사실을 알리면서 자신은 "미스터리와 마주했으며, 미스터리의 단서가 행여 존재한다고 해도 본인은 그동안 전혀 접해보지 않은 상황이다"라고 말했다. 이후 인질들의 이상한 적응력을 이론화하려는 움직임이 전개되었다. 이런 현상이 정말 미스터리일까? 인질들의 행동을 '이상하다'고 묘사할 수 있을까?

올손이 기관총을 발사했을 때, 인질들의 뇌가 '살아남으려면 힘에 동조해야 한다'는 점을 즉각 인지했다는 것은 지극히 당연한 현상이다. 누군가 예측 및 통제 불가능하고 위협적이고 공격적일수록 사람들이 이들의 힘에 굴복할 가능성이 커진다. 크레디트방크 이야기는 극단적인 사례지만, 남에게 괴롭힘을 당하는 상황에서 우리 뇌는 위험이 얼마나 큰지 파악해서 설령 가해자에 동조해야 할지라도 가장 안전한 망에 들어가려는 모습을 보여준다. 크레디트방크에 갇힌 인질들의 미러 시스템*은 지나치게 과열 모드로 가 있었기 때문에 공포를 가하는 인질범의 감정, 생각, 의도 하나하나가 인질들의 뇌에는 큰 걱정거리로 작용했을 것이다. 올손이 기관총을 처음 발사했을 때, 비르기타는 자신에게 중요한 것은 오로지 "그의 다음 행동이었다"고 말한다. 경찰 본부장의 인질 점검은 인질들이 예측 불가능하고 치명적인 위협을 가하는 인질범에게 잡혀 있는 상황에서 이들을 위험에 빠뜨리는 행동이었다.

인질들이 석방 후 가진 인터뷰에서 그들의 상충된 감정을 어떻게 표현했는지 들어보자.

> 은행 강도(올손)는 카페인 정제를 섭으면서 처음보다 더 변덕스럽게 행동했다. 엘리사베트가 보기에 올손은 부드러워 보이다가 잔혹성을 드러내는 등 오락가락하다가 급기야는 이 두 기분이 극단적으로 치닫는 양상을 드러냈다. 크리스틴은 문이 닫히는 순간 죽음의 공포가 날카롭게 후벼드는 것 같았다고 말했다. 크리스틴의 말을 더 들어보자. "이런 일이 일어나리라고는 상상도 해본 적이 없어요. 죽음에 이렇게 가까이 다가가 본 적은 한 번도 없었죠. 얀에게 인질로 잡힌 순간부터 그가 저를 갑자기 죽일지도 모른다는 생각에 두려웠지만, 이제 두려운 대상은 경찰이었고, 수상과 이야

---

* 상대방의 행동이나 비언어적 반응에 거울처럼 반응하는 현상. 무의식적 차원에서 상대에게 동질감이 생긴다.

기를 나눴을 때는 훨씬 더 두려운 감정이 들었어요. 절망감이 들었죠. 저는 제 자신에게 물었어요. '이들 중 어느 쪽이 나를 처치하든 무슨 차이가 있을까?' 하고요."

스톡홀름증후군의 심리적 매커니즘

크레디트방크에 갇혀 함께 6일을 보낸 탈옥수와 인질은 '스톡홀름 증후군'이라는 심리학적 현상을 처음 세상에 선보인 장본인들이다. 이 말을 만든 사람은 범죄학자이자 정신과 전문의인 닐스 베예로트 Nils Bejerot다. 그는 올손과 클라르크가 인질을 붙잡아 놓고 6일간 협상을 벌이는 동안 현장에 있던 인물이었다. 베예로트는 어떻게 인질이 인질범에게 동조하고, 심지어 유대감을 보일 수 있는지 설명하기 위해 애썼다. 인질이 석방되고 인질범이 다시 감옥에 수감된후, 〈뉴요커〉의 집필진인 대니얼 랭Daniel Lang은 스톡홀름으로 가서 관계 당사자들을 인터뷰했다. 그의 기사는 이듬해인 1974년 11월 18일자 잡지에 실렸다. 랭은 정신과 전문의들로부터 인질들이 인질범과 유대감을 가지게 된 것은 결코 놀랄 일이 아님을 알게 되었다. 사람들이 '생존 모드 상황'에 처해 있을 때 이런 매커니즘이 활성화된다는 것이다. 랭은 기사에 정신과 전문의들이 해준 이야기를 담으며, 심리학자 안나 프로이트Anna Freud는 이런 반응을 가해자와의 동일시identification with the aggressor라고 부른다고 했고, 또한 이런 현상의 기원을 "인간 존재의 가장 깊은 층까지 거슬러 올라가 사람이 지닌 안전과 질서의 가장 초기 패턴에 관해 무의식적인 기억이 발동되는 것"이라고 했다고 전했다. 심리학에서는 "무의식적으로 기억이 발동되는 것"이라는 말을 쓰지만 신경과학에서는 진화적으로 뇌 신경망이 생존을 위해 연결된다는 말을 쓴다. 생존해야 하는 상황에서 뇌는 안전과 질서의 패턴을 찾지 않는다. 뇌는 치명적인 포식자와 맞서는 상황에서 일종의 본능적인 계획을 세운다. 크레디트방크의 인질들은 당연히 과잉각성 상태에 있었을 것이고, 아드레날린과 코르티솔이 뇌와 몸으로 퍼져나가고 교감신경계가 활성화되면서 싸울지, 도망칠지, 또는 얼어붙은 듯 가만히 있을지 파악하느라 정신없이 머리를 굴렸을 것이다. 인질 시나리오상 인질범에게 총이 있을 경우 가만히 경직되어 있는 것이 최선의 방법이며, 스톡홀름의 인질들은 바로 이 방법을 택했다. 이들은 제자리를 가만히 지켰다. 어떻게든 생존하겠다는 신경학적 기본 충동을 공유하면서 유대감을 쌓았다. 이것은 신비스럽거나 이상한 현상이 아니다. 현명하고 정상적인 행동이다.

제2차 세계대전 이후 독일에서 스웨덴으로 건너온 정신과 전문의 렌나르트 륭베리Lennart Ljungberg는 인질들이 풀려난 후 이들과 이야기를 나누었는데, 살아남기 위해 "스벤을 비롯한 세 명의 젊은 여성이" 탈옥수에게 유대감을 가진 것처럼 "아우슈비츠 수용소의 수감자들도 간수를 좋아하려고 노력했다"고 설명했다. 인질들을 치료한 다른 정신과 전문의 발트라우트 베르그만Waltraut Bergman은 만약 인질들이 인질범에게서 벗어나려 했다면 "이들은 죽음과 혼돈의 공포, 모든 법칙이 소멸할 것이라는 공포에 압도되었을 것"이라고 설명한다. 인질범과 인질이 서로 도를 넘지 않게 지켜주고 이들을 연결하며 심지어 유대감을 느끼게 해준 것은 생존의 법칙이었다. 륭베리는 "그들은 저마다 계속 살 수 있기를 진심으로 원했다"고 평한다. 물론 그들에는 인질범도 포함된다.

크리스틴은 경찰과의 인터뷰에서 본인은 생존할 목적으로 인질범과 의식적으로 유대감을 맺었을 뿐 아니라 이들에게서 "부드러운 면"을 찾으려 애썼다고 말했다. 클라르크와 때때로 손을 잡기도 했다. 크리스틴은 그렇게 하니 "마음에 무한한 안정이 찾아왔다. 나한테 필요한 건 바로 그거였다"라고 경찰에게 말했다. 자신에게 엄청난 위력을 행사하는 사람이 있다면, 그 사람과 좋은 관계를 유지하는 것이 나쁜 생각은 아니다. 성인의 보살핌과 애정, 권위에 의존하고 이들에게서 추천서와 평가 등을 받아야 하는 아동 학대 피해자는 이런 의존성을 이용해 학대 관계를 맺으려는 성인의 덫에 쉽게 걸려든다. 올손이 인질들에게 호의를 보일 때마다 그의 장악력은 세졌다. 스벤은 "그가 우리에게 잘해주었을 때, 우리는 그를 마치 비상사태에서 의지할 수 있는 신처럼 생각했다"고 말했다. 어느덧 인질과 인질범은 미칠 듯이 배가 고파졌고, 올손은 배 세 개를 꺼내 마치 자식에게 먹이를 주는 부모라도 된 것처럼 이를 인질들과 나눠 먹었다. 그의 이런 행동은 인질들에게 더욱 큰 장악력을 행사했고, 인질들은 그를 기쁘게 해주고 싶었다. 학대하는 사람은 부모처럼 나눠주고 사랑해주다 돌연 예측 불가능한 무시무시한 폭군으로 돌변하는 경우가 많다. 크리스틴의 말대로 "신 같은" 인질범에게 느끼는 공포로 인해 인질범과의 유대감을 깨뜨릴 수 있는 사람은 누구든지 적 또는 반역자처럼 느껴진다. 아이들에게 용기를 내 학대를 신고하라고 요청할 때, 또는 성인에게 가정 폭력을 신고하라고 하거나 직장인에게 상사의 만행을 고발하라고 할 때, 이들은 난감해하면서 행동에 옮기지 못하는 경우가 많다. 이때 두려움과 생존하려는 깊은 의지에서 싹튼 반전이 일어난다. 가해자를 저지하려는 경찰, 법, 법정, 언론이 오히려 적이 되는 것이다. 심지어 자기를 사이비 종교에서 빼내려 하거나 가해자에게서 구해내려고 하는 사랑하는 부모님도 적이 될 수 있다.

스벤이 설명하는 심리학적 역전 현상은 피해자에게 덮어씌우는 고질적인 패턴을 이해하는 데 도움이 된다. 인질로 잡혀 있는 게 어떤 느낌이었는지 스벤의 말을 들어보자. "우리 모두는 인질에게 공감했고 그들이 하라는 대로 다 했습니다. 마치 우리가 피해자가 아니라 그들이 우리의 피해자인 듯 행동했어요." 피해자는 가해자에게 동조하고, 가해자는 피해자가 된다. 가해자는 마녀사냥의 대상이 되고 책임을 부인한다. 그들은 언제나 죄 없는 피해자고, 학대한 대상은 든든하게 자신들을 변호해주기 때문이다. 여기에 깜짝 놀랄 만한 반전의 반전이 이어진다.

인질 사태가 지속되면서 경찰의 우려는 갈수록 깊어졌고, 급기야 인질범이 인질을 끌고 밖으로 나오도록 유도하기 위해 금고실에 기절 가스를 투입하기로 했다.

스벤은 전화기를 거머쥐고 다급한 목소리로 소리쳤다. "절대로 가스를 투입하지 마세요." 경찰은 카메라를 재빨리 다시 올려 상황이 어떻게 되고 있는지 확인했다. 인질들은 올가미로 연결되어 있었다. 올손은 클라르크의 도움을 받아 인질들 목에 밧줄을 걸었다. 네 명의 인질은 금고 캐비닛 앞에 서 있었고, 매듭진 밧줄은 캐비닛 서랍 손잡이에 걸려 있었다. 만약 가스가 들어온다면, 인질들이 의식을 잃으면서 교살될 것이라고 올손은 경고했다.

올손은 인질들 목에 매듭을 걸어 이들을 연결한 채 여러 시간 세워두었다. 크리스틴은 이때 "공포감으로 마비가 되었다"고 이야기한다. 그는 생존 본능이 일종의 자살 사고로 바뀌었다고 말하며 그저 공포와 스트레스가 끝나길 간절히 바랐다고 표현했다. "그저 눈을 감았다가 깨어나면 죽든지 살든지 결정되었으면 좋겠더라고요." 크리스틴은 마치 인격이 분열되어 경계선 성격 장애를 앓는 것처럼 보인다. 정반대의 목적을 가진 정반대의 자아, 즉 살 수도 있고 죽을 수도 있는 두 자아로 분열된 것이다. 하지만 견딜 수 없는 스트레스에서 벗어날 수 있다면 그것은 아무 상관이 없다.

경찰은 인질을 구하기 위해 작전을 단행하기로 하고 금고실에 가스를 투입했다. 가스가 금고실에 퍼지자, 올손은 가스로 정신을 잃을 것 같다는 강한 두려움에 재빨리 문을 열었다. 인질들은 마침내 풀려났다. 인질들이 문이 열리자마자 뛰쳐나왔을 거라고 생각하겠지만 이들은 해방되자 다음과 같은 행동을 보였다. "탈옥수와 인질은 출입문을 둘러싸고 서서 돌연 서로 부둥켜 안았고, 여자들은 인질범에게 키스를 했으며, 스벤은 이들과 악수를 했다. 이별이 끝나자 인질 모두는 올손과 클라르크의 인솔하에 금고실에서 걸어나왔다."

극단적인 상황이 6일 동안 지속될 때 이런 미스터리하고 이상한 반전이 일어날 수 있다. 그러나 *수년* 동안 무기력한 포로 상태에 있던 아이들이 모든 권력을 쥔 인질범 위치의 성인에게 학대를 당하고도 이들에게 도리어 충성심을 느낄 때 우리는 여전히 당혹감을 느낀다. 베설 반 데어 콜크는 아이들이 그들 세상의 어른에게 *복종하고* 충성하도록 프로그래밍되어 있다고 설명한다. 따라서 아이들이 성인 가해자에게 "인질로 잡혀" 있으면 인지 부조화와 심리학적 트라우마도 같이 겪을 수 있다. 이런 현상은 스포츠계에서 일어나 선수가 학대를 당연하게 생각하면서 학대하는 코치에게 동조할 수 있으며, 또는 학교에서 일어나 학생이 학대를 당연시하면서 괴롭히

는 교사에 동조할 수도 있다.[2]

크레디트방크 사건을 연구하던 정신과 전문의들은 인질들의 뇌가 혼란을 겪는다는 사실을 발견했다. 물리적으로 안전한 상태로 돌아간 이후에도 이들은 계속 경찰을 적으로 여기고 목숨을 구하게 된 것은 탈옥수 덕분이라 믿고 싶어 했다. 이런 현상은 영국의 엘리트 학교 시스템에 관해 쓴 앨릭스 렌턴의 저서에 잘 나와 있다. 이 책에 따르면 학교에서 학대당한 아이들이 성인이 되면, *자신의* 자녀를 그들이 다녔던 학교에 입학시키는데, 이는 그 학교가 "자기들을 만들었다"고 믿기 때문이다.[3] 인질범에게 유대감을 느끼다 초반의 애착심을 떨쳐버린 엘리사베트는 의사들이 올손과 클라르크를 생각하는 마음을 "세뇌를 통해 지우려" 한다고 비난했다. 그러나 시간이 지나면서 엘리사베트는 악몽을 꾸기 시작했고 당시 갇혀 있던 상황에 강한 두려움을 느끼면서 인질범이 또다시 자기를 가둘지 모른다고 계속 걱정했다.

크레디트방크 사건 이후 정신과 전문의 프랑크 오크베리Frank Ochberg는 스톡홀름증후군의 심리학적 현상에 고무되었다. 우선 그는 FBI 및 런던 경찰국과 실질적 업무 관계를 맺고, 미국 테러 및 무질서 국가 전담반과 공조하면서 인질 사건이 일어날 경우를 대비해 스톡홀름증후군을 일련의 심리적 변화 단계에 포함했다. 이 단계는 뇌에서 일어나는 역전과 이에 따라 완전히 혼란스러운 상황을 차례로 보여준다.

우선 사람들은 날벼락처럼 일어난 상황에 공포감을 느낀다. 죽을 것만 같다. 이들은 이후 유아화infantilization를 겪는데, 마치 어린아이처럼 허락 없이는 먹지도, 말하지도, 화장실도 가지 못한다. 음식을 제공받는 작은 친절에도 일생의 선물인 양 원초적인 감사가 절로 터져나온다. 인질들은 인질범에게 원초적으로 긍정적인, 강력한 감정을 경험한다. 이들은 인질범이 자신을 위험에 빠뜨린 인물이라는 것을 부인한다. 이들은 속으로 인질범이 자신들을 살려줄 것이라고 생각한다.[4]

트라우마를 겪는 뇌의 생존 모드

1974년 2월, 〈뉴요커〉의 대니얼 랭이 스톡홀름 크레디트방크에서 벌어진 인질 사태에 관련된 사람들을 인터뷰하고 있는 동안, 열아홉 살의 패티 허스트Patty Hearst가 캘리포니아 버클리에 위치한 아파트에서 납치되었다. 허스트는 자칭 '공생 해방군Symbionese Liberation Army(SLA)"이라는 무장 과격 단체에게 인질로 잡혔다. 이들은 밤중에 허스트의 아파트로 침입해 그의 약혼자를 구타한 다음 허스트를 차 트렁크 속으로 밀어 넣었다. 납치를 저지하려던 사람들은 총격으로 위협당했다. SLA는 "미국 정부에 대항하여 게릴라전을 촉발하고, 그들이 '자본주의 국가'라고 일컫는 곳을 파괴하길 원했다."[5] 허스트를 납치한 이유는 그가 권세 있는 부유한 집안 출신이라 몸값을 요구하는 데 이용하고 싶어서였다. SLA는 미국의 관심을 노렸고 이에 성공했다. 이들은 총 수백만 달러에 이르는 음식 기부를 원했다. FBI 보고서에 따르면 "이들은 포로로 잡은 허스트를 학대하고 세뇌하기 시작했으며 사회 최상위 계층에 있던 젊은 상속녀를 그들의 향후 혁명의 모델로 삼고자 했다."

납치되고 2개월 동안 구타와 강간으로 세뇌된 후, 허스트는 자신에게 '타니아'라는 새 이름이 생겼다고 발표했다. 이 새 이름은 트라우마를 겪은 뇌에 나타나는 경계선 성격 장애를 암시한다. 타니아는 납치범들에 동조하고 이들과 함께 은행 강도 행각을 벌였다. 허스트의 목숨은 그를 학대하고 위험한 짓을 벌이는 SLA에 그 분신인 타니아가 복종하는지 여부에 달려 있었다. 자신을 사랑하고 자신이 알고 있던 모든 사람과 애착 분열 관계에 놓인 허스트는 납치자에게 동조하는 타니아로 변신한다. 그에게 경계선 성격 장애가 발현되는 데는 60일이 걸렸다. 납치된 지 60일 후, 허스트가 SLA 납치범을 보호하고 감춰주기 위해 무기를 휘두르는 장면이 은행 감시 카메라에 포착되었다. 자신의 학대자를 *보호하려는* 충동으로 말미암아 허스트는 스톡홀름증후군의 대표 모델이 된다.

19개월 후, 허스트와 다른 SLA 조직원들은 FBI에 체포되었고 허스트를 포함해 모두 유죄판결을 받았다. 대배심원단은 허스트가 인질로 잡혀 수차례의 구타와 반복된 강간으로 세뇌된 점은 인정했지만, 강도 행각에 참여하고 무기를 휘두르며 폭발 장치를 사용하고 인질범과 함께 법으로부터 도망치는 자가 된 점에는 책임이 있다고 판단했다. 이들은 허스트가 스톡홀름증후군을 앓았다는 점은 인정하지 않았다.

심리학 및 신경과학적 관점에서 볼 때 허스트는 트라우마 상황에서 학습된 무기력의 우리에 갇히고 말았다. 이 무기력의 우리는 뇌의 살아남고자 하는 의지로 구축된다. 크레디트방크의 금고실에서 빠져나온 인질들은 이후에도 인질범이 자신들을 구해주었고 경찰이 자신들의 적이었다고 생각했다. 인질들이 6일 동안 트라우마를 겪은 후, 인질범이 가해자이고 경찰이 구조자라는 상황을 확실히 간파하는 데 얼마나 시간이 걸렸을까? 19개월 동안 납치범에게 종속되어 있던 허스트가 타니아를 버리고 자기 생명을 구해주었던 총을 내려놓은 채 합체된 자아로 돌아오는 데 얼마나 오랜 시간이 걸렸을까? FBI는 허스트의 구세주였을까, 아니면 그를 감옥에 집어넣은 가해자였을까?

성폭력을 겪은 아동들은 감금되었다 풀려난 사람들과 비슷하게 자신들의 가해자와 정서적으로 양방향의 관계를 맺는데, 이들도 풀려난 사람들과 마찬가지로 스톡홀름증후군을 겪는다.[6] 엘런의 경우에서 확인했지만 성추행 피해자들은 그들의 가해자를 신고하고 싶어 하지 않는다. 만약 신고한 경우에는 가해자를 배신했고 이들에게 해를 끼쳤다고 생각한다. 이렇게 가해자에게 느끼는 죄의식은

"학대 상황이 끝난 지 한참 후에도 가해자를 보호하는" 작용을 한다.[7] 이로써 '학대받은 게 사실이라면 왜 신고하지 않았는가?', '어릴 때 학대받은 사실이 있는데 왜 중년이 돼서야 신고를 했는가?'에 대한 답은 이미 나온 셈이다. 그 답은 뇌가 상처를 입었다는 데 있다. 인질의 뇌처럼 뇌의 방어메커니즘이 고속 기어에 가 있어 치료 없이는 건강한 상태로 돌아올 수 없는 것이다.

트라우마를 겪은 뇌는 지지와 유혹, 보살핌과 잔인함, 동기부여와 조작을 구별하는 데 어려움을 느낀다. 베설 반 데어 콜크는 "우리는 덫에 갇히거나 화가 나거나 거부당했다는 느낌을 받을 때, 옛날 지도를 꺼내 익숙한 길을 따라가는 경향이 많다"고 말한다. 그는 트라우마를 겪은 환자를 대상으로 불행과 모욕감에 따라오는 비통하고 매우 충격적인 감정을 관찰하고 이들이 그 감정을 견디는 모습을 연구했다. 그는 충격의 피해가 뇌 회로의 기본 구조에 가해져 지도에 홈집을 냈고 이것이 "정서적 뇌에 부호화되어 저장되었다"고 설명한다.[8]

동물을 대상으로 실시한 진화 이론 연구에서도 감금과 학대를 당하는 경우 동물이 비슷한 뇌-트라우마 반응을 보인다는 결과가 나온다. 과학자들은 원숭이든 인간이든 스톡홀름증후군에서는 신경생물학적 반응이 나타난다는 것과, 이 경우 뇌의 방어 메커니즘으로 석방 이후에도 가해자와 "역설적으로 긍정적인" 관계가 지속될 수 있다는 것을 알게 되었다.[9] 동물의 행동 패턴을 연구하니 스톡홀름증후군을 겪는 사람이 보이는 것과 비슷한 행동 양식이 드러났다. 이런 행동은 지배 계층, 즉 힘이 있는 사람에 의해 좌우된다. 인질의 경우 지배자는 총이 있는 사람이고, 학대받는 아이의 경우 지배자는 신뢰와 권력을 가진 성인이다. 동물과 인간 모두 피해자는 방어적인 생존 모드에 들어간다. 즉 뇌는 상황을 완화하려 애쓰고 가해자에게 화해를 요청한다.[10] 지금까지 언급했듯이 이러한 왜곡은 뇌에 상처를 남긴다.

이런 사실이 개인적으로 염려가 된 것은 사실 내 자아의식이 고등학교 때 세 명의 교사에게 집단으로 학대를 받아 유린당했기 때문이다. 13세에 그루밍이 시작되어 16세에서 18세까지 2년 넘는 기간 동안 심한 학대가 지속되었다. 그 기간 동안 나의 뇌는 너무 혼란스러워했고 가해자에게 충성심으로 엮여 있었기 때문에 학습된 무기력증을 겪고 있었다. 내가 무기력하다고 누가 *알려주었을까?* 바로 선생님들이었다. 나는 수년간의 반복된 트라우마가 나의 뇌 구조에 어떤 영향을 미쳤는지 궁금했다. 수년간에 걸쳐 많은 피해자가 있었다. 선생님들은 총을 겨누며 우리를 위협하지 않았다. 그들이 사용한 무기는 모욕이었다. 정신과 전문의 헬렌 라이스가 명명한 이런 '무기화된 불친절'은 사이버 집단 괴롭힘 같은 데서 몸이 아닌 뇌를 공격하기 위해 사용된다.[11] 10대의 뇌는 부모와 살던 '동굴'을 떠나 바깥세상에서 새로운 '종족'을 찾을 수 있도록 급격한 변화를 겪기 때문에, 어떤 종류의 모욕에도 상당히 민감하다. 내가 종족이나 동굴 같은 말을 사용하는 이유는 이들 단어가 진화를 통한 뇌의 형성을 설명해주기 때문이다.[12] 현대의 선진국에서 살더라도 청소년의 뇌는 오래전의 충동과 통합에 따라 발전한다. 세 명의 교사는 학대를 은폐하기에 이상적인 장소인 야생으로 우리를 데리고 나갔고, 이 일로 우리 뇌에서 생존에 관여하는 부위가 활성화되었다.

기숙학교에 보내지거나 야생으로 현장학습을 떠난 아이는 부모와 멀리 떨어져 있거나 연락이 닿지 않고, 따라서 살아남기 위해 가해자와 동조해야 하기 때문에 애착 분열을 겪는다. 바챈드Bachand와 드야크Djak의 연구에 따르면 이런 현상은 스톡홀름증후군과 비슷하다. 아이들이 그들의 가족이나 친구가 아닌 학교, 학원, 스포츠계, 종교계, 예술계에서 자기들을 포로로 삼고 학대하는 사람에게 애착과 충성심을 느끼고 이들에게 헌신하는 것이다.[13] 아이들은 이런 권력자의 비밀을 지켜준다. 이 아이들은 보호받는다는 느낌을 받고 때로는 심지어 특별하다는 느낌을 받는다. 권력자에 의존하는 것이다.

교사는 현재와 미래에 우리의 가치를 매기는 사람이기 때문에 힘이 있다. 이들은 우리가 얼마나 똑똑한지, 잠재력은 어느 정도인지, 인성은 어떠한지, 어떤 문이 열릴 수 있고 어떤 문은 닫힐지 평가한다. 코치 역시 동일한 권력으로 운동선수를 평가해서 경기할 기회를 주거나 박탈하며, 공개적으로 선수가 받은 상을 칭찬하거나 숨기고, 추천서를 제대로 써주거나 도움이 되지 않는 성의 없는 칭찬으로 일관하고, 장학금 신청을 도와주거나 매 단계마다 이를 방해하고, 스카우터를 초빙하거나 선수의 경기를 일부러 보여주지 않기도 한다. 학대하는 자들은 아이들이 열정적으로 좋아하는 것에 엄청난 위력을 행사한다. 이들은 뭔가에 열정을 갖는 것과 학대받는 경험에 대해 아이에게 혼동을 일으키면서 점점 그 위력을 키운다. 좋아하는지, 염증을 느끼는지 혼동하게끔 만드는 것이다. 몽고메리의 농구 사랑이 코치로 인해 파괴된 것처럼, 나의 야생 사랑은 세 명의 교사들로 인해 식어버렸다. 엘런의 자살 이후, 나는 가해자를 옹호하는 역전 현상에서 탈출하지 못하는 현상이 걱정스러웠다. 엘런은 육체적으로 안전했고 대학에서 안정을 찾았으며 멋진 미래가 놓여 있었지만 여전히 과거에 갇혀 혼란스러워했다. 마음속 가해자가 엘런의 뇌를 지배했기 때문이다. 나 역시 중년이 되었지만 여전히 세 명의 학대 교사에게 가진 충성심을 떨쳐내지 못했다는 생각이 들었다. 이렇게 중요한 불복종의 반란 행위를 저지르기 위해서는 어떤 힘이 필요할까? 왜 나의 뇌는 아직도 그들이 나를 해할지도 모른다는 공포의 상태에 휩싸여 있는가? 몽고메리를 교사의 학대에서 구하지 못한 것도, 엘런의 자살을 막지 못한 것도 모두 어릴 때 나 자신을 구하지 못한 데에서 비롯된 것이었다.

교사에 의한 학대가 학생에게 미치는 영향

1974년, 캐나다 밴쿠버에 위치한 한 고등학교 교사 두 명이 '퀘스트'라는 현장학습 프로그램을 도입했다. 크리스 해리스Chris Harris는 학대 전력이 없는 사람이었지만, 톰 엘리슨Tom Ellison은 수년간 정서적·신체적 학대를 통해 많은 피해자를 조종해 온 소아성애자였다. 2004년, 엘리슨에게 당한 피해자들은 마침내 경찰에게 이 사건을 진지하게 수사해줄 것을 요청했고, 경찰은 현재 60대인 전직 교사를 성범죄로 기소했다. 이런 학대 사건에서 흔히 일어나는 일이지만, 해리스는 엘리슨을 옹호해주었다. 국영 뉴스는 다음과 같이 보도했다. "퀘스트 프로그램을 창설하고 1974년과 1977년 사이 엘리슨과 함께 이 프로그램을 지도한 해리스는 자기 친구를 선을 넘는다는 상상을 전혀 할 수 없는 청렴한 사람이라고 평했다. 그는 엘리슨을 도덕적인 사람이라고 말하며, "그는 매우 독실한 기독교 신자다. 도저히 믿을 수 없다"라고 덧붙였다. 해리스는 학생과 교사 간에 부적절한 성행위는 목격하거나 들어본 적도 없다고 말했다."[14] 해리스가 미처 깨닫지 못하는 사실은 자신이 지킬 박사와 하이드의 분열된 인격을 묘사하고 있다는 것이다. 이 인격은 오랫동안 학대를 성공적으로 일삼는 사람들의 동력 역할을 했다. 지킬 박사는 선을 넘지 않는 청렴한 사람이자 도덕적인 사람이고 아주 독실한 기독교 신자다. 하지만 불행히도 엘리슨이 밤낮으로, 해를 거듭해 학생들에게 고통을 주면서 성적·신체적·정서적으로 학대한 하이드라는 사실에는 변화가 없다. 재능 있는 헐리우드 제작자든 존경받는 올림픽 선수 전담 주치의든 가톨릭 성직자든, 누군가를 (특히 힘없는 아이들을) 절대 해하지 않는다는 보장은 없다. 사실 광범위한 연구에 따르면 학대를 일삼는 사람은 해리스가 묘사하는 사회적 지주에 걸맞는 모습을 띤다. 놀라운 사실은 분열된 인격이 학대 사건에서 어떻게 활동하는지 우리가 눈치채지 못한다는 것이다.

해리스가 떠난 후, 엘리슨은 또 한 명의 학대 교사인 딘 헐Dean Hull과 함께 학생들을 지도했고, 프로그램이 끝나기 전 마지막 몇 년간은 세 번째 교사 스탠 캘러개리Stan Callegari도 합세했다. 엘리슨은 기소되어 유죄판결을 받았다. 헐과 캘러개리에게도 50명의 피해자 신고가 접수되었지만 이들은 기소되지 않았다. 2008년 퀘스트 이야기는 '밴쿠버를 뒤흔든 스캔들'로 불렸지만 공공연한 비밀에 부쳐졌다.[15] 2007년 가을, 이 사건을 다룬 〈비밀의 학교School of Secrets〉라는 제목의 다큐멘터리 영화가 방영되었다.[16] 예전과 다름없이 학교 및 교육 당국은 방어 자세로 일관했다.[17] 피해자 한 명은 이렇게 말했다. "(교사징계위원회의 전신인) 밴쿠버교육청이 이렇게 많은 학대 사건에 지속적으로 아무 책임도 지지 않는 것은 가슴 아픈 일입니다."[18] 엘리슨의 재판에서는 그의 환경 관련 성과가 커서 "실수를 덮을 수 있다"고 말하는 사람이 있었다.[19] 이 말은 마치 래리 나사르가 훌륭한 의사이기 때문에 학대쯤은 괜찮다고 한다거나, 하비 와

인스타인이 뛰어난 영화 제작자이기 때문에 그의 학대를 눈감아줄 수 있다거나, 제리 선더스키가 위대한 풋볼 수비 코치라서 남학생 성추행을 용서할 수 있다는 말과 같다. 이런 변명을 통해 사회 시스템이 얼마나 망가졌는지, 이런 시스템이 어떻게 작동하는지 확연히 드러난다.

엘리슨이 기소된 후, 나는 국영 라디오 방송으로부터 퀘스트 프로그램에서 겪은 경험을 말해줄 수 있느냐는 요청을 받았다. 누군가 기자에게 내 번호를 건네준 모양이었다. 그때 교무실에 앉아 예전 선생님들에 관해 이야기했던 기억이 난다. 나는 치유와 앞으로 나아가는 과정에 관해 애매모호한 말을 하면서 사람들이 끔찍한 실수를 저지른다고 했다. 그날 내가 한 말을 한마디로 요약하자면 안갯속이라고 표현할 수 있을 것이다. 나는 안갯속에 있었기 때문에 안갯속에 있는 것처럼 이야기했다. 하지만 지금은 아니다. 지금 인터뷰한다면 퀘스트 프로그램에서 세 명의 교사가 저지른 행각은 성적 대상이 된 학생뿐 아니라 모욕과 위협, 편애, 수치, 희롱, 전반적인 조종을 당하며 정신병적 영역으로 끌려간 모든 학생의 자라나는 뇌에 엄청나게 파괴적인 영향을 끼쳤다고 아주 확실하게 말할 것이다. 헐은 법정에서 11학년 학생과 성관계를 맺었지만 그 학생과 10년 동안 관계를 유지했다고 덧붙였다. 이 말은 그가 그 여학생을 '사랑'했고 소아성애자가 아님을 의미하는 것 같았다. 그는 중년의 머리가 벗겨진 기혼 남성에 자녀가 셋이었고, 열여섯 살의 제자와 성관계를 맺었을 때 부인과 아직 이혼하지 않은 상태였다. 나는 헐이 이 여학생에게 그루밍을 시도하는 모습을 직접 목격했고, 그것은 끔찍했다.

처음에 나는 세 명의 선생님에게 성관계를 하자는 압력을 수차례 받았다. 나는 이들의 포옹이나 마사지 또는 나를 평가하는 말이나 농담이 싫었다. 그냥 친구들과 있고 싶었다. 유콘에서 카누 여행을 하면서 나는 끊임없이 멍청하다는 소리를 들었고 억지로 음식을 먹고 멸시당하고 비난받고 왕따 당하고, 결국 먹을 것을 살 돈이 거의 없는 채로 며칠간 도슨시에 방치되었다. 열일곱 살이었던 나는 당시 선생님들이 어디로 갔는지 전혀 몰랐다. 부모님에게 연락할 방도도 없었다. 내게 죄가 있다면 그 전년도부터 성추행을 거부했다는 것이다. 나는 헐과 슬로우 댄스*를 추고 싶지 않았다. 암벽등반이라는 곤경에서 빼주는 대가로 그에게 구강성교를 해주고 싶지도 않았다. 열여섯 살에 나는 구강성교가 뭔지도 몰랐다. 비록 내 친구들은 그렇게 했지만, 나는 선생님들 앞에서 벌거벗은 채 수영하고 싶지 않았다. 선생이 동급생들 앞에서 공개적으로 '뻣뻣하고 멍청하다'라는 꼬리표를 붙이면, 거절의 말을 하기가 거의 불가능하다. 그러나 나는 마침내 경찰에 신고했고 이들은 '끈질긴 조사'를 시작했다. 나는 옷을 벗은 채로 경찰이 내 나체에 대해 하는 이야기를 듣고 있어야 했다. 2시간 동안 경찰에 피해자 진술을 하면서 내가 운 것은 잠깐이었다. 나는 경찰에게 그 무시무시한 여행에서 헐과 캘러개리와의 성관계에 끌려든 여학생 두 명에게 사과하게 해달라고 부탁했다. 이들이 헐과 캘러개리에게 의존하는 데 내가 일조했다는 사실에 죄책감을 느꼈기 때문이다. 나 같은 아이들이 모욕을 당할수록 다른 아이들은 복종하고 굴복하고 항복하며 살아남으라는 가르침을 받았다. 공개적인 모욕보다 청소년의 뇌에 더 위협적인 것은 거의 없다. 그것은 강력한 무기다.

생존과 관련된 나의 뇌 부위는 유콘 여행을 일생일대의 위기로 평가했다. 열일곱 살, 미처 성숙하지도 않은 내 전전두엽 피질이 중년 남자의 복합적인 조종술을 이해하지 못하는 사이, 이보다 깊숙이 자리한 뇌 부위는 고도의 각성 상태에 있었다. 동급생들과 함께 학대를 당하고 있다는 사실을 부모님에게 어떻게 말해야 할지 몰랐고 심지어 스스로에게도 설명할 길이 없었는데, 그사이 나의 뇌에서 트라우마를 기록하는 전담반은 일을 두 배로 늘리고 있었다.

야생에서 생활했던 우리는 헐과 캘러개리 없이는 살아나갈 방도가 전혀 없었다. 그들은 그 지역 날씨와 흰 물살의 강을 파악하고 있었고 수백 마일의 경로와 가지고 다닐 장비도 빠삭하게 알고 있었다. 두 선생님은 회색 곰이 나올 것을 대비해 엽총을 가지고 다녔다. 부모님과 문명 세계에서 떨어져 있던 제자를 상대로 이들은 원하는 것은 무엇이든 할 수 있었다. 10대 두 명과의 성행위를 현장학

---

*   로맨틱하게 서로를 껴안으면서 느린 음악에 맞춰 추는 춤.

습처럼 보이게 하기 위해 여섯 명의 학생이 같이 따라붙었다. 우리는 이에 관해서는 서로 단 한마디도 발설하지 않았다. 할 말도 전혀 없었다. 그저 네 살 이후 복종하라고 교육받은 '선생님'들의 비정상적인 행동에 계속 충격을 받을 뿐이었다. 두 명의 교사는 자신들도 유죄판결을 받을 위험에 처하자 당국과 교육계에 진정한 사랑 운운하며 감성팔이를 했다. 나는 콧방귀도 뀌지 않았다. 이들이 범한 두 명의 10대 소녀는 가해자를 보호하고 싶어 했기 때문에 두 선생은 이들이 신고할까 봐 염려할 필요가 없었다. 두 명의 소녀는 가해자와 유대감으로 묶여 있었다. 그들은 가해자에게 대단한 애정을, 심지어는 이들에게 사랑을 느꼈다. 이들이 스톡홀름증후군을 앓았던 것일까? 드디어 여러 피해자의 학대 피해가 경찰의 진지한 수사 대상이 되었을 때 엘리슨은 예전 제자와 함께 살면서 자녀까지 둔 상태였다. 그렇다면 이때 그들의 사랑은 '진짜 사랑'이었을까? 그의 아내인 옛 제자는 재판 내내 엘리슨을 옹호했다.

나는 경계선 성격 장애가 나타나고 있었지만 이를 알아채지 못했다. 수년 동안 뛰어난 심리학자와 정신과 의사에게 상담을 받았지만 한 번도 퀘스트 프로그램에서 당한 학대에 관해서는 이야기하지 않았다. 그때의 나는 내가 아니었다. 납치당한 허스트가 타니아가 되면서 총으로 자신의 납치범을 보호한 것처럼, 그 사건은 다른 사람에게 벌어진 일이었다. 한때 사람을 신뢰하고 자신감이 넘치고 건강했던 나는 세상과 단절되었고, 그 자리를 공부 벌레에 불신이 가득하고 상당히 불안한, 건강하지 못한 여자가 차지해서, 강력한 자기혐오감을 학업과 전문 분야에서의 뛰어난 성취로 메꾸려고 했다. 스톡홀름증후군을 앓고 있었거나 아니면 적어도 학대자와 충성심으로 묶여 있어 40년간 교과서적 증상대로 안갯속을 헤매는 동안, 예전 퀘스트 프로그램에 참여했던 학생이 〈엘르〉에 쓴 기사를 읽었다. 그때 퀘스트에서 벌어진 일이 나의 뇌에 치명적인 영향을 끼쳤다는 깨달음이 정곡을 찔렀다. 기사의 제목은 "학습 곡선: 교사와의 섹스"였다. 저자 카트리나 온스태드 Katrina Onstad는 부제목에서 독자에게 '여학생이 선생님에게 걸려들면 어떤 일이 벌어지는지'를 알려주겠다고 약속했다.[20]

나의 공황 발작은 항상 방아쇠 작용을 하는 자극으로 시작되었다. 예를 들어 교사징계위원회의 보고서를 읽다가 몽고메리와 수많은 학생을 학대한 교사에게 공식적으로 책임을 물리지 않겠다는 내용을 접한다거나, TV 드라마에서 물고문당하는 10대 소녀를 본다거나, 아이들이 어른의 욕구를 충족하기 위해 서로 경쟁하는 소설을 읽을 때 공황 발작이 일어난다. 순간 전기가 흐르는 느낌이 들면서 손이 떨린다. 그다음 숨을 쉴 수 없다. 분노와 무기력감이 밀려오면서 팔뚝을 피가 날 때까지 긁는 것밖에 내 감정을 표현할 길이 없다. 2007년 온스태드가 〈엘르〉에 쓴 기사의 제목은 발작이 시작되기에 충분했다.

중년이 된 온스태드는 나보다 7년 후에 참여한 퀘스트 프로그램에 관한 이야기를 하면서, 성폭력 대상으로 지목되지 못한 실망감을 피력한다. 온스태드는 자기 외모 때문에 소아성애자에게 발탁되는 행운을 얻지 못했다고 아쉬움을 표한다. "내게는 아무 일도 일어나지 않았다. 중성적인 외모와 마른 체구 때문에 나는 그의 관심을 끌 만한 성적인 매력이 거의 없었다. 나는 그해 그의 손길을 받지 못했고, 어느 방면으로도 거의 눈에 띄지 않았다." 기사는 선생이 공개적으로 모욕을 주는 장면과 특정 여학생을 편애해서 이들을 자기들의 성적 대상으로 삼는 과정을 생생하고 자세하게 묘사한다. 온스태드는 선생님과 이런 '학습 곡선'을 그리지 못한 것이 슬프다며 엘리슨과 헐, 캘러개리를 마치 매력적인 인물인 듯 묘사한다.

우리는 근거 없는 권리를 누리며 뿌연 안갯속에서 인생을 대충 사는 부유한 아이들이었고 벌을 받을 만했다. 어느 날 또래 아이 한 명이 배구공과 농구공이 담겨 있던 카트를 교실 앞으로 끌고 왔다. 그 안에는 남자애 한 명이 들어가 있었고 짧은 운동 바지를 입고 있었는지, 속옷을 입고 있었는지 지금은 확실히 기억나지 않는다. 그런데 스탠과 딘이 웃으면서 그에게 부잣집 아기였을 때처럼 엄지손가락이나 빨고 있으라고 말한 게 기억난다. 톰은 우리 여자들 몸을 이리저리 훑어보며 평가를 내렸다. 그는 여자가 달리기를 할 때는 "달려, 이 뚱땡아!" 하고 소리를 질렀다. 재판에서 예전 퀘스트 프로그램에 참여했던 학생은 남자아이들이 여학생의 가슴을 움켜쥐고 엉덩이를 때렸다고 증언했다.

*벌을 받을 만했다*는 소리가 스톡홀름증후군처럼 들리지 않는가? 이 말은 가해자가 피해자 머릿속에 박아 넣는 주문이며, 수십 년이 지날 때까지 이 주문을 밀쳐낼 강단을 가진 사람은 극히 드물다.

이 기사는 대단히 잘 쓴 글이었다. 내 생각에 퀘스트 프로그램을 솔직하게 묘사했다. 그러나 저자가 피해자에게 덮어씌우기로 끝을 맺으며 이를 자기 딸과 연관시킨다는 것이 상당히 거슬렸다. "자, 이제 우리는 딸을 지켜보며 그들을 '그들의 틀에서' 꺼내줄 수 있는 것처럼 행동한다. 마치 우리 딸들이 숲으로 가는 길을 *스스로* 발견하지 못할 것처럼 말이다." 여기서 '숲'은 교사와의 성관계를 비유하는 단어고, 온스태드는 딸들이 성관계를 원한다고 부모가 일일이 그 방법을 알려줄 수는 없다고 말한다. 딸들은 스스로 길을 찾아갈 것이기 때문에 우리 부모들은 딸을 '그들의 틀에서' 꺼내줄 수 없다. 이 글에서는 아이에게 자신이 누구인지 경험하고, 탐험하고, 발견할 자유를 주는 것과 이런 과정이 성적 학대를 통해 일어나야 한다는 믿음이 이상하게 섞여버렸다. 이것은 학대자가 아이들에게 하는 소름 끼치는 거짓말이다. "너는 나 없이는 살아나지도, 일을 하지도, 기회를 갖지도, 올바른 사람을 만나지도, 경기를 하지도, 야생에 나가지도, 학업에서 성공하지도 못한다. 그러니 내가 하라는 대로 하면 네가 좋아하는 일을 하고 성공할 수 있도록 해주마." 어편 사람들은 이 말을 성인이 되어서까지 믿는다. 딸이 성적으로 학대받기를 간절히 바란다는 엄마의 기사를 접한 것도 놀라운 일이지만, 이 또한 학대가 뇌에 어떻게 작용하는지 잘 드러낸다. 온스태드는 어쩌면 본인이 느끼는 것 이상으로 고통받았을 것이다. 그의 뇌는 스톡홀름증후군의 징후를 보여주는 것 같다. 온스태드는 내가 10대 시절 알았던 것 이상으로 퀘스트 프로그램을 잘 안다고 주장한다. "퀘스트는 분명 정신적으로 고문을 당하는 방이었지만, 컬트 프로그램*은 아니었다. 우리가 그 실상을 모른다는 것을 전제로 했기 때문이다." 외람되지만 나는 여기에 동의하지 않고, 온스태드 자신도 고문의 방을 빠져나오거나 퀘스트 프로그램을 컬트로 보는 사고방식에서 빠져나온 적은 없는 것 같다.

온스태드가 자기 딸이 엘리슨 같은 사람에게 관심의 손길을 받을 기회를 갖지 못해 안타깝다고 한 이야기를 좀 더 자세히 들여다볼 필요가 있다.

퀘스트가 이제는 존재할 수 없기 때문에 내 딸은 이런 프로그램에 참여하지 못한다. 우리는 딸을 정서적·신체적·성적 위험으로부터 지키기 위해 대비를 할 것이다. 우리는 딸을 위치 추적 기능으로 감시하고, 어디를 가나 태워줄 것이며, 딸이 엘리슨 같은 사람

---

* 　교조에 세뇌되어 집단생활을 하는 것을 가리킨다.

과 미지의 거물의 위협을 받지 않도록 방어 조치를 취할 것이다. 내 딸은 소녀 시절을 지나 성인이 될 때까지 사적인 경험을 할 수 없을 것이다. 다행이라고 생각해야 하지만, 이 모든 안전조치를 취해야 하는 게 큰 손실이라는 생각이 드는 게 사실이다.

온스태드는 성생활 교수인 데버라 톨먼Deborah Tolman이 10대 소녀와 그들의 성욕에 관해 쓴 기사를 언급하고, 벨 훅스bell hooks라는 필명으로 활동하는 교수가 교사와 학생 간의 성적 에너지에 관해 쓴 글을 소개한다. 그는 인류학으로 관점을 돌려 성 경험을 해방적이고 여성 중심적인 경험으로 보는 원시시대 의식을 언급한다. 하지만 과거나 현재 이루어지는 성적 학대에 대해서는 어떤 연구도 하지 않은 듯 보인다. 이렇게 추측하는 이유는 퀘스트 프로그램이 마지막으로 종료된 1987년에도 온갖 형태의 학대가 사회에 만연했다는 것을 모르는 것 같기 때문이다.

온스태드의 딸은 *여전히* 학교, 클럽, 스포츠계, 예배당, 직장, 예술계에서 성적으로 학대하는 성인을 만날 수 있다. 우리의 망가진 시스템은 퀘스트 프로그램에서 10년 동안 일어난 학대를 새로운 행동 강령을 만들어 대처하겠다는 생각으로 일관했고, 이런 시스템에서는 학대의 기회가 끝도 없이 이어진다. 이로부터 30년 후 몽고메리가 다니던 학교에서 학대가 공공연히 이루어졌다는 사실이 발각되었을 때, 교장은 바로 이와 똑같이 대응하기로 결정했다. 그는 새로운 행동 강령을 만드는 데 착수했지만 그동안 어떠한 학대도 없었다고 주장했기에 이상한 조치로 보였다. 2019년 캐나다의 과학 및 체육부 장관인 크리스티 덩컨Kristy Duncan은 만연한 운동선수 학대 사건을 처리하면서 새로운 행동 강령을 만들겠다고 발표했다.

이제는 우리가 괴롭힘의 패러다임에서 빠져나올 때다. 스톡홀름 증후군을 타파해야 할 때다. 그래야 온스태드 같은 부모들이 퀘스트 프로그램에서 벌어지는 성폭력이 유지되어야 자기 딸이 성을 경험할 수 있다는 믿음을 갖지 않게 된다. 나 역시 스톡홀름증후군을 겪고 있었다는 사실을 깨닫고 깜짝 놀랐다. 나는 40년 동안 성폭력을 자행한 교사 세 사람의 비밀을 지켜주었을 뿐 아니라 그들을 보호해주었다.

7단계: 가해자와의 동조를 거부하라

나는 문화의 독자이자 저자다. 내가 스톡홀름증후군을 타파할 수 있었던 것은 퀘스트 학대와 엘리슨의 재판, 헐과 캘러개리의 혐의 회피, 교장의 조치, 학교 위원회의 은폐, 다른 피해자 또는 목격자의 보고에 관해 찾을 수 있는 모든 정보는 죄다 찾아 읽었기 때문이다. 경찰에 신고를 했고 경찰에서도 피해자 신고 건수가 50개나 된다고 말했지만 두 교사는 무혐의로 처리되었다. 아마 이들이 70대와 80대 후반이라 그랬을지 모른다. 나는 다른 피해자들과 이야기하면서 트라우마 경험과 관점을 공유했고, 친구와 동료와도 이야기를 나누었다. 처음에 사람들은 이렇게 이야기했다. "음, 당신에게 일어난 일은 그렇게 심각한 건 아니에요. 저나 주변 지인이 옛날에 알던 사람이 겪은 일에 비하면요." 이런 말을 듣고 내게 일어난 일을 자세히 말하면 사람들은 이렇게 반응했다. "믿을 수 없네요. 그런 일을 저지르고도 교사들이 전혀 벌을 받지 않다니요."

이후 나는 글을 쓰기 시작했다. 대부분은 치료 효과를 노리고 썼지만, 일부 글은 〈집 안의 아이들Kids in the House〉과 〈에드보케이트Edvocate〉의 게스트 블로그 게시물로 발표했다. 학대하는 어른들이 어떤 식으로 일을 벌이는지 아이들에게 교육하지 못한 채 우리가 이들을 피해자로 내몰고 있다는 생각이 강하게 들었기 때문이다.

모든 아이는 유치원부터 아니 그보다 더 일찍 그루밍 성범죄, 유혹 성추행, 성폭행에 관해 자세히 교육받아야 하고, 그런 일이 일어날 경우 누구에게 신고해야 할지, 일어난 상황을 어떤 용어를 사용하여 정확하게 진술할지, 신고받은 어른이 믿지 않거나 가해자의 명성을 우려하거나 혹시 거짓말하는 것 아니냐고 하며 의심할 경우 어떻게 대처해야 할지 지침을 배워야 한다. 모든 아이는 언어적·심리적·정서적 학대와 정서적 방치가 무엇인지, 그리고 온갖 형태의 공격, 신체적 학대, 신체적 방치와 마찬가지로 이런 피해를 입은 경우 어떻게 해야 할지 미리 알고 있어야 한다. 미국체조협회의 학대 피해 선수들 사례에서 살펴봤듯이 정서적·신체적으로 잔혹한 훈련이 성적 학대의 무대를 마련한다는 사실을 알아둘 필요가 있다. 아이들은 가스라이팅과 학대가 얼마나 사람을 조종하는지 알아야 한다. 이런 지식은 수학이나 과학, 음악이나 언어 과목보다 훨씬 중요하다.

아이들은 온갖 형태의 학대가 뇌에 어떤 영향을 끼치는지, 특히 0~3세 그리고 13~24세까지 급격하게 발달하는 뇌에 어떤 영향을 주는지 알 권리가 있다. 이런 지식은 단순히 하루짜리 워크숍이나 팸플릿 하나로 전달될 수 없다. 뇌는 시간 간격을 두고 이루어지는 반복을 통해 배운다. 아이들은 축구, 수학, 수영, 그림, 독서, 화학, 역사 등 사람들이 중시하는 기술 못지않게 학대에 관해 틈나는 대로 배울 필요가 있다. 학대 행위를 인식하고 이를 저지하는 방법을 아는 것은 한 아이가 건강하고 충만하고 행복한 삶을 이끌어나가기 위해 개발할 수 있는 가장 중요한 기술이다. 아이들은 누구에게 도움을 구해야 할지 파악하고, 도움을 요청한 성인이나 기관에 이해관계 충돌이 없는지 확실히 알아봐야 한다. 법학과 교수인 아모스 구이오라Amos Guiora가 《조력자 군단Armies of Enablers》에서 주장한 바와 같이, 학대 신고를 받고도 피해자를 보호해주지 않는 사람들은 형사 고발을 당해야 한다. 제도적 공모에 종지부를 찍고 싶다면, 아동학대를 돕고 부추긴 데 대한 책임을 물어야 한다. 아동 안전은 신성한 신뢰의 영역으로 볼 필요가 있다.

내가 어린 시절 겪은 학대를 소재로 글을 쓸 때 사람들은 교사의 본명을 밝히지 말라고 권했다. 그때 나는 스톡홀름증후군이 피해자의 뇌를 망칠 뿐 아니라 괴롭힘의 패러다임 전체에 스며들어 있다는 것을 확인했다. 그러나 자신을 학대한 사람들의 이름을 기록하는 순간이 우리가 힘을 되찾는 순간이다. 연구에 따르면 감정에 이름을 붙이면 변연계 발화가 진정된다. 정신과 전문의 대니얼 시겔Daniel Siegel은 때때로 "다스리기 위해서는 이름을 붙일 필요가 있다"고 설명한다.[21] 그는 과하게 발화된 오른쪽 뇌의 정서 영역을 진정하려면 왼쪽 언어 중추를 쓰라고 권고한다. 나는 이 조언을 따랐지만 내게 이름 붙이기는 말 그대로 형식적이었다. 나는 정서 조절 장애, 격한 기분, 감정이 마치 내 문제 또는 나의 뇌 문제라도 되는 것처럼 여기에 이름을 붙이지 않았다. 하지만 차차 이런 문제를 내 소관 *밖*으로 인식하기 시작했다. 학대로 인해 생겨난 감정을 나를 비롯해 수많은 아이를 괴롭힌 교사들 발치에 의식적으로 갖다 놓았다. 더 이상 나 자신을 비난하거나 수치를 주지 않았다. 책임은 그들에게 있었고 나는 그들과 분리되었다. 나는 가해자와의 동조를 거부했다. 이들이 저지른 학대를 언어로 표현하니 시겔이 말한 대로 효과가 나타났다. 대뇌피질 하부 영역에서 담당하는 정서 생성 능력과 언어 기반 영역에서 담당하는 정신적 거리 두기 능력이 다시 한번 조화를 이루었다. 이런 과정을 통해 나의 뇌는 치유되었다. 전에는 육체적 감각으로 가득 찬 분열된 이미지에 압도되었고, 나를 짓누르는 혼란스러운 정서에 사로잡혔는데 말이다. 내게 가해진 학대를 마주하는 어려운 일을 감당하고, 뇌가 입은 상처를 치료하기 위해 가해자의 이름을 부르니 정렬되고 총체적인 모습의 마음-뇌-몸이 다시 찾아왔다.

괴롭힘의 패러다임이 도저히 견디지 못하는 두 가지는 투명성과 책임 소재다. 누가 가해자인지 확인하는 것은 가해자와 동조하지 않겠다는 의미다. 마음속 가해자를 뇌 밖으로 추방하고 공감 코치를 생성할 문을 활짝 열어놓는 것이다. 심리학자 앤절라 더크워스는 희망의 핵심 자질을 배운다는 것은 때때로 *도움의 손길을* 요청할 필요가 있다는 의미라고 말한다.[22] 자신을 도와주기로 한 힘 있는 사람에게서 학대를 받았다면 도움을 구하는 일에 두려움을 느낄 수 있다. 이 때문에 우리를 학대한 사람들은 우리와 완전히 분리된 별개의 인물이고, 사실상 우리 인생에서 중요하지 않다는 사실을 분명히 알아야 한다. 그들이 신뢰를 저버렸다면, 그들이 아이를 돌봐야 하는 신성한 의무를 다하지 못했다면 그것은 우리가 책임질 일이 아니다. 여기에서 벗어나라. 이들은 우리를 학대의 대상으로 삼은 것이고, 학대받은 사람은 그 누구도 학대에 책임이 없다. 우리에게는 도움의 손길을 구할 권리가 있다. 우리가 손을 내밀면 공감 코치의 손을 잡을 수 있다.

가해자의 이름을 용기 있게 부르면 가해자에게 어떤 식으로든 책임을 물릴 수 있을 가능성이 상당히 높아진다. 괴롭힘의 패러다임이 가해자에게 책임을 물리지 못하는 것은 비극적인 일이다. 이로 인해 도움을 구하는 일이 저지당하고, 뇌 재활의 길이 막히며, 종종 더 많은 피해자가 나오는 최악의 결과로 이어지기 때문이다. 괴롭힘의 패러다임에서 빠져나온다는 것은 자신을 학대한 사람들과 이들이 한 짓에 대해 함구하기를 거부하겠다는 뜻이다. 학대를 가한 사람에게 정정당당하게 책임을 물리고 그들의 학대 행위를 더 이상 비밀에 부치지 않겠다는 뜻이다.

가해자들은 자신들의 행동이 해롭다는 것을 모르기 때문에, 이들이 말을 바꾸고 공개적으로 부인하고 공격 및 위협을 가하고 개인적으로 공격을 할 수도 있다는 점을 대비하라. 학대를 일삼는 사람들과 이들을 도와주는 사람들은 공격적으로 받아치는 데 능하기 때문이다. 이들은 전에도 이런 경험이 있던 터라 이런 짓을 다시 할 만반의 준비가 되어 있다. 이들의 행동을 비판하거나 의문을 제기하면 이들은 엄청난 분노와 상처받은 감정, 충격을 표시하고, 이내 비난을 하면서 의도적인 피해 의식을 보이며 자기들은 아무 죄도 없는데 마녀사냥의 표적이 되었다고 주장한다. 이것은 교과서적인 대응 방식이지만 여기에 미리 대비하는 것은 나쁘지 않다. 괴롭힘의 패러다임에서 자주 일어나는 이런 잘 짜여진 각본에 시간과 에너지를 낭비하고 싶지 않다면, 다스리기 위해 이름을 붙이듯 혼자 힘으로 기록을 남기면서 스톡홀름증후군을 겪지 않도록 해야 한다. 나는 글쓰기를 좋아하지만 학대로 인한 트라우마의 심리학적 상처를 풀어내려면 자신이 좋아하는 방법을 아무것이나 사용해도 좋다. 핵심은 가해자에게 동조하지 않음을 분명히 하는 것이다.

치유와 건강 회복에 매진하기 전, 나는 우선 내 머릿속에서 학대한 교사를 몰아내야 했다. 뇌 훈련을 하기 위해서는 대뇌피질 영역을 비워둬야 한다. 또한 의식적으로 경계선 성격 장애를 치유할 필요가 있었다. 사회에서 뛰어난 역량을 발휘하는 내 지적인 뇌는 트라우마를 겪은 정서적인 뇌와 단절되어 있었다. 나의 지적인 뇌는 학업에서 높은 성취를 달성하는 데 매진했으며, 선생님을 기쁘게 하고 성취가 마치 나를 행복하고 온전하게 만들어주는 양 행동했다. 하지만 내 노력은 이와 정반대의 효과를 냈다. 학업에서의 성취는 나를 더욱더 분열시켰다. 총체적인 마음-뇌-몸은 단절된 채 서로 마찰을 일으켰다. 내 뇌의 정서적인 영역은 불안과 공포로 가득했고 위험에 대비하여 각성 상태에 있었다. 내게는 다리가 필요했다. 내 뇌의 지적인 부분과 정서적인 부분에 틈이 생겼기 때문이다.

내 뇌 안의 모든 왜곡과 소음 속으로 메르체니치의 침착하고 지적인 조언이 들어왔다. "사실 성공하는 데는 더 진지한 노력과 연습이 필요하지만 '나는 못 한다'고 스스로 포기하는 말을 하면, 어마어마하게 파괴적인 결과가 나타납니다. 당신의 뇌는 이 모든 부정적인 메시지를 기록해요. 본인의 뇌에 '나는 못 한다'고 자주 되뇌이면 그게 자기 충족적 예언이 되는 거죠."[23]

1단계는 가해자의 이름을 말하고 이들을 다스리면서 스톡홀름증후군의 역전 현상을 인식하는 것이다. "나는 나를 해한 사람들을 보호하는 사람이 아니다. 나는 피해자다. 나는 피해자이기 때문에 이들이 한 짓을 은폐해줄 필요가 없다. 수치나 자기혐오나 분열된 자아도 없다"라고 종이에 쓰거나 크게 말하거나 그림을 그리거나 놀이를 해본다. 이렇게 거짓으로 투영된 모습 아래에는 나의 온전하고 건강한 뇌가 훈련을 통해 이전 잠재력을 되찾기를 바라면서 참을성 있게 기다리고 있다. 몸을 만들기 위해서는 운동을 해야 하듯 이 1단계는 노력이 필요하지만 분명 해볼 만하다. 나는 나 자신을 믿으며 신경가소성을 통해 상처를 치유하고 건강을 회복할 수 있다는 믿음이 있다. 내 마음-뇌-몸이 산산조각 나 있다면 이제는 이것을 고칠 때다.

2단계는 스스로를 믿는 과정이다. 자신의 뇌에게 진심을 다해 '할 수 있다'고 말해야 한다. 2단계는 다음 장에서 소개하겠지만 뇌 훈련, 공감, 마음 챙김, 유산소운동을 깊이 있게 실천하는 데 전념하기 위해 준비하는 단계다.

이들 두 가지 단계는 나의 공황 발작을 종식하고, 학대 이후 경험하지 못했던 일종의 총체적 행복감으로 가는 길로 나를 안내했다. 나는 메르체니치의 뇌 훈련 프로그램을 다시 시작했다. 이 프로그램은 나에게 왜 훈련을 하는지 물었고, 나는 "부상이나 현재 상태에서 회복하기 위해서"라는 항목을 선택했다. 나는 괴롭힘과 학대의 상처에서 회복하고 있었다. 어린 시절 상처를 주고 트라우마를 겪게 한 바로 그 사건에서 회복하는 과정에 있었다. 프로그램에서 다음 단계로 올라가기 위해 별을 따기를 얼마나 갈망했는지 나 자신도 놀랄 정도였다. 나의 발전 과정을 도식화할 수 있다는 것은 고무적이었다. 나는 뇌를 바꾸고 인지 건강을 향상하는 일이 매일 운동을 하는 것만큼이나 힘든 일이라는 것을 알았지만, 빠른 처방을 원하는 우리 문화에서 나 역시 얼마나 즉각적인 결과를 원하는지 새삼 놀라는 중이다. 집중력과 처리 속도를 위한 훈련도 있었지만 나는 기억력을 강화하고 치료하는 훈련으로 시작했다.

8

마음 챙김: 현재에서 행복을 찾는 뇌 훈련

부엌으로 조심스럽게 걸어들어오는 앵거스를 보니 평상시에도 높은 단계에 있는 통증 수준이 말로 표현 못 할 정도로 심해졌다는 것을 눈치챌 수 있었다. 통증을 견딜 수 없을 때 그의 어깨는 축 처지고 얼굴은 창백해지며 눈은 내려가고 이마에는 주름이 깊게 파인다. 나는 뻔한 질문을 했다. "많이 아프니?"

앵거스는 고개를 끄덕이며 싱크대로 가서 물 한 잔을 가득 채운다. 그의 동작은 굼뜨고 마치 갑자기 움직이면 머리가 폭발이라도 할 것처럼 조심스럽다.

계단 쪽으로 가는 앵거스에게 물었다. "코데인* 먹었어?" 가끔 그는 극심한 두통에서 벗어나기 위해 코데인을 네 알까지 먹는다.

"네, 그런데 전혀 듣지 않아요." 마치 말을 하면 더 악화되기라도 하듯이 목소리에 긴장감이 역력했다.

---

*   아편에 함유되어 있는 알칼로이드. 독성은 비교적 약하고 중독성이 적어 진통제로 쓰인다.

"보톡스 효과도 전혀 없는 거야?" 1주일 전, 병원 마취과 의사는 그의 목 윗부분에 보톡스를 놔주었다. 몇 달 전 처음 보톡스를 맞았을 때 목과 척추 부위 통증이 줄었기 때문이다.

"아직이요." 앵거스가 대답한다.

"이번에는 한참 걸릴 거야." 나는 다시 뻔한 말을 했다. 앵거스의 극심한 통증을 마주할 때마다 나는 여지없이 무기력감을 느꼈다.

앵거스는 계단을 오르는 것이 감당할 수 없는 고행이라도 되는 것처럼 계단 발치에 멈춰 섰다. 그가 몸을 돌려 내 눈을 보았다.

"내가 네 고통을 가져갔으면 좋겠다." 나는 그에게 말했다. "그 고통을 흡수해서 네가 그 아픔을 느끼지 못하도록 말이야."

그는 정직하게 답한다. "엄마는 이런 고통은 견딜 수 없어요. 책을 읽지도 쓰지도 생각하지도 못할 거예요. 햇빛을 보고 서 있지도 못할걸요."

아들은 한 발 한 발 계단을 천천히 올라갔다.

4년 전 11월, 앵거스는 학교를 자퇴했다. 2차 다리 교정 수술을 받아 통증과 자신의 비참한 상태를 힘겨워하던 중이었다. 앵거스는 서로 연관이 없어 보이는 여러 건강 문제를 태어날 때부터 앓고 있었다. 그는 복강 질환, 신장 질환, 구개 파열, 이비인후과 질환으로 고생했다. 이런 문제를 치료하기 위해 그는 아기였을 때부터 여러 번 수술을 받았다. 그해 11월, 앵거스는 학교를 자퇴하고 자기 방으로 들어갔다. 그는 블라인드를 내리고 소음이 차단되는 헤드폰을 썼다. 나와 남편은 망연자실했다. 다음해 1월 그는 희귀한 유전 질환인 클리펠-파일 증후군 진단을 받았다. 자궁 속에서 모든 척추뼈가 제대로 분리되지 않아 맨 위 척추뼈인 C1과 C2가 유합된 질환이었다. 이 질환은 많은 경우 신장 질환, 이비인후과 질환, 구개 파열, 위장 문제, 그리고 극심하고 지속적인 신경통을 일으킨다. 우리는 이런 의학적 질환에는 대처했지만, 청소년기의 급성장으로 시작된 통증의 공격은 미처 준비하지 못했다.

앵거스는 신체적인 고통은 물론 어쩌면 이보다 더한 사회적인 고통으로 학교를 자퇴했다. 앵거스를 아는 많은 선생님은 믿기지 않을 정도로 그를 지지해주었지만, 앵거스가 신체적으로 얼마나 힘든지 이해하지 못하는 교사가 일부 있었다. 어느 끔찍한 날, 앵거스가 체육 시간에 참여할 수 없어 웅크리고 앉아 있는데 한 교사가 다른 학생들 앞에서 앵거스를 두고 "한심하다"고 이야기했다. 또 다른 날에는 이 교사가 내 교무실 책상에 앉아 있던 앵거스를 찾아왔다. 나는 그 시간 다른 반에서 수업 중이었다. 이 교사는 앵거스의 얼굴을 들어올리면서 "너는 노력을 전혀 안 하는구나" 하며 빈정댔다. 결국 아이들에게 이런 말은 메아리처럼 남았고, 앵거스는 "빌어먹을 가식적인 호모"라는 말로 괴롭힘을 당했다. 자기에게서 등을 돌린 아이들과 이 선생 앵거스가 눈물을 흘리게 했다. 그는 병원 치료가 아무리 고통스러워도 울지 않았지만, 자신의 무자비한 고통에 대해 이해받지 못한 것에는 눈물을 흘렸다. 심리학자 매슈 리버먼은 우리 뇌의 신경망이 사회관계를 위해 어떻게 연결되는지에 관해 책을 썼다. fMRI를 이용한 그의 연구에 따르면, 우리는 "직관적으로 사회적 고통과 신체적 고통이 근본적으로 다른 종류의 경험이라고 믿지만, 우리 뇌는 이런 고통을 우리 생각보다 더 비슷한 방식으로 처리한다."[1] 앵거스는 신체적 고통은 감당할 수 있었지만 괴롭힘으로 변질된 사회적인 오해는 감당하기 벅차했다.

외과의에서 마사지 치료사, 실력 있는 접골사까지 치료에 매진해준 의료진과 더불어 마음 챙김이 앵거스를 구원해주었다. 만약 만성통증을 가진 아이에게서 직접 확인하지 않았다면 내가 마음 챙김의 놀라운 효과를 믿었을까? 의사이자 마음 챙김 강사인 에이미 살츠먼Amy Saltzman은 마음 챙김의 혜택을 확인하기 위해 만성통증과 만성질환으로 고생하는 사람들을 대상으로 대규모 임상 실험을 했다. 그가 내리는 마음 챙김의 정의는 다음과 같다. "마음 챙김은 인정어린 마음과 호기심을 가지고 지금, 현재에 집중해서 자신의 행동을 선택하는 것이다."[2] 앵거스는 살츠먼의 정의에 따라 마음 챙김 기술을 실천한다. 그는 마음 챙김을 통해 죽음 대신 삶을, 도피 대신 끊임없는 통증을 *선택한다*. 그는 매일 이런 용기 있는 선택을 한다. 집중적인 마음 챙김은 뇌를 치유하고 몸에서 느끼는 통증을 줄이거나 심지어 없애줄 수 있으며, 정신적인 고통도 사라지게 할 수 있다. 앵거스는 밴쿠버 연안의 가브리올라섬에 위치한 개인 및 직업 변화 센터인 더 헤이븐에서 "아이들에게 스포트라이트를"이라는 프로그램에 참여하면서 마음 챙김 기술을 배웠다.* 이 프로그램은 발달 심리학자인 데니즈 골드벡Denise Goldbeck이 고안했으며, 매년 여름 실시되고 있다. 여덟 살 때 이 프로그램을 시작한 앵거스는 호흡과 이미지 기법을 함께 사용하면 스트레스를 낮추고 불안을 진정하며 신경을 안정시킬 수 있다는 것을 배웠다. 하지만 이런 기법이 자라면서 수도 없이 이어진 수술을 감당하고 참기 힘든 무자비한 통증을 견디는 데 도움이 될 줄 어떻게 알았겠는가?

잘 갈고 닦은 대처 기술을 가지고 있어도 참을 수 없는 통증이 찾아오면, 앵거스는 자리에 누워 박스 호흡을 시작한다. 천천히 숫자 넷을 세며 숨을 들이쉰 후, 숨을 참았다가 다시 넷을 세며 숨을 내쉬고, 다시 숨을 참는다. 이렇게 천천히 목적을 가지고 호흡을 하면서 앵거스는 본인이 느끼기에 안전하고 즐거운 장소를 상상한다. 그 장소가 바로 앵거스가 교육받은 더 헤이븐이고, 소중한 친구들이 함께 모이는 곳이다.

앵거스는 10대 후반에 "아이들에게 스포트라이트를" 프로그램을 그만두고, 변화 상담사인 데이비드 레이스비David Raithby와 린다 니컬스Linda Nicholls가 이끄는 "살아 있는 10대"라는 또 다른 더 헤이븐 프로그램을 시작했다. 청소년이 건강한 방식으로 성인기에 들어서도

---

* 소아청소년만을 위한 기관은 없지만, 마음 챙김은 한국에도 많이 소개되어 다양한 사설 기관에서 교육하고 있다.

록 도와주는 이 프로그램에서 앵거스는 자기처럼 육체적 고통을 겪지는 않지만 학대로 인해 본인 이상으로 정서적 통증과 고통을 겪는 10대 친구를 만났다. 앵거스는 일부 10대 아이들이 어린 시절 겪은 끔찍한 학대의 경험에 너무나 가슴 아파하는 인정 많은 아이였다. 다시 한번 말하지만 마음 챙김은 이런 젊은이들의 치유와 생존에 결정적인 역할을 했고, 이런 치유 효과는 과학 연구에서 제대로 밝혀졌다.[3] 우리 모두는 호흡과 마음 챙김 훈련을 통해 뇌에 입은 트라우마와 여기에 동반되는 고통을 치유할 놀라운 역량을 가지고 있다.

이런 훈련이 낯선 사람이 있다면, 마음 챙김은 집중하는 *법*을 연습하는 것이며 거의 3천 년간 지속되어 온 동양 의료의 초석이란 점을 알아두면 된다. 21세기에 광범위하게 실시된 신경과학 연구에서는 8주 동안 마음 챙김 기반의 집중적인 스트레스 감소 프로그램에 참여한 훈련자에게서 걱정, 불안, 우울증 감소와 더불어 대뇌피질과 해마 용적이 증가했다는 연구 결과가 나왔다.[4] 이 연구에서는 16명의 명상 초보자를 대상으로 각각 8주 프로그램 이전과 이후에 뇌 MRI 영상을 찍었다. 참가자들이 매일 27분 동안 깊고 차분한 호흡에 집중한 결과 이들 뇌에서 학습, 기억, 자각, 연민, 자기 성찰에 관여하는 부위인 해마의 회백질 밀도가 높아진 것으로 드러났다. 이 회백질 밀도가 높아질수록 참가자들은 행복감과 평온감이 높아졌다고 보고했다.[5] 이렇게 건강해지고 좋아지는 해마가 있는 반면,

존 레이티가 제시한 어떤 해마는 스트레스 호르몬인 코르티솔에 노출되어 뇌스캔에서 건포도처럼 쭈그러진 모양으로 나타났다.[6]

부교감신경계를 깨우는 마음 챙김

마음 챙김은 성찰 능력, 관계, 회복탄력성을 향상시킨다. 마음 챙김 훈련으로 사회적·정서적 지능이 향상된다는 연구 결과는 확실하다. 이 훈련이 우리 뇌에 특히 유익한 것은 물론이고 신체 건강에도 도움이 된다는 연구 결과가 여럿 있다.[7] 연구에 따르면 마음 챙김은 스트레스를 줄이고, 많은 심리적·신체적 이상, 특히 불안, 트라우마, 중독과 관련된 문제를 완화하는 데 도움이 된다.[8] 연구에 따르면 우리가 행복하고 편안할 때 전체적인 상황에 집중할 수 있고 기억력 유지가 필요한 작업을 잘 수행할 수 있다.[9] 반대로 불안하고 스트레스가 많고 창피당할까 봐 두려워하는 사람들은 종종 수치심 같은 어두운 정서 상태와 관련된 일에 신경을 쓴다. 스트레스가 심하고 걱정이 많을 때는 학습한 것을 대부분 잊고 지식을 새로운 상황으로 바꾸는 데 애를 먹는다. MRI, SPECT, EEG 스캔에서 나타나는 것처럼 마음 챙김은 뇌에 긍정적인 신경가소성 변화를 일으켜 행동과 정서를 조절하는 능력을 향상하는 것은 물론 건강, 수면의 질, 기억력, 집중력을 높이고 기분을 좋게 한다.[10]

신경과학자 스탠 로드스키는 스트레스를 많이 받는 중역을 비롯해 다양한 사람을 대상으로 여러 번 마음 챙김 수업을 했다. 그리고 이와 결합하여 이들에게 추상화에 색을 입히게 했더니 이들 뇌 신경망이 꽤 효과적으로 다시 연결되었다고 밝혔다. 그는 극심한 불안으로 고통받는 한 10대에게 실험에 참여해 달라고 부탁했다. 그는 이 10대 소녀에게 EEG를 연결해서 마음 챙김 훈련과 추상화에 색칠하기 작업을 하기 전과 후, 뇌에 어떤 변화가 일어났는지 컴퓨터 화면으로 확인할 수 있도록 했다. 로드스키는 이 어린 환자가 자신의 기분이 극적으로 향상되는 것은 물론, 컴퓨터 화면으로 보이는 뇌 영상에서 불안이 줄어드는 것을 보며 놀라움을 표시했다고 보고했다. 여러 번의 세션을 통해 이 소녀는 처음에는 스트레스를 나타내는 아주 어두운 색을 사용하다가 점점 밝고 더 가볍게 느껴지는 색을 사용하면서 보다 침착하고 집중력 높은 상태를 보여주었다. 이런 변화는 그를 강건하게 만들었는데, 이 소녀는 자신이 의식적으로 뇌 상태를 선택할 수 있다는 것을 깨달았고, 이 사실은 극심한 불안을 조장하는 무의식적인 뇌 상태에 긍정적인 영향을 주었다.[11] 무의식적인 뇌 상태는 마음속 가해자와 같아서 그 존재조차 모를 수 있지만 우리에게 말을 걸고, 우리를 무시하고, 무한한 잠재력에 제동을 건다. 자신의 뇌 상태나 마음속 가해자를 의식하지 못하면, 마음 챙김 같은 치료법과 개선책을 실행하기가 힘들어질 수 있다.

많은 사람이 신체 운동처럼 마음 챙김이 신체를 건강하게 해주고 인생의 질을 높여준다는 것을 알고 있지만, 하루에 단 30분도 여기에 시간을 할애하지 못한다. 우리는 어떻게 관계를 망치고 건강을 해치며 삶 자체를 위험에 빠뜨리는 결정과 행동을 끊임없이 반복할 수 있을까? 우선 우리가 해야 할 일은 괴롭힘과 학대가 가하는 세뇌와 가스라이팅에 의문을 제기하고, 이를 좀 더 통찰력 있는 건강한 방식으로 바꾸는 것이다. 괴롭힘과 학대가 가하는 세뇌는 수년간에 걸쳐 벌어졌을 가능성이 크기 때문에 쉽사리 없앨 수 없다. 사실 우리의 마음-뇌-몸이 학습된 무기력의 우리에서 자유를 쟁취하기 위해서는 대단한 노력과 믿음이 필요하다. 괴롭힘의 패러다임에서 빠져나오는 한 가지 방법은 이 패러다임이 어떻게 우리를 실패로 이끄는지 이해하는 것이다. 따라서 효과적인 치료법을 제대로 시작하려면 우선 시간을 어느 정도 할애해서 괴롭힘의 패러다임이 우리 뇌에 어느 정도 침투해 있는지 확인해야 한다.

지금까지 교감신경계를 활성화하는 유독한 환경과 만성 스트레스의 위험을 다루었다. 우리 뇌는 거대한 코끼리와 호랑이 같은 포식자가 주변을 어슬렁거리던 그 옛날, 스트레스에 교감신경계 활성화로 대처했고 우스운 이야기이지만 이 양상은 많이 바뀌지 않았다. 우리 뇌는 터무니없이 복잡하고 정교하지만, 동시에 스트레스 대처 문제에는 고집스럽게 시대에 뒤떨어진 방법을 고수한다. 뇌는 직설적이고 간단한 반응을 선호한다. 스트레스가 사람들 앞에서 발표하는 문제든 신용카드 대금 연체든 상관없다. 우리 뇌는 모든 스트레스를 포식자로 해석해서, 맹수와 싸우거나, 맹수로부터 빠르게 달아나거나, 그 자리에 얼어붙어 세렝게티 초원과 섞여 눈에 띄지 않기를 바라는 식으로 스트레스에 대처한다. 뇌는 심장을 펌프질하고, 혈압을 높이고, 생존에 도움이 되도록 인체 시스템 안으로 아드레날린과 코르티솔을 마구 쏟아붓는다. 실상은 우리가 사람들 앞에서 발표하는 문제와 싸울 필요도 없고 부채 문제에서 도피할 필요도 없다는 것이다. 좋은 의도에서 시작된 이 모든 스트레스 대처 방법은 특히 30분 안에 해결되는 빠른 생존 전략이 통하지 않을 때 오히려 역효과가 난다. 우리가 받는 스트레스는 생명에 위협이 되지 않고 대대적인 신체적 반응도 필요하지 않지만, 뇌는 여기에 빨리 대처하지 못한다. 그러므로 21세기의 투쟁-도피-경직 반응은 우리 뇌와 몸에 상당히 무리가 된다. 이에 관한 신경과학 연구를 읽어보면 상당히 우울해진다. 그러나 여기 좋은 소식이 있다. 교감신경계를 안정시키는 것이 무엇일까? 바로 마음 챙김이다.

마음 챙김 훈련은 우리의 부교감신경계를 깨우는데, 이는 스트레스 반응과는 정반대의 반응이다. 부교감신경계는 요동치는 심장을 진정하고 혈압을 낮추며 스트레스 호르몬인 코르티솔 대신 신경전달물질인 도파민과 세로토닌을 분비한다. 또한 뇌와 몸을 편안하게 이완시켜 재충전하고 균형감을 잃지 않고 (정서적·신체적으로) 치유를 하는 데 도움을 준다. 이를 통해 우리는 학습된 무기력이 아닌 평정심을 되찾게 된다. 마음 챙김 훈련은 우리를 편안하게 이끌어 남에게 버럭 화를 내지 않게 한다. 상황에 반응하는 것이 아니라 대응하게 해주는 것이다. 또한 회복탄력성을 개발하도록 도와주어 창의력과 집중력을 향상한다.[12] 참 놀라운 혜택이다. 마음 챙김은 게임 체인저다. 마치 행복처럼 우리에게 경쟁 우위를 안겨준다. 긍정심리학자 숀 아처는 연구에서 명상을 통해 행복감과 관련된 뇌 부위인 왼쪽 전전두엽 피질이 자란 것을 보여준다.[13] 아처는 매일 호흡을 느리게 하고 의식적으로 집중하는 연습을 하면 "행복 수준을 높이고, 스트레스를 낮추며 면역 기능이 향상되도록 뇌신경이 영구적으로 다시 연결된다"고 설명한다.[14] 상처받은 뇌를 가진 사람은 불행이라는 열세에 놓일 수 있다. 마음 챙김은 아처가 말한 행복 혜택을 얻을 수 있도록 신경망을 다시 연결하는 방법이다.

집중하기, 현재에 머무르기, 근심 물리치기

지속적인 활동을 통해 학습을 하면 우리 뇌에 지도가 깔린다.[15] 고통스럽거나 더 이상 도움이 되지 않는 지도는 폐기 처분할 수 있다. 또한 마음 챙김 훈련으로 우리는 몰입감을 얻을 수 있다. 에이미 살츠먼은 마음 챙김에서 얻는 몰입감을 "시간이 느리게 흐르고 세상이 사라지며 개별적 자아로서 자신에 대한 생각 또한 사라지면서 그저 움직임, 리듬, 에너지, 기쁨만 있는 순간"이라고 묘사한다.[16] 또 다른 마음 챙김 전문가인 대니얼 시겔은 본인의 어머니가 자신의 저서 《마인드풀 브레인》을 읽은 후 "마음 챙김이 분노를 즐거움으로 바꾸는 과정"임을 깨달았다고 한 이야기를 들려준다.[17]

마음 챙김 강사인 조지 멈퍼드George Mumford는 대개 사진에서 책상 다리를 하고 앉아 있다. 그의 주위를 엘리트 운동선수들이 농구 유니폼을 입고 눈을 감은 채 원을 그리며 누워 있다. 마이클 조던과 코비 브라이언트 같은 선수들은 최고의 경기력에 도달하기 위해 멈퍼드에게 마음 챙김 훈련을 받았다. 보스턴의 마음·몸 연구소 창립자인 심장병 전문의 허버트 벤슨Herbert Benson의 저서에 나와 있는 것처럼 우리는 마음을 이용하여 뇌와 몸을 치유할 수 있다. 연구에 따르면 마음 챙김과 이완 기법으로 활성화되는 유전자는 사람이 스트레스 받을 때 이를 반대 방향으로 되돌려주는 바로 그 유전자다.[18] 신경학적으로 볼 때 마음 챙김은 자신 내면의 목소리를 듣거나 (요가 강사나 마음 챙김 전문가 같은) 다른 사람의 목소리를 들으면서 자신의 편도체가 발동하는 위협 센서를 진정하는 역할을 한다.[19] 전에 언급했지만 편도체는 (다른 무엇보다) 뇌의 경보 센터이고, 괴롭힘과 학대를 받을 때 상당히 민감하게 반응한다. 편도체는 상황에 과하게 반응하는 경향이 있으며 모든 것을 위협으로 인식해서 관계를 왜곡하고 파멸로 이끌 수 있다. 이런 경우 마음 챙김이 놀라울 정도로 도움이 된다. 마음 챙김은 스트레스 받은 편도체에서 나오는 공포스러운 메시지를 집중력과 에너지를 모으는 평안한 메시지, 현재를 살아가는 친절한 메시지로 바꿔준다. 교감신경계에 따라 투쟁-도피-경직 반응으로 대처하고 싶어도 우리의 의식적인 선택으로 근처에 자신의 생명을 위협할 만한 것이 없다고 판단할 수 있다. 우리는 마음 챙김 훈련을 통해 의도적으로 부교감신경계를 활성화하고, 마음을 가라앉혀 위기에 대처할 수 있으며, 이는 문제를 해결하고 논점을 분명히 밝히며 남에게 공감하고 창의적으로 대처하고 자기를 연민으로 대하는 아주 좋은 방법이다.

멈퍼드는 마음 챙김 훈련을 통해 뇌와 몸에서 발동되는 부교감신경계는 우리의 스트레스 시스템, 즉 교감신경계(투쟁-도피-경직 반응)가 하는 일과 정반대의 작용을 한다고 말한다. "일을 재촉해서 스트레스 호르몬을 잔뜩 분비하는 대신, 부교감 신경은 우리를 느긋하게 해준다. 혈압을 낮추고 심장 박동을 느리게 한다." 마음 챙김으로 활성화되는 부교감신경계는 "아세틸콜린이라는 신경화학물질을 배출하는데, 이 물질은 뇌와 몸을 이완시키는 과정에서 아주 중요한 역할을 한다.[20] 신경과학은 수천 년 동안 축적된 지식을 따라잡고 있는 중이다. 의도적인 깊은 호흡은 세포 단위의 유전자 구성에도 영향을 줄 수 있다.[21] 스트레스 증가, 불안감 생성, 심박동 증가, 혈압 상승 등의 증상이 느껴질 때, 의도적으로 호흡을 느리게 하고 마음 챙김 명상을 실천하면 마음을 다잡고 전체 상황을 차분히 바라볼 수 있다. 우리는 21세기의 불안한 자아를 자신 안에 존재하며 영속적으로 이용할 수 있는 깊고 무의식적인 평온감으로 교체할 수 있다. 자신에게 스트레스와 정서적인 불안을 억누를 힘이 있다는 사실을 발견하는 것만으로도 변화의 힘이 확보된 셈이다.

스탠 로드스키가 제시하는 마음 챙김의 다섯 가지 주요 양상은 다음과 같다.

1. 자신의 호흡과 몸, 또는 걷기, 색칠, 뜨개질 같은 활동에 집중하기.
2. 의도적이고 집중적으로 주의를 기울여서 임의로 떠오르는 생각이나 감정, 주의산만한 상황을 서서히 물리치고 집중을 유지하기.
3. 뇌와 몸을 차분하게 가라앉힌다는 분명한 목적으로 집중하기.
4. 현재에 머무르면서 미래의 의무나 걱정에 관한 기억이나 근심을 서서히 물리치기.
5. 연습을 하는 동안 평가는 금물, 자기에 대한 연민을 가지기.

기억해야 할 중요한 사항은 마음 챙김이 하나의 과정이라는 것이다.[22] 우리는 새로운 것을 시도할 때 몇 번만 하고 나면 잘하게 될 것이라 생각하는 경향이 있다. 이런 빠른 처방식 사고로는 어떠한 훈련 프로그램이나 뇌 훈련도 성공으로 이끌 수 없다. 이들 프로그램은 모두 하나의 과정이다. 모두 어려운 일이지만 각 프로그램은 시도할 가치가 있다.

경험에서 말해줄 수 있는 것은 마음 챙김이 듣기에는 쉬워보일 수 있다는 것이다. 어려운 점은 이 훈련이 우리의 뇌와 몸을 변화시켜주리라 마음으로 이해하는 것이다. 이것이 가장 우선 과제이고, 이런 이해를 통해 우리는 스트레스와 학습된 무기력에서 해방될 수 있다. 알다시피 우리가 웰빙과 행복을 도모하는 건강한 행동을 시도하려고 할 때 마음속 가해자가 툭하면 나서서 "그건 너무 어려워. 효과도 없을 거야. 그런 노력은 사실상 우리를 온전하거나 건강하거나 행복하게 만들어주지도 않으면서, 그렇게 될 거라고 희망만 불어넣는 음모에 지나지 않아. 그런데 왜 그 어려운 걸 시도하려고 하지?"라고 말하며 우리를 꼬드긴다. 마음속 가해자의 말은 모든 수단과 방법을 동원해 자신에 대한 믿음을 지우도록 각본이 짜여 있다. 우리가 이를 똑바로 의식하고 대항하지 않으면 그 말이 우리 마음속으로 파고들 수 있다. 믿음을 가로막는, 신경망에 깊게 박힌 이런 목소리는 뿌리치고 거부하기가 대단히 힘들다. 발화된 목소리의 불씨를 끄려면 어떻게 이런 목소리가 우리 머릿속을 지배하게 되었는지 되돌아볼 필요가 있다. 일단 확인이 되면 이 목소리를 무시하고 마음 챙김과 공감으로 대체하기가 훨씬 쉬워진다. 이 과정이 여전히 잘되지 않는다면 이 책의 초반부를 다시 읽어보기 바란다. 수년간에 걸쳐 깔린 신경망은 쉽게 바뀌지 않는다. 시간과 훈련이 필요하다.

사람을 만드는 코치와 사람을 망치는 코치

NBA 코치 필 잭슨Phil Jackson은 조지 멈퍼드를 프로 농구 선수들의 마음 챙김 코치로 영입한 것은 혁신이었다. 잭슨은 흔히 보는 일반적인 코치는 아니다. 그는 팀 내에 선수들이 머물 수 있는 '내적 성역'을 만들었다. 그는 이 만남의 성역을 토착 토템과 다른 상징적인 물건들로 꾸몄다. "내적 성역을 이런 식으로 장식한 것은 훈련 캠프 시작부터 우승을 결정짓는 플레이오프의 마지막 휘슬까지 우리 선수들이 매년 함께 하는 여정이 신성한 탐색임을 선수들 마음에 주지시키기 위해서다."[23] 우리 자신의 여정도 이런 식으로 보면 된다. 매일 뇌 훈련이나 마음 챙김 훈련 또는 몸을 만드는 훈련에 임하는 것이 너무 어려워도 우리는 치유와 건강, 행복을 최적화하기 위해 마음-뇌-몸을 다시 합체하는 성스러운 탐색 과정에 있음을 인식하라.

로리 데사우텔스Lori Desautels 교수와 교육자 마이클 맥나이트Michael McKnight는 "라코타족 언어에서 어린아이에 해당하는 단어는 와칸제제인데, 이를 직역하면 신성한 존재라는 뜻"이라고 말한다.[24] 우리 내면의 한 살 아이, 여덟 살 아이, 그리고 10대 자아는 모두 신성한 존재이고, 우리가 두개골 속 내적 성역을 똑같이 경외하는 마음으로 대하기 시작하면(이곳이 860억 개의 별같이 반짝이는 뉴런으로 이루어진 곳임을 기억하라), 온전한 자아를 찾기 위한 신성한 탐색에 착수하는 데 필요한 동료애를 갖게 될 것이다. 괴롭힘의 패러다임에서 빠져나오는 가장 효과적인 방법은 신성한 존재로서의 아이는 세뇌되지 않았다는 점을 이해하는 것이다. 아이들은 단순히 복종하기 위해 비판적인 사고를 포기한 적이 없다. 학대가 본인들을 성공으로 또는 위대한 사람으로 이끈다고 믿도록 사고를 왜곡당한 적도 없다. 아이는 어른에게 괴롭힘을 배우면 안 된다. 아이는 선생*이다*. 아이들의 뇌신경은 공감으로 연결되어 있다. 우리를 괴롭힘의 패러다임에서 끌어내 더욱 건강하고 행복한 새로운 패러다임으로 이끌어주는 것은 어린아이들이다.

멈퍼드는 운동선수들이 운동학적 이미지 훈련 또는 시각화 훈련을 통해 몸이 마음을 통해 움직인다는 것을 경험하도록 한다. 운동선수는 이루고자 하는 목표를 *마음속으로* 연습하고 "기대하는 결과를 토대로 삼아 마치 우리가 목표를 실제로 이루는 것처럼 뇌가 인식하도록 신경망을 다시 연결한다."[25] 이런 기법은 다른 학습에도 적용할 수 있다. 예컨대 남을 괴롭히거나 학대하는 사람에게 피해자를 공감과 연민으로 대하는 상상을 하게 하여 뇌 신경망을 의식적으로 다시 연결할 수 있다. 마찬가지로 가해자에게 동조하여 마음속 가해자를 만들어낸 사람 역시 의식적으로 괴롭히고 학대하는 메시지나 행동을 공감 코치의 메시지나 행동으로 바꿀 수 있다.

파괴적인 사고 패턴이나 뿌리 깊은 사고방식 및 이에 수반되는 행동의 신경망을 끊는 것은 쉬운 일이 아니다. 노력과 실천, 매일의 연습이 필요하다. 멈퍼드는 최고 수준의 엘리트 선수도 이를 위해서는 집중과 노력이 필요하다고 말한다. 하지만 연구에 따르면 "의도적으로 마음을 가라앉히고 집중할 수 있는 선수들은 개인적으로 최고 기량을 내는 편"이라 시도할 만한 가치가 있는 연습이라고 덧붙인다.[26] 누군가 선수나 직원 또는 예술가는 스트레스로 완전히 녹초가 되고 여러 가지 일을 동시에 해야 최고의 기량을 발휘하기 때문에, 호된 꾸지람을 듣고 공포 분위기에서 경기를 하며 엄청난 불안을 느끼고 끊임없는 위협을 겪고 신체 역량의 한계를 뛰어넘도록 몰아붙여야 한다고 주장한다면 위에서 언급한 연구를 기억하라. 대니얼 시겔은 의학 박사이자 임상의로서 마음 챙김에 관한 자신의 책에서 마음 챙김은 기도만큼이나 오래된 행위라고 말한다. 기독교에서 도교의 가르침까지 많은 종교 전통에서는 "숨을 고르고 매일매일의 존재 방식 밖에서 마음 상태나 독립체와 연결되는 의도적인 과정에 참여하라"고 독려한다.[27]

수년간 시간을 들여 야구나 체조, 수학, 재무, 리더십, 과학, 언어, 음악, 컴퓨터 프로그래밍 등을 배우고자 한다면 일단 시간을 내서 의지, 시각화, 마음 챙김 같은 인생을 바꾸는 기술을 배울 필요가 있다. 마음과 몸의 기량 향상 외에도 연구에서 끊임없이 입증하는 것은 마음 챙김이 지적 능력 또한 높인다는 것이다.[28] 마음 챙김 훈련을 일찍 배우면 마음 챙김이 우리 뇌의 기본 신경망이 되지만, 어린 시절 배울 기회를 놓쳤더라도 살면서 언제라도 시작할 수 있다. 멈퍼드는 이 과정을 자전거를 배우는 것에 비유하면서 둘 다 경험에 의한 학습 훈련이라고 설명한다. 자전거를 배울 때 우리는 넘어지고 균형을 잃다가 아슬아슬하지만 천천히 그러나 확실하게 자전거를 타게 된다. 이때 우리는 마음이 개입하고 방해하지 않는, 몸이 깊이 체득한 상태에서 자전거를 탄다.[29] 마음 챙김도 동일하다. 경험에 의한 훈련이다. 단순히 읽어서는 배울 수 없고 밤낮으로 연습을 해야 한다. 이것은 시간이 필요하다. 여러분도 나처럼 희망을 잃고, 머릿속에서 맴도는 잡다한 생각이 결코 사라지지 않을 것이라고 불안해할지도 모르겠다. 그렇게 되면 우리는 현재로 들어오지 못한다. 우리는 닥치는 대로 나오는 노래 소절과 분절된 기억, 해야 할 일, 몸이 얼마나 불편한지 하는 생각에 얽매이며 살게 된다. 하지만 마음 챙김을 훈련하고 경험하고 실천하면, 느리지만 확실히 뇌가 속도를 늦추면서 재잘거리는 옹알이에서 벗어난다. 여러분은 허리케인의 눈 속으로 들어가 현재를 의식하고 목적의식을 가지며 호기심을 갖고 남에게 친절하게 대하며 깊은 안정을 찾고 현재에 머물게 될 것이다.

괴롭힘의 패러다임은 우리가 아무런 존재가 아니라고 주장한다. 우리가 귀를 기울여야 할 대상은 권력자의 명령밖에 없다고 말이다. 사실 이들이 모욕과 창피를 줄 때도 우리는 이들의 목소리에 귀기울인다. 자신의 목소리에 귀를 기울일 여지는 전혀 없다. 이들이 뛰어오르라고 명령하면 우리는 "얼마나 높이요?"라는 반응밖에 하지 못한다.

괴롭힘의 패러다임에서 활동하는 트레이너와 코치는 몽고메리가 다니던 고등학교의 교사나 풋볼 선수 조던 맥네어Jordan McNair가 소속되었던 메릴랜드대학의 코치처럼 마음-뇌-몸 간의 깊은 유대감을 효과적으로 단절할 수 있는 사람들이다. 맥네어는 같은 풋볼 팀 선수들과 함께 코치와 트레이너에게 반복적으로 모욕과 굴욕을 당하고 동성애 혐오 욕설을 들었다. 이런 유독한 환경에서 마음속 가해자의 목소리는 선수들을 압도했다. 풋볼을 연습하는 동안 더위로 인해 몸이 위험한 상태라고 뇌에서 경고 신호를 보냈지만, 마음속 가해자는 더위에 쓰러질 때까지 계속 밀어붙이라고 그를 종용했다. 하지만 그가 쓰러졌을 때도 괴롭힘으로 일관하던 맥네어의 코치와 트레이너는 필요한 의료 조치를 취하지 않았다. 그는 일사병으로 쓰러진 지 2주 만에 사망했다. 그의 나이 열아홉 살이었다.

이런 코치와 트레이너는 멈퍼드같이 새로운 신경 패러다임에서 활동하는 트레이너 및 코치와는 정반대의 사람들이다. 멈퍼드는 선수들에게 시간을 내서 자신의 몸이 보내는 소리에 *귀를 기울이라고* 조언한다. "몸에 통증을 느끼면 그걸 애써 무시하지 마세요. 잠시 멈추고 몸이 보내는 소리를 들어보세요. 그 소리를 받아들이고 스스로에게 물어보는 겁니다. '내가 여기서 배워야 할 교훈이 무엇인가? 내가 너무 무리를 했나?' '내가 너무 힘들게, 아니면 너무 오래 훈련을 했나?'"[30]

마음속 가해자를 내면화하는 대신 우리는 자신의 선택에 따라 공감 코치, 즉 대니얼 코일이 재능을 속삭여준다고 말한 그 코치를 내면화할 수 있다. 멈퍼드는 선수들에게 이렇게 말한다. "여러분의 몸은 회로 차단기와 같아요. 부상은 여러분을 보호하면서 뭔가 바꾸라고 말하는 수단입니다. 내면의 조용하고 작은 목소리에 귀를 기울이고 이를 신뢰하는 법을 배우세요. 짧게 보면 뒤처질 수 있지만 길게 보면 훨씬 건강해지고 더 활기차질 것입니다."[31] 잠시 짬을 내 '내면의 조용하고 작은 목소리'에 익숙해지라. 하지만 괴롭힘과 학대의 피해자라면 조심하라. 자기 자신을 이런 기회에 노출하고 내면의 목소리에 귀를 기울이면 마음속 가해자가 다가와 큰 목소리로 기분 나쁜 이야기를 하며 피해를 끼칠 수 있다. 이런 경우, 정신건강 전문가를 옆에 두고 고요하고 조용한 상황을 만들어 자신의 '내면의 작은 목소리'를 들어보는 것도 좋다. 과거에 트라우마를 겪은 경우, 내면의 목소리에 귀 기울일 수 있도록 안전한 공간을 창출할 수 있는 전문가를 곁에 두는 것이 중요하다.

사람을 만드는 코치(또는 부모, 교사, 상사 등)와 사람을 망치는 코치의 차이를 알아보면서, '내면의 조용하고 작은 목소리'를 들으라는 멈퍼드의 조언과 괴롭히고 학대하는 코치의 혐오 욕설을 비교해 보라. 괴롭힘의 패러다임에서 훈련받은 코치는 학생들의 기를 꺾어야 성장 목표를 달성할 수 있다고 믿는다. 이와 반대로 새로운 신경 패러다임의 중앙에는 마음을 챙기라는 멈퍼드의 공감하는 조언이 자리한다. 아무도 기가 꺾일 필요가 없다. 어떤 코치도 선수를 망가뜨릴 필요가 없다. 괴롭힘의 패러다임의 지령에는 *복종하지 않아도* 된다.

연구에 기반한 신경 패러다임은 모두 사람을 *만드는*, 재능을 짓밟지 않고 키우는 패러다임이다. 맥네어는 불행하게도 괴롭히고 학대하는 패러다임을 고수하는 코치와 트레이너 때문에 비극을 맞이했다. 그는 선수로서의 잠재력을 발휘하지 못하고 학대로 인해 10대에 사망하고 말았다. 이와 반대로 역사상 가장 뛰어난 쿼터백이자 지속적으로 최고 수준의 경기력을 보여주는 한 선수는 몸과 뇌를 강화해서 최고 기량을 유지하게 해주는 트레이너의 도움을 받고 있다.

톰 브래디Tom Brady는 트레이너 앨릭스 게레로Alex Guerrero와 매일 체육관에서 운동을 할 뿐 아니라 메르체니치와 그의 연구진이 설계한 뇌 훈련도 매일 실시한다.[32] 새로운 신경 패러다임에서 신경과학자들이 설계한 뇌 훈련은 마음 챙김과 가깝지만 목표가 더 확실하다. 톰 브래디는 매일 뇌 '근육' 운동을 하는데, 이것이 순간적으로 현명한 판단을 내리고 뛰어난 집중력을 유지하며, 코치 및 팀원과 사회적·정서적으로 좋은 관계를 유지하고 탁월한 작업 기억을 활용하고 주변 시야를 넓히는 데 도움이 된다. 그의 선례를 따르는 선수는 또 있다. 바로 이 시대 최고의 축구 선수로 손꼽히는 해리 케인Harry Kane이다. 그 또한 최고가 되기 위해 매일 메르체니치의 뇌 훈련에 임한다고 밝혔다.[33] 다른 엘리트 선수들도 뇌 훈련 프로그램을 이용한다. 몽고메리와 조던 맥네어 같은 10대 선수들이 앨릭스 게레로처럼 선수들이 잠재력을 실현할 수 있도록 몸을 안전하고 유연하게 만들고, 지구력을 기르는 데 목표를 두는 트레이너에게 훈련받지 못한 것은 비극적인 일 아닌가?

학습된 통증을 잠재우는 방법

의사이자 통증 전문가인 마이클 모스코비츠Mickael Moskowitz는 만성통증을 학습된 통증이라고 정의하며 이 책에 소개된 단계를 사고 패턴, 파괴적인 습관, 믿음의 한계를 잊는 작업이라고 말한다. 이는 더 이상 필요하거나 유용하지 않은 학습된 통증 메커니즘과 상당히 비슷하다.[34] 입은 피해를 복구하고 고장난 부분을 고치면서 다시 전체가 되는 과정에서 우리는 여전히 우리 뇌에 상주할지 모르는 괴롭힘의 패턴을 잊을 필요가 있다. 애당초 이런 패턴을 만들어낸 괴롭힘의 패러다임과 마찬가지로 이 패턴들은 다 시대에 뒤떨어진 것들이다. 더 이상 우리에게 도움이 되지 않는다. 우리 기량을 높이기보다는 기를 꺾어놓는다. 이런 패턴을 잊는 한 가지 방법은 이 패턴을 새로운 것으로 바꾸는 것이다. 다음은 노먼 도이지가 묘사하는 모스코비츠의 훈련 과정이다. 그가 만성통증의 지도를 머릿속에서 내몰기 위해 어떤 시도를 했는지 보자.

통증이 공격해올 때마다 그는 즉시 마음속으로 이미지를 그렸다.
그런데 어떤 이미지를 그렸을까? 그는 자신이 이제까지 그려온 뇌
지도를 상상하면서 자기 뇌가 정말 바뀔 수 있다고 확신했다. 먼저
그는 만성통증에 시달리는 자기 뇌를 떠올리고, 그 뇌가 신경가소
적으로 얼마나 많이 팽창되었는지 관찰했다. 이후 통증이 전혀 없
었을 때처럼 뇌가 소성수축firing shrinkage하는 모습을 상상했다.[35]

위와 동일한 기법을 뇌에서 변화시키고 싶은 부분 어디에나 적용
할 수 있다. 반드시 만성통증일 필요는 없다. 반복적으로 이미지를
그리면 생각이 뉴런을 자극하면서 원하는 방향으로 움직인다. 생각
하는 방식이나 생각하는 내용은 특정 뇌세포를 자극하는 역량이 있
다. 도이지는 "뇌스캔으로 보면, 활성화되고 있는 뇌의 시각 뉴런으
로 혈액이 빠르게 흘러가는 모습을 확인할 수 있다"고 설명한다.[36]
우선 자신이 가지고 있는 신경학적 상처와 여기에 동반되는 건강
문제를 머릿속에 떠올려보자. 그런 다음 의식적으로, 목적을 가지
고 마음을 집중해서 이 지도를 상처가 전혀 없고 건강이 회복된 지
도로 바꿔보라. 물론 우리 경험과 뇌는 각각 독특해서, 이런 훈련은
여러 다양한 형태를 띨 수 있다. 중요한 사항은 자신의 통증을 인식
한 다음, 정신을 집중하여 마음속에 이미지를 그리는 작업을 통해

뇌 속의 통증 회로를 잠재울 수 있다는 것이다.

모스코비츠는 신경가소성이라는 전례 없는 위력을 이용하고 있다. 멈퍼드가 선수들을 마음 챙김의 상태로 이끈 다음 이들이 달성하고자 하는 선수로서의 위업을 시각화하도록 하는 것과 똑같이, 통증 전문가는 밀려드는 통증을 인식하고 마음 챙김의 상태로 이끈 다음 통증이 전혀 없는 뇌 지도를 체계적으로 시각화할 수 있도록 한다.

여기에서 모스코비츠가 통증 지도를 무시하거나 부인하지 않는다는 점을 주목하라. 그는 통증을 인식한 다음, 통증의 발화가 꺼져 신경망과 연결될 수 없을 때까지 머릿속에서 이미지를 다시 그리는 작업을 한다. 앵거스의 치료 방식은 그의 통증이 부상이 아니라 해부학적으로 촉발되었기 때문에 이와는 다르다. 앵거스는 모스코비츠처럼 치유되지 않았다. 사실 전문가들은 클리펠-파일 증후군의 유합된 경추나 이에 수반되는 까다롭고 생명을 위협하는 질환을 어떻게 치료할지 난감해한다. 모스코비츠와 달리, 앵거스는 통증이 줄지 않는 상태에서 마음 챙김 기법을 이용하여 고통으로 가득 찬 어두운 방을 벗어나 자신의 선택에 따라 안전하고, 밝고, 친구들과 멘토와의 좋은 기억으로 가득한 곳으로 나왔다. 이 훈련을 통해 앵거스는 힘을 얻고, 의료계가 본인의 통증을 다스릴 길을 찾기를 진심으로 바라고 기도할 공간과 시간을 얻는다.

앵거스가 내게 자신이 매일 겪는 통증을 감당할 수 없을 것이라고 솔직하게 털어놓은 것은 원하는 신경망의 강화가 순식간에 이루어지지 않는다는 뜻이다. 쉬운 일이 아니다. 자기 자신을 믿어야 하고 매일 훈련을 해야 한다. 뇌 훈련을 하고, 최고의 몸을 만들고, 매일 마음 챙김 훈련에 매진하는 일만큼이나 어려운 일이다. 앵거스는 2주에 한 번 트레이너 브리아나 메이Briana May와 함께 뉴로모션Neuromotion에서 진행되는 특별 물리 요법 수업에 참가한다. 생애 최악의 편두통을 앓으며 1시간에 걸친 운동에 참여하는 모습을 상상해보라. 이런 훈련을 감당하기 위해서는 자기 자신을 철석같이 믿어야 하고 자제력도 필요하다. 앵거스는 건강의 기저선을 유지하기 위해 극심한 통증을 극복하려고 노력해야 한다. 모스코비츠는 만성 통증을 겪으며 살아가는 사람들에게 필요한 노력을 다음과 같이 묘사한다. "나는 끈질기게 싸워야 했다. 통증 신호보다도 더 끈질기게 버텨야 했다." 우리가 기억해야 할 핵심 단어는 바로 *"끈질겨야* 한다"는 것이다. 신경망이나 뇌 지도를 바꾸는 것은 쉬운 일이 아니다. 엄청난 에너지와 노력, 힘든 훈련, 그리고 이 훈련이 가치 있으며 자신이 해낼 수 있다는 믿음이 필요하다. 모스코비츠는 매 순간 고통이 엄습할 때마다 눈을 감고 신경망을 끊고, 지도를 줄이는 상상을 하곤 한다.[37] 우리 역시 괴롭힘과 학대가 뇌 속에 연결해둔 관계를 끊어낼 수 있다. 모스코비츠가 자신의 뇌를 바꾸고 움직임과 만성통증을 분리해서 생각했듯이, 우리 역시 신경망과 뇌 지도를 바꿀 수 있다. 하지만 *끈질겨야* 한다. 매일 고통을 겪을지라도 자기 자신을 믿어야 한다.

실제 전사들이 성공적으로 이용하는 새로운 기법이 있다. '가상 이라크'라는 이름의 프로그램은 PTSD를 앓는 참전 병사를 대상으로 만들어졌다. 참전 병사들은 일상으로 복귀해도 전투 장면, 냄새, 소리 등의 자극에 의해 끊임없이 전쟁 트라우마에 시달린다. 성공적인 치료법은 비디오게임 같은 소프트웨어로 이들의 트라우마를 재생시키는 것이다. 소음, 특정 빛, 특별한 움직임 같이 트라우마를 촉발하는 요소를 다시 힘들게 경험하면서 이들은 의식적으로 끔찍한 반응과 이런 요소를 분리한다.[38] 이것은 물론 하룻밤 사이에 이루어지지 않는다. 이 과정에서 정말 많은 믿음이 필요하고, 공감 코치와 함께 의도적인 훈련을 해야 한다. 이외 다른 훈련으로 트라우마를 가진 참전 병사들이 침착함과 차분함을 유지하는 뉴런을 발화할수록 침착하고 차분한 신경망이 연결될 가능성이 커진다. (지방질의 흰색 절연체인) 미엘린이 새 신경망을 감싸 효율성을 높여주면 이것이 기본 신경망이 된다.

기본적인 전제는 참전 병사들이 이제는 안전하다는 메시지로 자신의 뇌를 다시 설정하기 위해서는 비디오게임을 통해 트라우마를 일으킨 지역으로 다시 돌아갈 필요가 있다는 것이다. 과거에 겪었던 괴롭힘이나 학대 트라우마에도 이와 동일한 기법을 적용할 수 있다. 물론 이 과정에서 과거의 고통이 촉발될 수 있고, 따라서 만반의 대책을 마련할 필요가 있기 때문에 이런 종류의 훈련을 할 때는 정신건강 전문가와 함께 하는 것도 좋은 생각이다. 2018년 이후 모든 미국 병사와 선원, 공군, 해병은 미군의 지원으로 메르체니치의 뇌 훈련을 무료로 받았다. 이 훈련은 최고의 기량을 지원하고 생과 사의 현장에서 결정적인 역할을 할 뿐 아니라, 전쟁 지역에서 경험한 폭발과 심리적 트라우마로 인해 생긴 뇌의 상처를 복구한다.[39]

모스코비츠의 환자 중 한 명은 자기 뇌가 만성통증에 지배받는 동안 생활이 어떠했는지 다음과 같이 표현했다. "나는 우울했고 자살 충동에 시달렸다. 의사가 무슨 약을 처방하든 소용이 없었고 통증이 사라지지 않았다. 통증뿐 아니라 복용한 약으로 인해 정신이 맑지 않았기 때문에 나는 TV를 보거나 책을 볼 수도 없었다. 내게는 살 이유가 전혀 없었다."[40] 정서적 통증이 신체적 통증과 신경 회로를 공유한다는 점을 기억한다면 환자의 표현대로 엘런이 자살한 후 내 심정이 어땠는지, 괴롭힘의 패러다임이 짓누르는 무게감 때문에 변화가 가능하다는 생각이 얼마나 부질없게 느껴졌는지 이해가 갈 것이다. 이 때문에 뇌의 신경가소성을 이용해서 통증을 회복하는 모스코비츠의 접근 방식을 접했을 때, 나는 희망을 느꼈다. 천천히, 목적의식을 가지고 단계를 밟아가면 엘런이 느꼈던 고통을 다른 사람은 느끼지 않게끔 하는 책을 쓸 수 있겠다는 믿음이 생겼다. 괴롭힘의 패러다임의 거짓과 조종을 고발하면서 나는 학습된 무기력의 우리에서 점점 멀리 달아났다.

앵거스의 고통을 대신 짊어지고 싶다는 소망은 어리석은 바람이었을지도 모른다. 그러기 위해서는 괴력을 갖춰야 하는데 나는 아직 그 수준에는 이르지 못했기 때문이다. 그러나 작은 발걸음부터 시작한다면 신체적 고통에서 유발되었든 정서적 고통에서 유발되었든, 우리 모두는 느리지만 확실히 통증을 치유할 수 있다. 모스코비츠의 마음 챙김을 통한 이미지 떠올리기 훈련은 수주에서 수개월, 1년까지 이어졌다. 이 훈련은 자제력과 헌신이 필요한 일이지만 여기 좋은 소식이 있다. 이제 모스코비츠는 더 이상 만성통증을 느끼지 않는다. 그의 뇌는 이제 더 이상 당황스러운 통증을 수반하는 모든 자극에 과하게 반응하지 않는다. 그는 신경가소성을 이용해서 뇌의 통증 회로를 진정시켰다. 자극에 반응하지 않고 대응하게 된 것이다. 다시 말해 그는 마음 챙김을 숙달했다. 변화나 위협을 감지할 때마다 경종을 울리지 않도록 자신의 뇌를 현재 모드에 가져다 놓았다. 그는 고통 없이 생활한다. 이 과정에 적용되는 중요한 신경과학 구문은 "사용하라, 그러지 않으면 잃는다"다. 모스코비츠가 그의 통증 지도를 발화하거나 사용하지 않았기 때문에 통증이 사라진 것이다. 이를 실천하면서 그는 이 통증의 신경망을 잃었을 뿐 아니라 새로운 지도를 그렸다.[41]

부상이 아닌 해부학적 기형인 경추 유합 때문에 고통받는 앵거스의 경우, 아직 만성통증이 줄어들지는 않았다. 하지만 마음 챙김 훈련을 발전시켜 어두운 자기 방에서 나오거나 소음을 차단하는 헤드폰을 벗지 않고도 야생에 들어가 걷고 뛰고 뛰어오르고 여행하고 다른 사람들과 깊게 교감하고 승리와 비극을 공유하며 대의를 위해 싸우고 놀라운 모험을 한다. 앵거스의 마음 챙김 훈련은 고통의 숨통을 터줄 뿐 아니라 스토리텔링을 하고 소설을 마음껏 쓸 수 있는 내면의 세상을 열어주었다.

이제 그의 글을 읽는 선생님들은 앵거스에게 "한심하다"거나 "노력하지 않는다"는 이야기를 하지 않는다. 교사들은 앵거스가 "재능을 타고났다"고 이야기한다. "이토록 어린 데도 이렇게 깊은 심리적 통찰을 가진 학생은 본 적이 없다"는 것이다. 교사들은 "앵거스의 어휘력이 믿기지 않는다"고 이야기하며, "빠른 속도감의 흥미로운 액션을 강렬하게 묘사하는 기술은 진정 매력적이다"라고 칭찬한다.

앵거스의 통증 여정과 괴롭힘과 학대로 인해 정서적 고통을 겪는 사람이 거쳐야 할 통증 여정의 다음 단계는 뇌 훈련으로 마음 챙김을 강화하는 것이다. 메르체니치는 앵거스 같은 환자가 해볼 만한 전략은 속도와 집중 범주에서 브레인HQ 훈련에 전념하는 것이라고 조언한다. 그는 "시각이나 청각의 속도 훈련은 소뇌에서 처리되어 다른 시스템에 일반화되면서 물리적·기능적 변화를 유도한다"고 설명한다. 인간을 대상으로 하든지 동물을 대상으로 실험하든지 간에 과학자들은 이 훈련이 체성감각somatosensory 뇌 영역에서 긍정적인 영향을 보여줬다고 발표한다. 뇌에서 신체적 또는 정서적 통증을 겪는 개인이 뇌 훈련에 전념하여 처리 속도를 향상하거나 듣기 속도를 높이는 기술을 익히면 통증이 줄어드는데, 호전되었다는 느낌은 관련된 신경학적 변화로 볼 수 있다. 통증이 경추 유화에서 왔든지, 괴롭힘과 학대에서 왔든지 간에 통증 감소 측면에서 메르체니치는 환자 본인의 역량을 중요시하며, 이때 신경학적 변화는 좋은 신호다. "이런 일반화는 신체 영역을 통증보다 무통이 지배한다는 생각으로 재설정하는 긍정적인 효과가 있습니다. 이런 훈련을 시도해도 앵거스에게 해가 될 리 없어요. 오히려 도움이 될 수 있습니다."[42]

만성적인 퇴행성 질환을 가진 아이의 부모로서, 신경과학을 통해 통증을 줄이는 방법이 있다는 것은 깜짝 놀랄 만한 일이었다. 괴롭힘과 학대로 인해 건강 악화와 극심한 심리적 통증을 겪는 사람들의 사례를 읽고 이들에 관한 글을 쓰는 저자로서도, 통증의 지도를 다시 작성해서 무통의 지도로 바꿀 방법이 과학적으로 확립되어 있다는 것은 고무적인 일이다. 인간의 활동과 마찬가지로 "마음 훈련이 뇌가소성을 이끈다"는 사실을 예전에는 몰랐다는 것이 나로서는 너무 가슴이 아프다. "불행을 미리 연습하면 이 불행이 뿌리를 박고 자랄 수 있다"는 사실을 나는 이해하지 못했다. 엘런에게 "뇌에는 고통이 생기고 지속되기 쉽다"라고 말해줄 수 있었다면 얼마나 좋았을까. 얼마나 많은 고통이 우리 뇌를 점령할 수 있는지 모르는 채로 살아간다는 것은 위험하고 생명에도 위태로운 일이다. 만성통증을 앓는 환자와 학대 피해자의 경우 통증은 보통 원인이 사라진 후에도 계속된다.[43] 하지만 우리의 케케묵고 한정적인 괴롭힘의 패러다임은 몸이 치유되고 학대한 사람이 사라지면, 피해자도 치유되고 안전하게 고통 없이 지낼 것이라고 믿는다. 이런 해로운 신화의 실체를 폭로하기엔 너무 늦은 감이 있다. 고통은 우리 뇌에 남아 무시무시한 피해를 남길 수 있다.

8단계: 뇌 지도를 다시 그려라

좀 더 집중적인 뇌 훈련을 위한 준비 단계로서 마음 챙김 훈련을 시작하고 싶다면 모스코비츠가 제시하는 단계별 접근 방식을 시도할 수 있다. 그는 건강과 행복을 회복할 수 있도록 파괴적인 지도는 지우고 다시 그리는 뇌 지도 제작자가 되는 방법을 제시한다. 그는 우리가 기억하기 쉽도록 머리글자 '미러mirror'를 사용하여 고통을 완화하거나 없애는 여섯 가지 단계를 알려준다.

동기부여Motivation 적극적으로 이미지를 그리는 단계다. 괴롭힘의 패러다임은 "너는 그럴 가치가 없어. 넌 그걸 할 만한 사람이 아니야. 네 잘못이야. 스스로 부끄러운 줄 알아야지"라는 메시지를 끊임없이 보낸다. 온전하고 건강하게 살고 싶다는 욕망의 목소리만 높여서는 마음속 가해자만 자극하는 꼴이 될 수 있으니, 자신의 상처를 치유하고 건강을 회복할 권리를 주장할 준비를 단단히 하라. 자신을 무조건적으로 믿어주고 연민으로 바라보며 재능을 속삭여 줄 자신만의 공감 코치를 영입하거나 마음속에 창조하라.

의지Intention 마음을 이용해서 뇌를 바꾸는 데 초점을 맞추는 단계다. 단순히 믿음이나 습관을 바꾸는 것으로 목표를 정하면 실패하기 십상이다. 처음에는 힘들고 실수할 수도 있다. 실패할지도 모른다. 두 걸음 전진하다 한 걸음 물러설 수도 있다. 그래도 된다. 그렇다고 우리의 의지가 바뀌지는 않는다. 뇌는 실수를 하면서 배우기 때문에 뇌를 지켜보면서 상처를 치유하고 건강을 회복하려는 의지를 분명히 하라.

끈질김Relentlessness 불확실성에 맞서 싸우는 전사처럼 끈질기게 버텨야 한다. 고통과 수치심, 학대와 관련된 일들, 가치 없다는 생각, 무기력과 절망감을 느끼는 순간을 밀쳐내야 한다. 우리가 가지고 있는 것은 전례 없는 신경가소성이니 이를 이용하라. 신경과학 연구에 따르면 오로지 열정적으로 집중해야 뇌 지도를 바꾸는 데 성공한다. 고도의 집중을 유지할 수 있도록 산만하게 하는 요소는 피하라.

신뢰Reliability 통증 시스템은 우리를 보호하도록 진화했다. 이것은 적이 아니라 우리의 보호자다. 따라서 이 시스템이 보내는 신호를 신뢰하고 협조할 필요가 있다. 괴롭힘의 패러다임에서 겪은 정서적·신체적 통증은 우리 뇌에 각인된다. 진화적으로 우리는 위협과 위험을 기억해서 그 근처에 얼씬도 하지 않아야 하기 때문이다. 따라서 자신이 느끼는 통증과 보호자를 존중하고, 마음의 힘으로 이들을 물러가게 해서 스스로 세상을 보고 경험하는 지도를 다시 만들라.

기회Opportunity 매번 찾아오는 통증을 이를 저지할 수 있다는 맥락에서 선물로 본다면, 이 통증에는 사고방식을 바꿔 뇌 속 화학물질을 바꿀 역량이 있다. 과거에 극심한 고통을 겪었을지 몰라도 이제는 다 끝난 일이다. 문은 열려 있으니, 막강한 삼총사인 마음-뇌-몸이 학습된 무기력의 우리에서 우리가 당당히 걸어나올 수 있도록 도와줄 것이다. 한계 짓는 믿음과 파괴적인 습관은 버릴 수 있다. 우리는 이들을 한계 없는 잠재력과 건강한 선택으로 대체할 수 있다.

회복Restoration 상처를 치유하고 건강을 회복하기 위해서는 반응이 아닌 대응하는 자세를 취해야 한다. 마음 챙김 훈련은 스트레스와 자극을 받지 않고도 상황과 타인에 대응할 수 있도록 신경망을 강화한다. 통증에는 이런 식으로 접근하라. 우리는 통증과 싸우는 것이 아니고 통증으로부터 도망치지도 않으며 통증에 맞서 경직되지도 않는다. 우리는 자신의 부교감신경계를 자유 의지로 활성화해 건강하고 온전하고 통합된 뇌 기능을 회복하는 중이다. 깊고 평온한 호흡과 이미지 구현 연습은 마음에서 뇌와 몸으로 우리가 안전하고 보호받고 있으며 평온하고 힘을 갖추고 있다는 메시지를 전달해준다.

모스코비츠는 자신의 만성통증을 없애는 데만 성공한 것이 아니다. 그는 통증으로 고통받는 많은 사람에게 그를 본보기로 이용하라고 가르치면서 이들과 함께 성공을 거두고 있다.

9

운동: 뇌를 회복하는 최고의 방법

몽고메리는 고등학교 졸업반 때, 혼자 자기 방 침대에 누워 천장만 바라보면서 대부분의 시간을 보냈다. 그렇게 꼼짝 않고 지내는 모습은 처음 봤다. 그는 타고난 운동선수에다 운동감각이 뛰어났다. 몽고메리가 아장아장 걸을 때 플라스틱 하키 채를 쥐고 부엌 문간에서 공을 막는 모습을 찍은 사진이 있다. 결국 부엌 문턱은 퍽*으로 생긴 검은 자국으로 닳아버렸다. 몽고메리는 두 살에 스케이트를 탔고 다섯 살에 하키를 시작했으며 1년 동안 축구와 럭비를 하면서 아이스하키 선수로도 뛰었다. 그는 하키 대표 팀과 한 학년 위의 럭비 팀에서 뛰어달라는 요청을 받았지만 농구에 집중하기 위해 두 운동은 하지 않기로 결정했다. 1년간은 조정 팀에 들어가 4인조 경기에서 금메달을 따기도 했다. 몽고메리는 스쿼시, 테니스, 골프를 즐기고 하이킹이나 스키 타러 가는 걸 좋아한다. 하지만 그가 정

＊　　아이스하키에서 공처럼 치는 고무 원반.

말 좋아하는 운동은 언제나 농구였다. 그는 집 차고에 설치한 농구 골대에서 시간 가는 줄 모르고 골 넣는 연습을 하곤 했다. 여덟 살때 첫 팀에서 활동했고, 10대 시절 확실하게 농구에 전념할 수 있도록 다른 운동은 포기했다. 걸을 때도 항상 골을 넣는 모션을 취했고 마치 앞에 선수가 있는 것처럼 이들을 속이는 모션을 하기도 했다.

그런 몽고메리가 지금은 침대에 누워 허송세월을 보내고 있다. 1년 전 4월, 교장 선생은 학생들에게 농구 팀에서 당한 학대를 증언하라고 설득했다. 하루하루 사태는 확대되었다. 코치의 학대를 고발한 것은 졸업반 남학생 팀만이 아니었다. 졸업반 여학생 팀과 11학년 남학생 팀도 학대 고발에 동참했다. 학대 상황이 심각해질수록 교장과 위원회에서는 더욱 모순되는 방침을 발표했다. 교장은 졸업반 남학생 코치와 이야기를 나누었고 이들이 특히 몽고메리와 관련된 처사에 대해 미안해하고 있다고 전했다. 이들이 몽고메리에게 얼마나 많은 피해를 줬는지 모르고 있더라는 말도 전했다. 그다음 날 교장은 이들 코치가 결백하다고 믿는다는 내용을 공지했다. 혼란스러웠다. 교장은 코치를 바꿀 것이라고 약속했고, 학대에 관해 자세히 증언한 학생들에게 반드시 비밀을 보장하겠다고 확언했다. 하지만 그는 약속을 지키지 않았다.

몽고메리는 스포츠에 확실한 정열과 재능이 있었기 때문에 대학 농구 팀에 지원하고 싶어 했다. 하지만 코치 자리에 있던 두 학대 교사의 지도를 받으며 경기하는 것은 거부했다. 여섯 명의 남학생이 그해에 경기 참여를 거부했다. 마음-뇌-몸의 관점에서 볼 때는 건강한 결정이었지만, 그럼에도 몽고메리는 심각한 우울증에 빠졌다. 좋아하던 스포츠, 자신의 자아감과 미래관에 그토록 중요한 스포츠를 하지 못하고, 목소리를 냈다는 이유로 교장에 의해 2차 피해자가 되어 괴롭힘을 당하는 것은 그가 감당하기에 너무 버거운 일이었다. 그는 졸지에 우등생에서 학교를 172일 동안 결석하고 학년말 시험도 보지 않았으며 심지어 졸업식에도 불참한 학생이 돼버렸다. 설상가상으로 몽고메리는 자기 팀과도 경기할 수 없었다. 보통 몽고메리는 1주일에 6일 동안 농구 연습을 하고 경기에 참여했다. 농구 스케줄이 9월에 시작해서 4월까지 이어질 정도로 빡빡해도 그는 시간이 날 때마다 농구 캠프에 참여했다. 경기만으로는 충분하지 않았던 것이다. 이제 그는 한없이 추락하고 있었다. 축구를 하고 야외 교육 리더십 프로그램에 계속 참여했지만 이런 것들이 농구와 같지는 않았다. 아버지와 친구들과 골프와 테니스를 쳤지만 이 운동이 농구 경기를 대신하진 못했다. 그는 거의 하루 종일 눈을 감은 채 누워 있거나 천장만 멍하니 바라보았다. 말도 거의 하지 않았다.

나도 고등학교 마지막 해에 심각한 우울증을 앓았던 터라 몽고메리가 얼마나 무기력하고 오갈 데 없는 느낌을 받을지 알았지만, 어떻게 도와야 할지 몰랐다. 몽고메리는 뛰어난 스포츠 심리학자에게 매주 상담을 받는데, 그동안 얼마나 극심한 공포 상태에서 경기를 했는지 깨달으면서 본인의 학습과 성공을 뒷받침해줘야 할 사람들에게 뺏긴 미래에 대한 절망감을 떨쳐버리지 못하는 것 같았다. 이런 배신감은 그를 아주 어두운 곳으로 밀어냈다.

그러던 어느 봄날, 수개월 동안 혼자 고립되어 고통의 시간을 보내던 몽고메리가 러닝화 끈을 조여맸다. 그는 뒤도 보지 않고 집 현관을 걸어 나갔다. 그 이후 몽고메리는 하루에 30분에서 1시간을 달리기 시작했다. 조깅을 하는 것이 아니다. 그는 달린다. 나는 거실 창문에서 195센티미터의 키에 근육량이 78킬로그램이나 되는 몽고메리가 집까지 이어지는 높은 언덕을 오르기 위해 마지막 안간힘을 쓰는 모습을 지켜본다. 한 달 후 그는 오르막길 경사를 마치 내리막길을 가듯 붕 떠가는 것처럼 달렸다.

대학 졸업 후 몽고메리는 밴쿠버에서 직장 생활을 했다. 밴쿠버 외곽에는 그라우스라는 산이 있고, 바위와 나무를 타고 이어지는 경사는 일반 계단보다 가파르다. 평균적인 체력의 사람이라면 1시간 정도 걸려 정상까지 올라가 곤돌라를 타고 내려온다. 몽고메리는 시간 나는 대로 자주, 그라우스 그라인드 하이킹 코스를 뛰어올라갔다.

운동과 놀이가 뇌에 주는 무한한 혜택

당시엔 몰랐지만 나는 이제 유산소운동이 뇌에 생긴 상처를 치유하고 마음-뇌-몸의 건강을 회복하는 최고의 방법임을 안다. 2010년, 미국정신의학회American Psychiatric Association는 우울증 치료 지침을 새로 발표했고, 사상 처음으로 운동이 입증된 치료 방법으로 등재되었다.[1] 몽고메리는 운 좋게도 자연적으로 운동과 스포츠에 끌려 이런 활동을 했지만, 우리 역시 육체적 자아의 놀라운 힘을 이용해 뇌가 입은 트라우마의 상처에서 회복될 수 있다.

괴롭힘의 패러다임이 우리를 어떻게 분열시키는지 알아보는 방법은 잠시 짬을 내 이 패러다임이 우리의 뇌와 몸을 어떻게 별개의 개체, 심지어 낯선 개체로 보는지 생각해보는 것이다. 앞서 살펴봤듯이, 안토니오 다마지오의 '데카르트의 오류'라는 틀 안에서 운영되는 학교는 쉬는 시간과 체육 수업을 제한하거나 심지어 없애야 한다고 생각한다. 왜 그런 생각을 할까? 그러면 학습과 공부에 더 많은 시간이 확보되기 때문에 학생들의 학업성적이 향상될 거라고 믿기 때문이다. 이런 믿음은 뇌의 관점에서는 말이 전혀 되지 않는다. 2007년 미국소아과학회AAP는 쉬는 시간 연구에 착수했다. 학회의 가설은 쉬는 시간이 신체적 측면에서 아이들에게 중요하다는 것이었다. 실제 이들은 쉬는 시간이 아이의 모든 면에 이롭다는 사실을 발견하고 놀라움을 금치 못했다. 운동과 놀이는 사회적·정서적·인지적으로 아이들에게 많은 혜택을 주었다.[2] 이 연구가 지금은 잘 알려져 있고 명망 있는 미국소아과학회의 인정을 받았음에도, 여전히 아이들을 그저 책상 앞에 앉히고 복종을 강요하고 정보를 쏟아붓는다는 명목으로 아이들에게 쉬는 시간과 운동하는 시간을 뺏고 싶어 하는 사람들이 있다.

사람들은 비만을 근절하기 위한 방편으로 신체 활동을 중시하지만, 이에 못지않게 신체 활동과 놀이가 뇌 건강에 중요하다는 사실은 거의 모른다. 좌식 생활이 인지력 저하와 상관관계가 있다는 사실은 잘 알려져 있다.[3] 점점 저하되는 읽고 쓰는 능력과 기본적인 산술 능력이 염려된다면 보건 계획의 일환으로 모든 아이가 쉬는 시간에, 또 체육 시간이나 다른 활동 시간에 적극적으로 몸을 써서 뛰어놀 수 있는 여건을 마련해야 한다. 방과 후 아이들이 집에 가서 여러 시간 숙제를 해야 하는 현실을 보면 교육 당국이 운동과 자유로운 놀이를 통해 뇌가 받는 무한한 혜택을 전혀 이해하지 못한다는 것이 드러난다.

ACE 연구에서 확인했듯이 비만은 오로지 신체 활동 부족만으로 생기지 않는다. 사람들은 성폭력 또는 신체적 폭력에서 자신을 보호하기 위한 방편으로 먹는 경향이 있다. 메르체니치는 "음식 섭취는 뇌를 통해 조절된다"는 이야기를 상기시켜준다. 신경내분비학자 메리 댈먼Mary Dallman은 연구를 통해 "스트레스를 받으면 직접적으로 탄수화물을 갈망하게 된다"고 밝혔다. 많은 사람이 운동만 하면 체중을 줄이고 더 건강해질 것이라고 믿는다. 분명 맞는 말이지만 메르체니치는 뇌 운동으로 과도하거나 건강하지 못한 음식 섭취를 유발할 수 있는 신경학적 왜곡을 해결할 필요가 있다고 강조한다.[4]

분자 생물학자인 존 머디나는 운동의 중요성을 다음과 같이 주장한다. "시험 점수를 잘 받겠다고 인지능력을 향상할 가능성이 가장 높은 활동인 신체 운동을 줄이는 것은 밥을 먹지 않고 살을 찌우겠다는 것과 같다."[5] 메르체니치는 단순히 몸만 또는 단순히 뇌만 또는 양쪽 다 "운동하는 식으로 조건을 걸어 시험해보면 통찰력 있고 응용 가능한 결과를 얻을 수 있다"고 주장한다. 연구에 따르면 인지능력을 높이고 싶을 경우, "직접적인 뇌 운동이 실질적으로 더 강력한 효과를 낸다." 6장에서 언급했듯이 우리 뇌는 몸만큼 운동을 필요로 하고 갈망한다. 뇌를 건강한 상태로 유지하는 것은 지금까지 연구상 가장 중요한 인지능력 강화 방법이다. 여기에 신체 운동을 더하면 건강하고 강한 고성능 뇌를 만들 역량을 훨씬 높일 수 있다. 신체 운동만 한다면 성과는 뚝 떨어진다.[6] 핵심은 삶의 역량을 최적화하려면 마음-뇌-몸을 총체적 트리오로 봐야한다는 것이다.

일부 교육 입법가들은 21세기 뇌 연구에 문외한인 것처럼 보이지만, 우리는 그럴 필요가 없다. 쉬는 시간을 줄이고, 너무 오랫동안 책상 앞에 가둬 놓고, 괴롭히는 코치 때문에 체육 수업이나 방과 후 스포츠를 즐기지 못하게 하거나 운동 부족으로 인해 집중할 수 없을 때 약물을 복용하게 하는 학교에 다녔다면, 지금은 이런 사고방식을 바꿀 때다. 마음-뇌-몸 안에는 제동장치가 없다. 이들은 하나의 아름다운 완전체 안에 떼려야 뗄 수 없이 얽혀 있다. 마음-뇌-몸이 한물간 괴롭힘의 패러다임에 의해 분리되었다면 이제는 분열된 접근 방식을 거부하고 피해를 치유할 때다. 뇌와 몸의 건강과 웰빙에 이르는 가장 빠르고 확실한 길은 움직임, 즉 격렬한 유산소운동이라는 증거가 상당히 많이 축적되어 있다.[7] 뇌와 몸은 분리되어 있지 않고 같이 연결되어 있다는 점을 주목하라. 이런 사실은 펠리티와 앤더가 연구하는 총체적인 의학 모델을 상기시키며, 학습에 있어서 다마지오의 인지와 정서의 연결을 떠올리게 한다. 정신과 전문의 스탠리 그린스펀 역시 온전한 자아를 강조한다.

"사고의 기본 요소 즉 인간 생활 중심을 차지하는 창의력의 진정한 핵심에는 살아 있는 경험이 필요한데, 이 경험은 정서 구조를 통해 걸러지는 지각에서 비롯된다. 우리는 이런 지각 덕분에 감각이 무엇을 할 수 있는지 이해할 수 있을 뿐 아니라, 이 감각을 통해 우리에게 전해지는 것과 느끼고 생각하는 것을 이해할 수 있다."[8] 만약 불운한 경험을 했다면 우리는 그동안 부정성 편향이 강한 정서 구조를 구축했을 것이다. 이 구조는 불안으로 가득하고 안전하게 느껴진다는 이유로 수동적으로 대처하게 하며, 우울증, 과잉각성 또는 공격성 등으로 축 처지게 만든다. 유산소운동이 도움이 되는 이유는 운동이 뇌 차원에서 경험의 한계를 타파하는 창의적인 길을 우리에게 열어줄 수 있기 때문이다. 메르체니치는 뇌를 강하고 건강하게 지킬 수 있도록 운동과 그 역할을 자세히 구분해 설명한다. 우리는 다양한 운동의 형태가 각각 뇌에 끼치는 영향을 구분할 필요가 있다. 러닝머신에서 뛰거나 로잉머신*을 사용하는 것처럼 반복성이 높은 운동은 기본적인 신경 조절 능력을 키워주는 점진적 운동보다는 효과가 적다. 점진적 운동이란 축구(또는 모든 운동)를 배우거나 비포장 길을 달리거나 자전거 타기, 급류에서 카약 타기, 스키, 댄스, 요가, 무술 등을 하는 것을 말한다. 이런 종류의 신체 운동을 할 때 우리 뇌가 얼마나 힘들지 생각해보라. 이런 운동은 뇌에서 사고 작용을 통제하는 시스템과 동일한 시스템을 사용하기 때문에 우리의 집행력을 **키워준다.**[9]

신경과학자 노먼 도이지는 드레스덴대학 교수인 게르트 켐퍼만 Gerd Kempermann이 진행하는 연구를 언급한다. 켐퍼만은 재생 게놈학으로 여러 번 상을 수상했다. 그는 쥐를 대상으로 한쪽은 공, 튜브, 쳇바퀴를 가지고 활발하게 놀 수 있는 환경을 조성하고, 다른 쪽 쥐에는 이런 활동을 자극하는 장난감을 주지 않았다. 45일 동안 장난감을 가지고 활발하게 논 쥐의 뇌를 관찰한 결과, 이들의 뇌는 일반 우리에 있었던 쥐와 비교해 해마 용적이 15퍼센트 늘었고, 새로운 뉴런이 4만 개 생성되어 뉴런 또한 15퍼센트 증가했다고 밝혔다.[10] 다시 말해 우리가 움직이면서 놀면 뇌세포를 4만 개나 늘릴 수 있

---

* 노 젓기 운동을 실내에서 할 수 있도록 만든 기구.

다. 하지만 활동하지 않으면 뇌세포는 생성되지 않는다. 적극적인 활동을 자극하는 놀잇감으로 가득 찬 우리에서 쥐를 최대 10개월까지 놀게 했을 때 이들의 해마 용적(이 부위는 뇌에서 학습, 기억 저장 등과 관련된 영역임을 기억하라)은 다섯 배나 증가했다. 신체적으로 더 건강해진 쥐는 학습, 탐험, 움직임을 비롯한 다른 쥐 관련 지능 척도 검사에서도 다른 쥐들을 월등하게 앞질렀다. 도이지는 다음과 같은 결론을 내린다. "신체 운동과 학습은 서로 보완하면서 작용한다. 신체 운동은 새로운 줄기세포를 만들고 학습은 이들 세포의 생존을 늘린다."[11] 메르체니치는 운동이 핵심이지만 더 넓게 환경 변화 측면을 보는 게 중요하다고 지적한다. 한 무리의 쥐는 문자 그대로 지루해 죽을 정도인 재미없는 우리에서 살고 있었다. 고립되어 뇌와 몸을 쓸 기회가 없던 이 쥐들의 수명은 단축되었다. 그는 지루하고 외로운 환경에 갇혀 있던 쥐와 활동적인 장난감과 도전이 넘치는 환경에 있던 쥐를 비교했다. 활동적인 환경에서 쥐들은 놀 수 있고, 달릴 수 있고, 공동체의 일원이 될 수 있었다. 메르체니치는 이를 새로운 환경에 동화된 것으로 보며, 이 점이 "뇌에서 강하게 발현되었다"고 말하면서 "단순한 신체 운동 이상으로" 새로운 환경에 동화되어 즐겁게 활동하는 것이 중요하다고 강조한다. 다시 한 번 분열된 자아가 아닌 총체적 자아가 함께 노력할 필요가 있다는 것을 깨닫게 된다.

심리학자 존 레이티는 《운동화 신은 뇌》에서 스포츠를 하거나 유산소운동을 하면 몸을 움직이면서 심장박동 수가 증가하기 때문에 놀라운 효과를 얻게 된다고 설명한다. 광범위한 연구에 따르면 신체 활동은 생물학적인 변화를 이끌어내 "뇌세포가 서로 연결되도록 유도한다." 심장박동 수를 높이면 특별한 자극이 가해져 우리 뇌가 학습, 사고, 기억, 문제 해결에 적극적으로 가담한다. 유산소운동은 세포 차원에서 학습에 직접적인 영향을 주면서 새로운 정보를 받아들이고 처리하는 뇌의 잠재력을 높여준다.[12]

운동은 신체건강(우리 몸)과 지적 능력(우리 뇌)을 향상할 뿐 아니라 스트레스를 줄여주며, 덕분에 우리의 총체적인 마음-뇌-몸이 건강해지고 상처에서 회복된다. 규칙적인 유산소 활동은 뇌를 운동시켜 스트레스에 잘 대처하게 한다. "적당한 강도의 운동은 손상 및 질병 대항 세포를 보호하는 특정 단백질을 생산하도록 유전자를 활성화해 뇌에서 신경세포의 기반 구조를 강화한다. 따라서 적당한 운동은 뉴런의 스트레스 허용 한계를 높인다."[13] 운동은 적당한 스트레스를 반복적으로 가하면서 근육의 회복탄력성을 높일 뿐 아니라 뇌의 기반 구조와 뉴런(즉 뇌세포)에도 동일한 혜택을 준다. 얼굴에 땀이 흘러내리고 폐가 타들어가는 것 같고 다리가 아파올 때, 잠시 숨을 고르고 우리 몸에 스트레스를 가하는 이런 신호, 즉 몸의 적응력과 회복탄력성, 그리고 힘을 강화하는 시도가 뇌에도 일어나고 있다는 것을 자축하라.[14] 보이지 않거나 느끼지 못한다고 이런 일이 일어나지 않는 것은 아니다. 신나게 논 쥐의 해마 용적이 늘어난 것을 기억하는가? 레이티는 FGF-2와 VEGF 같은 성장인자는 뇌와 근육 수축, 양쪽을 통해 생성되는데, 이후 이들 성장인자는 "혈류를 타고 뇌로 들어간다"고 말한다.[15] 여기서 핵심 단어는 양쪽이다. 성장인자는 마치 우리가 단절되고 분열되고 부러진 개체인양 이쪽 또는 저쪽에서만 만들어지는 것이 아니라 뇌와 몸 양쪽에서 생성된다. 왜냐고? 뇌와 몸이 복잡하고 놀라운 완전체의 일부이기 때문이다.

운동을 이용한 네이퍼빌의 뇌 건강 교육

우리가 분열되었고 우리 뇌와 몸은 서로 영향을 미치지 않는다고 말하는 괴롭힘의 패러다임의 전제에 더욱 의구심을 제기하기 위해 유산소운동(몸을 움직이는 행위)이 뇌에 미치는 효과를 살펴보도록 하자. 유산소운동이 어떤 작용을 하길래 뇌 건강을 향상하는 것일까? 레이티는 여기에 다음과 같이 답한다.

- 세포 회복 과정에 시동을 건다.
- 세포 간 에너지 생성 효율성을 증가시킨다.
- 암 발병과 신경 퇴화를 예방하는 데 도움을 준다.
- 글루코오스 수치 관리를 도와주는 IGF-1을 증가시키는데, IGF-1은

LTP, 신경가소성, 신경 생성을 증가시킨다.

* 뇌의 새 모세혈관과 혈관계를 확장하는 FGF-2와 VEGF를 생산한다. 혈관이 더 많이 생기고 넓어지면 혈액이 효율적으로 흐른다.[16]

운동이나 조깅을 하거나 스포츠를 하면, 신체가 더 강해지고 날씬해지고 회복탄력성이 높아질 뿐 아니라 동시에 우리 뇌도 회복 상태에 접어들고 질병을 예방하며, 뇌가소성이 높아지고 새로운 세포 생성이 촉진되며, 산소가 가득한 혈액을 효과적으로 운반하는 통로가 깔린다.

운동은 근육에 하듯이 뇌에도 일을 하라고 명령을 내리며, 이에 따라 뇌는 BDNF를 방출한다. 이 BDNF는 세포 성장을 촉진해서 증가된 두뇌 운동 명령을 충족한다. 하지만 BDNF는 운동과 관련된 뇌 부위뿐 아니라 뇌 전체에 흘러 들어간다. 따라서 뇌 전체 성능이 높아지는 것이다. 운동은 뇌세포가 성장하고 제대로 기능하기 위해 필요한 환경을 조성한다.[17]

기억을 되살려 보자면 BDNF는 뇌유래신경영양인자의 약자이며, 레이티는 이를 뇌라는 정원의 비료라고 설명한다. 운동으로 생성되는 이런 건강한 반응은 과학자들이 증명한 대로 몸과 뇌 양쪽에서 일어나는데, 그렇다면 쉬는 시간과 체육 시간을 줄이거나 없애지 않기로 결정한 학교에서는 어떤 결과가 나타났을까?

새로운 신경 패러다임에서는 학생이 신체적으로 건강할수록 학업에서 우수한 성적을 나타낸다는 연구 결과가 넘친다. 이런 새로운 신경 패러다임을 받아들여 학생들을 지도한 교육구를 한번 살펴보자.

뇌와 몸은 분리할 수 없는 완전체이고, 한쪽을 운동하면 다른 쪽도 운동이 된다는 이해를 기반으로 설립된 학교가 있다. 레이티는 운동 대신 신체적성*을 가르치는 미국 일리노이주 네이퍼빌 교육구의 학교 운영진과 교사에게 "아이들을 텔레비전 앞에 앉히는 대신 계속 움직이도록 유도한다"며 찬사를 보낸다.[18] 신체적성 프로그램에 참여하는 학생들은 활발하게 놀 수 있던 쥐의 두뇌 개발이 활발하게 이루어졌다는 켐퍼만의 연구를 뒷받침하듯이, 학업 성취도에서 괄목할 만한 향상을 보여주었다.[19] 미 전역의 과체중 학생이 30퍼센트인 것에 비해 네이퍼빌 교육구의 과체중 학생은 3퍼센트에 지나지 않으며, 체력이 좋고 적절한 체중을 가진 학생들은 학업 면에서도 다른 학생을 앞지르고 있다. 체력이 좋은 이들 학생은 사실상 미국 최우수 학생이 되었다. 1999년, 네이퍼빌 교육구의 8학년 학생들은 전 세계에서 모인 23만 명의 학생들과 함께 수학 및 과학 성취도 추이 변화 국제 비교 연구TIMSS에 참여했다. 그동안은 싱

---

*　　여러 가지 일을 할 때에, 개인이 그에 적응하는 능력.

가포르, 중국, 일본 학생 들이 수학과 과학 같은 핵심 과목에서 미국 학생들을 앞질렀지만, 네이퍼빌의 8학년 학생들은 이 시험에서 두각을 나타냈다. TIMSS에서 이들은 과학에서는 1위, 수학에서는 6위의 성적을 거두었다.[20] 네이퍼빌 교육구 학생들의 탁월한 학업 성취는 운동(몸)과 과학 및 수학 같은 과목의 탁월함(뇌)이 서로 상관관계가 있음을 증명한다. 신경과학자들은 EEG 스캔을 사용하여 신체적으로 건강한 학생의 뇌에서 활동량이 더 많다는 사실을 밝혀냈다. 이는 곧 집중과 관련된 뉴런이 주어진 과제에 더 많이 쓰였다는 것을 의미한다. 다시 말해 통합되거나 *온전한 모습*에 더 가까워지는 것이다. 결국 체력이 좋아지면 집중력이 높아지고 학업 성취도도 더욱 향상된다.

스포츠 경기, 무술이나 격투기 연습, 요가나 춤은 신체적 노력은 물론 도전적인 사고를 요구하는 활동이다. 스포츠 코치를 했거나 경기를 해본 사람은 신체 운동이 유산소 활동과 전략적 사고가 결합된 행위라는 데 전적으로 동의할 것이다. 따라서 운동경기는 인생을 살아가는 중요한 기술인 자기 제어와 진취적 사고 개발을 도모하는 데 도움이 된다.[21] 자제력을 늘리는 데는 하루 1시간 연습이면 충분하며, 이는 곧 학습과 성취도를 촉진할 수 있다는 의미다.[22] 나태함과 무력감, 덫에 갇혀 있다는 느낌을 떨쳐버리고, 파괴적인 습관을 상처 치유와 건강 회복에 도움이 되는 습관으로 바꾸고 싶다면 하루에 한 시간을 유산소 활동에 투자하여 해로운 습관을 없애고 학습력과 성취력을 높이는 데 필요한 자제력을 *키워야 한다*.

신체적성은 자신의 잠재력을 최대로 또는 *온전히* 달성하는 데 없어서는 안 되는 도구다.[23] 신체적성은 자신의 신체건강뿐 아니라 정신건강을 위해서도 중요한 역할을 한다. 레이티는 현대 생활은 "부족 생활이 아니기 때문에 사람들이 친구가 적고 지원도 덜 받는 경향이 있다"고 지적한다. 괴롭힘의 패러다임은 우리 자신의 마음-뇌-몸을 분열시켜 정복하기 위해 힘쓰는 것은 물론 사람들을 고립시키고, 서로 대적하게 하고, 한쪽은 벌을 주면서 한쪽은 부당하게 특권을 준다. 그러더라도 혼자 고립되는 것은 뇌에 좋지 않다.[24]

아이들 10명 중 7명이 13세(사춘기 뇌 발달상 비판에 취약한 바로 그 시기)에 하던 운동을 그만두고, 청소년 인구 중 비만 비율이 유행병 수준에 근접한 바로 이때, 네이퍼빌에서와 같은 훌륭한 프로그램은 운동경기보다는 총체적인 마음-뇌-몸을 우선시하고 여기에 집중하면서 문제 전체를 다른 관점으로 공략하는 행보를 취한다.[*] 다시 말해 초점은 경기가 아니라 아이들의 마음-뇌-몸의 건강이다.

뇌진탕이 실제로 뇌를 망가뜨릴 수 있다는 점이 알려졌을 때, 많은 사람이 울분을 토하면서, 그동안 아무도(여기서 '아무도'란 신경과학자나 부모, 그 누구도) 경기 규칙에 관여할 엄두를 내지 못했다고 지

---

[*] 한국 소아 비만율은 20%를 넘는다. 이 아이들은 대부분 운동량이 적다. 운동이 줄어 비만이 된다는 연구 결과는 없지만, 분명한 것은 비만 아동의 운동시간이 부족하다는 것이다.

적했다. 아이들이 뇌에 손상을 입었다면, 그것은 미식축구나 하키, 축구나 럭비를 하는 특권을 위해 치러야 할 대가다. 아이들을 보호하려고 애쓰는 부모는 한심한 사람으로 비쳤다. 화가 난 사람들은 연단에 올라 오늘날 젊은이들의 나약함에 개탄을 금치 못했다.[25] 괴롭힘의 패러다임에서는 스포츠 경기와 어른의 이기심이 아이들과 아이들의 건강보다 우선시된다. 킴벌리 아치Kimberly Archie가 스포츠와 치어리딩을 하는 아이들을 보호하기 위해 치러야 했던 전투는 고행이나 다를 바 없었다.[26] 아치는 스포츠 조직에 법적인 책임을 물기 위해 힘든 전투를 벌였을 뿐 아니라 아이들의 뇌 안전을 옹호한다는 이유로 가차 없이 괴롭힘을 당했다.[27,28] 아동 안전을 위한 아치의 싸움은 아들이 죽고 곧이어 그가 어린 시절 수년간 미식축구 선수로 활동하면서 입은 뇌의 손상으로 고통을 겪었다는 사실을 알게 된 후 시작되었다. 아치를 인터뷰했을 때, 가장 인상 깊었던 부분은 법을 이용하여 괴롭힘의 패러다임을 들추어내는 그의 능력이었다. 변호사들은 아치를 고용하여 성인이 주도하는 경기에서 어떻게 하면 법적으로 아동의 안전을 도모하고 아동 권익의 영구적 침해를 막을 수 있을지 지도를 받는다. 아치의 동기는 명성이나 돈이 아니었다. 싸움의 동기는 아들의 죽음이었고 딸의 부상이었다. 아치는 성인의 이기심이나 믿음에 아이들을 희생시키는 케케묵고 파괴적인 패러다임을 더 이상 믿으려 하지 않았다. 아치의 한 마디 한 마디는 아이들이 괴롭힘의 패러다임에서 안전하다는 말이 거짓임을 들추어낸다.

네이퍼빌 교육구는 스포츠가 먼저이고 아이들과 이들의 권익은 문제가 되지 않으며, 아이들은 단지 성인의 욕구를 떠받드는 존재라고 주장하는 괴롭힘의 패러다임에서 빠져나왔다. 네이퍼빌 교육구는 학교를 다음과 같은 전제하에 운영한다. "앉아 있는 행위는 뇌 손상을 유발하며 그 기전은 다음과 같다. 진화적으로 뇌의 성장과 건강을 지키기 위해 분비되는 신경화학물질을 우리 뇌에서 앗아가는 것이다."[29] 학교는 뇌를 향상하는 곳이지 손상하는 곳이 아니다. 그런데 어떻게 그 많은 학교에서 아이들을 앉아 있게 하고 여러 시간 동안 움직이지 못하게 할 수 있단 말인가. 어떻게 10명 중 7명의 아이들이 활발하게 몸을 움직이는 스포츠를 못 하게 내몰면서 이들이 장시간 비디오게임같은 활동만 한다고 걱정을 늘어놓을 수가 있는가. 대학과 직장은 대부분 앉아서 생활하는 곳이다. 몸을 움직이는 경우 더 좋은 성과를 낼 수 있다는 사실이 알려져 있는데도 우리는 인지적 성과를 내기 위해서는 움직이지 말아야 한다고 생각한다.

네이퍼빌 교육구는 아이들에게 어른들이 선정한 스포츠를 하게 하는 대신 신체적성 기회를 제공했을 때, 운동을 계속하기 원하는 학생들이 증가했는지 알아보았다. 과연 그 수가 증가했다. 그렇다고 팀 스포츠가 효과가 없다는 뜻은 아니다. 다만 모든 아이가 팀 스포츠를 하고 싶어 하지는 않으며, 어떤 경우에는 연습 도중 뇌에 큰 부상을 입기도 한다. 아이들이 마음-몸-뇌의 성능을 최적화해서 평생 운동인으로 건강하게 자라길 원한다면, 운동을 전통적인 스포츠로 보는 대신 움직임 자체에 대한 이해를 넓힐 필요가 있다.

네이퍼빌 교육구 체육교육의 핵심은 학생들에게 스포츠 대신 *신체적성*을 가르친다는 것이다. 저변에 깔린 철학은 만약 체육 수업을 이용하여 아이들에게 자신의 건강과 체력을 점검하고 관리하도록 가르칠 수 있다면, 그 교훈은 평생 도움이 될 수 있다는 것이다.[30] 체육시간에 시험이나 점수 또는 한물간 믿음 체계를 위해서가 아닌 평생 도움이 되는 내용을 가르친다고 상상해보라. 네이퍼빌 교사들은 남학생들에게는 이들의 60퍼센트가 못하는 턱걸이를 시키고 여학생들에게는 운동장을 뛰게 한 다음 약해*빠졌다*는 둥, 굼벵이 같다는 둥 꾸짖는 대신 신체적성 프로그램에서 학생들이 성공할 기회를 만들어준다. 학생들은 그들이 투입한 노력에 따라 점수를 받고 교사는 성취도 평가나 모욕적인 발언 대신 심전도계를 이용하여 신체적성 레벨을 측정한다.

이 방식은 교사들에게 획기적으로 다가왔다. 속도가 빠르거나 운동선수로 뛰는 학생들이 자기 나름의 방식에 따라 자기 나름의 속도로 운동하는 학생보다 신체적성 성과가 좋지는 *않았던* 것이다. 몸과 뇌는 사람마다 다르다는 점을 기억하라. 서로 정확하게 수치로 비교할 수는 없다. 보기에 느린 일부 학생은 뛰어난 운동선수와 동일한 심장박동 수에 도달했다. 이제 이들 교사는 새로운 패러다임에 초점을 맞춰, 아이들을 평생 운동인으로 키우기 위해 훈련시킨다.[31] 교사들은 괴롭힘의 패러다임에 의해 각인된 과거 자신들의 훈련 및 믿음 체계에서 빠져나와 온전히 새로운 사고와 교육 그리고 이해 방식으로 들어섰다.

버지니아공과주립대학에서 실시한 연구에 따르면 학업성적을 높이기 위해 체육 수업을 줄인 학교의 학생들은 시험 점수가 오르지 않은 것으로 나타났다. 이런 현상은 입증된 연구가 전혀 없는, 케케묵은 괴롭힘의 패러다임을 믿을 때 일어나는 일이다. 혹시 여전히 못 믿겠다면 캘리포니아교육청이 과거 5년간 수집한 자료를 확인하면 된다.[32] 이 자료는 신체적성 점수가 높은 학생은 학업성적도 높다는 것을 보여준다. 게다가 여러 연구에 따르면 체육 수업이 일주일에 한 번이 아닌 매일 있는 경우, 학교 폭력 발생 건수가 확연히 줄어들었다.[33]

우리는 마음-뇌-몸의 조각가가 될 수 있다

네이퍼빌 프로그램에서 기억해야 할 사항은 우리 뇌와 몸은 모두 다르며 이에 따라 자신에게 맞는, 자신을 정말 행복하게 해줄 신체 활동을 찾아야 한다는 것이다. 스포츠 생리학자 크레이그 브로더Craig Broeder는 학생들이 신체적성 훈련을 할 때 개개인에게 선택권을 주는 것이 상당히 중요하다고 지적한다. 그는 운동을 하면서 성취감과 행복감을 느끼지 않으면 운동을 지속하지 않게 된다는 점을 강조한다. 구식 학교의 체육 수업은 학생의 운동 기회를 한 가지 스포츠로 제한하고, 이 운동을 마치 신병 훈련소의 훈련 교관처럼 가르친다. 훈련 교관 같은 교육 방식은 다양한 방법으로 체력을 키울 수 있는 학생의 싹을 아예 잘라내는 결과를 불러올 수 있다. 브로더는 이와는 반대로 "네이퍼빌 교육구에서는 아이들에게 각자가 두각을 나타낼 수 있는 선택권을 제공하여 그들 스스로 평생 할 수 있는 신체적성 활동을 설계할 수 있도록 도와준다"고 설명한다.[34] 그는 신병 훈련소 사고방식에서 새로운 방식으로의 전환을 이야기하며, 이 방식에 따라 네이퍼빌 교사들은 자신을 '마음-뇌-몸의 조각가'로 본다고 말한다.[35] 우리는 신경과학에서 얻은 지식을 활용하여 괴롭힘의 패러다임을 벗어나 *신경 패러다임*으로 들어갈 수 있다. 스스로 공감 코치를 찾거나 자신의 마음-뇌-몸을 만지는 조각가가 될 수 있는 것이다. 자신의 몸을 단단하고 강하고 유연하고 탄력 있게 만들 수 있는 것처럼, 자신의 뇌도 단단하고 강하고 유연하고 탄력 있는 기관으로 조각할 수 있다.

네이퍼빌의 특별한 프로그램은 학생이 선택한 유산소운동이 건강과 집중력, 행복감 증진에 얼마나 많이 기여하는지 보여주고, 또 이들이 학업에서 계속 두각을 나타낼 수 있도록 이끈다는 것을 입증한다. 하지만 메르체니치가 지적하는 바와 같이 네이퍼빌의 중위 가구 소득이 연간 11만 8천 달러라는 점을 간과해서는 안 된다. 일리노이주의 평균 소득은 6만 9천 달러이며, 일리노이주 이스트세인트루이스 같은 도시는 평균 소득이 2만 달러밖에 되지 않는다. 네이퍼빌의 성공을 이끈 핵심은 체육 수업이지만 다른 요소도 있다. 신체적으로 단단한 몸이 개인적·직업적 성공과 전반적인 뇌 건강의 표식이라면, 당연히 운동선수와 신체적으로 건장한 군인이 인지와 정서 조절에서 가장 뛰어나다고 볼 수 있다. 하지만 그렇지 않다.[36] 우리는 트라우마라는 요소를 고려해야 하고, 그 이후 가장 중요한 개입 방식으로 알려진 증거 기반의 뇌 훈련을 통해 세 방면 접근 방식을 취해야 한다. 마음-뇌-몸은 따로 기능하지 않는다. 따라서 역경에서 회복하고 본인의 잠재력을 최적화하려면 이들 세 가지 강력한 요소를 정렬할 필요가 있다.

뇌를 끊임없이 자극하고 도전 과제를 던져주는 전략, 팀워크, 기술 개발 등이 포함된 운동은 단순히 러닝머신에서 하는 달리기보다 그 효과가 훨씬 높다. 마찬가지로 정신 집중에 좋은 운동은 마음 챙김 수련을 통해서도 그 효과가 나타나는 자기 조절과 자기 수양을 도와준다. 대니얼 시겔과 릭 핸슨 같은 신경과학자들이 명상 강사로도 활동하는 것은 결코 우연이 아니다.

지난 장에서 다루었듯이 마음 챙김 훈련은 생활에서 생기는 스트레스를 완화할 수 있도록 도와주는데, 이는 운동 효과와 동일하다. 이런 마음 챙김 훈련은 뇌 훈련을 위한 토대를 효과적으로 깔아줄 수 있다. 연구자들은 다른 동물과 달리 인간의 뇌는 위협적인 상황을 *생각*만 해도 스트레스에 나가떨어질 수 있다는 사실을 발견했다. 실제 위험에 처하지 않아도 그렇게 된다는 것이다. 신경과학자 스탠 로드스키의 설명대로, 단순히 위협을 상상하거나 생각하기만 해도 우리의 교감신경계는 뇌 속에 스트레스 호르몬의 양을 늘리고, 우리는 자신에게 큰 위기가 닥쳤다고 생각하게 된다.[37]

좋은 소식은 우리에게 *선택권*이 있다는 것이다. 이는 곧 스스로 "그런 위험의 도가니에서 말 그대로 달려 *나올*" 수 있다는 것이다.[38] 운동화 끈을 질끈 동여매고 등산을 할 수 있고, 운동 파트너와 테니스 또는 탁구 실력을 갈고 닦을 수 있다. 축구 패스 연습이나 농구 드리블 연습을 해도 되고, 싱크로나이즈드스위밍이나 사교댄스, 피겨스케이팅을 연습하거나 태극권, 쿵후, 또는 시스테마*를 하거나 스키, 승마, 공 던지기, 농구 골 넣기, 스케이트보드, 서핑, 하이킹 등을 시도해도 된다. 핵심을 말하자면 유산소운동은 교감신경계를 적극적으로 안정시키고 코르티솔 호르몬 수치를 내려서 우리가 평정심을 찾도록 한다. 달리기(또는 원하는 유산소 활동)를 하기 전과 후에 본인의 스트레스 수준을 점검해보라. 신경과학자들은 뚜렷한 차이를 볼 수 있을 것이라고 장담한다. 스트레스로 지쳐 있거나 최악의 상황을 상상하거나 공포와 불안에 찌들어 있을 때, 우리가 해야 할 일은 스케이트화나 승마 부츠, 스키화를 신거나 스파이크 운동

---

* 실전에 대응할 수 있는 현대 특공 군용 무술을 말한다.

화, 오리발, 등산화를 신고 운동을 하면서 현재로 돌아와 평온한 마음 상태를 유지하는 것이다. 여전히 괴롭힘의 패러다임에서 빠져나오지 못하는 21세기의 삶은 스트레스로 가득하다. 스스로 안전하다고 믿으면 스트레스는 사라지기 마련이지만, 많은 사람에게 스트레스는 만성적으로 끈질기게 따라붙는다.[39] 앞서 다루었듯이 만성 스트레스는 우리 뇌와 몸에 지극히 해롭다.

적절한 스트레스는 건강에 좋고 우리 뇌와 몸에 효율적이다. 적절한 스트레스는 백신과 마찬가지로 소량의 코르티솔 호르몬을 분비하여 기억력 향상에 도움을 주지만, 과도한 스트레스를 받으면 기억이 위축되고, 과부하가 걸린 뇌가 뉴런 간의 연결을 끊어 기억을 파괴할 수 있다.[40] 이는 스트레스가 왜 학습에 해로운지, 운동이 왜 학습에 이로운지 보여줄 뿐 아니라 피해자의 뇌가 괴롭힘에 대한 반응으로 말 그대로 트라우마를 겪은 기억을 잃어버리기 때문에 괴롭힘과 학대를 신고하기 힘들어지며, 베셀 반 데어 콜크의 연구와 실험에서 밝혀졌듯이 이런 기억이 *단편적*으로 돌아와 불안을 일으킬 수 있다는 점을 뼈아프게 상기시켜준다.

운동 프로그램이나 뇌 훈련 또는 명상 훈련을 시작하는 것은 벅찬 과제처럼 느껴질 수 있다. 그러나 몰입을 이용하면 이런 과제가 더 수월해진다. 신체적·신경학적·정신적으로 단단해지는 것이 얼마나 힘든지 과소평가하는 것은 아니다. 수동적 태도에서 적극적인 자세로 변하고, 자신감이 결여된 상태에서 스스로를 믿게 되기까지 그 과정이 얼마나 고통스럽고 느린지 나는 안다. 서로 마찰을 일으키는 분열된 마음-뇌-몸을 기능적으로 우수하고 통합되어 공생하는 총체적 자아로 바꾸는 일은 믿을 수 없을 정도로 어렵다. 수많은 시간 거리를 어쭙잖게 서성이다 어느 순간 그 어색함이 자신감으로 바뀌어 자신 있게 조깅을 하게 되고, 그러다보면 러너스하이라는 운동 후의 행복감을 맛보면서 뇌에서 엔도르핀이 생성되는 그 놀라운 느낌을 학수고대하기 시작한다. 시간과 노력이 들지만 시도해볼 만한 가치가 있다. 우리는 트라우마 경험을 몰입의 즐거운 경험으로 바꿀 수 있으며, 그 상태에서는 주변 세계가 잊힌다. 우리는 시간을 잊고, 움직이고 인지하고 창조하는 자아가 된다.

심리학자 미하이 칙센트미하이는 몰입이 본래 올림픽의 핵심이었음을 상기시킨다. "현대 올림픽 경기의 라틴어 모토인 '더 빨리, 더 높이, 더 멀리'는 몸이 경험하는 몰입을 잘 표현한 말이다. 몰입은 모든 스포츠에 참여하는 논리적 근거이며, 그 어느 때보다 지금 더 나은 성과를 올리는 것이다. 운동경기와 스포츠의 가장 순수한 형태는 인간의 몸이 달성할 수 있는 성취의 한계를 무너뜨리는 것이다."[41] 우리는 우리의 몸뿐 아니라 뇌도 더 빨리, 더 높이, 더 멀리 가도록 만들기 위해 노력해야 한다. 몰입의 상태는 운동과 인지, 창조 또는 마음 챙김의 기쁨에 완전히 빠져 있을 때 도달할 수 있다. 칙센트미하이는 "많은 사람이 통제력을 거의 발휘하지 못하는 러닝 머신 위에서 뛰는 신체 활동에 얽매여, 운동에 대한 의무감에 사로

잡힌 채 운동하는 즐거움을 느끼지 못한다"고 우려를 표한다.[42] 칙센트미하이의 말에서 괴롭힘의 패러다임의 사고방식이 보내는 위험신호를 분명 눈치챘을 것이다. 그 불길한 신호는 바로 "통제력을 거의 발휘하지 못"하며, "즐거움을 느끼지 못한다"는 말이다. 이는 만성 스트레스를 논할 때 등장하는 핵심 어구이며, 네이퍼빌 교육구가 없애기 위해 부단히 노력했던 말이기도 하다. 네이퍼빌 교육구는 아이들이 하고 싶은 활동을 선택해서 운동을 통해 통제력을 발휘하는 경험을 할 수 있도록 한다. 학생들의 코치는 자신을 훈련교관이 아닌 마음-뇌-몸의 조각가로 보기 때문에 아이들은 즐거운 마음으로 운동할 수 있다.

마음 챙김이 주는 강력한 동기부여의 힘

괴롭힘의 패러다임에 세뇌되면 자신의 뇌에 변화하고 창조하는 역량이 있다는 것을 망각한다. 신경과학자 데이비드 이글먼은 다음과 같은 말로 다시 한번 우리의 기억을 상기시켜준다. "뇌는 자체 적응하여 도전을 극복하고 목표를 달성한다. 뇌는 환경 요건에 따라 가지고 있는 자원을 다르게 만들어간다. 필요한 요소가 없을 때는 그걸 조각한다."[43] 우리 앞에 놓인 과제는 괴롭힘의 패러다임에서 빠져나와 마음-뇌-몸의 훈련과 건강하고 총체적인 자아 창출을 1순위로 여기는 새로운 신경 패러다임을 조각하는 것이다. 그렇게 된다면 괴롭힘과 학대에 할당할 대뇌피질 공간이 전혀 남지 않게 된다. 이글먼은 뇌 영상은 꿈조차 꿀 수 없던 시절에 노벨상을 수상한 신경과학자 산티아고 라몬 이 카할Santiago Ramón X cajal의 말을 인용한다.[44] "모든 사람은 간절히 원하기만 한다면 자신의 뇌를 변형하는 조각가가 될 수 있다."[45]

코치 필 잭슨은 운동과 전략, 갈고 닦은 기술, 팀워크와 마음 챙김 훈련이 어떻게 조화롭게 섞여 마음-뇌-몸을 정렬하고, 괴롭힘의 패러다임이 내놓는 거짓에 대항할 강력한 진실을 제공하는지 자세히 설명한다.

> 선수들이 현재 일어나는 상황에 집중하는 마음 챙김을 연습하면 경기력이 향상됨은 물론 승률도 높아지고 선수끼리도 서로 잘 맞춰 적응하게 된다. 조화롭게 연습하면서 기쁨을 경험하면 마음 속에서 강력한 동기가 부여되는데, 한쪽에서 어슬렁거리며 폭언을 쏟아내고 화를 내는 코치로부터는 이런 동기가 형성되지 않는다. [46]

여기서 폭언이라는 단어는 교사징계위원회에서 사용한 말이어서 내 얼굴에 펀치를 날리는 것 같았다. 이들은 학생들이 애초에 교사의 폭언을 듣지 않도록 행동해야 했기 때문에 교사에게 학대 행위에 대한 책임을 지우지 않겠다고 결정했다. 괴롭힘의 패러다임이라는 세계에서 교사의 괴롭힘을 고발하는 학생은 애초에 교사의 폭언을 들었기 때문에 비난받는다. 새로운 *신경 패러다임*에서 팀의 선수권 우승을 이끄는 필 잭슨 같은 코치는 함께 하는 선수들이 조화를 이루며 분열을 극복할 수 있도록 마음 챙김의 단결력을 이용한다. 여기서 마음 챙김은 선수들이 서로 공감하며 연결감과 유대감을 갖도록 이끌어주는 힘을 가지고 있다. 그 속에는 조율 과정이 있고 이는 선수끼리 맞추어 가며 적응하는 모습으로 나타난다. 폭언을 쏟아부으면서 그게 다 선수들을 위해서라고 주장하는 괴롭힘의 패러다임이 유발하는 분열과 단절과는 정반대다.

단절된 마음-뇌-몸은 요란한 소리를 내는 반면, 마음 챙김 효과는 조율과 조화를 이끈다. 동기부여는 본질적인 것으로 성장형 사고방식을 유도한다. 다시 말해 마음-뇌-몸이 합치되면 이들이 서로 건강하고 강력한 방식으로 협력하면서 타인과 연결되도록 도와주기 때문에, 우리는 합치된 세 요소에 신뢰감을 갖게 된다. 선수들이 마음 챙김을 훈련할 때 잭슨이 묘사하는 효과는 칙센트미하이가 말하는 몰입 상태와 비슷하다. 이들 선수의 경기력이 더욱 향상되고 승률도 높아졌다는 것을 주목하라. 괴롭힘의 패러다임은 선수들에게 고함을 지르거나 욕을 하거나 모욕을 주지 않고, 선수들이 지치고 부상당하고 무리할 때까지 끌고 가지 않으면 이들이 기량을 제대로 발휘하지 못한다고 주장한다. 괴롭힘의 패러다임은 선수들을 무너뜨려 코치가 원하는 모습으로 몸을 다시 만들어야 한다는 거짓된 믿음 위에 구축된다. 내 생각에 이것은 나르시시즘을 보여주는 강력한 예다.

몽고메리의 팀은 4학년 때부터 함께 운동했다. 10학년 때까지 모든 경기에서 승리했지만 주 선수권에서 다른 팀에게 지고 말았다. 처음 패배한 연도에 이 팀은 학대 행위로 고발당한 교사 한 명에게 지도를 받기 시작했다. 이듬해, 여기에 또 다른 학대 교사가 합류하여 다른 코치들의 비판과 조언을 받아들이지 않으면서 팀은 무너졌다. 상급생들은 하급생들과 알력 다툼을 했다. 포지션과 혜택을 받은 선수들은 당연히 누려야 할 기회를 차단당한 선수들과 서로 등을 졌다. 코치는 어떤 선수들은 어깨에 팔까지 둘러 가며 지도하면서 어떤 선수들은 호되게 혼내고 창피를 주었다. 마치 존재하지 않는 것처럼 면전에서 무시당하는 아이들도 있었다. 팀은 조화와 마음 챙김과 성공 면에서 볼 때 더 이상 추락할 수 없는 지점까지 떨어졌다.

오리건대학에서 학사 학위를 받은 몽고메리는 현재 밴쿠버 영화 업계에서 카메라 기사로 일한다. 영화에서 전체 성과는 팀워크에 달려 있다. 공감력이 풍부한 사람으로서 동료의 생각과 느낌, 의도를 읽는 그는 아주 성공적으로 직장 생활을 하고 있다. 몽고메리는 교사의 대우를 학대로 인식하고 이를 교장에게 보고했으며, 국내 언론에 나가 이를 알리는 등 가해자에게 동조하지 않았고, 괴롭힘의 패러다임을 영속화하지도 않았다. 다행히 몽고메리는 당시보다 훨씬 단단해졌고, 팀 플레이어로 뛰어난 활약을 하고 있으며, 동료와 조화롭게 마음을 챙기며 생활한다. 마음 깊숙한 곳에서 느껴지는 동기를 부여하는 힘은 한쪽에서 어슬렁거리며 폭언을 퍼붓는 화가 난 코치에게서는 결코 나오지 않는다. 불행히도 교사의 학대에 노출된 학생 중에는 분열된 자아를 합치하기 위해 평생 고생하는 희생자가 수도 없이 많다.

9단계: 뇌에 산소를 불어넣어라

호흡할 때 우리는 폐를 생각하는 경향이 있지만, 마음 챙김을 연습하거나 유산소운동을 할 때 뇌를 생각하면 더 도움이 된다. 우리 뇌는 아주 활동적이어서 비록 체질량의 2퍼센트밖에 안 되지만 체내에 들어온 산소의 20~25퍼센트를 사용한다. 24시간 중 상당 부분을 자느라 움직이지 않을 때도 우리 뇌는 계속 활동을 이어가며 산소를 끌어다 쓴다.[47] 어떤 면에서 우리 뇌는 움직임을 전문으로 하는 기관이고, 이는 인공지능으로 복제할 수 없는 결정적인 특징 중하나다.

영국 과학자 대니얼 울퍼트Daniel Wolpert의 말을 들어보자. "우리는 오직 한 가지 목적, 즉 상황에 적응하는 복합적인 움직임을 창출하기 위해 뇌를 가진다. 다른 이유는 말이 전혀 되지 않는다."[48] 메르체니치는 자신의 건강을 위해 이 말을 마음에 새기고 세상으로 나아가라고 호소한다. "몸과 감각, 균형 기관, 시각으로부터 오는 정보는 순간순간 혈류 조절을 통제하는데, 우리가 자세를 바꾸면 이런 작용도 바뀐다. 우리는 자연환경에서 이런 혈관 통제 시스템을 아주 열심히 가동한다."[49] 헬스클럽에서 하는 운동은 뇌 관점에서 볼 때 효과가 없다. 따라서 자연에서 움직이면서 우리의 감각과 자연의 놀라움에 반응하는 뇌의 흥분, 상황에 적응하고 회복탄력성을 유지하는 타고난 본능을 활성화해야 한다. 뇌를 산소로 채우고자 한다면 나무에서 나오는 신선한 공기를 끌어오는 것이 가장 좋다.

신경과학은 새로운 뉴런과 뇌 신경망이 필요에 따라 성장하기 때문에 뇌가 근육 같다는 비유를 썼지만, 최신 신경과학은 뇌가 곧 근육이라고 말한다.[50] 우리 두개골 속 근육은 운동이 필요할 뿐 아니라 우리 '조상의 거처'인 자연에서 하는 야생의 활동이 필요하다.[51] 자연에는 유산소운동을 할 때 근육과 뇌가 끌어 쓸 산소가 가득하다. 레이티와 매닝Manning은 문명 생활의 우리에서 빠져나와 자연에서 움직이는 것만큼 자연스럽고 혜택을 보장하는 활동은 없다고 말한다. "운동이라는 단어는 산업화되고 빡빡한, 실내 생활의 가공물이다. 움직임의 중요성에 대해 이해한 내용을 우리 뇌가 충분히 이용하도록 하려면 운동을 할 필요가 없다. 움직이면 된다."[52]

특히 괴롭힘의 패러다임으로 인해 고통받았다면 선택이 대단히 중요하다. 레이티와 매닝은 어떤 운동을 할지 선택하느라 고심하지 말고 메르체니치의 조언처럼 자연 속을 걸으라고 권한다. 예측 불가능한 자연계와 접하는 것은 뇌에 특히 좋다. 고르지 않은 길, 여기저기 돌출된 돌맹이, 지면에 노출된 나무뿌리, 소리, 냄새, 바람, 비, 태양, 동물 등은 근육, 힘줄, 관절처럼 최적의 성능을 내기 위해 끊임없이 움직여야 하는 우리의 뇌 시스템에 좋은 영향을 끼친다. 뇌도 신체와 마찬가지로 유산소운동을 하는 속도로 움직일 필요가 있고, 모든 감각을 자연계에 열고 그 세계를 탐험하며 경험한 것들을 세세히 기억할 필요가 있다. 또 뇌를 위해서는 마음을 활짝 열고 다른 사람들과 관계를 맺을 필요가 있다. 우리 뇌는 사회적으로 상당히 민감하다. 모든 기회를 총동원해서 무기력을 없애고 몸을 움직이라. 계단을 빨리 올라갈 수 있는데 왜 에스컬레이터를 타는가? 현대인들은 기술 향상의 도움을 받아 편하게 살 수 있는 것을 혜택이라고 생각하지만, 메르체니치가 경고하듯이 이런 도구는 "인간의 몽유병 증상을 유발하기 위해" 고안되었다. 몽유병은 실제 세계와 단절되면 생긴다.[53] 몽유병 증상이 자주 일어날수록 우리 뇌는 배움과 새로움, 도전이 부족하기 때문에 그 기능이 더욱 저하된다.[54]

민첩하다라는 말은 신체적·인지적 움직임 모두에 적용되는 단어다. 사람은 민첩한 손가락과 민첩한 마음을 동시에 가질 수 있다. 민첩한 사람은 움직임이 빠르고 지적으로도 빠르다. 이런 종류의 민첩함은 운동만 하거나 마음 챙김 수련만 해서는 도달할 수 없다. 메르체니치가 조언하듯이 진심으로 괴롭힘의 패러다임에서 빠져나와 자신의 잠재력을 발휘하고 싶다면, 뇌 운동을 해야 하고 잘못된 부위와 좀 더 직접적으로 관련된 특정 운동에 시간을 투자해야 한다.[55] 이렇듯 뇌 훈련은 신체적성 훈련을 시작하기 전, 건강하고 온전한 몸을 만들기 위해 실시해야 하는 물리치료에 가깝다. 운동 만으로는 괴롭힘이나 학대받은 아이의 뇌를 되돌리기에는 역부족이다.[56] 아이들이 의욕이 없거나 비관적이거나 수동적이거나 위축되어 있는 것, 또는 자존감이 낮거나 자신에 대한 믿음이 부족한 것은 그들의 잘못이 아니다. 이런 현상은 운동을 하는 데 장벽이 되지만 게으름을 나타내지는 *않는다*. 지금은 증거 기반의 뇌 훈련을 통해 이런 장벽을 부숴야 할 때다. 그래야 트라우마를 겪은 뇌가 치유되어 유산소 활동을 할 수 있는 상태가 된다.

자연에서 운동을 할 때, 우리는 진화적 설계대로 몸과 뇌를 같이 움직이며 이에 따라 몸과 뇌가 모두 민첩해진다. 실제 바위투성이 지형을 오르락내리락하며 온갖 난관과 도전을 겪기만 해도, 몸의 모든 근육과 신경을 쓰는 활동에 참여한 것이 된다.[57] 육체적·정신적 도전을 마주해 이를 극복하는 경험은 기쁨 또는 행복으로 바뀌고, 이런 감정이 생기면 자연적인 항우울제인 도파민이 뇌에서 분비된다. "진화적으로 우리는 행복을 위한 대책이 있지만 이를 이용하기 위해서는 움직여야 한다."[58]

학대를 당한 이후 나는 무엇보다 중요한 것이 나 자신과의 관계라는 깨달음에서 가장 큰 치유를 받았다. 나는 다른 사람에게 도움을 받는 대신 내면의 조용하고 작은 목소리, 자신을 아는 목소리에 귀를 기울였다. 자신을 아는 목소리는 마음-뇌-몸 간의 조화로운 대화를 통해 나온다. 자신을 아는 목소리는 오랜 세월 동안 이루어진 내 발전에 귀를 기울였고, 이런 발전 덕분에 나를 학대한 교사는 돌연 보잘 것 없는 존재로 전락했다. 꾸준히 발전해온 나에게 집중하고 귀를 기울이는 대신 왜 이런 훼방꾼에게 그 많은 시간과 생각을 허비하고 괴로워했는지 의아해졌다. 나는 몸을 움직이면서 지금까지 발전한, 그동안 살아남기 위해 변화한 나 자신에게 주파수를 맞춘다.

10

괴롭힘의 패러다임에서
공감의 패러다임으로

2015년 12월, 나는 사업 고문이자 자산 투자가에게서 연락을 받았다. 그는 대학 졸업생들이 직장에 보다 빨리, 효율적으로 적응하는 것을 돕기 위해 창업을 하고 싶다는 꿈을 밝혔다. 친구와 자신의 자녀들이 대학 졸업 후 제대로 직장을 구하지 못하거나 말단 자리조차 찾지 못하는 것을 보았기 때문이다. 경영 대학원을 졸업해도 교수와 고용주 사이, 대학 프로그램과 직장 사이에 필요한 요건이 서로 단절되어 있는 것처럼 보였다. 캐나다에서 이 문제는 위험 수준까지 치달아 대학 졸업생의 50퍼센트가 2년에서 5년 동안을 실직 상태로 보내고, 일부는 아예 직장을 구하지 못한다. 우리는 이 상황을 개선하기 위해 수차례 토론을 했다. 나는 연구와 커리큘럼 개발을 주도해서 이듬해에 프로그램 시험 운용을 통해 젊은이들의 관심도가 어느 정도인지 알아보았다. 엘런이 성추행을 당했다고 고백한 지 수개월이 지난 시점이었다. 당시 사립학교에서의 교직 생활에 깊은 환멸을 느낀 나는 뭔가 다른 일을 시도할 기회에 뛰어들었다.

사실상 무지했던 분야를 깊이 연구해서 새로운 커리큘럼을 개발하고, 실제로 도움이 되는지 알아보는 과정이 나는 정말 마음에 들었다. 이제까지의 경력에 더해 경영 기술을 발휘해야 하는 분야에 진입하려면 상당한 어려움을 감수해야 한다는 것은 알고 있었지만, 연구와 학습 열정으로 나도 뭔가 이바지할 일이 있다는 희망이 생겼다. 대학원에서 학부생들과 함께 연구를 했고 토론토대학에서 수년간 강의를 했던 터라 이 일이 더 흥미롭기도 했다. 나는 사업 고문과 그가 소집한 소규모 위원회를 대단히 존중했다. 우리 모두는 스타트업 기업 창설에 한몫하고 싶었고, 나는 이들이 통찰력 있는 멘토가 되리라는 것을 알았다. 나는 학교에 1년 휴직계를 냈다. 그리고 우리는 이듬해 가을 시투커리어즈C2Careers를 창설했다.

연민을 키우는 공감 듣기 연습

회사 대표는 모든 코스를 다 경험해보라고 내게 아낌없는 지원을 해주었고, 나는 짧은 기간 동안 많은 것을 배웠다. 그중 내 인생을 바꿔준 코스가 하나 있다. 심리학자이자 작가이면서 캘리포니아에서 교육 혁신가로 활동하는 리앤 그레이Lee-Anne Gray가 제공하는 코스였다. 2년 전, 《괴롭히는 교사》가 출간되었을 때 그가 〈허핑턴포스트〉에 교육 트라우마를 주제로 쓴 기사에서 내 책을 언급하면서 우리는 인연을 맺었다.[1] 그레이는 괴롭힘을 가르침의 수단으로 사용하는 교육자 문제를 나와 함께 논의한 후,《괴롭히는 교사》를 더욱 심층 해부하는 글을 썼다.[2] 이 주제는 심리학자이면서 학교의 창립자로서, 또 세 아이의 엄마로서 활동하는 그에게 확 꽂히는 소재였다. 그레이는 2019년에 《교육 현장에서의 트라우마Educational Trauma》라는 제목으로 저서를 출간하기도 했다. 직장에서 성공의 발판을 찾으려는 대학 졸업생을 돕기 위해 내가 여러 코스를 수강하던 중 그레이에게 마음이 끌렸던 것은 그가 창립한 학교의 모토, 즉 "연민을 느끼는 나라를 위한 공감 교육" 때문이었다. 내가 읽은 모든 책과 블로그, 기사에서는 공감이 커리어를 성공적으로 시작하고 또 직장 생활과 리더로서 성공하는 데 중요한 요소라고 주장했다. 대니얼 핑크Daniel Pink는 심지어 미래의 직장에서 승리하고 싶은 젊은이에게 필요한 핵심 요소로 공감을 꼽기도 한다. 핑크는 공감을 스토리텔링, 치유, 총체적인 마음 창조와 연결한다.[3] 나는 그레이에게 연락해서 혹시 공감에 관해 더 가르쳐줄만한 것이 있는지 물어보았고, 그에게 '공감 듣기'를 훈련받게 되었다.

그레이는 수차례의 수업을 통해 내게 공감 듣기 기술을 가르치고, 연민을 가지고 하는 상호작용의 의도를 알려주었다. 공감이 친사회적 방향으로 작용하기 위해서는 감정적으로 대응하는 것 이상의 노력이 필요하다.[4] 남의 신발을 신고 1킬로미터 이상을 걸어본 다음 *자신의* 발이 얼마나 아픈지 주의 깊게 살필 수 있어야 한다.

TV에서 사람들의 고통을 보고 공감한 다음 재빨리 채널을 돌리는 것은 소용이 없다. 공감을 통해 이해와 연민을 표현하려면 타인의 고통을 느끼는 것은 물론 이 고통에 의식적으로 대응하고 고통을 보듬을 필요가 있다. 시간을 내서 타인의 말을 듣고, 우리의 필요성이 아닌 타인과 그들의 필요성에 집중해야 한다.

그레이는 일단 연민을 느끼는 기반을 마련한 후 공감 교육을 진행했다. 먼저 왜 연민을 가져야 하는지 그 의도를 표현한 다음 누가 먼저 말할지 결정했다. 처음 몇 차례 수업에서는 내가 먼저 말한 다음, 그레이에게 공감하는 마음으로 경청하는 법을 배웠다. 내가 1~2분 동안 이야기한 다음 멈춘다. 그레이는 도중에 내 말을 가로채거나 반응하지 않고, 심지어 고개를 끄덕이거나 웃지도 않는다. 오로지 듣는 데만 집중한다. 그가 할 일은 가능한 한 정확하게 내가 한 말을 그대로 반복하는 것이다. 내가 말한 내용에 뭔가 더하거나 뺄 수 없다. 목표는 내 말을 듣고 그 말을 내게 그대로 반복하는 것이다. 마치 청각 거울auditory mirror 같은 활동이었다.

이런 식으로 5~7분간 이야기하는데, 매 1분 정도마다 멈추고 그레이가 내가 한 말을 반복하도록 했다. 그레이가 내 말을 들었다는 느낌이 들면 나는 정확히 들렸다는 그 느낌을 이야기한다. 잠깐 멈추고 그 느낌을 반추해본다. 살면서 남이 내 말을 들었다는 느낌을 자주 받는가? 아니면 아무도 자신의 말에 귀 기울이지 않는다거나, 사람들이 자신에게 관심이 없다거나 말하고 싶은데 사람들이 가로

막는다는 느낌을 자주 받는가? 아마 여러분은 누군가 말을 가로채거나 자기가 한 말에 아무도 반응하지 않은 경험이 있을 것이다. 다음에 생각해야 할 대상은 자기 자신이다. 우리는 다른 사람의 말을 얼마나 잘 경청하는가? 타인이 말하는 것을 진심으로 듣고, 이들이 말을 마칠 때까지 잠자코 귀를 기울이려고 하는가? 아니면 중간에 말을 가로채거나 끼어드는가? 이제부터 남과 대화할 때 자신이 말하고 듣는 패턴을 관찰해보고, 다른 사람이 어떻게 말하고 자신의 말을 어떻게 듣는지 주목해보라.

다른 사람이 내 말을 들었다는 느낌을 경험하도록 그레이가 먼저 내게 공감 듣기를 선보인 후에는 내가 그레이의 역할을 맡았다. 내가 할 일은 그가 말하는 모든 내용을 그대로 반복하는 것이었다. 처음에는 다른 사람의 말에 제대로 *귀를 기울이는 일*이 얼마나 어려운지 실감했다. 말하는 중간에 끼어들어 확인을 하고 질문을 하고 농담을 하고 싶었다. 하지만 그것은 금물이다. 공감 듣기에서는 한숨도 쉴 수 없다. 상대방이 한 말을 되도록 정확하게 반복하기 위해 그 사람이 하는 말을 귀를 쫑긋 세우고 들어야 하기 때문이다. 그러려면 엄청난 집중력이 필요하다. 아무리 하고 싶어도 다른 사람이 말하는 도중에 단어나 생각, 대안을 말하고 싶은 충동을 이겨내야 한다. 처음 1~2분 동안 상대방이 한 말을 반복했다면, 다시 상대방이 말을 이어간다. 그리고 다시 한번 상대방이 들렸다는 느낌을 말하는 마법의 순간이 올 때까지 상대의 말을 반복한다. 그리고 마침내, 자기가 말하는 순서가 다시 온다. 한편에서 보면 공감 듣기는 서로 주고받는 대화와는 다르다. 하지만 다른 한편에서 보면 공감 듣기는 다른 사람의 말을 제대로 들은 다음, 본인이 말하는 순서가 왔을 때 들은 것을 이야기한다는 점에서 좀 더 정확한 의미의 대화를 주고받는 것이다.

파트너와 싸우거나 직장에서 분쟁이 있을 때 이런 기술을 사용하는 모습을 상상해보라. 정신과 전문의 헬렌 라이스는 결혼 생활에 문제를 가지고 있는 커플을 상담하면서 "말을 온전히 듣는" 일의 중요성을 강조한다.[5] 10대 자녀의 결정에 마음이 심란하거나 연로한 부모님이 요양원 등 노인 생활 지원 시설로 들어가기를 거부할 때 이 공감 듣기를 활용하여 대화를 나누는 장면을 상상해보라. 아마 그 전에는 존재한다는 사실조차 몰랐던 공포와 슬픔이 정서적으로 깊이 깔려 있다는 것을 깨닫게 될 것이다. 이것이 바로 끊임없이 자신의 요구와 생각, 느낌을 주장하기보다 상대가 표현하고자 하는 말을 진정으로 듣고 다시 반추해보는 것이 갖는 좋은 점이다. 의식적으로 공감을 연습하다 보니 이것이 괴롭힘을 연민으로 바꾸는 강력한 수단으로 작용할 수 있겠다는 생각이 들었다. 공감은 다른 건강한 자질과 마찬가지로 자신에게 귀를 기울이는 것에서부터 시작한다. 온전한 자신을 느끼고 자신의 마음-뇌-몸이 정렬되고 통합되길 원한다면 공감 듣기가 효과적인 방법이다. 대니얼 시겔은 자신의 몸을 자각하고 자신의 감정을 탐구하기 위해 일기를 쓰고, 비언어적 정서에 집중하기 위해 이미지나 영상을 떠올려서 상처받은 뇌를 치유한 환자 이야기를 들려준다. 그는 이것이 "공감의 필수 요소*가 통합된 모든 모습"이라고 주장한다.[6]

괴롭힘과 학대는 피해자에게 자신이 느끼는 자기혐오 또는 수치심, 공포를 투영하는 반면, 공감은 상대가 경험하고 느끼고 보고 생각하고 의도하는 것을 경청한다. 괴롭힘은 자신이 겪은 과거의 트라우마를 덜기 위해 피해자에게 자신의 과거를 투영하는 반면, 공감은 상대의 지난날을 듣고, 그것이 이들의 현재에 어떤 영향을 끼쳤는지 상상한다. 공감은 기억, 논리, 유추, 추론을 사용해 상대의 경험을 해석하기 때문에 인지능력으로 볼 수도 있고, 상대의 신체적·정서적 경험을 통해 세상을 인지하고 해석하기 때문에 정서적인 것으로도 볼 수 있다.[7] 신경 영상 연구에 따르면 뇌에서 사고 및 감정에 관여하는 부분은 공감 반응에서 서로 연결되어 있다.[8] 공감은 총체적 반응인 것이다. 반대로 괴롭힘과 학대는 타인에 대한 공감 결여로 생기는데, 타인을 괴롭히거나 학대하는 사람은 피해자가 경험하는 고통과 모욕을 상상하거나 이를 자신의 일로 결부시키거나 대응하지 못한다. '정서적 조절 불능', '공감하지 못함', '인정머리 없을 정도로 감정이 없는' 같은 어구는 남을 괴롭히는 사람을 묘사하는 데 쓰이며, 이 말은 어른에게도 효과적으로 적용된다.[9] 뇌

---

* 마음-뇌-몸을 말한다.

스캔 분야의 기술 발달 덕분에 우리는 뇌의 성장, 발달, 기능, 쇠퇴, 복구 과정을 볼 수 있게 되었다. 괴롭힘 또는 학대를 당했거나 자를 하거나 또는 스스로 한계를 설정하는 덫에 걸려 있다면, 지금 당장 할 일은 뇌 속 엉킨 신경망을 풀어주는 것이다.

헬렌 라이스는 "공감은 다른 사람의 곤경과 정서를 이해할 수 있도록 작용하는, 여러 다른 면모로 이루어진 인간의 역량으로 보는 것이 가장 타당하다"고 말한다.[10] 1990년대 이탈리아 신경과학자들은 한 영장류가 다른 영장류가 뭔가 먹는 것을 본 경우, 뇌의 비슷한 부위가 활성화된다는 사실을 발견했다. 이들 과학자는 같이 발화된 뇌세포를 '거울 뉴런'이라 명명하면서 한 뇌가 다른 뇌를 모방한다고 설명했다. 신경과학자들은 연구를 계속 진행하면서 아이에게 공감은 생존에 필요한 기술이라는 것을 알았다.[11] 아이가 생존하기 위해서는 이들 세상에 사는 어른이 생각하고 느끼고 의도하는 것을 배울 필요가 있다는 것이다. 뇌 영상에 따르면 우리는 태어나는 순간부터 공감으로 마음의 인식을 공유하면서 연결되며 우리가 공감 역량을 갖기 위해서는 특별한 뇌 회로를 통해 다른 사람을 인식 및 처리하고 이들에게 대응해야 한다.[12] 뇌의 모든 부위 및 구조와 마찬가지로 공감 부위는 우리의 경험과 집중적인 연습에 의해 강화되거나 약화되거나 사라질 수 있다.

영장류에게서 거울 뉴런이 발견되기 수십 년 전, 심리 분석가인 하인츠 코후트Heinz Kohut는 거울 전이mirroring transference라는 현상을 연구했다. 그는 보호자가 아이들에게 그들만의 고유성과 강점, 특별한 자질을 이야기하며 칭찬할 때 아이들이 보호자의 눈을 통해 자신들의 자질을 알게 된다고 이야기했다. 코후트는 당시 이런 거울전이 과정을 수행하는 별도의 신경망이 있다는 사실을 몰랐지만 아이가 자랄 때 어른이 눈을 맞추며 정서적으로 교감하고 풍부한 표정을 보여주면, 아이가 활발한 반응을 보인다는 것을 발견했다. 코후트는 어른의 이런 태도가 아이에게 심리적인 산소 역할을 한다고 말했다.[13] 당연히 괴롭힘의 패러다임에서는 이런 산소를 공급받지 못하는 아이가 있다. 이들은 방치된다. 아무도 이들의 황금 같은 잠재력을 알려주지 않고, 대신 이들의 잠재력을 완전히 왜곡해 자신을 황금이 아닌 납으로 보게 만드는 유독한 공기에 노출시킬 수 있다.

신경과학자들은 상처받은 뇌와 타인의 고통을 바라보는 뇌를 모두 연구해서 공감에 대한 이해에 혁신을 가져왔다. 심리학자 타니아 징어Tania Singer는 이런 이중 뇌 스캔 실험을 실시한 혁신적인 연구자로 현재 공감과 연민 분야에서 세계적인 리더다. 실험에서 상당히 놀라웠던 점은 바라보는 뇌가 손가락을 바늘에 찔려 고통을 받는 사람들의 경험을 복제했다는 것이다. 타인의 고통을 바라보는 뇌는 마치 자신이 그 고통을 느끼는 것처럼 반응했다.

흥미롭게도 손가락이 바늘에 찔리는 것을 본 사람들의 뇌에서 실제 절린 사람들이 고통을 느낄 때 켜지는 신경망과 똑같은 신경망에 불이 켜졌다. 뇌섬엽 피질insular cortex이라는 뇌 영역이 발화되면 고통을 느끼는데, 이곳에 생리학적으로 고통에 반응하는 뉴런이 분포하기 때문이다. 또한 고통을 유발하는 행동을 목격하기만 해도 비슷한 하부 뉴런 집단이 발화하는 것으로 알려져 있다.[14]

두 뇌의 큰 차이점은 고통을 느낄 때 우리 뇌는 하나의 생존 전략으로 고통에 집중하지만, 이와 대조적으로 우리가 다른 사람들의 고통을 목격할 때, 즉 이들의 고통에 공감할 때(이때 우리 뇌는 이런 고통이 어떤 것인지 아주 확실히 인지시켜준다), 우리 뇌는 자기 자신이 아닌 다른 사람들에게 집중한다는 것이다. 이때 우리가 느끼는 고통은 자신이 위험에 처해 있고 살아남지 못할 수도 있음을 알려주는 육체적인 고통이 아니다. 이 고통은 타인에게 공감하는 고통이라서 고통받는 사람을 도와주자고 말한다. 수없이 반복 시행된 이 연구를 통해서 징어는 우리 뇌에 거울 현상, 즉 신경망 공유 메커니즘이 있어, 다른 사람의 뇌에서 발생하는 현상이 전해진다는 사실을 알아냈다.[15] 이런 이유로 라이스는 인간이 마음 지능과 마음 정서 또는 감각, 의도를 공유하고 있다고 말한다.[16] 우리는 고통 또는 먹는 행위에 해당하는 뇌 회로를 공유할 뿐 아니라, 만지는 행위나 역겨움 같은 감정에도 뇌 회로를 공유한다. 거울 현상은 (감각으로부터 정보를 수신하는) 체감각피질, (공감, 정서, 충동 조절, 의사 결정에 관여하는) 전측대상피질anterior cingulate cortex, (고통 인지, 공감, 사회관계에서 중요한 역할을 하는) 뇌섬엽 등을 포함하는 뇌 영역과 관련되어 있다.[17] 레이티와 매닝은 다음과 같이 설명한다.

다른 사람의 관점을 의식하는 능력 덕분에 모든 인간에게 가치가 있는, 좀 더 고상하고 정제된 형식의 거짓말, 다시 말해 스토리텔링이 가능해진다. 스토리텔링에서는 추상화와 관념화, 바꿔 말해 언어가 허용된다. 미래 개념도 허용되어 계획과 기회의 문이 열리며, 이런 이유로 계획은 공감과 관련이 있다.[18]

은폐를 멈추면 공감 능력이 올라간다

공감은 천부적인 자질인 반면, 괴롭힘과 학대는 학습된 행위(대부분 그렇고, 천성적으로 사이코패스나 소시오패스인 사람들은 제외한다)다. 메르체니치는 여기서 그의 전문 지식과 지혜를 곁들인다. 그는 "공감은 천부적인 자질"이라는 단순한 문장을 던지고는 "우리는 천부적으로 서로에 대한 깊은 애착심과 감정을 느낄 힘이 있으며 서로 의지할 수 있도록 이런 감정을 개발하게끔 타고났다"고 설명한다. 단, 이 책에서 기억할 핵심은 공감이 우리 뇌에서 "가소성 변화를 통해" 발달되며, "삶은 이 발달을 저지할 만큼 충분히 고될 수 있다"는 것이다.[19] 메르체니치는 만약 내가 단순히 "공감은 천부적인 자질"이라고 말할 경우, "다른 사람에게 강한 애착감을 느껴볼 기회를 갖지 못한 사람에게 수치심의 짐"을 지우는 것이라고 지적한다.

메르체니치의 접근 방식은 대부분 이런 종류의 공감과 연민으로 이루어져 있다. 내가 다른 사람에게 공감한다면 공감하는 세계에서 자랐기 때문이다. 남에게 공감하기 어렵다면 과거 인격 형성기에 트라우마를 겪었을 가능성이 크다. 메르체니치는 다음과 같이 말한다. "남을 괴롭히는 대부분의 사람이 어린 나이에 신경학적으로 상처를 받았다고 생각합니다. 이들의 괴롭히는 행위는 뇌에 상처를 주는 환경에서 나올 수밖에 없는 결과입니다."[20] 이 말은 의심의 여지없이 중요하다. 이 말이 기정사실이라고 할 때 진단과 개입을 하거나 치료 계획을 세우는 대신, 학대 행위를 은폐하고 안 보이도록 애쓰는 행위가 얼마나 멍청한 짓인지 생각해볼 필요가 있다. 마치 누군가 병에 걸린 걸 알았는데 이를 숨기는 것과 마찬가지다.

만약 온갖 형태의 괴롭힘과 학대를 인식하고 이 진단에 맞게 대처하고 병의 확산을 막고 이를 치유하기 위한 전략에 개입한다면, 우리가 사는 세상이 얼마나 달라질지 상상해보라. 우리는 진단과 개입이 전혀 이루어지지 않고 치유 계획이 전혀 없이 은폐로 일관할 때 가해자와 피해자에게 어떤 일이 벌어지는지를 안다. 우리는 피해자와 가해자 그리고 이를 알았지만 보호조치를 취하지 않은 사람들의 삶이 산산조각 나고, 그들에게 심각한 건강 문제가 초래되는 현상을 매일 언론을 통해서 접한다. 우리가 은폐를 멈추고 사회 정서적인 질병과 위기를 치유한다면 뇌에 어떤 일이 벌어질까?

신경학자 로버트 새폴스키Robert Sapolsky는 개코원숭이 우두머리 수 컷의 막무가내식 공격 행동을 연구했다. 이들 우두머리 수컷은 아래 서열 원숭이를 끊임없이 괴롭히면서 폭력적으로 지배를 유지했다. 새폴스키는 이런 학대가 서열이 아래인 원숭이에게 어떤 영향을 미치는지 궁금했고, 결과적으로 이들의 코르티솔 수준이 상당히 높다는 것을 발견했다. 이보다 충격적인 것은 영국 공직 공무원의 코르티솔 수준이 비교적 높다는 사실이었다.[21] 앨릭스 렌턴이 쓴 끔찍한 내용의 저서를 읽어보면, 만연한 학대가 영국 엘리트 학교에 다니는 아이들을 자극하고 이에 동조하도록 이끌면서 피해자가 가해자가 되는 학대의 악순환을 만들어내는 과정을 알 수 있다. 따라서 공무원을 통솔하는 위치에 있는 지배 계급이 공무원의 코르티솔 수준을 높인다는 사실이 놀랍지는 않다.[22]

새폴스키가 연구하는 개코원숭이 집단에 어느 날 치명적인 질병이 덮치면서 우두머리 수컷 대부분이 사망하는 일이 벌어졌다. 이때 아래 서열 원숭이들은 그동안 그들을 지배했던, 남을 괴롭히고 공격하는 분위기를 다시 조성하지 않았다. 대신 서로 협조하고 돌봐주었다. 이들 원숭이의 코르티솔 수준은 떨어졌다.[23] 어떤 개체는 공감 수준이 높게 태어나는 반면, 어떤 개체는 공감 수준이 비활성화된 상태로 태어나는 것 같다. 메르체니치는 이 연구에 대해 놀라울 정도로 중요한 통찰력을 제시한다. 이 연구를 통해 우두머리 수컷의 폭력적인 행동이 다른 원숭이를 보살피기 위해 나온 행동이었고, 결국 이들도 공감하는 능력을 가지고 있다는 점이 드러난 것은 아닐까?[24] 괴롭힘의 패러다임에서는 가해자의 괴롭힘이 이런 보살핌과 공감 능력으로 포장된다. 우리 모두 여기에 공감하기 때문에 이런 구조에서 벗어나기가 여간 어려운 일이 아니다.

우리는 피해자보다 가해자 입장에 훨씬 자주 선다. 대부분 결함이 있는 우리는 괴롭힘의 패러다임에서 성장하고, 자기도 모르게 또는 고의적으로 다른 사람에게 해를 끼친다는 사실을 의식하고 있다. 그렇기 때문에 우리의 이해와 보호는 피해자가 아닌 가해자 쪽으로 기울어져 있기 마련이다. 피해자는 우리 뇌에서 반역 집단으로 인식되며, 이들은 언젠가 우리의 잘못이나 우리가 학대한 일을 지적할지도 모른다. 이런 두려움 때문에 우리는 학대에 제동을 걸지 못한다. 이것은 공감이 잘못된 방향으로 꼬인 것이다. 그러나 일단 우두머리 수컷과 학대 행위가 사라지면 피해자들은 서로 공감하는 마음을 갖는다.[25] 한마디로 우리는 가해자와도 피해자와도 공감할 수 있다. 이 모두는 천부적인 자질로서의 공감이 경험을 통해 어떻게 발전하는지, 우리 뇌의 가소성 변화로 어떻게 공감이 표현되는지에 달려 있다.

감수성이 높은 사람들의 경우 공감은 자연스러운 감정이다. 이런 사람들은 때때로 정서적 공감을 낮춰서 객관성을 유지해야 본인의 일을 해낼 수 있다. 반대로 다른 사람에 대한 공감이 높지 않거나 다른 사람을 그다지 신경 쓰지 않는 사람들은 공감 기술을 개발할 필요가 있다. 흥미로운 사실은 신경가소성(환경에 대응하는 것은 물론 뇌를 목적에 맞게 변형하는 능력) 덕분에 우리는 공감을 높게 또는 낮게 조절할 수 있다는 것이다.

공감을 다정 또는 친절과 혼동하지 말라. 공감은 이보다 더 복합적이다. 심리학자 매슈 리버먼이 사회적 뇌에 관해 쓴 저서는 우리가 가지고 있는 관계 형성의 타고난 충동을 세 단계로 묘사하고, 이 세 단계를 공감을 좀 더 풍부하게 이해하는 데 적용한다. 그의 연구에 따르면 사회적 유대감은 관계, 마음 읽기, 조화 이루기에 영향을 받는다. 관계는 태어나자마자 시작되며 유아기와 아동기에 가장 활발하게 이루어지지만 평생에 걸쳐 형성된다. 관계는 다른 포유류와 "사회적 고통과 기쁨을 느끼는" 역량에 달려 있으므로 "우리의 행복은 영원히 사회관계와 연결되어 있다." 다음 단계는 마음 읽기로, 이는 주변 사람들의 생각, 의도, 행동을 이해하는 능력이다. 이 능력은 다른 사람과 생각을 공유하고 전략적으로 사고하는 집단으로서 우리를 더욱 돈독히 묶어준다. 세 번째 단계는 사춘기에 이루어진다. 리버먼은 이 단계를 조화 이루기라고 부르는데, 연구에서 드러나듯이 10대는 또래 집단 세계에서 자존감을 개발하기 때문이다. 10대의 뇌는 또래 집단 구성원이 자신을 어떻게 보고 어떻게 대하는지에 대해 민감하게 반응하며, 이런 과정에서 사회적 단결력이

더 커진다.[26]

또한 공감을 동정과 혼동하지 않는 것이 중요하다. 연구에 따르면 동정은 단절을 유발할 수 있다. 누군가 어떤 사람을 보고 안타까워하면서 "정말 안됐네"라고 표현한다면, 이 사람은 어떤 이의 처지에 서는 대신 "안전한 거리를 유지하는 것"이다. 브레네 브라운은 공감과, 상대를 불쌍히 여기지만 자기는 그 상황에 처해 있지 않다고 생각하는 동정은 다르다고 말한다. 공감은 치유력이 있지만 동정은 수치심을 유발하기 쉽다.[27]

괴롭힘과 학대 패러다임의 초석 역할을 하는 수치심은 자신이 가치가 없으며 환영받지 못하고 중요한 존재가 아니라는 믿음을 유발한다. 이런 믿음은 마음-뇌-몸을 해체한다. 이 믿음은 우리를 분열시키고 자신에 대한 공감 결여와 다른 사람에 대한 공감 결여를 불러일으킬 수 있다. 대니얼 시겔은 "자신의 대뇌피질 속으로 피신해 지속적으로 오는 비난, 고립, 부당함의 고통에서 스스로를 단절시킨" 환자에 관한 이야기를 한다.[28] 이 말은 스스로를 분열시키는 과정을 적절하게 설명한 표현이다. 이 환자는 뇌의 이성적 부위인 전전두엽 피질을 이용하여 변연계, 즉 뇌의 정서적 영역에서 보내는 감정을 억누르고 피하고 있었다. 뇌가소성을 염두에 둔다면 우리 뇌가 그 작용 과정에서 분열을 일으키더라도, 상처를 치유하고 총체적인 건강을 회복하면 그 상태에 변화를 줄 수 있다.

경제학자이자 저술가인 제러미 리프킨은 수치심이 어떻게 사회적 유대감을 깨뜨리고 공동체를 와해하는지 설득력 있게 설명한다. 우리가 해로운 짓을 저지르고 이로 인해 어떤 사람에게 상처를 주었다는 사실을 인식했을 때, 자연스러운 반응은 죄의식이며 이는 "공감으로 인한 정신적 고통과 이 사람에게 다가가 사태를 해결하고 싶다는 욕망"을 불러일으킨다.[29] 이런 식으로 공감은 관계를 형성하고 유지하는 데 이바지한다. 반대로 수치심은 관계를 무너뜨리고 단절시킨다. 리프킨은 다음과 같이 설명한다. 수치는 "사람을 모욕해서 이들에게 자신이 가치 없고 비인간적이라는 감정을 불러일으킨다. 수치를 당하는 것은 거부당하는 것이다. 수치는 한 사람을 집단에서 고립시키는 방법이다. 이 사람은 이방인이 되고 존재감 없는 존재가 된다."[30] 그렇다면 아이들이 지식과 경험이 부족하다고, 실수를 했다고 사사건건 창피를 당하는 것이 가당키나 한 일인가? 우리가 아이들의 실수에 공감과 연민으로 대응한다면 세상이 어떻게 될까?

수치의 사이클에서 벗어나자

이제 눈을 감고 자신을 빠르게 한번 점검해보자. 자신 안에 있는 마음속 가해자가 "너는 가치 없는 인간이야"라고 하거나 "너는 존재감이 없어"라고 말하지는 않는가? 당신에게 자신을 거부하고, 이방인 또는 존재감 없는 존재로 느끼게 만드는 마음속 가해자가 있는가? 이런 것들은 괴롭힘의 패러다임을 지배하는 치욕적인 단어와 행위다. 중요한 것은 마음속 가해자에게 굴복하지 않고, 치욕을 그대로 되풀이해서 자신의 뇌 또는 몸에 수치심을 주지 않는 것이다. 괴롭힘의 패러다임은 수치심을 주는 것이 동기부여나 훈련의 방법이라고 믿지만 실수나 실패, 나약함 또는 나쁜 습관에 빠졌다는 이유로 뇌나 몸에 수치심을 안겨준다고 해서 동기부여가 되거나 교훈을 배우는 것은 *아니다*. 수치심은 소속감을 느끼지 못하게 하고, 자신이 집단에서 올바른 위치를 차지할 수 있다는 느낌을 앗아간다.

수치심은 자신에게 투영되든 자신이 내면화한 정서로 나타나든 파괴적인 신경망을 뿌리박는 데만 기여한다. 이 신경망은 시간이 흐르면서 노력, 성취, 주저, 미끄러지기, 해로운 행위로의 퇴행, 수치심, 건강하지 못한 방법으로 자체 처방하기 단계를 거친 후 다시 이를 처음부터 반복하는 악순환을 만든다. 이런 수치의 사이클은 파괴적인 행위나 습관을 멈출 수 없다는 믿음을 확고하게 만든다. 성차별, 인종차별, 노인 차별, 동성애 혐오, 반유대주의, 여성 혐오 또는 다른 사람에게 해를 끼치는 행위를 하는 사람들은 자신의 타고난 공감 능력을 끄고 자신이 공격하거나 상처를 주거나 멸시하는 사람이 존경과 공감, 연민과 사랑을 받을 가치가 없다고 생각한다. 세상에서 일어나는 수많은 고통은, 우리가 괴롭힘과 학대를 용인하고 이를 요란하게 부인하는 사회에서 양육되었기 때문에 일어난다.

이런 식의 잔인하고 해로운 목소리가 내면에서 속삭일 때, 이 목소리가 자기와는 별개이며 거짓이고 신뢰할 수 없다는 사실을 깨닫지 못한다면 얼마나 끔찍할지 상상해보라. 내가 심리학자와 정신과 전문의의 도움을 받아 내면화된 마음속 가해자를 거짓되고 파괴적이고 오도하는 목소리로 인식하는 데는 아주 오랜 시간이 걸렸다. 퀘스트 프로그램에서 세 명의 성폭행 교사에게 복종하지 않았다는 이유로 치욕적인 망신을 당한 이후, 나는 상처를 치유하느라 너무 힘들었다. 하지만 나는 해냈다. 여러분 역시 괴롭힘 또는 학대를 당했다면 자신을 학대하는 것을 멈추고 자신이 가치 있는 사람이며 공감, 존중, 연민과 사랑을 받을 *가치가 있는* 사람임을 확신할 수 있다. 수치심이 우리 내면에서 은밀히 활동할 때 생기는 치명적인 위력은 자신과 타인을 향한 타고난 공감을 앗아갈 수 있다. 리프킨은 수치심이 우리의 타고난 공감을 무너뜨리는 과정을 다음과 같이 설명한다.

수치심은 천부적인 공감 능력을 꺼버리는 위력이 있다. 스스로 존재 가치가 없고 사회적으로 따돌림을 받고 있으며 자존감이 없다고 느껴지면 다른 사람의 곤경을 같이 느낄 수 있는 공감의 저장고가 고갈된다. 다른 사람과 정서적으로 연결되지 못하면, 스스로 위축되어 뒤로 물러나거나 다른 사람에게 분노를 행사하면서 버림받은 느낌을 해소한다.[31]

이 말은 괴롭힘의 패러다임을 잘 요약해서 설명해주며, 이 패러다임이 어떻게 반복되는지 보여준다. 마음속 가해자를 내면화해서 자신을 가치 없는 존재라고 내몰고 공감 능력도 빼앗긴 사람들은 파괴적인 습관으로 자해를 하거나 남을 몰아세운다(두 가지를 다 하는 사람도 있다). 이 모든 일이 우리 뇌 안에서 벌어진다. 수치심의 사이클 안에서 이루어지는 많은 파괴적인 행위가 이 사회에서 정상으로 여겨진다는 것을 생각해보라. 오로지 수치와 비난, 따돌림을 행사하는 내면화된 마음속 가해자는 우리 뇌가 본래 가지고 있는 공감 회로를 꺼버린다.

놀라운 사실은 우리는 원래 공감에 대한 신경망이 연결된 뇌를 가지고 태어났기 때문에 살다가 공감이 결여되면, 자신의 뇌에 무슨 일이 벌어졌는지 되돌아보기만 하면 된다는 것이다. 존 레이티가 만성 스트레스가 뇌에 끼치는 영향을 언급하면서 해마가 줄어들거나 주름져보인다고 이야기한 것을 기억하는가? 이렇게 되면 우리는 위축되어 뒤로 물러나는 모습을 보일 수 있다. 리프킨은 한 사람에게 수치를 주는 행위를 확장해서, 많은 사람을 힘들게 하는 문화적 패러다임 또는 구조로서 수치를 주는 행위를 지적한다.

수치를 주는 문화는 공감 능력을 단절시켜 타인의 곤경을 경험하고 연민으로 대응하는 능력을 마비시키기 때문에 역사상 가장 극악무도하고 폭력적이었다. 한 아이가 수치를 주는 문화에서 자라면서 완벽 또는 순수의 이상에 부합해야 한다고 또는 공동체의 분노를 참아내야 한다고 믿게 된다면, 이 아이는 이와 동일한 경직되고 가차 없는 기준으로 다른 사람을 판단할 가능성이 높다.[32]

극우 이데올로기와 파시즘의 득세를 목격하는 이 시점에 "완벽 또는 순수의 이상에 부합해야 한다고 믿게 된다면"이라는 구절은 불길한 생각을 자아낸다. 이런 이데올로기는 소속감을 자극하기 위해 집단으로서의 우리를 거부하고 이를 분열된 우리 대 분열된 그들로 대체한다. 이들은 타인을 가치 없고 존재감 없는 존재라고 비난하고 수치를 주고 따돌린다. 이런 사람들이 성장하고 있는 문화를 한번 들여다보라. 사회의 리더가 책임을 지지 않거나 사회적 파장에 아랑곳하지 않고 사람들과 공동체를 무례하게 대하는 수치를 주는 문화, 괴롭힘의 문화가 보이는가? 이런 사람들이 공격적이고 폭력적인 생각과 행동에 호소하는 현상이 충격적이라고 생각하는가? 마크 트웨인이 말했듯이 "역사는 똑같이 반복되지는 않지만 종종 비슷한 일이 일어난다." 20세기에 일어난 전쟁을 감안할 때, 가정과 학교, 스포츠, 정치, 국제 관계를 잠식하는 수치의 문화를 허용한다면 우리는 바보나 다름없다. 개인적·집단적 수준에서 공감 능력의 문을 여는 것은 생과 사가 걸린 문제다. 우리는 괴롭힘의 패러다임에서 빠져나와 타인의 곤경을 경험하고 연민의 행위로 대응하는 공감의 패러다임으로 들어갈 필요가 있다. 그것이 자기 연민이든 곤경에 처한 문화나 국가에 발휘하는 연민이든 말이다. 이제는 개인과 공동체로서 우리가 황금기의 뇌 건강과 잠재력을 되찾을 수 있도록 공감을 마음껏 방출할 때다. 리버먼의 연구는 신경학적으로 다른 사람과 관계를 맺고 공동체를 형성할 필요성이 음식과 쉼터의 필요성보다 앞선다고 말한다.[33]

하지만 안타깝게도 많은 사람이 괴롭힘의 패러다임에서 양육되고 훈련받고 상처를 입었기 때문에 수치를 주는 문화에 갇힌 듯한 느낌으로 살아간다. 우리의 선천적인 공감 능력은 감옥에 갇혀 나가게 해달라고 애원을 한다. 공감 반응은 누군가 고통당하는 것을 볼 때 울게 하고, 다른 사람의 마음, 정신, 영혼의 소리를 듣게 해서 인간으로서 그들의 권리를 지켜주고 싶게 만들고, 누군가 가혹하고 부당한 대우를 받을 때 자리를 박차고 일어나 저항하게 한다. 이런 공감이 수치의 문화에 갇혀 있다. 개개인이 수치에서 벗어나 다른 사람에게 공감할 때, 우리는 서서히 그러나 분명히 신경과학을 아는 새로운 문화를 형성할 수 있다. 그렇다면 신경과학이 하는 이야기는 무엇일까? 우리 뇌에는 공감을 위한 신경망이 있다. 괴롭힘과 학대는 *부자연스러운* 개념이다. 즉 괴롭힘과 학대는 *학습된* 행위다. 신경과학은 우리가 서로 공감하기 위해 연결된 이 세계에 들어왔음을 상기시켜주고, 만약 우리가 공감을 뺏겼다면 이를 되찾아올 필요가 있다고 이야기해준다.

공감의 역할 모델이 중요한 이유

수십 년간 살아온 괴롭힘의 패러다임이 마지막 격분의 숨을 들이쉬는 지금, 우리는 자리를 박차고 일어나 제러미 리프킨이 말하는 공감의 시대로 들어서고 있다. 리프킨은 그의 저서 《공감의 시대》에서 다음과 같은 이야기를 들려준다.

몇 년 전, 동물학자들은 남아프리카 동물원의 사춘기 코끼리에게서 이상한 행동 변화를 목격했다. 이들 어린 코끼리가 코뿔소를 비롯한 다른 동물을 괴롭히고 심지어 죽이기까지 했는데, 그전에는 한 번도 없던 현상이었다. 과학자들은 이런 이상한 행위에 놀랐지만 그렇다 할 만한 답을 찾지 못했다. 그러던 중 한 동물학자가 수년 전 개체 수를 줄이기 위해 나이 든 수컷 코끼리를 죽였다는 사실을 기억했다. 동물학자는 어린 코끼리들의 이상행동이 이와 관계가 있을 것이라 생각했지만, 정확히 원인이 무엇인지는 확신할 수 없었다. 그들은 두 마리의 어른 수컷 코끼리를 동물원으로 다시 공수했는데, 그로부터 수주 후 10대 코끼리의 반사회적인 행위가 사라지고 이들이 어른 수컷 코끼리의 행동을 따르기 시작했다. 동물학자들은 어린 코끼리도 아이들과 똑같이 어른 코끼리로부터 배워야 하는데, 그 역할 모델이 사라지면 적합한 사회 행동을 배울 수 없다는 사실을 알아냈다.[34]

직장, 학교, 스포츠계나 정치계에서 활동하는 사회의 리더가 남을 괴롭히면 아이들도 남을 괴롭히기 마련이다. 사회의 리더가 남에게 공감하면, 아이들도 그들의 리더처럼 행동하는 법을 배운다. 공감 연구에 따르면 코끼리 문화에서 나타난 것처럼 관계에 서열을 매기는 개인이나 조직 문화도 바뀔 수 있다.

수만 명의 학생이 1996년 메리 고든Mary Gordon이 토론토에서 시작한 '공감의 뿌리' 프로그램을 거쳐 갔다. 심지어 학대 환경에서 자란 아이들도 공감 훈련에 상당히 적극적으로 반응했다. 괴롭힘의 패러다임은 아이들이 공부하느라 바쁘고 공부가 훨씬 중요하기 때문에 공감을 배울 시간이 없다고 섣부르게 말하지만, 교사들은 "공감 기술 개발로 학업성적이 크게 오른다"는 사실을 발견했다. 메리 고든의 말처럼 "사랑은 뇌를 키운다."[35] 이 말이 감성적으로 들릴지 모르지만, 고든의 주장은 뇌스캔에서도 확인된다. 라이스는 다음과 같이 설명한다. "공감 역량을 발휘하기 위해서는 다른 사람을 인식해서 이에 관한 정보를 처리하고 여기에 반응하는 전담 뇌 회로가 필요하다." 그리고 무엇보다 "공감은 배울 수 있다."[36] 학문, 음악 또는 스포츠 훈련을 통해 뇌의 형태와 역량이 바뀐다는 것은 상식이지만, 우리가 어떻게 행동하고 무엇에 집중하는지에 따라 뇌가 더 공감하고, 덜 반응할 수 있다는 것은 잘 알려져 있지 않다. [37]

어른과 마찬가지로 아이들에게도 공감이 효과를 발휘해 학업 성취도가 눈에 띄게 향상된다. "문제 아동은 행복한 아동보다 집중력이 낮고 적극적으로 배우지 않는 경향이 많다."[38] 문제가 적을수록 우리는 높은 집중력을 발휘해서 보다 적극적으로 평생 배움에 매진할 가능성이 크다. 더욱 행복한 생활을 누리는 것이다. 마음을 챙기는 사람과 똑같이 공감하는 사람들은 상황에 반응하지 않는다. 자극과 대응 사이에 간격을 두면서 다른 사람의 감정과 생각, 의도를 고려하고 경험하기 위해 노력한다. 연구에 따르면 우리 뇌의 신경망은 친사회적 행위 또는 남을 돕는 행위에 상당히 강하게 연결되어 있다.[39]

다시 한번 강조하지만 마음 챙김과 공감적 사고 및 듣기 훈련을 받는 사람들은 자신의 사고와 구체화된 정서적 자아를 분리해서 생각하는 데카르트의 오류에서 한쪽으로 물러나 비판적 사고를 하도록 훈련받는다. "상충된 감정과 사고를 받아들이고 애매모호함에 편안해지고 문제를 여러 관점에서 바라보며 다른 사람의 관점을 듣는 능력은 비판적인 사고에 관여하는 필수적인 정서적 구성체다."[40] 공감의 사고방식은 집단으로서의 우리를 창조하며 많은 목소리로 이루어지는 반면, 괴롭힘을 당했거나 수치심을 가진 사고방식은 집단으로서의 우리를 분열시키고, 이로 인해 외집단으로 밀려난 사실과 진실, 목소리를 죽이려고 애쓴다. 신경과학 지식으로 이를 타파한다는 것은 우리 또는 우리가 아는 타인이 괴롭힘과 학대 행위를 행사하는 경우, 이를 *떨쳐버리고* 반복된 훈련으로 공감과 관련된 전담 뇌 회로를 활성화할 수 있다는 의미다. 마찬가지로 우리가 괴롭힘을 당하는 입장인 경우, 우선 자신을 보호하는 것이 급선무지만 그다음으로는 괴롭힘의 패러다임에서 빠져나와 공감의 시대로 들어갈 수 있다는 희망을 품어야 한다.

앞으로 사람들과 대화를 나눌 때 이들의 눈뿐 아니라 눈 색깔까지 주의 깊게 볼 수 있도록 노력해보자.[41] 눈은 사람의 감정을 강력하게 전달해주기 때문에 사람의 눈을 들여다보는 데 주의를 쏟으면 처해 있는 정서적 분위기에 좀 더 빠르게 적응할 것이다. 교육 전문가이자 저술가인 데조텔Desautels과 맥나이트McKnight는 신경 해부학을 적용하여 트라우마가 아이들을 외부와 차단시켜 포악한 행동을 일으키는 과정에 집중한다.[42] 외부의 지원과 개입 없이 자라는 아이들은 외부와 차단되고 포악하게 행동하는 성인이 된다. 이 악순환을 멈추기는 불가능한 것처럼 보이지만, 사실 신경을 해부학적으로 다시 프로그래밍하고 도움이 되지 않는 신경망을 재배치하는 것은 시기적으로 결코 늦지 않다. 전문가들에 따르면 우리 뇌는 사회적 유기체라서 건강한 관계와 회복탄력성을 개발하려면 사회적 상호작용과 인간관계의 신경 생물학적 원리에 정통할 필요가 있다.[43] 바로 여기서 재빨리 들어와야 할 능력이 공감이다.

존 머디나는 공감을 쉽게 설명하면서 이를 마음 이론Theory of Mind이라고 부른다. 즉 다른 사람의 내면의 동기를 이해하고 그 정보에 따라 예측하는 능력이라는 것이다.[44] 마음 이론은 공감의 기본 요소인데, 이것이 조망 수용perspective taking*을 가능하게 해주며, 이 능력을 발휘하려면 경험이나 배경을 같이 공유하는 사람뿐 아니라 다른 모든 사람에 대한 집중, 상상, 호기심이 필요하기 때문이다.[45] 조망 수용은 타고난 공감 반응에서 일어나는 의식적인 행동이다. 신경과학 연구에 따르면 사람이 다른 사람의 관점을 택하면 "다른 사람에게서 활발해진 뇌 영역이 관찰자의 뇌에서도 활성화된다."[46] 이것은 우리가 심리적·사회적·물리적·정신적 관점에서 다른 사람의 상황을 이해하려고 노력하는 과정이다. 관찰하는 대상이 우리와 비슷해서 상황이 쉽게 이해되면, 통하는 게 많이 없다고 느껴지거나 외집단으로 분류한 경우보다 조망 수용이 좀 더 쉽게 활성화된다. 걱정스러운 것은 과학 연구에서 힘과 공감 사이에 역관계가 드러났다는 점이다. 이런 거리감 때문에 돈과 힘이 있는 사람들은 평범한 사람들의 고통을 전혀 모른 채 살아가는 경우가 많다.[47] 만약 힘이 있고 타인을 외집단으로 분류하는 경향이 있는 사람이라면, 공감은 쉽게 자리를 잡을 수 없다. 이 때문에 힘의 불균형을 없애는 것이 정말 중요하다. 힘의 불균형은 성인과 아이 사이에서 가장 크지만, 괴롭힘의 패러다임에서는 어른이 아이에게 행사하는 힘이 과도하기 때문에 공감이 없어지지 않도록 감시하는 견제와 균형이 충분히 가해지지 않는다. 학대 보고를 받은 성인들이 툭하면 피해자가 아닌 가해자를 보호하는 이유가 아이들을 어른의 관점에서 외집단으로 강

---

*   타인의 입장에 놓인 자신을 상상하면서 타인의 태도나 의도 등을 추론하는 능력.

등했기 때문이 아닌지 의심하지 않을 수 없다. 성인은 그들의 공감을 다른 성인에게 맞춘다.

수치 때문에 개인이나 집단 또는 우리 자신의 뇌와 몸이 집단으로서의 우리에 소속되지 못할 때, 공감은 통합과 포용의 문제다. 다른 사람과 관계를 맺고 이들이 살아온 경험을 직접 접할수록 우리는 쉽게 이들과 공감할 수 있다. 하지만 우리가 가장 많이 관계를 맺는 사람들은 내집단 사람이기 때문에, 관계를 맺을 때는 신중을 기해야 한다.[48] 따라서 훌륭한 공감 연습은 우리가 자신의 배경상 문화적으로 인정하지 않는 사람, 우리가 내집단으로 받아들이지 않는 사람, 우리와 경험을 공유하지 않는 사람에게 친절과 호기심을 베풀기 위해 최선을 다하는 것이다. 무의식적 차원에서 우리 인간이 여전히 종족 생활을 하는 것처럼 행동 한다는 사실을 의식하는 것이 중요하다. 과학자들은 내집단 편견이 "너무 뿌리 깊게 박혀 있고 종종 무의식적으로 진행되어 우리 대부분이 객관적인 관점을 유지하는 데 애를 먹는다"고 밝힌다.[49]

이런 현상이 내면화된 마음속 가해자의 목소리와 얼마나 비슷한지 알아차렸는가? 잠시 짬을 내어 스스로를 점검해보자. 자신의 일부분 중 스스로 외집단으로 강등시키고 수치를 느끼는 부분이 있는가? 만약 그렇다면 우리는 가해자를 내면화하여 공감 결여를 자초했다고 볼 수 있다. 마음속 가해자는 때때로 너무 뿌리 깊게 박혀 있고 무의식적으로 활동해서 우리는 그런 게 있다는 것조차 모른다. 건강하고 유용한 연습은 시간과 노력을 투자하여 자신의 마음-뇌-몸의 외집단 부분에 마음을 열고 이들에 대해 심사숙고하며 무엇보다 이들과 관계를 맺으면서 자신과 다르게 보이는 다른 사람에게 호기심과 친절을 똑같이 발휘하는 것이다. 아이들에게서 괴롭힘과 학대 신고를 들은 어른이라면, 적어도 성인 가해자에게 보여주는 공감을 아이들에게도 똑같이 발휘하여 이들을 이해할 수 있어야 한다.

공감은 성취와 승리의 필수 도구다

혹시 누군가는 공감을 강화하면 자신의 경쟁력이 약화되지 않을까 우려할지도 모르겠다. 여러분을 안심시켜 줄 한마디를 하자면, 공감은 사실상 성취와 승리의 필수 도구로 입증되었다는 것이다. 공감은 동료와 아군 및 경쟁자의 감정을 반추하고 상상하고 여기에 집중할 수 있도록 도와주며, 따라서 이들의 계획과 의도를 간파할 수 있게 한다. 상황이 어려워지고 팀이 포위되고 점수가 내려갈 때, 공감은 모두가 공동의 대의를 위해 힘을 합할 수 있도록 강력한 동기를 유발하는 메커니즘으로 작용한다. 공감은 우리 모두가 서로의 스트레스와 고통을 인식하고 이를 덜어주기 위해 한 걸음 더 나아갈 때 유대감을 제공한다. 우리는 공감으로 가득 차 있을 때 의욕이 넘치기 때문이다. 공감하는 사람들은 팀플레이를 잘하는 사람이며, 이들은 무엇보다 서로가 힘이 충만하고 강하며 성공할 수 있다는 느낌을 갖게 하는 데 주력한다. 공감은 그 어떤 것으로도 해체할 수 없는 유대감 강한 가족처럼 팀을 하나로 연결한다. 자기 공감을 발휘하면 자신의 실수와 장해물을 좀 더 빠르게 극복할 수 있으며, 당면한 도전 과제에 다시 집중하여 좋은 결과를 얻는 데 도움이 된다.

자신의 뇌와 몸을 수치스러워하면 자신이 저지른 실수에 그냥 주저앉게 되며, 실수를 배우는 기회로 삼는 대신 또 다른 실수를 할지도 모른다는 두려움과 걱정에 휩싸이게 된다. 자신의 뇌를 깔보거나 심지어 멸시하면, 해로운 스트레스 호르몬이 뇌 속으로 물밀듯이 들어와 문제에 집중하고 해결하는 능력을 저해한다. 집중하고 싶은지 아니면 스트레스를 받아 산만한 상태로 있고 싶은지 스스로에게 물어보라. *집중하고 싶다*는 답이 나왔다면 공감 훈련을 시작하라. 오류가 생기거나 뭔가 일이 틀어질 때 동료나 팀원, 가족 구성원이나 친구를 탓해 봤자 단절과 분열만 일으키고 결국 모든 사람과 멀어지게 된다. 우리 앞에 놓인 과제는 타고난 공감의 자물쇠를 풀어 학대하고 괴롭히는 신경망을 끊어버리는 것이다.

자신의 공감 능력을 활성화하는 법을 배우면 마음을 열고 용기를 발휘할 수 있으며, 이곳에서 우리는 분열되고 건강하지 못한 행위뿐 아니라 건강하고 온전한 것이 무엇인지도 인식할 줄 알게 된다. 또한 외집단에 속한 사람들을 외면하거나 억압하는 대신 용기와 친절, 호기심을 발휘하면 본질적으로 서로 다른 정서나 판단을 유보할 수 있고 그 결과 트라우마의 악순환을 멈출 수 있다는 것을 발견하게 된다.[50]

공감 렌즈를 통한 조망 수용은 괴롭힘과 학대 행위 자체에도 적용할 수 있다. 사람마다 훌륭한 자질(건강하고 온전한 것)이 있겠지만, 그렇다고 해를 입히는 짓(분열되고 건강하지 못한 부분)을 하지 말라는 법은 없기 때문이다. 우리 뇌는 이런 모순적인 상황을 수용하는 데 애를 먹지만, 연구 결과를 통해 우리는 남을 괴롭히고 학대하는 사람도 뛰어난 자질을 가지고 있다는 것을 안다. 명석하고 인기 많고 카리스마를 가진 사람도 많다. 학대 행위로 고발당할 경우 이들도 존중받고 인간다운 대우를 받으며 재활의 기회를 제공받아야 하지만, 우선 이들에게 공개적으로 책임을 지워야 한다. 이와 더불어 이들이 또다시 학대를 저지를 수 있는 지위를 유지하게 해서는 안 된다. 재활 이후에는 이들을 감시하는 것이 중요하다. 이것이 쉬운 과정이라는 이야기가 아니다. 나는 이런 과정이 학대의 심각성, 뇌의 유연성, 그 사람이 처한 인생의 단계, 학대가 반복된 기간 등에 따라 좌우된다는 것을 잘 알고 있다. 핵심은 구시대의 비난-수치-따돌리기 모델은 더 이상 효과가 없다는 것이다. 피해자의 입을 막기 위해 또는 이들이 당한 피해를 보상하기 위해 돈을 지불하는 것 역시 통하지 않는다. 우리는 좀 더 공감할 필요가 있다.

괴롭히고 학대하는 구조를 무너뜨리고 이를 새로운 신경 패러다임으로 바꾸기 위한 가장 좋은 방법 중 하나는 괴롭히고 학대하는 사람에게 재활 훈련을 제공하는 것이다. 이들의 행위를 빨리 저지할수록 이들의 신경망을 다시 연결하는 것이 수월해지며, 피해자는 피해를 덜 입고 학대의 악순환은 더 빨리 종식된다.

신경과학자들은 작업 기억이 공감에 중요하다고 설명한다. 스스로 해롭거나 파괴적인 짓을 그만두기 위해서는 대체 가능한 목표나 다른 사람의 관점 또는 현재의 행위가 미래에 끼치는 파장을 염두에 둘 수 있어야 하기 때문이다.[51] 따라서 공감 연습은 작업 기억을 훈련하는 것이기도 하다. 뇌에서 공감을 훈련하고 연습하고 작업하지 않으면, 우리는 이에 해당하는 신경망을 잃게 된다. 운동하지 않고 가만히 있으면 근육을 잃어버리는 것과 마찬가지다. 근육은 훈련을 통해 강화할 수 있고, 뇌 기능에 필요한 구성 요소도 훈련을 통해 강화할 수 있다.[52] 뇌 지도나 신경망은 사용을 덜하면 도태되고 정기적으로 연습하면 성장해서 빛을 발한다.

괴롭히는 행위(또는 마음속 가해자의 목소리를 듣는 것)를 공감(또는 공감 코치의 말을 듣는 것)으로 전환하는 것은 매일 명상을 하거나 소파에서 일어나 운동을 하는 것만큼이나 어려운 일이다. 공감 연습은 복잡하지도 않고 고도의 지침이 필요하지도 않다. 비싼 비용을 들이거나 값을 지불할 필요도 없다. 공감을 키우기 위해서는 명상과 운동처럼 시간, 헌신, 연습이 필요하다. 이것은 우리에게 달린 일이지만, 정말 힘들다는 것을 알려주고 싶다. 그동안 괴롭힘 또는 학대를 당해왔고, 수치스러워하는 자신에게 지쳐 있다면, 이 산을 넘어야 한다. 괴롭힘이나 학대를 당한 적이 없는 사람은 시작하기 좋은 평지를 선점한 것이다. 하지만 자신에게 향한 해로운 행위나 말을 이미 내면화했다면, 이 평탄하고 좋은 지형이 거대한 산으로 바뀐 것이고 여기에 오르기 위해서는 엄청난 에너지와 의지, 자신감, 용기, 그리고 철저한 분노가 필요하다. 분노가 왜 필요하냐고? 우리는 가치 있는 사람인데, 누군가가 어딘가에서 그 가치를 앗아갔기 때문이다. 우리는 싸워서 이 가치를 쟁취해야 한다.

시투커리어즈는 다른 창업 기업이 그렇듯 실패했지만, 스스로를 채찍질하는 대신 나는 이 실패의 경험에서 공감 듣기라는 큰 교훈을 얻었다. 내가 사업 고문과 그가 소집한 위원회로부터 배운 교훈은 값으로 따질 수 없는 귀한 것이었다. 시투커리어즈를 떠받치는 이상은 젊은 세대를 지원하고 코치하고 멘토링하겠다는 기성세대의 강한 충동에서 에너지를 공급받았다. 이들은 모두 헌신적인 부모였고, 불완전고용과 실업 위기에 대응해서 젊은이를 돕겠다는 공감 능력을 발휘한 사람들이다. 괴롭힘과 학대를 겪은 후 마음-뇌-몸을 분열시키는 혼란과 소음을 잠재우기 위한 단계에서 이용할 자원은 바로 뇌 속에 깊이 자리 잡아 진화해온 공감이다.

10단계: 자신의 온전한 목소리를 들어라

4장에서 언급한 폴 마돌을 기억하는가? 학습 장애, 즉 인지 결함을 가진 아이였던 그는 노력하지 않고 게으르다고 생각한 그 세계의 어른들에게 무의식적으로 또는 상당히 고의적으로 괴롭힘을 당했다. 그는 평생을 자신처럼 학습 장애가 있고 학습에서 꽃을 피우기 위해 혁신적인 접근 방식이 필요한 아이들을 구하는 데 바쳤다. 마돌은 자신이 창립한 많은 학교에서 다양한 뇌 손상과 문제를 겪는 아이들을 치유할 수 있는 수단을 개발했고, 그중 하나가 엄마의 목소리를 녹음하는 방법이었다. 이 방법이 내게 와 닿았던 것은 나 역시 괴롭힘당하고 학대받은 뇌에 가해지는 소음에 엄마의 목소리를 적용할 수 있다고 생각했기 때문이다. 말이 뇌에 상처를 주고 해를 입힐 수 있다면, 말을 이용해 뇌를 진정시키고 도움을 줄 수도 있지 않겠는가?

생물역학 전문가인 호아킨 파리아스Joaquin Farias는 연구를 통해 근긴장 이상—과한 사용으로 야기되는 경련 같은 무의식적인 운동—역시 심리적 트라우마로 유발될 수 있다는 사실을 밝혀냈다. 그는 "심리적·신체적 트라우마가 뇌 충격을 촉발할 수 있다"고 설명한다.[53] 10대 시절 선생님과 슬로우 댄스를 추자는 제안에 움찔하며 뒤로 뺐을 때, 그 선생이 뻣뻣하다는 꼬리표를 붙이며 내게 공개적으로 모욕을 주었을 때, 내가 느꼈던 것이 이런 뇌 충격과 비슷하다. 그 사건은 뇌에 충격을 가했지만, 당시는 물론 그 후 수십 년간 나는 이 사실을 알지 못했다. 뇌가 충격을 받았다는 사실을 알지 못했기 때문에 그 상처를 치유할 수도 없었다. 메르체니치는 그의 팀과 함께 진행한 연구를 통해, 반복적인 움직임으로 음악가나 공장 노동자에게 생기는 것과 같은 국소적 근긴장 이상증은 물리치료가 아닌 신경가소성을 이용한 뇌 훈련으로 바꿔야 고칠 수 있다는 점을 알게 되었다. 이 접근 방식은 트라우마와 조현병 같은 정신질환에도 적용할 수 있다.[54]

나는 우선 나의 뇌에 벌어진 일을 시각화한 다음, 치유를 위해 시각화한 영상을 한데 모아야겠다고 생각했다. 목표는 내게 자행된 말과 행동을 잠재운 다음, 그 소음을 나 자신의 공감 목소리로 바꾸는 것이었다. 이는 인지행동치료의 청각 버전으로, 부정적인 자기 대화를 의식하고 이를 친절하고 인정 어린 말로 바꾸는 과정이다.

첫 퀘스트 프로그램에서 열여섯 살이었던 내게 당시 교사였던 딘 헐은 자기와 슬로우 댄스를 추자고 제안했다. 끔찍했다. 이를 거절 하자 그는 동급생들 앞에서 내게 뻣뻣하다는 꼬리표를 붙였다. 처음에는 저항했지만 그가 다른 선생님들과 동급생들 앞에서 내게 모욕을 주자 그가 붙인 꼬리표를 떼려는 방편으로 역겨운 포옹을 받아들였다. 나의 일부는 선생님과 슬로우 댄스를 추고 있었지만 다른 일부는 충격과 공포에 완전히 얼어 있었고, 또 다른 일부는 자기혐오와 수치심으로 가득 차 있었다. 그 이후, 나는 자꾸 숨어들었고 신체적으로 자신이 없어졌고 수치스러움을 느꼈다. 뭔가 문제가 생겼다고 생각했지만 아무도 눈치채지 않기를 바랐다. 이것은 이후 수년간 일어난 일에 비하면 약과다. 그동안 나는 이 선생님들과 포옹을 하고 남학생들에 관해 시시콜콜 이야기를 나누고, 이들에게 마사지를 해주거나 마사지를 받는 등의 행위를 해야 했다. 매일 성적인 농담을 견디고 사람들 앞에서 창피를 당하고, 성적 학대에 굴복한 학생에게는 특혜를 주고 이에 저항한 학생들에게는 모욕을 주는 것을 목격해야 했다. 선생님들에게 이런 일을 당했을 때는 엄마가 포옹만 해도 불안감이 들고 괴로웠다. 사춘기 시절 겪은 공개적인 모욕은 상처와 심한 트라우마를 남겼기 때문에 나는 이 사건을 수년 동안 머릿속에서 지워버렸다. 나는 스스로를 신체적으로 자신이 없고, 냉담한 사람이라고 생각했다. 어떻게 뻣뻣하다는 단어 하나가 내게 그런 위력을 미칠 수 있었을까?

신경과학자 노먼 도이지는 프랑스 이비인후과 전문의 알프레드 토마티스^{Alfred Tomatis}가 언어는 물리적 차원을 가지고 있다고 설명한 말을 인용한다. "언어는 주변 공기에 진동을 일으킴으로써 일종의 보이지 않는 팔이 되고, 이 팔을 이용해 우리는 단어의 의미를 전할 때마다 우리 말을 듣는 사람을 건드린다." 언어의 의미를 이해하지 못하는 유아나 아이라도 이들의 뇌는 그 메시지에 담긴 정서적 무게를 감지할 수 있다.[55] 이 때문에 아이들이 사람들의 말과 그들에게 따라붙는 꼬리표, 심지어 힘과 권위가 있는 어른들(즉 부모와 다른 가족 구성원, 교사, 종교 지도자, 의사, 코치)의 목소리 톤에도 민감하게 반응하는 것이다. 목소리 톤은 비언어적·정서적 내용의 거의 40퍼센트를 차지한다.[56] 만약 신뢰해야 할 위치에 있는 어른이 그 신뢰를 저버리고 우리가 잠재력을 실현하는 단계에서 우리를 보살피고 지도하는 대신, 도움이 되지 않는 말과 목소리 톤을 사용하면서 깔보고 멸시하고 위협하고 그루밍하거나 수치심을 주었다면, 이제 이런 해로운 과거의 유산을 잠재우기 위해 노력해야 한다.

여러분이 나처럼 괴롭힘 또는 학대를 받았다면, 당시 들은 말로 인해 기능이 마비되었을지도 모른다. 이런 경우 뇌 차원에서 자신이 여전히 공포 상태에 갇혀 있음을 깨닫는 것이 중요하다. 이렇게 마비된 상태, 즉 고장난 음반 같은 상태에서 벗어나 회복하는 한 방법은 자신의 공감을 활성화하는 것이다. 공감은 뇌를 대상으로 해야 한다. 나는 그레이에게 배운 방식을 다시 생각했다. 다른 사람이 아닌 바로 나 자신과 공감 듣기 수업을 진행한 것이다. 공감하는 마음으로 내 마음과 뇌, 몸이 보내는 소리를 순차적으로 듣는 작업에 착수했다. 이는 실제로 마음 챙김 훈련으로 볼 수 있지만, 나는 생각과 감정에서 벗어나려고 애쓰는 대신 이들이 말하도록 내버려두고 냉정한 평가 없이 친절과 호기심으로 그저 이 소리를 듣는 데 몰두했다. 막상 해보니 용기가 필요한 일이었다.

헬렌 라이스가 설명하듯이 뇌 차원에서 또는 신경생물학적으로 공감은 "다른 사람의 말을 들으면서 자신의 편도체가 유발한 위협 센서를 억누르는" 작업이다.[57] 여기서 중요한 단어는 '듣기'다. 공감 듣기는 다른 사람과의 연결을 가능하게 한다. 라이스의 말을 바꿔서 이를 세 가지 캐릭터, 즉 마음-뇌-몸 사이의 대화에 적용해보자. 이 경우 우리의 마음과 몸이 보내오는 목소리에 귀를 기울이면서, 공감을 이용해 뇌에서 편도체가 유발한 위협 센서를 억눌러야 한다. 공황 상태에 빠져 더 이상 현재에 머물지 않는 우리 뇌에 *귀를 기울이는 것*이다. 뇌의 경보 중추인 편도체는 전력을 다해 화재 경보기를 울리면서, 어릴 때 다치거나 수치를 당한 것처럼 지금 다시 다치거나 수치를 당하기 일보 직전이라고 경고한다. 이때 우리는 마음을 이용해서 최대한 친절하게 뇌와 몸에게 말을 걸어야 한다. 자신의 뇌와 몸에게 이제는 괜찮다고, 이제는 다 커서 힘이 생겼으니 더 이상 신뢰를 저버린 어른들에게 의존하지 않아도 된다고 말해준다. 부드러운 톤으로 이야기하라. 과거 학대당한 뇌와 몸에 충분히 공감해주라.

마돌은 엄마의 목소리를 녹음하거나 클래식 음악을 사용하지만 우리는 자신의 목소리를 녹음해서 스스로에게 다른 방식으로 말을 걸어볼 수 있다. 친구나 가족 구성원 또는 사랑하는 사람의 목소리를 이용해도 된다. 하지만 내가 살면서 거의 귀를 기울이지 않았던 목소리가 있다면 그것은 바로 "자신을 아는, 내면의 조용하고 작은 목소리"였다.

목소리를 사용할 때는 말뿐 아니라 그 톤에도 주의를 기울이라. "우리 인간은 목소리 톤의 변화와 운율에 특히 민감하다. 누군가에게 '그는 정말 ○○를 잘해'라고 말할 경우, 어떻게 말하는지에 따라 그 의미가 달라진다. 존경을 표시했는가 아니면 빈정거림 또는 경멸, 놀라움, 두려움, 역겨움을 전달했는가?"[58] 우리가 마음-뇌-몸에 공감하며 말을 걸고 싶다면 목소리 톤에 집중하는 것이 중요하다. 톤은 우리가 말하는 내용보다 더 중요하고 공감적인 소통이 이루어지는지 여부를 판단하는 기준이 될 수 있다.

새로운 신경 패러다임

책을 쓰는 것은 역설적으로 들릴지 모르지만 고립과 유대를 동시에 경험하는 것이다. 작가는 수시간, 수개월, 심지어 수년 동안 다른 사람들의 연구와 아이디어, 통찰력과 결론을 가지고 홀로 씨름해야 하지만, 바로 그런 결과물들이 작가의 마음속으로 모두 들어오게 된다. 그것은 경험과 생각, 감정에 영향을 끼치고 도움을 주는 멘토가 되거나, 다양한 방면의 도발적인 비평가가 되어 자신의 경험과 생각, 감정에 의문을 던지도록 유도한다. 나는 이 책에서 내가 수집한 여러 자료를 통해 우리가 자신의 뇌를 학대하는 괴롭힘의 패러다임에 깊이 빠져 있다는 증거를 광범위하게 보여주었다. 우리는 이런 증거를 무시한다. 아무 가치도 없다는 듯 이런 증거를 배척하는 것이다. 너무 많은 사람의 뇌가 홀대당하고 있다. 그러나 사회의 이상한 진실과 이것이 일반적인 현상이라는 것을 깨닫는 순간, 우리는 변할 수 있다.

이 책의 중요한 목표는 독자가 이 책에서 무엇을 얻어가든, 적어도 가장 중요한 자리를 차지하는 뇌와 대화를 시작하는 것이다. 마음과 몸을 분리하는 개념에 자신을 국한시키는 대신, 시대에 뒤떨어진 생각을 총체적이고 합치된 마음-뇌-몸으로 바꾸는 것은 그 자체로 돌파구가 된다. 일단 자신을 이런 식으로 바라보게 되면 떼려야 뗄 수 없는 이들 세 부분이 서로 어떻게 소통하는지 관찰할 수 있게 된다. 이들이 서로 마찰을 일으키는가? 한 부분이 나머지 두 부분 위에 군림하는가? 한 부분이 아프거나 다쳤는가? 치유를 시작하기 위해 다른 부분을 이용할 수 있는가?

많은 사람이 이제 더 이상 도움이 되지 않는, 시대에 뒤떨어진 괴롭힘의 패러다임에서 양육되고 훈련받고 세뇌되었다. 지금까지 연구는 우리가 몸을 단련하듯이 뇌를 단련하면 우리 뇌가 지금보다 건강해지고, 유연해지고, 강해지고, 처리 속도도 빨라질 수 있음을 분명히 밝히고 있다. 마음 챙김과 공감 듣기를 연습하면 우리의 아픈 부위는 더 건강하고, 행복하고, 평온한 완전체로 통합되고 회복될 수 있다. 괴롭힘의 스펙트럼에서 어떤 위치에 있든—학대하거나 괴롭히는 사람이든, 과거에 피해자였거나 현재 피해자든, 또는 괴롭힘을 목격하는 사람이거나 보고도 회피하는 사람이든, 트라우마를 억눌러 온 사람이거나 목소리를 높이는 사람이든, 피해 입은 사람을 변호하는 사람이거나 학대 행위를 고발하는 가시밭길을 택해 피해와 이를 뒷받침하는 시스템을 부각하려고 노력하는 사람이든—우리는 원하면 변할 수 있다. 이것은 우리의 선택이다. 이것은 우리 뇌가 할 일이고 우리는 뇌를 만들고 조각할 힘이 있다. 뇌에는 변할 수 있는 능력이 내재되어 있다는 것을 잊지 말라. 치유를 가능케 하는 단 하나의 전략은 없다. 반드시 여러 방식으로 접근해야 한다. 신경과학자들이 설계하는 뇌 훈련은 뇌의 약한 부분을 공략해서 강화한다. 명상은 마음을 차분하게 가라앉힌다. 운동은 몸에 해로운 스트레스를 줄인다. 공감 듣기는 연대감과 자아 인식을 창출한다. 그러나 그 어떤 전략도 단독으로는 효력을 발휘하지 못한다. 따라서 괴롭힘과 학대로 인한 만성 스트레스 때문에 피해를 입은 뇌의 모든 기능을 회복하고자 한다면, 여러 가지 전략을 쓰는 것이 핵심이다.

괴롭힘은 비난, 모욕, 따돌림으로는 치유되지 않는다. 지금은 괴롭히는 행위를 보는 우리의 사고방식과 우리 자신 및 아이들을 교육하는 방식에 일대 변혁을 일으켜야 할 때다. 특히 아이들의 경우에는 도덕적 문제가 아닌 의학적 치료를 요하는 문제로 봐야 한다. 이 문제는 지체하지 말고 드러낼 필요가 있고 가해자에게 책임을 지워야 한다. 치유가 시작되어야 한다. 육체적으로 아프거나 다치면 검사와 치료를 받듯이, 뇌 역시 검사받고 치료받아야 한다. 겉으로는 멀쩡하게 보여도 뇌에 생긴 심각한 상처가 이들을 끈질기게 괴롭히고 심지어 생명까지 위협한다는 것을 이해해야 한다. 고무적인 사실은 괴롭힘과 학대로 인해 뇌에 생긴 대부분의 상처가 회복될 수 있다는 것이다. 지금은 증거 기반의 뇌 훈련을 일상생활에서 실천하여 우리 뇌를 건강하게 지키고 뇌의 성능을 최적화할 때다. 특정한 뇌 왜곡으로 힘들어 하는 사람의 경우, 신경과학자들이 만든 뇌 치료 훈련을 당장 시작할 수 있다. 우리에게는 많은 뇌 질환, 특히 괴롭힘과 학대로 인해 생긴 질환에 적용 가능한 증거 기반의 치료법이 있다.

메르체니치와 대화를 끝내면서 그가 해준, 특별히 달콤 쌉싸름한 이야기를 소개하려 한다.

우리는 괴롭히는 사람이 들끓는 세상에 살고 있습니다. 이들은 덩치와 나이가 모두 제각각이며, 우리가 이 행성에 도착하는 날부터 죽는 날까지 우리를 괴롭힐 수 있어요. 이들은 (우리가 방치할 경우) 우리 뇌에 해를 입힙니다. 이들은 손상된 뇌를 가지고 있는 사람들이에요. 하지만 이제 우리는 괴롭힘당한 사람들과 괴롭히는 사람들 모두에게 생긴 이런 신경학적 트라우마와 왜곡을 극복할 도구를 손에 넣었습니다. 자신의 뇌를 훈련해서 건강을 회복하고 작동 기능을 끌어올릴 수 있는 겁니다. 명상을 비롯해 유용성이 높은 정서 및 집중력 변화 도구를 사용하면, 악마를 잠재우고 우리 뇌를 다시 통제할 수 있습니다. 치유 형태의 훈련에서는 자신의 신체를 이용하면 됩니다. 우리는 상처받은 뇌와 상처 주는 뇌 모두에서 공감 능력을 회복할 수 있습니다.

메르체니치의 가장 놀라운 면 중 하나는 그가 딥 사이언스 영역에 정통한 전문가이면서, 이런 사고를 일반인이 이해할 수 있도록 지식을 통합하고 명확하게 표현할 수 있는 능력이 있다는 것이다. 그가 이 책에서 보는 핵심 메시지는 "상처받은 자와 상처 주는 자 모두를 위해 괴롭힘이 **치유**로 탈바꿈되는 새로운 혁명"에 우리가 동참할 수 있다는 것이다.

메르체니치는 마지막으로 남을 괴롭히고 학대하는 사람들에게 간청한다. "제발 멈추세요. 여러분이 신경학적으로 강화되면 멈출 수 있습니다. 괴롭힘과 학대하는 행위가 아무 죄도 없는 아이들과 주위 성인들에게 파괴적인 영향을 끼친다는 점을 인정하고 이제 그만하세요. 여러분을 치유하세요."

이어서 그는 우리의 자아의식과 세계의식이 좀 더 신경 지식에 기반하여 친절함을 키우고, 연민을 느끼고, 통찰력을 발휘할 수 있게 될 것이라고 믿는 모든 사람에게 다음과 같은 말을 남긴다. "사람들이 스스로 치유할 수 있도록 도와주세요. 모두가 서로를 보듬어주는 세상을 진심을 다해 상상해보세요. 그런 세상을 한번 만들어보자고요."[1]

신경심리학자 릭 한슨은 여섯 살 때, 집 건너 길가 어둠 속에 홀로 서 있던 기억을 떠올린다.[2] 그와 같은 나이에 내 오빠는 집에 와서 이런 말을 했다. "제 머리가 고장난 것 같아요." 아이들의 이런 말은 우리 마음을 찢어지게 한다.

그날 한슨이 살던 동네에는 비가 왔고 그는 자신이 불행하다는 생각에 슬픔을 느꼈다. 잠시 눈을 감고 상상해보면 어둠 속에 있는 기분이 어떤지 느낄 수 있을 것이다. 아무도 내가 나갔는지 모르는 것 같고, 집에서 무슨 일이 벌어지든 그곳에 들어가고 싶지 않다. 외롭고 망연자실한 순간이다.

한슨은 신경과학과 불교의 교차점에서 구축된 놀라운 교훈을 독자에게 알려준 후 어린 시절 슬픔을 다시 언급하는데, 그때 우리는 그가 그날 밤만 슬픈 게 아니었음을 알게 된다. 집안의 불행과 슬픔이 어린 시절 전체를 어둡게 채색한 것처럼 보인다. 한슨은 그 때문에 마음에 '구멍'이 생겼다고 말한다.

한슨은 "특히 어린 시절에 남에게서 받는 공감과 칭찬, 사랑은 자신감과 가치감을 지지하는 신경망에 내면화된다"고 설명한다. 한슨이 자신의 어린 시절을 언급할 때, 그가 여전히 여섯 살 때의 불행을 강렬하게 느끼고 있다는 것을 알 수 있다. 그는 마치 어둠 속에서 불행한 집을 슬프게 바라보고 있는 어린 소년에게 이야기하는 것처럼, *우리가* 어린 시절에 공감과 칭찬, 사랑을 받지 못하면 "마음속에 구멍이 생길 가능성이 크다"고 덧붙인다. 다음 쪽에서 한슨은 그의 어린 마음에 생긴 구멍은 "고층 건물을 짓기 위해 판 구멍만큼 컸다"고 고백한다.[3]

자신의 집에 깃든 불행에 슬픔을 느꼈던 어린 소년은 비가 그친 후 자신의 현재 상황에서 눈을 돌려 "아주 작은 불빛이 반짝이는 먼

언덕"에 초점을 맞췄다. 이 순간 우리 눈에는 그의 뇌가 작동하는 모습이 보인다. "그때 이런 생각이 강하게 들었다. 저 멀리 반짝이는 불빛으로 갈 수 있는 길과 그 불빛이 선사하는 행복의 가능성을 찾는 일이 내게 달려 있으며, 그 누구도 대신해줄 수 없다고."[4] 마치 한슨이 자기 뇌 안에서 빛과 전류가 가득 흐르는 860억 개의 반짝이는 뉴런을 보는 것 같다. 우리는 자신의 선택에 따라 신경망을 다시 연결할 수 있다. 한슨은 역경의 어린 시절을 즐거운 삶으로 바꾸었다. 그는 마음속에 생긴 구멍을 치유하기 위해 과학적 관찰, 긍정의 심리학, 명상 연습을 한다. 그가 명상을 가르친다는 사실, 그리고 뇌 전문가로서 뇌 속에 행복의 신경망을 연결할 수 있다는 글을 쓴다는 사실 자체가 우리도 해낼 수 있음을 의미한다.

한슨은 아동기의 역경으로 마음속에 거대한 구멍을 가지고 있었지만, 자신의 마음-뇌-몸과 협업하면서 상처를 치유하고 건강을 회복했다. 그는 이렇게 말한다.

우리에게 생긴 구멍이 아무리 크다 해도, 매일 자신에게 벽돌 몇 장을 건네주자. 자신의 좋은 점에 집중하고 타인을 보듬고 인정하는 데 주의를 기울이고 이들을 받아들이자. 한 장의 벽돌로는 구멍을 메우지 못한다. 그러나 매일매일 꾸준히 메우다 보면 결국 구멍이 모두 메워질 것이다.[5]

벽돌은 행복의 순간, 우리가 최선을 다하는 순간, 스스로 포기하지 않는 순간, 과학 연구에 귀를 기울이는 순간, 몸과 뇌를 훈련하는 데 전념하는 순간, 증거 기반의 훈련을 토대로 선택하는 순간, 스스로를 믿는 순간, 다른 사람과 관계를 맺는 순간, 공감하는 마음으로 대우받고 공감하기 위해 노력하는 순간, 칭찬을 받고 고유한 존재로 소중히 여겨지는 순간, 우리 말이 다른 사람에게 들리는 순간, 몰입하는 순간, 자연 속에서 유산소운동을 하는 순간, 마음을 챙기는 순간, 자신에게 잘못 붙은 꼬리표를 무시하고 대신 자신을 아는, 내면의 조용하고 작은 목소리에 귀를 기울이는 순간을 말한다. 이들은 새로운 *신경 패러다임*의 순간이고, 우리 마음에 생긴 구멍을 메우면서 동시에 우리 뇌의 놀랍도록 반짝이는 세계를 활짝 열도록 설계된 그런 순간이다.

감사의 말

나는 문학 에이전트 존 윌리그John Willig와 일하는 특권을 누렸다. 그의 전문 지식과 이 프로젝트에 보내는 그의 한결같은 믿음 덕분에 이 책을 출간할 수 있었다. 프로메테우스북스의 편집장 조너선 커츠를 비롯한 그의 팀은 출간 여정을 한걸음 한걸음 내딛는 데 큰 도움을 주었다. 오디오북을 만들어준 브릴리언스퍼블리싱의 선임 편집자 조 맥닐리에게도 감사를 드린다.

이 책의 열정적인 지원자인 마이클 메르체니치 박사와 웬디 헤이그를 만나게 된 것도 영광이었다. 이 둘은 괴롭힘과 학대의 우리에 갇힌 아이들을 해방하자는 강한 열망을 나와 함께 나누었다. 메르체니치 박사는 이 프로젝트에 그의 신경과학 지식을 더하여 정확성과 깊이를 높여주었다.

프로메테우스북스에 완성된 원고를 보내기 직전, 나는 남편에게 책을 한번 읽어보겠느냐고 물었다. 남편은 "읽을 필요가 뭐가 있겠어. 내가 살아온 삶인데"라고 답했다. 그 말이 맞다. 우리 부부는 만성질환을 앓으며 극심하고 끈질긴 통증을 견디는 한 아이를 키우느라 힘든 시간을 함께 겪었다. 이후 우리의 다른 아이에게도 문제가 생겼다. 우리 부부는 망가진 시스템에 맞서 전투를 벌이면서 제도적 학대와 이에 따른 2차 피해에서 그를 구조해내야 했다. 우리 아이들은 둘 다 어려운 도전 과제를 부여받고 태어났지만 아버지가 든든한 지지자가 되어주는 축복을 누렸고, 이런 든든하고 안전한 땅에 뿌리를 내리고 성장했다.

내게 스승과도 같은 몽고메리와 앵거스에게 이 책을 바친다. 생존 전투에서 두 아이는 그들을 지켜줘야 하지만 사실상 학대를 가능하게 한 케케묵고 망가진 시스템의 역력한 한계에 맞섰다. 부패에 맞서 정직하게, 중상모략에 맞서 강철 같은 자세로, 극심하고 무자비한 통증에 맞서 마음 챙김으로, 기지와 유머와 지성 같은 훌륭한 자질로 대응했다. 괴롭힘과 학대에 직면했을 때, 그들 세상의 수많은 어른이 외면을 해도 두 아이는 용기를 내 입을 열었다. 그들은 예외가 아니라 보통의 젊은이다. 나는 문학과 연극 영역에서 20년간 젊은이들과 작업을 하면서 이들에게 많은 것을 배웠다. 가장 두드러진 자질은 이들의 창의성과 공감으로, 괴롭힘의 패러다임에는 없는 덕목이다. 신경과학자들의 뛰어난 통찰력과 더불어 아이들과 젊은이들은 내게 희망과 영감을 주었다. 과거 세대는 학대를 멈추고 사회에 치유와 연민을 가져오는 데 실패했다. 하지만 우리가 뇌 과학 연구의 인도를 받아 나아간다면 괴롭힘의 패러다임에서 벗어나 새로운 신경 패러다임에 들어설 기회를 갖게 될 것이다. 아이들을 스승으로 삼는다면 우리는 공감, 창의성, 돌봄이라는, 좀 더 자연에 가까운 상태로 돌아갈 수 있다.

가해자는 자신이 가해자인 줄 모른다. 더 큰 문제는 피해자도 자신이 피해자임을 모른다는 것이다.

소아의 소화기영양을 전공한 나에게는 병이 아닌데 복통이나 구토 등 소화기 증상으로 찾아오는 환자가 아주 많다. 외래에 방문한 13살 민재는 말이 없는 아이였다. 6개월 전부터 하루에 100번 이상 트림을 해서 위장에 문제가 있어 보인다는 이유로 엄마, 아빠 그리고 누나와 함께 왔는데 정작 본인은 아무 얘기를 하지 않았다. 민재가 얘기하려고 하면 엄마가 먼저 말하고 누나가 끼어 들었다. 집안에서 자기 결정권이 철저히 배제된 민재는 말이 없는 아이가 아니고 말할 기회가 없었던 것이다. 민재도 대표적인 기능성 장장애 환자였다. 이런 환자는 겉으로 드러나는 증상은 달라도 근본 원인은 대부분 비슷하다. 가족은 소중한 막내를 보호하고자 열심이었다. 하지만 복종과 거부 사이에서 갈등하던 아이에게는 불안만 쌓여 갔다. 결국 아이가 선택한 것은 차라리 아무 일도 하지 않는 것이었다. 마음은 외부에 반응하지 않음으로 합리화할 수 있었지만 기저에 깔린 불안과 걱정은 '신체화증상'으로 나타났다. 아이 뇌의 해마와 편도체에 새겨진 불안이라는 암호는 판단하고 결정하는 전전두엽의 실행 루트를 엉망으로 바꿔버렸다. 뇌가 하는 일은 아무리 숨기려 해도 어떻게 해서든 겉으로 드러난다.

어떤 상황을 오래 겪으면 인간은 바로 적응으로 반응한다. 인간은 그렇게 진화했다. 후각이 퇴화하면서 시각이 발달했고, 추우면 옷을 만들게 됐으며, 불을 다루고 도구를 만들었다. 인간의 적응은 어디서 시작되는 것일까? 바로 뇌다. 뇌가 변하기 때문에 적응도 가능하다. 이렇듯 변화하는 뇌의 특성을 '뇌가소성'이라고 한다. 그래서 가해자도 피해자도 적응된 자신의 뇌 변화에 그대로 끌려 간다. 바꿀 수 있을 것 같은데 그게 그렇게 어렵다.

이 책의 마지막 장을 덮으며 눈을 지그시 감았다. 가슴 가장 깊은 곳에서부터 치밀어 올라오는 느낌이 잠시 나를 어지럽게 만들었다. 울컥함도 있었지만 한편으로는 기분 좋은 잔잔한 현훈이 있었다. 울림이 컸다. 내가 병원에서 환자를 진료하면서 환자에게, 그리고 동료 의사들에게 알려주고 싶었던 내용들이 이 책 안에 다 있었다. 제니퍼 프레이저와 나는 피부색과 사는 곳이 다를 뿐 똑같은 경험을 했고 그 상처를 치유하고 싶다는 똑같은 소망을 품었다. 내가 '나쁜 기억'이라고 부르던 것이 바로 '상처받은 뇌'였다. 누가 봐도 알 수 있는 심각한 학대가 아니어도 가해자의 말 한 마디, 표정하나에서 가랑비에 옷 젖듯이 피해자의 마음은 서서히 멍들어 가게 된다. 프레이저는 자신의 아이가 괴롭힘 때문에 고통받고 있음을 알게 된 뒤, 많은 이들의 도움을 받아 이 책을 집필했다. 그는 성인이나 아이들이 겪은 온갖 형태의 괴롭힘과 학대가 '심각한 아동기 트라우마의 한 형태'로 간주된다는 점을 강조한다. 그리고 뇌가소성연구소의 창립자이자 회장인 UC 샌프란시스코 명예교수 마이클 메르체니치를 만나 상처받은 뇌를 어떻게 치유할 수 있을지에 관해 보물 같은 내용들을 풀어나간다.

다친 마음의 질병과 증상을 치료할 때는 고통이 오게 된 근본 원인을 알아내고 상황 맥락을 밝혀내는 것이 우선이며, 이를 기반으로 마음의 안정과 깨달음을 찾아 고통에서 벗어나게 해주는 것이 우리가 해야 할 일이다. 약물 처방은 필요 없다. 손상을 입은 뇌를 정상으로 바꿔주면 된다. 상처받은 뇌가 어떻게 돌아올 수 있냐고 질문할 수도 있겠다. 메르체니치는 이 책에서 우리가 먼저 뇌의 회복 능력을 이해하는 것이 중요하다고 말한다. 뇌의 가소성은 양방향으로 모두 작동한다. 나쁘게도 좋게도 다 가능하다. 그러나 상처의 늪에 빠진 뇌는 그 안에서 헤어나오지 못하고 그만 치료의 기회조차 놓치게 된다. 프레이저는 이들을 위해 수많은 신경과학 연구 결과를 집약하여 늪에서 빠져나오는 방법을 알려준다.

프레이저는 아카데미상 3대 부문을 수상한 영화 〈위플래시〉의 드럼 주자 앤드루 니먼과 지휘자 테런스 플레처의 이야기에 상당한 부분을 할애한다. 나도 전작 《기억 안아주기》에서 〈위플래시〉를 언급한 바 있다. 진료실에서 정서적으로 학대당한 환자들을 만나온 나와, 학대당한 아들의 관점에서 연구를 시작한 저자는 한 방향을 보고 있었다.

저자는 우리에게 두 가지 혁명에서 선봉에 서자고 외친다. 첫째, 뇌에 관해 배우자. 학교에서, 직장에서 뇌 각 부분의 역할을 배우고 무엇이 뇌의 성능을 최적으로 이끄는지 혹은 최적화를 방해하는지에 대한 지식을 가르쳐야 뇌의 가소성으로 우리 뇌를 치료하자고 설득할 수 있다. 둘째, 괴롭힘의 패러다임의 신화를 드러내자. 어른들은 아이들에게 다른 아이를 괴롭히지 말라고 가르치지만 자신의 학대 행위는 외면한다. 아이들이 또래에게 학대 행위를 하면 혼내면서, 어른들이 학대 행위를 하면 엉뚱하게도 피해자인 아이들을 비난한다. 그리고 이럴 때, 아이들은 잘못이 자신에게 있다고 느끼게 된다. 어처구니없는 일이지만 우리는 모두 이런 괴롭힘의 패러다임을 받아들였기 때문에 상황을 똑바로 판단하지 못한다. 그래서 우리는 괴롭힘의 패러다임이 잘못됐다는 것을 과감하게 밖으로 드러내야 한다. 이것이 가해자와 피해자가 끊임없이 발생하는 악순환의 고리를 끊어내는 시작점이 된다.

그는 괴롭히고 학대하는 사람들에게 나타나는 네 가지 인성으로 나르시시즘, 반사회적 성격 장애, 가학성 성도착증, 그리고 마키아벨리즘을 꼽는다. 이 중에서 우리는 나르시시즘과 마키아벨리즘에 주목할 필요가 있다. 거창한 용어이기에 남 얘기 같지만 쉽게 풀어 쓰면 세상에서 내가 가장 중요하고 나를 중심으로 세상이 돌아가므로 남을 잘 부리면 내게 이득이 된다는, 사실 인간 누구나 가지고 있는 생각이다. 이런 생각을 가지고 있지 않은 사람이 얼마나 될까? 이 두 가지 속성을 가진 것만으로도 우리 모두는 누구라도 가해자가 될 충분한 소질을 지니고 있다. 바로 내 가족 안에 그 가해자가 있을 수 있고, 내가 일하는 직장에도 흔히 존재한다. 한 공간에서 같이 오랜 기간 생활하다 보면 가해하는 사람도, 당하는 피해자도 그들의 뇌가 변했다는 것을 모르고 그 상황에 적응하게 된다. 이렇듯 주변에 흔하게 일어나는 가해자와 피해자 사이의 괴롭힘의 고리를 끊지 못하면 또 하나의 암울한 미래가 찾아오게 된다.

프레이저는 책의 곳곳에서 피해자의 입장에 서며, 가해자의 잘못을 교정하는 것보다 피해자가 어떻게 하면 더 이상의 상처를 받지 않고 괴롭힘의 상처를 극복할 수 있을 것인지에 대해 훨씬 더 많은 부분을 할애한다. 이를 통해 피해자가 스스로 고통에서 벗어날 수 있는 계기를 만들고 과거의 일들이 자신의 책임이 아님을 알게 된다. 그는 크게 두 단계의 치유 방법을 제시하는데, 이 방법은 내가 환자를 진료할 때 쓰는 방법과 동일했다.

첫 번째로 학대 행위를 더 이상 비밀에 부치지 않는 것이다. 아무도 몰랐던 상황 맥락과 가해자가 투명하게 밝혀지면 상황은 좋아진다. 프레이저의 말대로 핵심은 가해자에게 동조하지 않겠다는 것을 확실하게 천명하는 것이다. 즉 괴롭힘이 피해자의 책임이 아니라 그를 둘러싼 환경의 문제였음을 노출해야 한다. 단지 가해자를 확인하자는 게 아니다. 숨겨졌던 맥락을 노출하자는 말이다. 뇌의 상처가 피해자의 책임이 아니라는 것을 밝히는 것이 치유의 첫 번째 단계다.

그 다음 단계는 학습된 무기력의 우리에서 탈출하는 것이다. 더 짧게 말하자면 뇌가소성의 위력을 믿고 부딪치는 것이다. 상처받은 뇌를 훈련을 통해 회복하자는 프레이저의 제안은 뇌 과학을 기본으로 한다. 신경과학자 데이비드 이글먼이 말했듯 "뉴런 간 연결은 끊임없이 꽃피고 지고 다시 이루어진다." 플러스 방향의 가소성은 상처받은 뇌를 치유하는 긍정적인 상상이고 마이너스 방향의 가소성은 부정적인 기억의 망각이다. 긍정적인 상상과 망각 둘 다 이론적으로는 매우 훌륭한 치료 방법이다. 하지만 피해자는 그것을 자신이 할 수 있을지 확신이 서지 않을 것이다. 왜냐하면 사람들은 '현재주의'에서 벗어나기가 어렵기 때문이다. 현재주의란 인간이 과거와 미래를 그릴 때 현재의 관점에서 바라보기 때문에 과거의 사실을 호도하고 또한 미래를 정확하게 맞출 수 없다는 것이다. 이러한 인간의 한계점을 타파하는 가장 좋은 방법은 멘토로 삼을 긍정적인 사례를 찾는 것이다. 세상에는 마음의 상처를 입고도 이를 이겨내고 성공한 사람들이 많다. 좌절한 사람을 따를 것인가 아니면 극복한 사람을 따를 것인가? 결국 내가 따를 사람들의 사례를 찾는 것이 매우 중요하다.

프레이저는 이 책에서 또 다른 엘런이 나타나지 않기를 바라며 자살한 제자 엘런의 이야기를 자주 언급한다. 아마도 그 당시 받았던 충격에서 헤어나기 어려웠을 것이다. 그러나 우리는 엘런의 무기력과 슬픔에서 멈춰서는 안 된다. 더 나아가야 한다. 피해자에게 필요한 사람은 필요한 도움을 주는 사람이다. 그들이 원하는 바는 슬픈 종말이 결코 아니다.

반 데어 콜크는 《몸은 기억한다》에서 상처받은 뇌를 가진 환자가 아동기의 부정적 경험을 대처하는 방법으로 자신에게 칼을 겨눈다고 했다. 엘런의 상처도 자기 파괴 행위로 귀결됐지만 그 사례가 전부는 아니다. 프레이저가 말한 대로 뇌 훈련, 공감, 마음 챙김, 유산소운동 같은 것들이 스스로를 믿고 상처를 이겨나가는 과정이 된다. 당신이 모를 뿐 자신의 뇌가 '할 수 있다'는 사실을 진심으로 믿으며 '상처받은 뇌'를 치유한 사람들은 주변에 많다. 이들이 상처받은 사람들의 멘토이자 미래다.

괴롭힘을 겪은 후 자신을 자책하며 우울해하는 사람들에게 이 책을 꼭 권하고 싶다. 나도 이제 병이 없는데도 불구하고 증상을 호소하며 이런저런 검사를 하고 약을 먹는 환자들에게 과학적 근거와 확신을 갖고 용기를 주고 동기 부여를 할 수 있게 됐다. 상처받은 뇌로 고통받는 환자들에게 자신 있게 과거를 바라보고 무엇이 잘못되었는가를 인지하며 스스로의 힘으로 빠져나올 수 있음을 알려주고, '뇌를 변화시키자'고 외칠 것이다. 이 책 마지막에 나온 이야기로 끝을 맺을까 한다.

"우리에게 생긴 구멍이 아무리 크다 해도, 매일 자신에게 적어도 벽돌 몇 장을 건네주자. 스스로의 좋은 점에 집중하고 타인을 보듬고 인정하는 데 주의를 기울이고 이들을 받아들이자. 한 장의 벽돌로는 구멍을 메우지 못한다. 그러나 매일매일 한 장 한 장 꾸준히 메우다 보면 결국 구멍이 모두 메워질 것이다."

최연호 성균관의대 삼성서울병원 소아청소년과 교수,
《기억 안아주기》 저자

후주

서론

1. Nicolas Burra, Dirk Kerzel, David Munoz Tord, Didier Grandjean, and Leonardo Cerevolo, "Early Spatial Attention Deployment Toward and Away from Aggressive Voice", *Social Cognitive and Affective Neuroscience* 14, no. 1 (January 2019): 73 - 80, https://doi.org/10.1093/scan/nsy100.

2. Rick Hanson, *Hardwiring Happiness: The New Brain Science of Contentment, Calm, and Confidence* (New York: Penguin, 2013), 23.

3. John Medina, *Brain Rules: 12 Principles for Surviving and Thriving at Work, Home, and School* (Seattle: Pear Press, 2008), 186.

4. David Walsh, *Why Do They Act That Way? A Survival Guide to the Adolescent Brain for You and Your Teen* (New York: Simon & Schuster, 2004), 95.

5. Daniel Christoffel, Sam Golden, and Scott Russo, "Structural and Synaptic Plasticity in Stress-Related Disorders", *Nature Reviews Neuroscience* 22, no. 5 (2011): 535 - 49, 10.1515/RNS.2011.044.

6. Tracy Vaillancourt, Eric Duku, Suzanna Becker, Louise Schmidt, Jeffrey Nicol, Cameron Muir, and Harriet MacMillan, "Peer Victimization, Depressive Symptoms, and High Salivary Cortisol Predict Poor Memory in Children", *Brain and Cognition* 77 (2011): 191-99, https://mimm.mcmaster.ca/publications/pdfs/s2.0-

S0278262611001217-main.pdf.

7. Medina, *Brain Rules*, 178.

8. Gabor Mate, *In the Realm of Hungry Ghosts: Close Encounters with Addiction*, revised edition(Toronto: Penguin, 2018), 34.

9. Stan Rodski, *Neuroscience of Mindfulness: The Astonishing Science Behind How Everyday Hobbies Help You Relax*, Work More Efficiently and Lead a Healthier Life(New York: HarperCollins, 2019), 17.

10. Medina, *Brain Rules*, 178.

11. Jacqui Plumb, Kelly Bush, and Sonia Kersevich, "Trauma-Sensitive Schools: An Evidence-Based Approach", *School Social Work Journal*(2016), https://www. semanticscholar.org/paper/Trauma-Sensitive-Schools%3A-An-Evidence-Based-Plumb-Bush/39c27626fdef81b93b57eccfc41309772dbc6f78.

12. Sarah-Jayne Blakemore, *Inventing Ourselves: The Secret Life of the Teenage Brain*(New York: Hachette, 2018), 38 - 39.

13. Daniel Amen, *Change Your Brain, Change Your Life: The Breakthrough Program for Conquering Anxiety, Depression, Obsessiveness, Lack of Focus, Anger, and Memory Problems, revised edition*(New York: Penguin, 2015), 12.

14. Amen, *Change Your Brain*, 22.

15. James Clear, *Atomic Habits: An Easy and Proven Way to Build Good Habits and Break Bad Ones*(New York: Penguin, 2018), 19.

16. Lori Ward and Jamie Strashin, "Sex Offences against Minors: Investigation Reveals More Than 200 Canadian Coaches Convicted in the Last Twenty Years", *CBC*, February 10, 2019, https://www.cbc.ca/sports/amateur-sports-coaches-sexual-offences-minors-1.5006609.

17. Alexander Wolff, "Why Does Women's Basketball Have So Many Coaching Abuse Problems?", *Sports Illustrated*, October 1, 2015, https://www.si.com/college/2015/10/01/abusive-coaches-womens-basketball-illinois-matt-bollant.

18. Steve Reilly, "Teachers Who Sexually Abuse Students Still Find Classroom

Jobs", *USA Today*, December 22, 2016, https://www.usatoday.com/story/news/2016/12/22/teachers-who-sexually-abuse-students-still-find-classroom-jobs/95346790/.

19. Bonnie Stiernberg, "USA Gymnastics Culture of Abuse Runs Far Deeper Than Larry Nassar", *Inside Hook*, July 20, 2020, https://www.insidehook.com/article/sports/usa-gymnasticss-history-of-abuse.

20. Andrew Sapakoff, "College of Charleston Report Hammers 'Jekyll and Hyde' Verbal Abuse by Coach Doug Wojcik", *Post and Courier*, July 2, 2014, https://www.postandcourier.com/sports/college-of-charleston-report-hammers-jekyll-and-hyde-verbal-abuse-by-coach-doug-wojcik/article_6be0a402-b99b-5db3-8d0f-4e2b1ea12e4e.html.

21. Jeannie Blaylock, "Public Can Check Boy Scout 'Perversion Files' for Accused Molesters", *First Coast News*, November 12, 2019, https://www.firstcoastnews.com/article/news/investigations/boy-scouts-sexual-abuse-investigation/77-6b587579-410a-4f37-a9a0-d7f3cb0000b6.

22. ESPN, multiple contributors, "Inside a Toxic Culture at Maryland Football", *ESPN*, August 10, 2018, https://www.espn.com/college-football/story/_/id/24342005/maryland-terrapins-football-culture-toxic-coach-dj-durkin.

23. Laura Clementson and Gillian Findlay, "'It's Overwhelming': Survivors Create Public List of Catholic Clerics Accused of Sexual Abuse", *CBC*, December 5, 2019, https://www.cbc.ca/news/canada/catholic-sexual-abuse-london-diocese-1.5384217.

24. BBC, "Canada: 751 Unmarked Graves Found at Residential School", *BBC*, June 24, 2021, https://www.bbc.com/news/world-us-canada-57592243.

25. Alan McEvoy and Molly Smith, "Statistically Speaking: Teacher Bullying Is a Real Phenomenon, but It's Been Hard to Quantify—Until Now", *Teaching Tolerance Magazine* 58 (Spring 2018), https://www.tolerance.org/magazine/spring-2018/statistically-speaking.

26. Alan McEvoy, "Abuse of Power: Most Bullying Prevention Is Aimed at Students. What Happens When Adults Are the Aggressors?", *Teaching Tolerance Magazine* 48(Fall 2014), https://www.tolerance.org/magazine/fall-2014/abuse-of-power.

27. Paul Pelletier, *The Workplace Bullying Handbook: How to Identify, Prevent and Stop a Workplace Bully*(Vancouver: Diversity Publishing, 2018), 110.

28. Pelletier, *Workplace Bullying*, 109.

29. Brene Brown, *Rising Strong: How the Ability to Reset Transforms the Way We Live, Love, Parent, and Lead*(New York: Random House, 2015), xxi.

30. Brown, *Rising Strong*, xviii.

31. McEvoy and Smith, "Statistically Speaking."

32. Helen Reiss, *The Empathy Effect: Seven Neuroscience-Based Keys for Transforming the Way We Live, Love, Work, and Connect across Differences*(Boulder, CO: Sounds True, 2018), 64.

33. Jennifer Fraser, *Teaching Bullies: Zero Tolerance on the Court or in the lassroom*(Vancouver: Motion Press), 2015.

34. Ciceri, in conversation.

35. Merzenich, "Childhood"(unpublished manuscript), 84.

36. Merzenich, "Childhood"(unpublished manuscript), 84.

37. Merzenich, "Childhood"(unpublished manuscript), 86.

38. Merzenich, e-mail correspondence.

39. Michael Merzenich, *Soft-Wired: How the New Science of Brain Plasticity Can Change Your Life*(San Francisco: Parnassus Publishing, 2013), 153 - 66.

40. David Cooperson, *The Holocaust Lessons on Compassionate Parenting and Child Corporal Punishment*(self-published via CreateSpace, 2014), 18.

41. Lee-Anne Gray, *Educational Trauma: Examples from Testing to the School-to-Prison Pipeline*(London: Palgrave Macmillan, 2019), 177.

42. Alex Renton, *Stiff Upper Lip: Secrets, Crimes and the Schooling of a Ruling Class*(London: Weidenfeld & Nicholson, 2017).

43. Paul Axelrod, "Banning the Strap: The End of Corporal Punishment in Canadian Schools", *EdCan*, January 6, 2011, https://www.edcan.ca/articles/banning-the-strap-the-end-of-corporal-punishment-in-canadian-schools/.

44. Elizabeth Gershoff, Andrew Grogan-Kaylor, Jennifer Lansford, Lei Chang, Arnaldo Zelli, Kirby Deater-Deckard, and Kenneth Dodge, "Parent Discipline Practices in an International Sample: Associations with Child Behaviors and Moderation by Perceived Normativeness", *Child Development* 81, no. 2 (March 2010): 487 - 502, https://www.ncbi.nlm.nih.gov/pmc/articles/PMC2888480/pdf/nihms-198378.pdf; Gray, *Educational Trauma*, 177.

45. Jeremy Rifkin, *Empathic Civilization: The Race to Global Consciousness in a World in Crisis* (New York: Penguin, 2010), 117.

46. Gray, *Educational Trauma*.

47. Laurence Steinberg, *Age of Opportunity: Lessons from the New Science of Adolescence* (New York: Houghton Mifflin Harcourt, 2014), 11.

48. Molly Castelloe, "How Spanking Harms the Brain: Why Spanking Should Be Outlawed", *Psychology Today*, February 12, 2012, https://www.psychologytoday.com/ca/blog/the-me-in-we/201202/how-spanking-harms-the-brain.

49. Renton, *Stiff Upper Lip*.

50. Frank Larøi, Neil Thomas, Andre Aleman, Charles Fernyhough, Sam Wilkinson, Felicity Deamer, and Simon McCarthy-Jones, "The Ice in Voices: Understanding Negative Content in Auditory Verbal Hallucinations", *Clinical Psychology Review* 67 (February 2019): 1-10, https://doi.org/10.1016/j.cpr.2018.11.001.

51. Bill Hathaway, "Past Abuse Leads to Loss of Gray Matter in Brains of Adolescents", *Yale News*, December 5, 2011, https://news.yale.edu/2011/12/05/past-abuse-leads-loss-gray-matter-brains-adolescents-0.

52. Matthew Lieberman, *Social: Why Our Brains Are Wired to Connect* (New York: Random House, 2013), 68 - 69.

53. Bessel van der Kolk, *The Body Keeps the Score: Brain, Mind, and Body in the*

Healing of Trauma(New York: Penguin, 2015), 168.

54. Gray, *Educational Trauma*, 29.

55. Joe Dispenza, *Breaking the Habit of Being Yourself: How to Lose Your Mind and Create a New One*(Carlsbad, CA: Hay House, 2012); Daniel Reisel, "The Neuroscience of Restorative Justice", *TED Talk*, February 2013, https://www.ted. com/talks/dan_reisel_the_neuroscience_of_restorative_justice?language=en.

56. Sofia Bahena, North Cooc, Rachel Currie-Rubin, Paul Kuttner, and Monica Ng, eds., *Disrupting the School-to-Prison Pipeline*(Boston: Harvard Educational Review, 2012).

57. Amen, *Change Your Brain*, 15.

58. Reisel, "Neuroscience of Restorative Justice."

59. Amen, *Change Your Brain*, 31.

60. Merzenich, *Soft-Wired*, 32.

61. Norman Doidge, *The Brain's Way of Healing: Remarkable Discoveries and Recoveries from the Frontiers of Neuroplasticity*(New York: Penguin, 2016), xix.

62. Doidge, *Brain's Way of Healing*, xx.

63. Doidge, *Brain's Way of Healing*, xix.

64. Rachel Nuwer, "Coaching Can Make or Break an Olympic Athlete: Competitors at the Most Elite Level Need More than Technical Support", *Scientific American*, August 5, 2015, https://www.scientificamerican.com/article/coaching-can-make-or-break-an-olympic-athlete/.

65. Sarah-Jayne Blakemore and Uta Frith, *The Learning Brain: Lessons for Education*(Malden, MA: Wiley-Blackwell, 2005), 3.

66. Robert Cribb, "Teachers' Bullying Scarred Us Say Student Athletes", *Toronto Star*, March 14, 2015, https://www.thestar.com/news/canada/2015/03/14/teachers-bullying-scarred-us-say-student-athletes.html; CTV W5, "Personal Foul: Sports Dreams Shattered by Aggressive Coaches", *CTV W5*, March 14, 2015, https://www.ctvnews.ca/video?clipId=569994&playlistId=1.2279107&binId=1.811589&play

listPageNum＝1&binPageNum＝1.

1장. 변화하는 뇌

1. Renata Caine and Geoffrey Caine, "Understanding a Brain-Based Approach to Learning and Teaching", *ASCD*, 1990, http://www.ascd.org/ASCD/pdf/journals / ed_lead/el_199010_caine.pdf, 67.

2. Emily Anthes, "Inside the Bullied Brain: The Alarming Neuroscience of Taunting" *Boston Globe*, November 28, 2010, http://archive.boston.com/bostonglobe/ideas/ articles/2010/11/28/inside_the_bullied_brain/, 3.

3. Matthew Lieberman, *Social: Why Our Brains Are Wired to Connect* (New York: Random House, 2013), 45-70.

4. James Clear, *Atomic Habits: An Easy and Proven Way to Build Good Habits and Break Bad Ones* (New York: Penguin, 2018), 1-7.

5. Anthes, "Bullied Brain", 3.

6. Michael Merzenich, *Soft-Wired: How the New Science of Brain Plasticity Can Change Your Life* (San Francisco: Parnassus Publishing, 2013), 22.

7. Merzenich, *Soft-Wired*, 22.

8. Merzenich, e-mail correspondence.

9. Merzenich, *Soft-Wired*, 22.

10. Anthes, "Bullied Brain" 1.

11. Alex Renton, *Stiff Upper Lip: Secrets, Crimes and the Schooling of a Ruling Class* (London: Weidenfeld & Nicholson, 2017).

12. Anthes, "Bullied Brain" 1.

13. Sarah-Jayne Blakemore, *Inventing Ourselves: The Secret Life of the Teenage Brain* (New York: Hachette, 2018); Frances Jensen and Amy Ellis Nutt, *The Teenage Brain: A Neuroscientist's Survival Guide to Raising Adolescents and Young Adults* (Toronto: Harper-Collins, 2015); David Walsh, *Why Do They Act That Way? A Survival Guide to the Adolescent Brain for You and Your Teen* (New York: Simon &

Schuster, 2004); Daniel Siegel, *Brainstorm: The Power and Purpose of the Teenage Brain* (New York: Penguin, 2013); Laurence Steinberg, *Age of Opportunity: Lessons from the New Science of Adolescence* (New York: Houghton Mifflin Harcourt, 2014).

14. Anthes, "Bullied Brain" 2.

15. Kimberly Archie, Solomon Brannan, Tiffani Bright, Jo Cornell, Debbie Pyka, Mary Seau, Cyndy Feasel, Marcia Jenkins, Leanne Pozzobon, and Darren Hamblin, *Brain Damaged: Two-Minute Warning for Parents* (Westlake Village, CA: USA Sport Safety Publishing, 2019).

16. Merzenich, e-mail correspondence.

17. Stanley Greenspan, with Beryl Benderly, *The Growth of the Mind: And the Endangered Origins of Intelligence* (New York: Perseus Books, 1997), 252 – 53.

18. Merzenich, e-mail correspondence.

19. Anthes, "Bullied Brain" 1.

20. Anthes, "Bullied Brain" 1.

21. Thomas Kuhn, *The Structure of Scientific Revolutions*, third edition (Chicago: University of Chicago Press, 1996).

22. Merzenich, *Soft-Wired*, 2.

23. Norman Doidge, *The Brain's Way of Healing: Remarkable Discoveries and Recoveries from the Frontiers of Neuroplasticity* (New York: Penguin, 2016), 353.

24. Doidge, *Brain's Way of Healing*, 355.

25. Anthes, "Bullied Brain" 1.

26. Rick Hanson and Richard Mendius, *Buddha's Brain: The Practical Neuroscience of Happiness, Love, and Wisdom* (Oakland, CA: New Harbinger, 2009), 42.

27. Helen Reiss, *The Empathy Effect: Seven Neuroscience-Based Keys for Transforming the Way We Live, Love, Work, and Connect across Differences* (Boulder, CO: Sounds True, 2018), 68.

28. Jensen and Nutt, *Teenage Brain*, 179.

29. Stan Rodski, *Neuroscience of Mindfulness: The Astonishing Science Behind How*

Everyday Hobbies Help You Relax, Work More Efficiently and Lead a Healthier Life(New York: HarperCollins, 2019), 14–15.

30. Doidge, *Brain's Way of Healing*, 111.

31. John Ratey, *Spark: The Revolutionary New Science of Exercise and the Brain*(New York: Little, Brown and Company, 2008), 59.

32. Merzenich, *Soft-Wired*, 5.

33. Blakemore, *Inventing Ourselves*, 81.

34. Merzenich, e-mail correspondence.

35. Merzenich, *Soft-Wired*, 121.

36. Todd Sampson, "Redesign My Brain", *IMDb*, October 2013, https://www.imdb.com/title/tt3322570/episodes?year=2013&ref_=tt_eps_yr_2013.

37. John Arden, *Rewire Your Brain: Think Your Way to a Better Life*(Hoboken, NJ: John Wiley and Sons, 2010), 10.

2장. 학대는 필요악이라는 거짓말

1. Patricia Bauer, "Damien Chazelle: American Director and Screenwriter", *Encyclopedia Britannica*, last updated January 15, 2021, https://www.britannica.com/biography/Damien-Chazelle.

2. Damien Chazelle, "Before Writing and Directing 'Whiplash', Damien Chazelle Lived It", *Los Angeles Times*, December 18, 2014, https://www.latimes.com/entertainment/envelope/la-et-mn-whiplash-writers-damien-chazelle-20141218-story.html.

3. A. A. Dowd, "*Whiplash* Maestro Damien Chazelle on Drumming, Directing, and J. K. Simmons", *AVClub*, October 15, 2014, https://film.avclub.com/whiplash-maestro-damien-chazelle-on-drumming-directing-1798273033.

4. Damien Chazelle, "Divide and Conquer: Damien Chazelle on Why You Should Make a Short First", *MovieMaker*, October 9, 2015, https://www.moviemaker.com/damien-chazelle-on-why-you-should-make-a-short-first/.

5. Stanton Pruitt, "Damien Chazelle's Films and the Consequences of Ambition", *Cultured Vultures*, October 7, 2019, https://culturedvultures.com/damien-chazelles-films-and-the-consequences-of-ambition/.

6. Oliver Gettel, "*Whiplash* Director Damien Chazelle on his Real-Life Inspiration", *Los Angeles Times*, November 11, 2014, https://www.latimes.com/entertainment/movies/moviesnow/la-et-mn-whiplash-damien-chazelle-real-life-inspiration-20141111-story.html.

7. Tasha Robinson, "Damien Chazelle on What Is and What Isn't Ambiguous in *Whiplash*", *The Dissolve*, October 15, 2014, https://thedissolve.com/features/emerging /787-damien-chazelle-on-what-is-and-isnt-ambiguous-abou/.

8. Chazelle, "Divide and Conquer."

9. Chazelle, "Divide and Conquer."

10. Charlie Schmidlin, "Interview: Director Damien Chazelle talks 'Whiplash', Musical Editing and His New 'MGM-style' Musical 'La La Land'", *IndieWire*, October 10, 2014, https://www.indiewire.com/2014/10/interview-director-damien-chazelle-talks-whiplash-musical-editing-his-mgm-style-musical-la-la-land-271422/.

11. Sarah-Jayne Blakemore, *Inventing Ourselves: The Secret Life of the Teenage Brain* (New York: Hachette, 2018), 43.

12. Don Kaye, "Interview: *Whiplash* Director Damien Chazelle", *Den of Geek*, October 9, 2014, https://www.denofgeek.com/movies/interview-whiplash-director-damien-chazelle/.

13. Eat Drink Films, "The Language of Drums: Director Damien Chazelle and Metallica's Lars Ulrich discuss *Whiplash*", *Eat Drink Films*, November 13, 2014, https://eatdrinkfilms.com/2014/11/13/the-language-of-drums-director-damien-chazelle-and-metallicas-lars-ulrich-discuss-whiplash/.

14. Dowd, "*Whiplash* Maestro."

15. Ashley Lee, "'Whiplash': J. K. Simmons, Damien Chazelle, on Whether

Torment Leads to Talent", *Billboard*, September 27, 2014, https://www.billboard.com/articles/news/6266541/whiplash-jk-simmons-damien-chazelle-on-whether-torment-leads-to-talent.

16. Fred Topel, "Whiplash: Damien Chazelle on Sadistic Writing", *Mandatory*, October 6, 2014, https://www.mandatory.com/fun/770139-whiplash-damien-chazelle-sadistic-writing.

17. Chazelle, "Before Writing and Directing."

18. Conrad Quilty-Harper, "Damien Chazelle: My Next Film Will Have Less Cymbal Throwing", *GQ*, May 11, 2015, https://www.gq-magazine.co.uk/article/damien-chazelle-interview-whiplash-movie-jazz.

19. Blakemore, *Inventing Ourselves*, 87.

20. Bessel van der Kolk, *The Body Keeps the Score: Brain, Mind, and Body in the Healing of Trauma*(New York: Penguin, 2015), 102.

21. Robinson, "Damien Chazelle."

22. Robinson, "Damien Chazelle."

23. Ian Pace, "Music Teacher Sentenced to 11 Years in Prison as Abuse Film Whiplash Prepares for Oscars", *The Conversation*, February 20, 2015, https://theconversation.com/music-teacher-sentenced-to-11-years-in-prison-as-abuse-film-whiplash-prepares-for-oscars-37786.

24. J. Bryan Lowder, "Wailing Against the Pansies: Homophobia in *Whiplash*", *Slate Magazine*, October, 22, 2014, https://slate.com/human-interest/2014/10/why-does-whiplash-damien-chazelles-jazz-movie-contain-so-much-homophobia.html.

25. John Medina, *Brain Rules: 12 Principles for Surviving and Thriving at Work, Home, and School*(Seattle: Pear Press, 2008), 45-46.

26. John Ratey, *Spark: The Revolutionary New Science of Exercise and the Brain*(New York: Little, Brown and Company, 2008), 74.

27. David Sims, "The Uncomfortable Message in *Whiplash*'s Dazzling Finale." *The Atlantic*, October 22, 2014, https://www.theatlantic.com/entertainment/

archive/2014/10/the–ethics–of–whiplash/381636/.

28. Andrew Sapakoff, "College of Charleston Report Hammers 'Jekyll and Hyde' Verbal Abuse by Coach Doug Wojcik", *Post and Courier*, July 2, 2014, https://www. postandcourier.com/sports/college–of–charleston–report–hammers–jekyll–and–hyde–verbal–abuse–by–coach–doug–wojcik/article_6be0a402–b99b–5db3–8d0f–4e2b1ea12e4e.html; Amber Jamieson, "Pace Football Coach Accused of Vicious Abuse by Players", *New York Post*, November 23, 2014, https://nypost.com/2014/11/23/pace–football–coach–abused–players–ex–team–members/; Heather Dinich, "Power, Control and Legacy:Bob Knight's Last Days at IU", *ESPN*, November 29, 2018, https://www.espn.com/mens–college–basketball/story/_/id/23017830/bob–knight–indiana–hoosiers–firing–lesson–college–coaches.

29. John Taylor, "Behind the Veil: Inside the Mind of Men Who Abuse", *Psychology Today*, February 5, 2013, https://www.psychologytoday.com/us/blog/the–reality–corner/201302/behind–the–veil–inside–the–mind–men–who–abuse.

30. A. O. Scott, "Drill Sergeant in the Music Room", *New York Times*, October 10, 2014, https://www.nytimes.com/2014/10/10/movies/in–whiplash–a–young–jazz–drummer–vs–his–teacher.html.

31. Merzenich, e–mail correspondence.

32. William Copeland, Dieter Wolke, Adrian Angold, and Jane Costello, "Adult Psychiatric Outcomes of Bullying and Being Bullied by Peers in Childhood and Adolescence", *JAMA Psychiatry* 70, no. 4(2013): 419–26, doi:10.1001/jamapsychiatry.2013.504.

33. Helen Reiss, *The Empathy Effect: Seven Neuroscience–Based Keys for Transforming the Way We Live, Love, Work, and Connect across Differences*(Boulder, CO: Sounds True, 2018), 120.

34. Joseph Burgo, "All Bullies Are Narcissists: Stories of Bullying and Hazing in the News Break Down to Narcissism and Insecurity", *The Atlantic*, November 14, 2013, https://www.theatlantic.com/health/archive/2013/11/all–bullies–are–narcissists

/281407/.

35. Stanley Greenspan, with Beryl Benderly, *The Growth of the Mind: And the Endangered Origins of Intelligence* (New York: Perseus Books, 1997), 52.

36. Frank George and Dan Short, "The Cognitive Neuroscience of Narcissism", *Journal of Brain Behavior and Cognitive Sciences* 1, no. 6 (2018).

37. George and Short, "Neuroscience of Narcissism."

38. George and Short, "Neuroscience of Narcissism."

39. George and Short, "Neuroscience of Narcissism."

40. William Verbeke, Vim Rietdijk, Wouter van den Berg, Roeland Dietvorst, Loek Worm, and Richard Bagozzi, "The Making of the Machiavellian Brain: A Structural MRI Analysis", *Journal of Neuroscience, Psychology and Economics* 4, no. 4 (2011), 10.1037/a0025802, 205 – 6.

41. Verbeke et al., "Machiavellian Brain", 212 – 13.

42. Paul Babiak and Robert Hare, *Snakes in Suits: When Psychopaths Go to Work* (New York: HarperCollins, 2007).

43. Paul Pelletier, *The Workplace Bullying Handbook: How to Identify, Prevent and Stop a Workplace Bully* (Vancouver: Diversity Publishing, 2018), 119.

44. Martin Teicher, "Wounds That Won't Heal: The Neurobiology of Child Abuse", *Cerebrum: The Dana Forum on Brain Science* 4, no. 2 (January 2000): 50 – 67, https://www.researchgate.net/publication/215768752_Wounds_that_time_won't_heal_The_neurobiology_of_child_abuse.

45. Teicher, "Wounds that Won't Heal."

46. Yvon Delville, Richard Melloni, and Craig Ferris, "Behavioral and Neurobiological Consequences of Social Subjugation During Puberty in Golden Hamsters", *The Journal of Neuroscience* 18, no. 7 (1998): 2667 – 72, https://doi.org/10.1523/JNEUROSCI.18-07-02667.1998.

47. Chazelle, "Before Writing and Directing."

48. Sims, "Uncomfortable Message."

49. Sean Fitz-Gerald, "Ask a Julliard Professor: How Real Is *Whiplash*?", *Vulture*, October 17, 2014, http://www.vulture.com/2014/10/ask-an-expert-juilliard-professor-whiplash.html.

50. Fitz-Gerald, "Ask a Julliard Professor."

51. Robinson, "Damien Chazelle."

52. Robinson, "Damien Chazelle."

53. Roger Rubin, Michael O'Keefe, Christian Red, and Nathaniel Vinton, "Mike Rice's Assistant Coach at Rutgers, Jimmy Martelli Resigns, Following Physical and Verbal Abuse Scandal", *New York Daily News*, April 5, 2013, http://www.nydailynews.com/sports/college/rutgers-assistant-baby-rice-cooked-article-1.1308334.

54. Reiss, *Empathy Effect*, 84.

55. Misia Gervis and Nicola Dunn, "The Emotional Abuse of Elite Child Athletes by Their Coaches", *Child Abuse Review* 13, no. 3 (June 24, 2004), https://onlinelibrary.wiley.com/doi/abs/10.1002/car.843; Carol Dweck, *Mindset: The New Psychology of Success* (New York: Ballantine, 2006); Pelletier, *Workplace Bullying*.

56. Movie Gal, "Interview with 'Whiplash' Film Maker and Oscar Nominee Damien Chazelle", *TheMovieGal.com*, February 8, 2015, https://www.themoviegal.com/single-post/2015/02/08/interview-with-whiplash-filmmaker-oscar-nominee-damien-chazelle.

57. Alex Renton, *Stiff Upper Lip: Secrets, Crimes and the Schooling of a Ruling Class* (London: Weidenfeld & Nicholson, 2017).

58. Erin Smith, Ali Diab, Bill Wilkerson, Walter Dawson, Kunmi Sobowale, Charles Reynolds, Michael Berk et al., "A Brain Capital Grand Strategy: Toward Economic Reimagination", *Molecular Psychiatry* 26 (October 2020): 3-22, https://www.nature.com/articles/s41380-020-00918-w.

59. Damien Chazelle, "Six Film-making Tips from Damien Chazelle: The 'La La Land' Director on How to Make it in La La Land", *Film School Rejects*, December 7,

2016, https://filmschoolrejects.com/6-filmmaking-tips-from-damien-chazelle-6f05f190f427/.

3장. 복종의 악순환

1. Saul McLeod, "The Milgram Shock Experiment", *Simply Psychology*, updated 2017, https://www.simplypsychology.org/milgram.html. All references to Milgram's experiment that follow come from this article unless specified.

2. Cari Romm, "Rethinking One of Psychology's Most Infamous Experiments", *The Atlantic*, January 28, 2015, https://www.theatlantic.com/health/archive/2015/01/rethinking-one-of-psychologys-most-infamous-experiments/384913/.

3. Gregorio Encina, "Milgram's Experiment on Obedience to Authority", *University of California*, November 15, 2004, https://nature.berkeley.edu/ucce50/ag-labor/7article/article35.htm.

4. Encina, "Milgram's Experiment."

5. Encina, "Milgram's Experiment."

6. Encina, "Milgram's Experiment."

7. Romm, "Rethinking."

8. Romm, "Rethinking."

9. McLeod, "Milgram Shock Experiment."

10. Norman Doidge, *The Brain That Changes Itself: Stories of Personal Triumph from the Frontiers of Brain Science* (New York: Penguin, 2007), 305.

11. Michael Merzenich, *Soft-Wired: How the New Science of Brain Plasticity Can Change Your Life* (San Francisco: Parnassus Publishing, 2013), 79.

12. Helen Reiss, *The Empathy Effect: Seven Neuroscience-Based Keys for Transforming the Way We Live, Love, Work, and Connect across Differences* (Boulder, CO: Sounds True, 2018), 29.

13. Reiss, *Empathy Effect*, 30.

14. Merzenich, e-mail correspondence.

15. Doidge, *Brain That Changes Itself*, xiv.

16. Gabor Mate, *In the Realm of Hungry Ghosts: Close Encounters with Addiction*, revised edition (Toronto: Penguin, 2018), 183.

17. David Eagleman, *Livewired: The Inside Story of the Ever-Changing Brain* (Toronto: Doubleday, 2020), 4.

18. Sarah-Jayne Blakemore, *Inventing Ourselves: The Secret Life of the Teenage Brain* (New York: Hachette, 2018), 61.

19. Eagleman, *Livewired*, 8.

20. Mate, *Hungry Ghosts*, 183.

21. Shawn Achor, *The Happiness Advantage: The Seven Principles of Positive Psychology That Fuel Success and Performance at Work* (New York: Random House, 2010), 167.

22. Achor, *Happiness Advantage*, 156.

23. Norman Doidge, *The Brain's Way of Healing: Remarkable Discoveries and Recoveries from the Frontiers of Neuroplasticity* (New York: Penguin, 2016), 11.

24. Merzenich, *Soft-Wired*, 58.

25. Angela Duckworth, *Grit: The Power of Passion and Perseverance* (New York: HarperCollins, 2016), 191−92.

26. Carol Dweck, *Mindset: The New Psychology of Success* (New York: Ballantine, 2006), 180.

27. Dweck, *Mindset*, 172.

28. Dweck, *Mindset*, 172.

29. Doidge, *Brain That Changes Itself*, 305.

30. Reiss, *Empathy Effect*, 117.

31. Merzenich, *Soft-Wired*, 63.

32. Merzenich, *Soft-Wired*, 62.

33. Dweck, *Mindset*, 184.

34. Mine Conkbayir, *Early Childhood and Neuroscience: Theory, Research and Implications for Practice* (London: Bloomsbury Academic, 2017).

35. Daniel Coyle, *The Talent Code: Greatness Isn't Born. It's Grown. Here's How* (New York: Random House, 2009), 162.

36. Merzenich, *Soft-Wired*, 63.

37. Coyle, *Talent Code*, 168.

38. Coyle, *Talent Code*, 171.

4장. 뇌 잠재력 훈련

1. John Medina, *Brain Rules: 12 Principles for Surviving and Thriving at Work, Home, and School* (Seattle: Pear Press, 2008), 172.

2. Rick Hanson, *Hardwiring Happiness: The New Brain Science of Contentment, Calm, and Confidence* (New York: Penguin, 2013), 26.

3. Lee-Anne Gray, *Educational Trauma: Examples from Testing to the School-to-Prison Pipeline* (London: Palgrave Macmillan, 2019), 153.

4. Angela Duckworth, *Grit: The Power of Passion and Perseverance* (New York: HarperCollins, 2016), 190.

5. Sarah-Jayne Blakemore, *Inventing Ourselves: The Secret Life of the Teenage Brain* (New York: Hachette, 2018), 185.

6. Steve Silberman, *NeuroTribes: The Legacy of Autism and the Future of Neurodiversity* (New York: Penguin, 2015).

7. Alison Gopnik, *The Gardener and the Carpenter: What the New Science of Child Development Tells Us about the Relationship between Parents and Children* (New York: Farrar, Straus & Giroux, 2016).

8. Barbara Arrowsmith-Young, *The Woman Who Changed Her Brain: Unlocking the Extraordinary Potential of the Human Mind* (New York: Free Press, 2012).

9. Norman Doidge, *The Brain That Changes Itself: Stories of Personal Triumph from the Frontiers of Brain Science* (New York: Penguin, 2007), 41.

10. Doidge, *Brain That Changes Itself*, 39 - 40.

11. Michael Merzenich, *Soft-Wired: How the New Science of Brain Plasticity Can*

Change Your Life(San Francisco : Parnassus Publishing, 2013), 80.

12. Merzenich, *Soft-Wired*, 79.

13. John Corcoran, *The Teacher Who Couldn't Read : One Man's Triumph over Illiteracy*(New York : Kaplan Publishing, 2008).

14. Merzenich, *Soft-Wired*, 29.

15. Doidge, *Brain That Changes Itself*, 41.

16. Norman Doidge, *The Brain's Way of Healing : Remarkable Discoveries and Recoveries from the Frontiers of Neuroplasticity*(New York : Penguin, 2016), 283.

17. Paul Pelletier, *The Workplace Bullying Handbook : How to Identify, Prevent and Stop a Workplace Bully*(Vancouver : Diversity Publishing, 2018), 94.

18. Medina, *Brain Rules*, 172.

19. Gabor Mate, *In the Realm of the Hungry Ghosts : Close Encounters with Addiction*, revised edition(Toronto : Penguin, 2018), 33.

20. David Eagleman, *Livewired : The Inside Story of the Ever-Changing Brain*(Toronto : Doubleday, 2020), 24.

21. Britt Andreatta, "Potential", *TEDx Talk*, July 22, 2014, https://www.youtube.com/watch?v=yXt_70Ak670&ab_channel=TEDxTalks.

22. Merzenich, *Soft-Wired*, 37.

23. Merzenich, *Soft-Wired*, 80.

24. Merzenich, *Soft-Wired*, 80.

25. Mate, *Hungry Ghosts*, 50.

26. Brene Brown, *Rising Strong : How the Ability to Reset Transforms the Way We Live, Love, Parent, and Lead*(New York : Random House, 2015), 46.

27. John Arden, *Rewire Your Brain : Think Your Way to a Better Life*(Hoboken, NJ : John Wiley & Sons, 2010), 10.

28. Arden, *Rewire Your Brain*, 9.

29. Arden, *Rewire Your Brain*, 9.

30. Arden, *Rewire Your Brain*, 9.

31. Hanson, *Hardwiring Happiness*, 111.

32. Arden, *Rewire Your Brain*, 9.

33. Mate, *Hungry Ghosts*, 8.

34. John Ratey, *Spark: The Revolutionary New Science of Exercise and the Brain* (New York: Little, Brown and Company, 2008), 40.

35. David Walsh, *Why Do They Act That Way? A Survival Guide to the Adolescent Brain for You and Your Teen* (New York: Simon & Schuster, 2004), 95.

36. Merzenich, e-mail correspondence.

5장. 뇌가 괴롭힘을 기억하는 방식

1. Alex Renton, *Stiff Upper Lip: Secrets, Crimes, and the Schooling of a Ruling Class* (London: Weidenfeld & Nicholson, 2017).

2. I corrected minor grammatical errors in the Facebook post.

3. William Copeland, Dieter Wolke, Adrian Angold, and Jane Costello, "Adult Psychiatric Outcomes of Bullying and Being Bullied by Peers in Childhood and Adolescence", *JAMA Psychiatry* 70, no. 4 (2013): 419–26, doi:10.1001/jamapsychiatry.2013.504.

4. Emily McNally, Paz Luncsford, and Mary Armanios, "Long Telomeres and Cancer Risk: The Price of Cellular Immortality", *The Journal of Clinical Investigation* 129, no. 9 (2019): 3474–81, 10.1172/JCI120851.

5. Merzenich, e-mail correspondence.

6. Bessel van der Kolk, *The Body Keeps the Score: Brain, Mind, and Body in the Healing of Trauma* (New York: Penguin, 2015), 98.

7. Van der Kolk, *Body Keeps the Score*, 99.

8. Van der Kolk, *Body Keeps the Score*, 96–97.

9. Roland Summit, "The Child Sexual Abuse Accommodation Syndrome", *Child Abuse and Neglect* 7 (1983): 177–93, https://www.abusewatch.net/Child%20 Sexual%20Abuse%20Accommodation%20Syndrome.pdf; Alice Miller, *For Your*

Own Good: Hidden Cruelty in Child-Rearing and the Roots of Violence(New York: Farrar, Straus and Giroux, 1983).

10. Van der Kolk, *Body Keeps the Score*, 204.

11. Van der Kolk, *Body Keeps the Score*, 204.

12. Van der Kolk, *Body Keeps the Score*, 143.

13. Van der Kolk, *Body Keeps the Score*, 134.

14. Van der Kolk, *Body Keeps the Score*, 133.

15. Van der Kolk, *Body Keeps the Score*, 133.

16. Shawn Achor, *The Happiness Advantage: The Seven Principles of Positive Psychology That Fuel Success and Performance at Work*(New York: Random House, 2010), 94.

17. Achor, *Happiness Advantage*, 95.

18. Martin Teicher, "Impact of Childhood Maltreatment on Brain Development and the Critical Importance of Distinguishing between the Maltreated and Non-Maltreated Diagnostic Subtypes", *International Society for Neurofeedback and Research*(September 2017), https://drteicher.files.wordpress.com/2017/11/isnr_2017_keynote_teicher.pdf.

19. Teicher, "Childhood Maltreatment", 46.

20. Teicher, "Childhood Maltreatment", 46 - 47.

21. Martin Teicher, "Wounds That Won't Heal: The Neurobiology of Child Abuse", *Cerebrum: The Dana Forum on Brain Science* 4, no.2(January 2000): 50 - 67, https://www.researchgate.net/publication/215768752_Wounds_that_time_won't_heal_The_neurobiology_of_child_abuse; Andrew Burke and Klaus Miczek, "Stress in Adolescence and Drugs of Abuse in Rodent Models: Role of Dopamine, CRF, and HPA Axis", *Psychopharmacology* 231, no.8(2014): 1557 - 80, 10.1007/s00213-013-3369-1.

22. Lori Desautels and Michael McKnight, *Eyes Are Never Quiet: Listening Beneath the Behaviors of Our Most Troubled Students*(Deadwood, OR: Wyatt-MacKenzie Publishing, 2019).

23. Teicher, "Wounds That Won't Heal."

24. Jennifer Fraser, *Be a Good Soldier: Children's Grief in English Modernist Novels* (Toronto: University of Toronto Press, 2011), 25.

6장. 몸과 뇌를 돌보는 새로운 패러다임

1. Jaak Panksepp, *Affective Neuroscience: The Foundations of Human and Animal Emotions* (Oxford: Oxford University Press, 1998), 57.

2. Robert Anda, Vincent Felitti, James Bremner, John Walker, Charles Whitfield, Bruce Perry, Shanta Dube, and Wayne Giles, "The Enduring Effects of Abuse and Related Adverse Experiences in Childhood", *European Archives of Psychiatry and Clinical Neuroscience* 256, no. 3 (April 2006): 174 – 86, https://www.researchgate.net/publication/275971785_The_Enduring_Effects_of_Abuse_and_Related_Adverse_Experiences_in_Childhood_A_Convergence_of_Evidence_from_Neurobiology_and_Epidemiology.

3. Alison Gopnik, *The Gardener and the Carpenter: What the New Science of Child Development Tells Us about the Relationship between Parents and Children* (New York: Farrar, Straus & Giroux, 2016), 20.

4. Merzenich, e-mail correspondence.

5. Anda et al., "Enduring Effects of Abuse."

6. Gabor Mate, *In the Realm of Hungry Ghosts: Close Encounters with Addiction*, revised edition (Toronto: Penguin, 2018), 181.

7. Mate, *Hungry Ghosts*, 181.

8. Merzenich, e-mail correspondence.

9. Merzenich, e-mail correspondence.

10. CDC, "Adverse Childhood Experiences (ACEs)", *Centers for Disease Control and Prevention*, https://www.cdc.gov/violenceprevention/aces/index.html.

11. Laura Starecheski, "Take the ACE Quiz and Learn What it Does—And Doesn't Mean", *NPR*, March 2, 2015, https://www.npr.org/sections/health-

shots/2015/03/02/387007941/take-the-ace-quiz-and-learn-what-it-does-and-doesnt-mean, is the reference for all ACEs questions quoted in this section.

12. Merzenich, *Brain Dead* (unpublished manuscript), 23.

13. Antonio Damasio, *Descartes' Error: Emotion, Reason and the Human Brain* (New York: Penguin, 2005).

14. Vincent Felitti, "Reverse Alchemy in Childhood: Turning Gold into Lead", *Family Violence Prevention Fund* 8, no. 1 (Summer 2001): 1 - 4, http://akhouse.org/tarr/docs/HCR21_Position-Paper_Reverse-Alchemy-in-Childhood_V-Felitti.pdf. All following references to Felitti are to this article, unless specified otherwise.

15. Bessel van der Kolk, *The Body Keeps the Score: Brain, Mind, and Body in the Healing of Trauma* (New York: Penguin, 2015), 148.

16. Merzenich, in conversation.

17. Merzenich, *Brain Dead* (unpublished manuscript), 36.

18. Merzenich, *Brain Dead* (unpublished manuscript), 45.

19. Merzenich, e-mail correspondence.

20. Merzenich, *Brain Dead* (unpublished manuscript), 58.

21. Merzenich, e-mail correspondence.

22. Al Aynsley-Green, *The British Betrayal of Childhood: Challenging Uncomfortable Truths and Bringing about Change* (London: Routledge, 2019), 3.

23. Australian Government, "Rewire the Brain", *Try, Test, and Learn Initiative at the Ministry of Social Services*, https://www.dss.gov.au/rewire-the-brain.

24. Rick Hanson, *Hardwiring Happiness: The New Brain Science of Contentment, Calm, and Confidence* (New York: Penguin, 2013), xxvi.

25. Hanson, *Hardwiring Happiness*, xxvi.

7장. 괴롭힘과 학대가 가하는 세뇌

1. Daniel Lang, "The Bank Drama: Four Hostages Were Taken During a Bank Robbery in Stockholm, Sweden in 1973. How Did They Come to Sympathize with

their Captors?", *The New Yorker*, November 25, 1974, https://www.newyorker.com/magazine/1974/11/25/the-bank-drama. All following references to the Kreditbank robbery are to this article unless otherwise specified.

2. Charles Bachand and Nikki Djak, "Stockholm Syndrome in Athletics: A Paradox", *Children Australia* 43, no. 3 (June 2018): 1–6, https://doi.org/10.1017/cha.2018.31.

3. Alex Renton, *Stiff Upper Lip: Secrets, Crimes and the Schooling of a Ruling Class* (London: Weidenfeld & Nicholson, 2017).

4. Kathryn Westcott, "What Is Stockholm Syndrome?", *BBC News Magazine*, August 21, 2013, https://www.bbc.com/news/magazine-22447726.

5. All the following references on the Hearst kidnapping originate on the FBI website unless otherwise specified.

6. Shirley Julich, "Stockholm Syndrome and Child Sexual Abuse", *Journal of Child Sexual Abuse* 14, no. 3 (2004): 107–29.

7. Julich, "Stockholm Syndrome and Child Sexual Abuse."

8. Bessel van der Kolk, *The Body Keeps the Score: Brain, Mind, and Body in the Healing of Trauma* (New York: Penguin, 2015), 129–30.

9. Chris Cantor and John Price, "Traumatic Entrapment, Appeasement and Complex Post-Traumatic Stress Disorder: Evolutionary Perspectives of Hostage Reactions, Domestic Abuse and the Stockholm Syndrome", *Australia and New Zealand Journal of Psychiatry* 41, no. 5 (May 2007): 377–84, https://doi.org/10.1080/00048670701261178.

10. Cantor and Price, "Traumatic Entrapment."

11. Helen Reiss, *The Empathy Effect: Seven Neuroscience-Based Keys for Transforming the Way We Live, Love, Work, and Connect across Differences* (Boulder, CO: Sounds True, 2018), 119.

12. Sarah-Jayne Blakemore, *Inventing Ourselves: The Secret Life of the Teenage Brain* (New York: Hachette, 2018); Frances Jensen and Amy Ellis Nutt, *The*

Teenage Brain: A Neuroscientist's Survival Guide to Raising Adolescents and Young Adults(Toronto: Harper-Collins, 2015); Daniel Siegel, *Brainstorm: The Power and Purpose of the Teenage Brain*(New York: Penguin, 2013); Laurence Steinberg, *Age of Opportunity: Lessons from the New Science of Adolescence*(New York: Houghton Mifflin Harcourt, 2014); David Walsh, *Why Do They Act That Way? A Survival Guide to the Adolescent Brain for You and Your Teen*(New York: Simon & Schuster, 2004).

13. Bachand and Djak, "Stockholm Syndrome."

14. CBC News, "Former Colleague Defends Ex-Teacher Accused of Sexual Abuse", *CBC*, September 11, 2006, http://www.cbc.ca/news/canada/british-columbia/former-colleague-defends-ex-teacher-accused-of-sex-abuse-1.576574.

15. Janet Steffenhagen, "*School of Secrets*: Filmmakers' Investigation of the Quest Program at Prince of Wales Ran into Walls of Silence While Probing Why It Was Allowed to Happen", *Vancouver Sun*, October 20, 2007, https://www.pressreader.com/canada/vancouver-sun/20071020/282209416492107.

16. Eunice Lee and Melanie Wood, *School of Secrets*, Bossy Boots Productions with Stranger Productions, 2007, https://strangerproductions.ca/projects/school-of-secrets/.

17. Janet Steffenhagen, "Vancouver School District Obeys Order: Releases More Info about Quest Sex Scandal Updated", *Vancouver Sun*, March 17, 2011, http://vancouversun.com/news/staff-blogs/vancouver-school-district-obeys-order-releases-more-info-about-quest-sex-scandal-updated.

18. Steffenhagen, "Vancouver School District."

19. Steffenhagen, "Filmmakers' Investigation."

20. Katrina Onstad, "The Learning Curve: Sex with a Teacher. What's Really Going on When Girls Hook Up with Their Teachers", *Elle*, May 2, 2007, http://www.elle.com/life-love/sex-relationships/a13774/sex-with-a-teacher/. All following references to Onstad's article are the same unless otherwise specified.

21. Daniel Siegel, *Mindsight: The New Science of Personal Transformation*(New York:

Bantam, 2011), 116. All following references in this paragraph are to this page unless otherwise specified.

22. Angela Duckworth, *Grit: The Power of Passion and Perseverance* (New York: HarperCollins, 2016), 193.

23. Michael Merzenich, *Soft-Wired: How the New Science of Brain Plasticity Can Change Your Life* (San Francisco: Parnassus Publishing, 2013), 163.

8장. 마음 챙김: 현재에서 행복을 찾는 뇌 훈련

1. Matthew Lieberman, *Social: Why Our Brains Are Wired to Connect* (New York: Random House, 2013), 5.

2. Amy Saltzman, *A Still Quiet Place for Athletes: Mindfulness Skills for Achieving Peak Performance and Finding Flow in Sports and Life* (Oakland, CA: New Harbinger, 2018), 9.

3. Daniel Siegel, *Brainstorm: The Power and Purpose of the Teenage Brain* (New York: Penguin, 2013), 115.

4. Siegel, *Brainstorm*, 114.

5. Britta Holzel, James Carmody, Mark Vangel, Christina Congleton, Sita Yerramsetti, Tim Gard, and Sarah Lazar, "Mindfulness Practice Leads to Increases in Regional Brain Gray Matter Density", *Psychiatry Research* 191, no. 1 (January 2011): 36 – 43, https://www.ncbi.nlm.nih.gov/pmc/articles/PMC3004979/.

6. John Ratey, Spark: *The Revolutionary New Science of Exercise and the Brain* (New York: Little, Brown and Company, 2008), 74.

7. Siegel, *Brainstorm*, 113.

8. Laurence Steinberg, *Age of Opportunity: Lessons from the New Science of Adolescence* (New York: Houghton Mifflin Harcourt, 2014), 158.

9. Helen Reiss, *The Empathy Effect: Seven Neuroscience-Based Keys for Transforming the Way We Live, Love, Work, and Connect across Differences* (Boulder, CO: Sounds True, 2018), 96 – 97.

10. Stan Rodski, *Neuroscience of Mindfulness: The Astonishing Science Behind How Everyday Hobbies Help You Relax, Work More Efficiently and Lead a Healthier Life*(New York: HarperCollins, 2019), 66.

11. Rodski, *Neuroscience of Mindfulness*, 1−5.

12. Rodski, *Neuroscience of Mindfulness*, 21.

13. Shawn Achor, *The Happiness Advantage: The Seven Principles of Positive Psychology That Fuel Success and Performance at Work*(New York: Random House, 2010), 51.

14. Achor, *Happiness Advantage*, 52.

15. Steinberg, *Age of Opportunity*, 288.

16. Saltzman, *A Still Quiet Place*, 10.

17. Daniel Siegel, *The Mindful Brain: Reflection and Attunement in the Cultivation of Well-Being*(New York: W. W. Norton & Company, 2007).

18. George Mumford, *The Mindful Athlete: Secrets to Pure Performance*(Berkeley, CA: Parallax Press, 2016), 107−8.

19. Reiss, *Empathy Effect*, 55.

20. Mumford, *Mindful Athlete*, 106.

21. Mumford, *Mindful Athlete*, 107−8.

22. Rodski, *Neuroscience of Mindfulness*, 22−23.

23. Phil Jackson and Hugh Delehanty, *Sacred Hoops: Spiritual Lessons of a Hardwood Warrior*(New York: Hyperion, 1995), 12.

24. Lori Desautels and Michael McKnight, *Unwritten: The Story of a Living System. A Pathway to Enlivening and Transforming Education*(Deadwood, OR: Wyatt-MacKenzie Publishing, 2016), 15.

25. Mumford, *Mindful Athlete*, 120.

26. Rodski, *Neuroscience of Mindfulness*, 53.

27. Siegel, *Mindful Brain*, 9.

28. Rodski, *Neuroscience of Mindfulness*, 27−33.

29. Mumford, *Mindful Athlete*, 123.

30. Mumford, *Mindful Athlete*, 127.

31. Mumford, *Mindful Athlete*, 127.

32. Frieda Fanni, "Tom Brady's Secret Weapon: BrainHQ", *DynamicBrain*, https://www.dynamicbrain.ca/posts/78/60/Tom-Brady-s-Secret-Weapon-BrainHQ.html.

33. Jerry Lawton, "Harry Kane Trains his BRAIN to Become England's World Cup Hero", *Daily Star*, June 25, 2018, https://www.dailystar.co.uk/news/latest-news/england-world-cup-hero-harry-16864935.

34. Norman Doidge, *The Brain's Way of Healing: Remarkable Discoveries and Recoveries from the Frontiers of Neuroplasticity* (New York: Penguin, 2016), 10.

35. Doidge, *Brain's Way of Healing*, 15.

36. Doidge, *Brain's Way of Healing*, 22.

37. Doidge, *Brain's Way of Healing*, 15.

38. Daniel Coyle, *The Talent Code: Greatness Isn't Born. It's Grown. Here's How* (New York: Random House, 2009), 214.

39. Richard Harris, "US Military Offers BrainHQ Brain Training to All Personnel", *App Developer Magazine*, January 24, 2018, https://appdevelopermagazine.com/us-military-offers-brainhq-brain-training-to-all-personnel/.

40. Doidge, *Brain's Way of Healing*, 17.

41. Doidge, *Brain's Way of Healing*, 13.

42. Merzenich, e-mail correspondence.

43. Merzenich, e-mail correspondence.

9장. 운동: 뇌를 회복하는 최고의 방법

1. John Ratey and Richard Manning, *Go Wild: Eat Fat, Run Free, Be Social, and Follow Evolution's Other Rules for Total Health and Well-Being* (New York: Little, Brown Spark, 2014), 110.

2. Bonnie Rochman, "Yay for Recess: Pediatricians Say It Is as Important as Math or Reading", *Time Magazine*, December 31, 2012, https://healthland.time.

com/2012/12/31/yay-for-recess-pediatricians-say-its-as-important-as-math-or-reading/.

3. Ratey and Manning, *Go Wild*, 105.

4. Merzenich, e-mail correspondence.

5. John Medina, *Brain Rules: 12 Principles for Surviving and Thriving at Work, Home, and School*(Seattle: Pear Press, 2008), 25.

6. Merzenich, e-mail correspondence.

7. Ratey and Manning, *Go Wild*, 104.

8. Stanley Greenspan with Beryl Benderly, *The Growth of the Mind: And the Endangered Origins of Intelligence*(New York: Perseus Books, 1997), 39.

9. Merzenich, e-mail correspondence.

10. Norman Doidge, *The Brain That Changes Itself: Stories of Personal Triumph from the Frontiers of Brain Science*(New York: Penguin, 2007), 251.

11. Doidge, *Brain That Changes Itself*, 252 – 53.

12. John Ratey, *Spark: The Revolutionary New Science of Exercise and the Brain*(New York: Little, Brown and Company, 2008), 35.

13. Ratey, *Spark*, 71.

14. Ratey and Manning, Go Wild, 103.

15. Ratey, *Spark*, 73.

16. Ratey, *Spark*, 78.

17. Ratey, *Spark*, 103.

18. Ratey, *Spark*, 12.

19. Ratey, *Spark*, 15.

20. Ratey, *Spark*, 8.

21. Laurence Steinberg, *Age of Opportunity: Lessons from the New Science of Adolescence*(New York: Houghton Mifflin Harcourt, 2014), 159.

22. Steinberg, *Age of Opportunity*, 163.

23. Ratey, *Spark*, 10.

24. Ratey, *Spark*, 70.

25. Jim O'Sullivan, "The Wussification of America", *The Atlantic*, December 29, 2010, https://www.theatlantic.com/politics/archive/2010/12/the-wussification-of-america/68652/; Jane McManus, "Wussification Has No Place in Sports", *ESPN*, June17, 2013, https://www.espn.com/espnw/news-commentary/story/_/id/9395861/espnw-wussification-no-place-sports.

26. Brain Injury Law Center, "Teach Believe Inspire Award—Kimberly Archie", https://www.brain-injury-law-center.com/blog/teach-believe-inspire-kimberly-archie/; Kimberly Archie, Solomon Brannan, Tiffani Bright, Jo Cornell, Debbie Pyka, Mary Seau, Cyndy Feasel, Marcia Jenkins, Leanne Pozzobon, and Darren Hamblin, *Brain Damaged*: *Two-Minute Warning for Parents*(Westlake Village, CA: USA Sport Safety Publishing, 2019).

27. Michael McCann and Austin Murphy, "New Lawsuit Points Finger at Pop Warner for Mismanagement of Head Injuries", *Sports Illustrated*, September 1, 2016, https://www.si.com/nfl/2016/09/01/pop-warner-youth-football-lawsuit-concussions-cte.

28. Irvin Muchnick, "Newsweek Europe Apologizes—to the Smear Artist!—for Facilitating Exposure of 'Concussion' Movie Partner MomsTeam's Smear of CTE Victim", *Concussion Inc.*, January 26, 2016, https://concussioninc.net/?p=10685.

29. Ratey and Manning, *Go Wild*, 111.

30. Ratey, *Spark*, 12.

31. Ratey, *Spark*, 17.

32. Ratey, *Spark*, 21.

33. Ratey, *Spark*, 32−33.

34. Ratey, *Spark*, 24.

35. Ratey, *Spark*, 29−30.

36. Merzenich, e-mail correspondence.

37. Stan Rodski, *Neuroscience of Mindfulness*: *The Astonishing Science Behind How Everyday Hobbies Help You Relax, Work More Efficiently and Lead a Healthier Life*(New

York: HarperCollins, 2019), 13.

38. Ratey, *Spark*, 63.

39. Rodski, *Neuroscience of Mindfulness*, 9.

40. Ratey, *Spark*, 67.

41. Mihaly Csikszentmihalyi, *Flow: The Psychology of Optimal Performance*(New York: Harper, 1990), 96.

42. Csikszentmihalyi, *Flow*, 198.

43. David Eagleman, *Livewired: The Inside Story of the Ever-Changing Brain*(Toronto: Doubleday, 2020), 12.

44. Eagleman, *Livewired*, 41.

45. Eagleman, *Livewired*, 50.

46. Phil Jackson and Hugh Delehanty, *Sacred Hoops: Spiritual Lessons of a Hardwood Warrior*(New York: Hyperion, 1995), 5-6.

47. Rick Hanson and Richard Mendius, *Buddha's Brain: The Practical Neuroscience of Happiness, Love, and Wisdom*(Oakland, CA: New Harbinger, 2009), 7.

48. Ratey and Manning, *Go Wild*, 100.

49. Michael Merzenich, *Soft-Wired: How the New Science of Brain Plasticity Can Change Your Life*(San Francisco: Parnassus Publishing, 2013), 176.

50. Ratey and Manning, *Go Wild*, 102.

51. Ratey and Manning, *Go Wild*, 123.

52. Ratey and Manning, *Go Wild*, 104.

53. Ratey and Manning, *Go Wild*, 118.

54. Merzenich, *Soft-Wired*, 158-65.

55. Merzenich, e-mail correspondence.

56. Merzenich, e-mail correspondence.

57. Ratey and Manning, *Go Wild*, 118.

58. Ratey and Manning, *Go Wild*, 119.

10장. 괴롭힘의 패러다임에서 공감의 패러다임으로

1. Lee-Anne Gray, "The Spectrum of Educational Trauma", *Huffington Post*, November 23, 2015, https://www.huffpost.com/entry/the-spectrum-of-education_b_8619536.

2. Lee-Anne Gray, "When Teachers and Coaches Bully..." *Huffington Post*, August 7, 2016, https://www.huffpost.com/entry/when-teachers-and-coaches-bully_b_57a73632e4b0ccb023729940.

3. Daniel Pink, *A Whole New Mind: Why Right-Brainers Will Rule the Future* (New York: Penguin, 2005), 113 – 15.

4. Matthew Lieberman, *Social: Why Our Brains Are Wired to Connect* (New York: Random House, 2013), 155 – 56.

5. Helen Reiss, *The Empathy Effect: Seven Neuroscience-Based Keys for Transforming the Way We Live, Love, Work, and Connect across Differences* (Boulder, CO: Sounds True, 2018), 55.

6. Daniel Siegel, *Mindsight: The New Science of Personal Transformation* (New York: Bantam, 2011), 118.

7. Lee-Anne Gray, *Self-Compassion for Teens: 129 Activities and Practices to Cultivate Kindness* (Eau Claire, WI: PESI, 2017), 16.

8. Reiss, *Empathy Effect*, 11.

9. Izabela Zych, Maria Ttofi, and David Farrington, "Empathy and Callous-Unemotional Traits in Different Bullying Roles: A Systemic Review and Meta-Analysis", *Trauma, Violence, and Abuse* 20, no. 1 (2019), https://journals.sagepub.com/doi/10.1177/1524838016683456.

10. Reiss, *Empathy Effect*, 10.

11. Daniel Siegel, *Brainstorm: The Power and Purpose of the Teenage Brain* (New York: Penguin, 2013), 86.

12. Sarah-Jayne Blakemore, *Inventing Ourselves: The Secret Life of the Teenage Brain* (New York: Hachette, 2018), 106 – 7.

13. Reiss, *Empathy Effect*, 80.

14. Reiss, *Empathy Effect*, 17.

15. Reiss, *Empathy Effect*, 29.

16. Reiss, *Empathy Effect*, 30.

17. Reiss, *Empathy Effect*, 18.

18. John Ratey and Richard Manning, *Go Wild: Eat Fat, Run Free, Be Social, and Follow Evolution's Other Rules for Total Health and Well-Being*(New York: Little, Brown Spark, 2014), 35.

19. Merzenich, e-mail correspondence.

20. Merzenich, e-mail correspondence.

21. Ratey and Manning, *Go Wild*, 161 - 62.

22. Alex Renton, *Stiff Upper Lip: Secrets, Crimes and the Schooling of a Ruling Class*(London: Weidenfeld & Nicholson, 2017).

23. Ratey and Manning, *Go Wild*, 162.

24. Merzenich, e-mail correspondence.

25. Merzenich, e-mail correspondence.

26. Lieberman, *Social*, 11 - 12.

27. Brene Brown, *Rising Strong: How the Ability to Reset Transforms the Way We Live, Love, Parent, and Lead*(New York: Random House, 2015), 157.

28. Siegel, *Mindsight*, 124.

29. Jeremy Rifkin, *Empathic Civilization: The Race to Global Consciousness in a World in Crisis*(New York: Penguin, 2010), 119.

30. Rifkin, *Empathic Civilization*, 120.

31. Rifkin, *Empathic Civilization*, 120.

32. Rifkin, *Empathic Civilization*, 121.

33. Lieberman, *Social*.

34. Rifkin, *Empathic Civilization*, 119 - 20.

35. Mary Gordon, *Roots of Empathy: Changing the World Child by Child*(Toronto:

Thomas Allen Publishers, 2005), 78.

36. Reiss, *Empathy Effect*, 10 - 12.

37. Siegel, *Brainstorm*, 50.

38. Rifkin, *Empathic Civilization*, 604.

39. Reiss, *Empathy Effect*, 30.

40. Rifkin, *Empathic Civilization*, 604.

41. Reiss, *Empathy Effect*, 110.

42. Lori Desautels and Michael McKnight, *Unwritten: The Story of a Living System. A Pathway to Enlivening and Transforming Education* (Deadwood, OR: Wyatt–MacKenzie Publishing, 2016); *Eyes Are Never Quiet: Listening Beneath the Behaviors of Our Most Troubled Students* (Deadwood, OR: Wyatt–MacKenzie Publishing, 2019).

43. Louis Cozolino, *The Social Neuroscience of Education: Optimizing Attachment and Learning in the Classroom* (New York: W. W. Norton, 2012).

44. John Medina, *Brain Rules: 12 Principles for Surviving and Thriving at Work, Home, and School* (Seattle: Pear Press, 2008), 67 - 69.

45. Reiss, *Empathy Effect*, 23.

46. Reiss, *Empathy Effect*, 23.

47. Reiss, *Empathy Effect*, 25.

48. Reiss, *Empathy Effect*, 32.

49. Reiss, *Empathy Effect*, 33.

50. Lee–Anne Gray, *Educational Trauma: Examples from Testing to the School–to–Prison Pipeline* (London: Palgrave Macmillan, 2019), 23.

51. Laurence Steinberg, *Age of Opportunity: Lessons from the New Science of Adolescence* (New York: Houghton Mifflin Harcourt, 2014), 156.

52. John Ratey, *Spark: The Revolutionary New Science of Exercise and the Brain* (New York: Little, Brown and Company, 2008), 6.

53. Norman Doidge, *The Brain's Way of Healing: Remarkable Discoveries and Recoveries from the Frontiers of Neuroplasticity* (New York: Penguin, 2016), 364.

54. Michael Merzenich, *Soft-Wired: How the New Science of Brain Plasticity Can Change Your Life*(San Francisco: Parnassus Publishing, 2013), 186-87.

55. Doidge, *Brain's Way of Healing*, 310-11.

56. Reiss, *Empathy Effect*, 54.

57. Reiss, *Empathy Effect*, 55.

58. Reiss, *Empathy Effect*, 54.

결론

1. Merzenich, e-mail correspondence.

2. Rick Hanson and Richard Mendius, *Buddha's Brain: The Practical Neuroscience of Happiness, Love, and Wisdom*(Oakland, CA: New Harbinger, 2009), 16.

3. Hanson and Mendius, *Buddha's Brain*, 217-18.

4. Hanson and Mendius, *Buddha's Brain*, 16.

5. Hanson and Mendius, *Buddha's Brain*, 218.

참고 문헌

Achor, Shawn. *The Happiness Advantage: The Seven Principles of Positive Psychology That Fuel Success and Performance at Work*. New York: Random House, 2010.

Amen, Daniel. *Change Your Brain, Change Your Life: The Breakthrough Program for Conquering Anxiety, Depression, Obsessiveness, Lack of Focus, Anger, and Memory Problems*, revised edition. New York: Penguin, 2015.

Anda, Robert. "Overview of the Adverse Childhood Experiences(ACE) Study." *Multnomah County*. https://multco.us/file/37959/download.

Anda, Robert, Vincent Felitti, James Bremner, John Walker, Charles Whitfield, Bruce Perry, Shanta Dube, and Wayne Giles. "The Enduring Effects of Abuse and Related Adverse Experiences in Childhood." *European Archives of Psychiatry and Clinical Neuroscience* 256, no. 3(April 2006): 174 – 86. https://www.researchgate.net/publication/275971785_The_Enduring_Effects_of_Abuse_and_Related_Adverse_Experiences_in_Childhood_A_Convergence_of_Evidence_from_Neurobiology_and_Epidemiology.

Andreatta, Britt. "Potential." *TEDx Talk*, July 22, 2014. https://www.youtube.com/watch?v=yXt_70Ak670&ab_channel=TEDxTalks.

Anthes, Emily. "Inside the Bullied Brain: The Alarming Neuroscience of Taunting." *Boston Globe*, November 28, 2010. http://archive.boston.com/bostonglobe/

ideas/articles/2010/11/28/inside_the_bullied_brain/.

Anthony, Andrew. "Alex Renton's Study of the Enduring Culture of Abuse at Britain's Elite Schools Makes for Powerful Reading. Review of *Stiff Upper-Lip: Secrets, Crimes, and the Schooling of a Ruling Class*, by Alex Renton." *Guardian*, April 10, 2017. https://www.theguardian.com/books/2017/apr/10/stiff-upper-lip-secrets-crimes-schooling-of-a-ruling-class-alex-renton-book-review.

Archie, Kimberly, Solomon Brannan, Tiffani Bright, Jo Cornell, Debbie Pyka, Mary Seau, Cyndy Feasel, Marcia Jenkins, Leanne Pozzobon, and Darren Hamblin. *Brain Damaged: Two-Minute Warning for Parents*. Westlake Village, CA: USA Sport Safety Publishing, 2019.

Arden, John. *Rewire Your Brain: Think Your Way to a Better Life*. Hoboken, NJ: John Wiley & Sons, 2010.

Arrowsmith-Young, Barbara. *The Woman Who Changed Her Brain: Unlocking the Extraordinary Potential of the Human Mind*. New York: Free Press, 2012.

Australian Government. "Rewire the Brain." *Try, Test, and Learn Initiative at the Ministry of Social Services*. https://www.dss.gov.au/rewire-the-brain.

Avison, Don. "Quest Outdoor Education Program Review." *Vancouver School Board*. http://www.vsb.bc.ca/sites/default/files/publications/Severed%20-%20Quest%20Outdoor%20Education%20Program%20Review%20-%20March%2016%2C%202011.PDF.

Axelrod, Paul. "Banning the Strap: The End of Corporal Punishment in Canadian Schools." *EdCan*, January 6, 2011. https://www.edcan.ca/articles/banning-the-strap-the-end-of-corporal-punishment-in-canadian-schools/.

Aynsley-Green, Al. *The British Betrayal of Childhood: Challenging Uncomfortable Truths and Bringing about Change*. London: Routledge, 2019.

Babiak, Paul, and Robert Hare. *Snakes in Suits: When Psychopaths Go to Work*. New York: HarperCollins, 2007.

Bachand, Charles, and Nikki Djak. "Stockholm Syndrome in Athletics: A Paradox."

Children Australia 43, no. 3 (June 2018): 1–6. https://doi.org/10.1017/cha.2018.31.

Bahena, Sofia, North Cooc, Rachel Currie-Rubin, Paul Kuttner, and Monica Ng, eds. *Disrupting the School-to-Prison Pipeline*. Boston: Harvard Educational Review, 2012.

Bauer, Patricia. "Damien Chazelle: American Director and Screenwriter." *Encyclopedia Britannica*. Last updated January 15, 2021. https://www.britannica.com/biography/Damien-Chazelle.

BBC. "Canada: 751 Unmarked Graves Found At Residential School." *BBC*, June 24, 2021. https://www.bbc.com/news/world-us-canada-57592243.

Blakemore, Sarah-Jayne. *Inventing Ourselves: The Secret Life of the Teenage Brain*. New York: Hachette, 2018.

Blakemore, Sarah-Jayne, and Uta Frith. The Learning Brain: Lessons for Education. Malden, MA: Wiley-Blackwell, 2005.

Blaylock, Jeannie. "Public Can Check Boy Scout 'Perversion Files' for Accused Molesters." *First Coast News*, November 12, 2019. https://www.firstcoastnews.com/article/news/investigations/boy-scouts-sexual-abuse-investigation/77-6b587579-410a-4f37-a9a0-d7f3cb0000b6.

Blumen, Lorna. *Bullying Epidemic: Not Just Child s Play*. Toronto: Camberley Press, 2011.

Bountiful. "Did Child Abuse Turn Marc Lepine into a Killer?" *Bountiful Films*, March 11, 2014. https://bountiful.ca/abuse-turn-marc-lepine-mass-murderer/.

Brain Injury Law Center. "Teach Believe Inspire Award—Kimberly Archie." https://www.brain-injury-law-center.com/blog/teach-believe-inspire-kimberly-archie/.

Brown, Brene. *Rising Strong: How the Ability to Reset Transforms the Way We Live, Love, Parent, and Lead*. New York: Random House, 2015.

Burgo, Joseph. "All Bullies Are Narcissists: Stories of Bullying and Hazing in the

News Break Down to Narcissism and Insecurity." *The Atlantic*, November 14, 2013. https://www.theatlantic.com/health/archive/2013/11/all-bullies-are-narcissists/281407/.

Burke, Andrew, and Klaus Miczek. "Stress in Adolescence and Drugs of Abuse in Rodent Models: Role of Dopamine, CRF, and HPA Axis." *Psychopharmacology* 231, no. 8 (2014): 1557 – 80. 10.1007/s00213-013-3369-1.

Burra, Nicolas, Dirk Kerzel, David Munoz Tord, Didier Grandjean, and Leonardo Cerevolo. "Early Spatial Attention Deployment Toward and Away from Aggressive Voice." *Social Cognitive and Affective Neuroscience* 14, no. 1 (January 2019): 73 – 80. https://doi.org/10.1093/scan/nsy100.

Caine, Renata, and Geoffrey Caine. "Understanding a Brain-Based Approach to Learning and Teaching." *ASCD*, 1990. http://www.ascd.org/ASCD/pdf/journals/ed_lead/el_199010_caine.pdf.

Cantor, Chris, and John Price. "Traumatic Entrapment, Appeasement and Complex Post-Traumatic Stress Disorder: Evolutionary Perspectives of Hostage Reactions, Domestic Abuse and the Stockholm Syndrome." *Australia and New Zealand Journal of Psychiatry* 41, no. 5 (May 2007): 377 – 84. https://doi.org/10.1080/00048670701261178.

Castelloe, Molly. "How Spanking Harms the Brain: Why Spanking Should be Outlawed." *Psychology Today*, February 12, 2012. https://www.psychologytoday.com/ca/blog/the-me-in-we/201202/how-spanking-harms-the-brain.

CBC News. "Former Colleague Defends Ex-Teacher Accused of Sexual Abuse." *CBC*, September 11, 2006. http://www.cbc.ca/news/canada/british-columbia/former-colleague-defends-ex-teacher-accused-of-sex-abuse-1.576574.

———. "2nd Quest Teacher Admits to Sex with a Student." *CBC*, October 16, 2008. http://www.cbc.ca/news/canada/british-columbia/2nd-quest-teacher-admits-to-sex-with-student-1.751710.

CDC. "Adverse Childhood Experiences (ACEs)." *Centers for Disease Control and Prevention*. https://www.cdc.gov/violenceprevention/aces/index.html.

Chazelle, Damien. "Before Writing and Directing 'Whiplash,' Damien Chazelle Lived It." *Los Angeles Times*, December 18, 2014. https://www.latimes.com/entertainment/envelope/la-et-mn-whiplash-writers-damien-chazelle-20141218-story.html.

———. "Divide and Conquer: Damien Chazelle on Why You Should Make a Short First." *MovieMaker*, October 9, 2015. https://www.moviemaker.com/damien-chazelle-on-why-you-should-make-a-short-first/.

———. "Six Film-making Tips from Damien Chazelle: The 'La La Land' Director on How to Make it in La La Land." *Film School Rejects*, December 7, 2016. https://filmschoolrejects.com/6-filmmaking-tips-from-damien-chazelle-6f05f190f427/.

Christoffel, Daniel, Sam Golden, and Scott Russo. "Structural and Synaptic Plasticity in Stress-Related Disorders." *Nature Reviews Neuroscience* 22, no. 5 (2011): 535-49. 10.1515/RNS.2011.044.

Clark, Nick. "*Whiplash* Movie Hit with Backlash from Disgruntled Jazz Fans." Review of *Whiplash* by Damien Chazelle. *Independent*, January 23, 2015. https://www.independent.co.uk/arts-entertainment/films/news/jazz-thriller-whiplash-hit-backlash-disgruntled-jazz-fans-9999858.html.

Clear, James. *Atomic Habits: An Easy and Proven Way to Build Good Habits and Break Bad Ones*. New York: Penguin, 2018.

Clementson, Laura, and Gillian Findlay. "It's Overwhelming: Survivors Create Public List of Catholic Clerics Accused of Sexual Abuse." *CBC*. December 5, 2019. https://www.cbc.ca/news/canada/catholic-sexual-abuse-london-diocese-1.5384217.

Conkbayir, Mine. *Early Childhood and Neuroscience: Theory, Research and Implications for Practice*. London: Bloomsbury Academic, 2017.

Cooperson, David. *The Holocaust Lessons on Compassionate Parenting and Child Corporal Punishment*. Self–published via CreateSpace, 2014.

Copeland, William, Dieter Wolke, Adrian Angold, and Jane Costello. "Adult Psychiatric Outcomes of Bullying and Being Bullied by Peers in Childhood and Adolescence." *JAMA Psychiatry* 70, no. 4(2013): 419 – 26. doi:10.1001/jamapsychiatry.2013.504.

Corcoran, John. *The Teacher Who Couldn't Read: One Man's Triumph over Illiteracy*. New York: Kaplan Publishing, 2008.

Coyle, Daniel. *The Talent Code: Greatness Isn't Born. It's Grown. Here's How*. New York: Random House, 2009.

Cozolino, Louis. *The Social Neuroscience of Education: Optimizing Attachment and Learning in the Classroom*. New York: W. W. Norton, 2012.

Cribb, Robert. "Out of Control Amateur Coaches Mentally Abuse Players." *Toronto Star*, July 8, 2010. https://www.thestar.com/sports/hockey/2010/07/08/outofcontrol_amateur_coaches_mentally_abuse_players.html.

———. "Teachers' Bullying Scarred Us Say Student Athletes." *Toronto Star*, March 14, 2015. https://www.thestar.com/news/canada/2015/03/14/teachers–bullying–scarred–us–say–student–athletes.html.

Csikszentmihalyi, Mihaly. *Flow: The Psychology of Optimal Performance*. New York: Harper, 1990.

CTV W5. "Personal Foul: Sports Dreams Shattered by Aggressive Coaches." *CTV W5*, March 14, 2015. https://www.ctvnews.ca/video?clipId=569994&playlistId=1.2279107&binId=1.811589&playlistPageNum=1&binPageNum=1.

Culbert, Lori, and Janet Steffenhagen. "Three Teachers in Quest Case Have Had Relationships with the Pupils They Taught." *Vancouver Sun*, September 14, 2006. http://www.pressreader.com/canada/vancouver-sun/20060914/281543696406093.

Damasio, Antonio. *Descartes' Error: Emotion, Reason and the Human Brain*. New

York: Penguin, 2005.

Delville, Yvon, Richard Melloni, and Craig Ferris. "Behavioral and Neurobiological Consequences of Social Subjugation During Puberty in Golden Hamsters." *The Journal of Neuroscience* 18, no. 7(1998): 2667–72. https://doi.org/10.1523/JNEUROSCI.18-07-02667.1998.

Desautels, Lori, and Michael McKnight. *Eyes Are Never Quiet: Listening Beneath the Behaviors of Our Most Troubled Students.* Deadwood, OR: Wyatt-MacKenzie Publishing, 2019.

———. *Unwritten: The Story of a Living System. A Pathway to Enlivening and Transforming Education.* Deadwood, OR: Wyatt-MacKenzie Publishing, 2016.

Dinich, Heather. "Power, Control and Legacy: Bob Knight's Last Days at IU." *ESPN*, November 29, 2018. https://www.espn.com/mens-college-basketball/story/_/id/23017830/bob-knight-indiana-hoosiers-firing-lesson-college-coaches.

Dispenza, Joe. *Breaking the Habit of Being Yourself: How to Lose Your Mind and Create a New One.* Carlsbad, CA: Hay House, 2012.

Doidge, Norman. *The Brain That Changes Itself: Stories of Personal Triumph from the Frontiers of Brain Science.* New York: Penguin, 2007.

———. *The Brain's Way of Healing: Remarkable Discoveries and Recoveries from the Frontiers of Neuroplasticity.* New York: Penguin, 2016.

Dowd, A. A. "*Whiplash* Maestro Damien Chazelle on Drumming, Directing, and J. K. Simmons." *AVClub*, October 15, 2014. https://film.avclub.com/whiplash-maestro-damien-chazelle-on-drumming-directing-1798273033.

Duckworth, Angela. *Grit: The Power of Passion and Perseverance.* New York: Harper-Collins, 2016.

Dweck, Carol. *Mindset: The New Psychology of Success.* New York: Ballantine, 2006.

Eagleman, David. *Livewired: The Inside Story of the Ever-Changing Brain.* Toronto: Doubleday, 2020.

Eat Drink Films. "The Language of Drums: Director Damien Chazelle and Metallica's Lars Ulrich discuss *Whiplash*." *Eat Drink Films*, November 13, 2014. https:// eatdrinkfilms.com/2014/11/13/the-language-of-drums-director-damien- chazelle-and-metallicas-lars-ulrich-discuss-whiplash/.

Encina, Gregorio. "Milgram's Experiment on Obedience to Authority." *University of California*, November 15, 2004. https://nature.berkeley.edu/ucce50/ag- labor/7article/article35.htm.

ESPN, multiple contributors. "Inside a Toxic Culture at Maryland Football." ESPN, August 10, 2018. https://www.espn.com/college-football/story/_/ id/24342005/maryland-terrapins-football-culture-toxic-coach-dj-durkin.

Fanni, Frieda. "Tom Brady's Secret Weapon: BrainHQ." *DynamicBrain*. https:// www.dynamicbrain.ca/posts/78/60/Tom-Brady-s-Secret-Weapon-BrainHQ. html.

FBI. "Patty Hearst." *History: Famous Cases and Criminals*. *FBI.gov*. https://www.fbi. gov/history/famous-cases/patty-hearst.

Felitti, Vincent. "Reverse Alchemy in Childhood: Turning Gold into Lead." *Family Violence Prevention Fund* 8, no. 1 (Summer 2001): 1–4. http://akhouse.org/ tarr/docs/HCR21_Position-Paper_Reverse-Alchemy-in-Childhood_V-Felitti. pdf.

Fitz-Gerald, Sean. "Ask a Juilliard Professor: How Real Is *Whiplash*?" *Vulture*, October 17, 2014. http://www.vulture.com/2014/10/ask-an-expert-juilliard- professor-whiplash.html.

Fraser, Jennifer. *Be a Good Soldier: Children's Grief in English Modernist Novels*. Toronto: University of Toronto Press, 2011.

———. "Posture of the Abused Child." *Kids in the House*. November 10, 2015. https://www.kidsinthehouse.com/blogs/dr-jennifer-fraser/posture-of-the- abused-child.

———. *Teaching Bullies: Zero Tolerance on the Court or in the Classroom*. Vancouver:

Motion Press, 2015.

———. "When Teachers Sexually Abuse Students." *Edvocate*. April 5, 2018. https://www.theedadvocate.org/when-teachers-sexually-abuse-students/.

———. "Why We Must Refuse to Submit to Bullying." *Kids in the House*. January 7, 2016. https://www.kidsinthehouse.com/blogs/dr-jennifer-fraser/why-we-must-refuse-to-submit-to-bullying.

Garbarino, James, Edna Guttman, and Janis Seeley. *The Psychologically Battered Child*. San Francisco: Jossey Bass, 1986.

George, Frank, and Dan Short. "The Cognitive Neuroscience of Narcissism." *Journal of Brain Behavior and Cognitive Sciences* 1, no. 6 (2018).

Gershoff, Elizabeth, Andrew Grogan-Kaylor, Jennifer Lansford, Lei Chang, Arnaldo Zelli, Kirby Deater-Deckard, and Kenneth Dodge. "Parent Discipline Practices in an International Sample: Associations with Child Behaviors and Moderation by Perceived Normativeness." *Child Development* 81, no. 2 (March 2010): 487–502. https://www.ncbi.nlm.nih.gov/pmc/articles/PMC2888480/pdf/nihms-198378.pdf.

Gervis, Misia, and Nicola Dunn. "The Emotional Abuse of Elite Child Athletes by Their Coaches." *Child Abuse Review* 13, no. 3 (June 24, 2004). https://onlinelibrary.wiley.com/doi/abs/10.1002/car.843.

Gettel, Oliver. "*Whiplash* Director Damien Chazelle on His Real-Life Inspiration." *Los Angeles Times*, November 11, 2014. https://www.latimes.com/entertainment/movies/moviesnow/la-et-mn-whiplash-damien-chazelle-real-life-inspiration-20141111-story.html.

Gladwell, Malcolm. "In Plain View." *The New Yorker*, September 24, 2012. http://www.newyorker.com/magazine/2012/09/24/in-plain-view.

Goldberg, Alan. "Coaching Abuse: The Dirty, Not-So-Little Secret in Sports." *Competitive Edge*, April 26, 2015. https://www.competitivedge.com/%E2%80%9Ccoaching-abuse-dirty-not-so-little-secretsports%E2%80%9D.

Gopnik, Alison. *The Gardener and the Carpenter: What the New Science of Child Development Tells Us about the Relationship between Parents and Children*. New York: Farrar, Straus & Giroux, 2016.

Gordon, Mary. *Roots of Empathy: Changing the World Child by Child*. Toronto: Thomas Allen Publishers, 2005.

Gray, Lee-Anne. *Educational Trauma: Examples from Testing to the School-to-Prison Pipeline*. London: Palgrave Macmillan, 2019.

———. *Self-Compassion for Teens: 129 Activities and Practices to Cultivate Kindness*. Eau Claire, WI: PESI, 2017.

———. "The Spectrum of Educational Trauma." *Huffington Post*, November 23, 2015. https://www.huffpost.com/entry/the-spectrum-of-education_b_8619536.

———. "When Teachers and Coaches Bully⋯." *Huffington Post*, August 7, 2016. https://www.huffpost.com/entry/when-teachers-and-coaches-bully_b_57a73632e4b0ccb023729940.

Greenspan, Stanley, with Beryl Benderly. *The Growth of the Mind: And the Endangered Origins of Intelligence*. New York: Perseus Books, 1997.

Guiora, Amos. *Armies of Enablers: Survivor Stories of Complicity and Betrayal in Sexual Assaults*. Chicago: American Bar Association, 2020.

Hanson, Rick. *Hardwiring Happiness: The New Brain Science of Contentment, Calm, and Confidence*. New York: Penguin, 2013.

Hanson, Rick, and Richard Mendius. *Buddha's Brain: The Practical Neuroscience of Happiness, Love, and Wisdom*. Oakland, CA: New Harbinger, 2009.

Harris, Richard. "US Military Offers BrainHQ Brain Training to All Personnel." *App Developer Magazine*, January 24, 2018. https://appdevelopermagazine.com/us-military-offers-brainhq-brain-training-to-all-personnel/.

Hathaway, Bill. "Past Abuse Leads to Loss of Gray Matter in Brains of Adolescents." *Yale News*, December 5, 2011. https://news.yale.edu/2011/12/05/past-abuse-leads–loss–gray–matter–brains–adolescents–0.

Holzel, Britta, James Carmody, Mark Vangel, Christina Congleton, Sita Yerramsetti, Tim Gard, and Sarah Lazar. "Mindfulness Practice Leads to Increases in Regional Brain Gray Matter Density." *Psychiatry Research* 191, no. 1 (January 2011): 36–43. https://www.ncbi.nlm.nih.gov/pmc/articles/PMC3004979/.

Jackson, Phil, and Hugh Delehanty. *Sacred Hoops: Spiritual Lessons of a Hardwood Warrior.* New York: Hyperion, 1995.

Jamieson, Amber. "Pace Football Coach Accused of Vicious Abuse by Players." *New York Post,* November 23, 2014. https://nypost.com/2014/11/23/pace-football-coach-abused-players-ex-team-members/.

Jensen, Frances, and Amy Ellis Nutt. *The Teenage Brain: A Neuroscientist's Survival Guide to Raising Adolescents and Young Adults.* Toronto: HarperCollins, 2015.

Julich, Shirley. "Stockholm Syndrome and Child Sexual Abuse." *Journal of Child Sexual Abuse* 14, no. 3 (2004): 107–29.

Kaye, Don. "Interview: *Whiplash* Director Damien Chazelle." *Den of Geek,* October 9, 2014. https://www.denofgeek.com/movies/interview-whiplash-director-damien-chazelle/.

Kuhn, Thomas. *The Structure of Scientific Revolutions, third edition.* Chicago: University of Chicago Press, 1996.

Lang, Daniel. "The Bank Drama: Four Hostages Were Taken During a Bank Robbery in Stockholm, Sweden in 1973. How Did They Come to Sympathize with Their Captors?" *The New Yorker,* November 25, 1974. https://www.newyorker.com/magazine/1974/11/25/the-bank-drama.

Larøi, Frank, Neil Thomas, Andre Aleman, Charles Fernyhough, Sam Wilkinson, Felicity Deamer, and Simon McCarthy-Jones. "The Ice in Voices: Understanding Negative Content in Auditory Verbal Hallucinations." *Clinical Psychology Review* 67 (February 2019): 1–10. https://doi.org/10.1016/j.cpr.2018.11.001.

Lawton, Jerry. "Harry Kane Trains his BRAIN to Become England's World Cup Hero." *Daily Star*, June 25, 2018. https://www.dailystar.co.uk/news/latest-news/england-world-cup-hero-harry-16864935.

Lee, Ashley. "Whiplash: J. K. Simmons, Damien Chazelle, on Whether Torment Leads to Talent." *Billboard*, September 27, 2014. https://www.billboard.com/articles/news/6266541/whiplash-jk-simmons-damien-chazelle-on-whether-torment-leads-to-talent.

Lee, Eunice, and Melanie Wood. *School of Secrets*. Bossy Boots Productions with Stranger Productions, 2007. https://strangerproductions.ca/projects/school-of-secrets/.

Lepine, Monique, and Harold Gagne. *Aftermath*. Toronto: Viking, 2008.

Lewis, Rachel. "What Effect Does Yelling Have on Your Child." *The National*, February 26, 2013. https://www.thenational.ae/lifestyle/family/what-effect-does-yelling-have-on-your-child-1.294037.

Lieberman, Matthew. *Social: Why Our Brains Are Wired to Connect*. New York: Random House, 2013.

Lowder, J. Bryan. "Wailing Against the Pansies: Homophobia in *Whiplash*." *Slate Magazine*, October, 22, 2014. https://slate.com/human-interest/2014/10/why-does-whiplash-damien-chazelles-jazz-movie-contain-so-much-homophobia.html.

Mate, Gabor. *In the Realm of Hungry Ghosts: Close Encounters with Addiction, revised edition*. Toronto: Penguin, 2018.

McCann, Michael, and Austin Murphy. "New Lawsuit Points Finger at Pop Warner for Mismanagement of Head Injuries." *Sports Illustrated*, September 1, 2016. https://www.si.com/nfl/2016/09/01/pop-warner-youth-football-lawsuit-concussions-cte.

McEvoy, Alan. "Abuse of Power: Most Bullying Prevention Is Aimed at Students. What Happens When Adults Are the Aggressors?" *Teaching Tolerance Magazine*

48(Fall 2014). https://www.tolerance.org/magazine/fall-2014/abuse-of-power.

McEvoy, Alan, and Molly Smith. "Statistically Speaking: Teacher Bullying Is a Real Phenomenon, but It's Been Hard to Quantify—Until Now." *Teaching Tolerance Magazine* 58(Spring 2018). https://www.tolerance.org/magazine/spring-2018/statistically-speaking.

McLeod, Saul. "The Milgram Shock Experiment." *Simply Psychology*. Updated 2017. https://www.simplypsychology.org/milgram.html.

McMahon, Tamsin. "Inside Your Teenager's Scary Brain: New Research Shows Incredible Cognitive Potential—and Vulnerability—During Adolescence. For Parents, the Stakes Couldn't be Higher." *Macleans Magazine*, January 4, 2015. http://www.macleans.ca/society/life/inside-your-teenagers-scary-brain/.

McManus, Jane. "Wussification Has No Place in Sports." *ESPN*, June 17, 2013. https://www.espn.com/espnw/news-commentary/story/_/id/9395861/espnw-wussification-no-place-sports.

McNally, Emily, Paz Luncsford, and Mary Armanios. "Long Telomeres and Cancer Risk: The Price of Cellular Immortality." *The Journal of Clinical Investigation* 129, no.9(2019): 3474–81. 10.1172/JCI120851.

Medina, John. *Brain Rules: 12 Principles for Surviving and Thriving at Work, Home, and School*. Seattle: Pear Press, 2008.

Merzenich, Michael. *Soft-Wired: How the New Science of Brain Plasticity Can Change Your Life*. San Francisco: Parnassus Publishing, 2013.

Mickleburgh, Rod. "B.C. Girl Felt 'Flattered' by Teacher's Advances." *Globe and Mail*, October 12, 2006. https://www.theglobeandmail.com/news/national/bc-girl-felt-flattered-by-teachers-advances/article18174531/.

———. "Cult-Like Bonding Sparked Rumours." *Globe and Mail*, October 11, 2006. https://beta.theglobeandmail.com/news/national/cult-like-bonding-sparked-rumours/article1107815/?ref=http://www.theglobeandmail.com&.

―――. "Ex-Teacher Ellison Admits to Sex Trysts." *Globe and Mail*, October 25, 2006. https://beta.theglobeandmail.com/news/national/ex-teacher-ellison-admits-sex-trysts/article20415846/?ref=http://www.theglobeandmail. com&.

Miller, Alice. *For Your Own Good: Hidden Cruelty in Child-Rearing and the Roots of Violence*. New York: Farrar, Straus and Giroux, 1983.

Miner, Julianna. "Why 70 Percent of Kids Quit Sports by Age 13." *Washington Post*, June 1, 2016. https://www.washingtonpost.com/news/parenting/wp/2016/06/01/why-70-percent-of-kids-quit-sports-by-age-13/.

Movie Gal. "Interview with 'Whiplash' Film Maker and Oscar Nominee Damien Chazelle." *TheMovieGal.com*, February 8, 2015. https://www.themoviegal. com/single-post/2015/02/08/interview-with-whiplash-filmmaker-oscar-nominee-damien-chazelle.

Muchnick, Irvin. "Newsweek Europe Apologizes―to the Smear Artist!―for Facilitating Exposure of 'Concussion' Movie Partner MomsTeam's Smear of CTE Victim." *Concussion Inc.*, January 26, 2016. https://concussioninc. net/?p=10685.

Mumford, George. *The Mindful Athlete: Secrets to Pure Performance*. Berkeley, CA: Parallax Press, 2016.

Naumetz, Tim. "One in Five Students Suffered Sexual Abuse at Residential Schools, Figures Indicate." *Globe and Mail*, January 17, 2009. https://beta. theglobeandmail.com/news/national/one-in-five-students-suffered-sexual-abuse-at-residential-schools-figures-indicate/article20440061/?ref=http:// www.theglobeandmail.com&.

Nuwer, Rachel. "Coaching Can Make or Break an Olympic Athlete: Competitors at the Most Elite Level Need More than Technical Support." *Scientific American*, August 5, 2015. https://www.scientificamerican.com/article/coaching-can-make-or-break-an-olympic-athlete/.

Olsson, Craig, Rob Mcgee, Sheila Williams, and Shyamala Nada-Raja. "A 32-Year Longitudinal Study of Child and Adolescent Pathways to Well-Being in Adulthood." *Journal of Happiness Studies* 14, no. 3 (June 2013): 1–16. https://www.researchgate.net/publication/257589190_A_32-Year_Longitudinal_Study_of_Child_and_Adolescent_Pathways_to_Well-Being_in_Adulthood.

Onstad, Katrina. "The Learning Curve: Sex with a Teacher. What's Really Going on When Girls Hook Up with Their Teachers." *Elle*, May 2, 2007. http://www.elle.com/life-love/sex-relationships/a13774/sex-with-a-teacher/.

O'Sullivan, Jim. "The Wussification of America." *The Atlantic*, December 29, 2010. https://www.theatlantic.com/politics/archive/2010/12/the-wussification-of-america/68652/.

O'Sullivan, John. "Why Kids Quit Sports." *Changing the Game Project*, May 5, 2015. http://changingthegameproject.com/why-kids-quit-sports/.

Pace, Ian. "Music Teacher Sentenced to 11 Years in Prison as Abuse Film Whiplash Prepares for Oscars." *The Conversation*, February 20, 2015. https://theconversation.com/music-teacher-sentenced-to-11-years-in-prison-as-abuse-film-whiplash-prepares-for-oscars-37786.

Panksepp, Jaak. *Affective Neuroscience: The Foundations of Human and Animal Emotions*. Oxford: Oxford University Press, 1998.

Pelletier, Paul. *The Workplace Bullying Handbook: How to Identify, Prevent and Stop a Workplace Bully*. Vancouver: Diversity Publishing, 2018.

Peritz, Ingrid. "The Awful Echoes of Marc Lepine." *Globe and Mail*, December 6, 2004. https://www.theglobeandmail.com/news/national/the-awful-echoes-of-marc-lepine/article1145087/.

Pink, Daniel. *Drive: The Surprising Truth about What Motivates Us*. New York: Penguin, 2009.

———. *A Whole New Mind: Why Right-Brainers Will Rule the Future*. New York: Penguin, 2005.

Plumb, Jacqui, Kelly Bush, and Sonia Kersevich. "Trauma-Sensitive Schools: An Evidence-Based Approach." *School Social Work Journal*(2016). https://www.semanticscholar.org/paper/Trauma-Sensitive-Schools%3A-An-Evidence-Based-Plumb-Bush/39c27626fdef81b93b57eccfc41309772dbc6f78.

Pruitt, Stanton. "Damien Chazelle's Films and the Consequences of Ambition." *Cultured Vultures*, October 7, 2019. https://culturedvultures.com/damien-chazelles-films-and-the-consequences-of-ambition/.

Quilty-Harper, Conrad. "Damien Chazelle: My Next Film Will Have Less Cymbal Throwing." *GQ*, May 11, 2015. https://www.gq-magazine.co.uk/article/damien-chazelle-interview-whiplash-movie-jazz.

Ratey, John. *A User's Guide to the Brain*. New York: Vintage Books, 2002.

———. *Spark: The Revolutionary New Science of Exercise and the Brain*. New York: Little, Brown and Company, 2008.

Ratey, John, and Richard Manning. *Go Wild: Eat Fat, Run Free, Be Social, and Follow Evolution's Other Rules for Total Health and Well-Being*. New York: Little, Brown Spark, 2014.

Reilly, Steve. "Teachers Who Sexually Abuse Students Still Find Classroom Jobs." *USA Today*, December 22, 2016. https://www.usatoday.com/story/news/2016/12/22/teachers-who-sexually-abuse-students-still-find-classroom-jobs/95346790/.

Reisel, Daniel. "The Neuroscience of Restorative Justice." *TED Talk*, February 2013. https://www.ted.com/talks/dan_reisel_the_neuroscience_of_restorative_justice?language=en.

Reiss, Helen. *The Empathy Effect: Seven Neuroscience-Based Keys for Transforming the Way We Live, Love, Work, and Connect across Differences*. Boulder, CO: Sounds True, 2018.

Renton, Alex. "Abuse in Britain's Boarding Schools: Why I Decided to Confront My Demons." *Guardian*, May 4, 2014. https://www.theguardian.com/

society/2014/may/04/abuse-britain-private-schools-personal-memoir.

————. *Stiff Upper Lip: Secrets, Crimes and the Schooling of a Ruling Class*. London: Weidenfeld & Nicholson, 2017.

Rifkin, Jeremy. *Empathic Civilization: The Race to Global Consciousness in a World in Crisis*. New York: Penguin, 2010.

Robinson, Tasha. "Damien Chazelle on What Is and What Isn't Ambiguous in *Whiplash*." *The Dissolve*, October 15, 2014. https://thedissolve.com/features/ emerging/787-damien-chazelle-on-what-is-and-isnt-ambiguous-abou/.

Rochman, Bonnie. "Yay for Recess: Pediatricians Say It Is as Important as Math or Reading." *Time Magazine*, December 31, 2012. https://healthland.time. com/2012/12/31/yay-for-recess-pediatricians-say-its-as-important-as-math-or-reading/.

Rodski, Stan. *Neuroscience of Mindfulness: The Astonishing Science Behind How Everyday Hobbies Help You Relax, Work More Efficiently and Lead a Healthier Life*. New York: HarperCollins, 2019.

Romm, Cari. "Rethinking One of Psychology's Most Infamous Experiments." *The Atlantic*, January 28, 2015. https://www.theatlantic.com/health/ archive/2015/01/rethinking-one-of-psychologys-most-infamous-experiments/384913/.

Rubin, Roger, Michael O'Keefe, Christian Red, and Nathaniel Vinton. "Mike Rice's Assistant Coach at Rutgers, Jimmy Martelli Resigns, Following Physical and Verbal Abuse Scandal." *New York Daily News*, April 5, 2013. http:// www.nydailynews.com/sports/college/rutgers-assistant-baby-rice-cooked-article-1.1308334.

Saltzman, Amy. *A Still Quiet Place for Athletes: Mindfulness Skills for Achieving Peak Performance and Finding Flow in Sports and Life*. Oakland, CA: New Harbinger, 2018.

Sampson, Todd. "Redesign My Brain." *IMDb*, October 2013. https://www.imdb.

com/title/tt3322570/episodes?year=2013&ref_=tt_eps_yr_2013.

Sapakoff, Andrew. "College of Charleston Report Hammers 'Jekyll and Hyde' Verbal Abuse by Coach Doug Wojcik." *Post and Courier*, July 2, 2014. https://www. postandcourier.com/sports/college-of-charleston-report-hammers-jekyll-and-hyde-verbal-abuse-by-coach-doug-wojcik/article_6be0a402-b99b-5db3-8d0f-4e2b1ea12e4e.html.

Schmidlin, Charlie. "Interview: Director Damien Chazelle talks 'Whiplash,' Musical Editing and His New 'MGM-style' Musical 'La La Land.'" *IndieWire*, October 10, 2014. https://www.indiewire.com/2014/10/interview-director-damien-chazelle-talks-whiplash-musical-editing-his-mgm-style-musical-la-la-land-271422/.

Scott, A. O. "Drill Sergeant in the Music Room." *New York Times*, October 10, 2014. https://www.nytimes.com/2014/10/10/movies/in-whiplash-a-young-jazz-drummer-vs-his-teacher.html.

Siegel, Daniel. *Brainstorm: The Power and Purpose of the Teenage Brain*. New York: Penguin, 2013.

———. *The Mindful Brain: Reflection and Attunement in the Cultivation of Well-Being*. New York: W. W. Norton & Company, 2007.

———. *Mindsight: The New Science of Personal Transformation*. New York: Bantam, 2011.

Silberman, Steve. NeuroTribes: The Legacy of Autism and the Future of Neurodiversity. New York: Penguin, 2015.

Silveira, Sarita., Rutvik Shah, Kate Nooner, Bonnie Nagel, Susan Tapert, Michael Bellis, and Jyoti Mishra. "Impact of Childhood Trauma on Executive Function in Adolescence—Mediating Functional Brain Networks and Prediction of High-Risk Drinking." *Biological Psychiatry*, January 2020.

Sims, David. "The Uncomfortable Message in *Whiplash*'s Dazzling Finale." *The Atlantic*, October 22, 2014. https://www.theatlantic.com/entertainment/

archive/2014/10/the-ethics-of-whiplash/381636/.

Smith, Erin, Ali Diab, Bill Wilkerson, Walter Dawson, Kunmi Sobowale, Charles Reynolds, Michael Berk, et al. "A Brain Capital Grand Strategy: Toward Economic Reimagination." *Molecular Psychiatry* 26 (October 2020): 3-22. https://www.nature.com/articles/s41380-020-00918-w.

Starecheski, Laura. "Take the ACE Quiz and Learn What It Does—and Doesn't—Mean." *NPR*, March 2, 2015. https://www.npr.org/sections/health-shots/2015/03/02/387007941/take-the-ace-quiz-and-learn-what-it-does-and-doesnt-mean.

Steffenhagen, Janet. "*School of Secrets*: Filmmakers' Investigation of the Quest Program at Prince of Wales Ran into Walls of Silence While Probing Why It Was Allowed to Happen." *Vancouver Sun*, October 20, 2007. https://www.pressreader.com/canada/vancouver-sun/20071020/282209416492107.

———. "Vancouver School District Obeys Order: Releases More Info about Quest Sex Scandal Updated." *Vancouver Sun*, March 17, 2011. http://vancouversun.com/news/staff-blogs/vancouver-school-district-obeys-order-releases-more-info-about-quest-sex-scandal-updated.

Steinberg, Laurence. *Age of Opportunity: Lessons from the New Science of Adolescence.* NewYork: Houghton Mifflin Harcourt, 2014.

Stiernberg, Bonnie. "USA Gymnastics Culture of Abuse Runs Far Deeper Than Larry Nassar." *Inside Hook*, July 20, 2020. https://www.insidehook.com/article/sports/usa-gymnasticss-history-of-abuse.

Summit, Roland. "The Child Sexual Abuse Accommodation Syndrome." *Child Abuse and Neglect* 7 (1983): 177-93. https://www.abusewatch.net/Child%20Sexual%20Abuse%20Accommodation%20Syndrome.pdf.

Taylor, John. "Behind the Veil: Inside the Mind of Men Who Abuse." *Psychology Today*, February 5, 2013. https://www.psychologytoday.com/us/blog/the-reality-corner/201302/behind-the-veil-inside-the-mind-men-who-abuse.

Teicher, Martin. "Impact of Childhood Maltreatment on Brain Development and the Critical Importance of Distinguishing between the Maltreated and Non-Maltreated Diagnostic Subtypes." *International Society for Neurofeedback and Research*(September 2017). https://drteicher.files.wordpress.com/2017/11/isnr_2017_keynote_teicher.pdf.

―――. "Wounds That Won't Heal: The Neurobiology of Child Abuse." *Cerebrum: The Dana Forum on Brain Science* 4, no. 2(January 2000): 50–67. https://www.researchgate.net/publication/215768752_Wounds_that_time_won't_heal_The_neurobiology_of_child_abuse.

Topel, Fred. "Whiplash: Damien Chazelle on Sadistic Writing." *Mandatory*, October 6, 2014. https://www.mandatory.com/fun/770139-whiplash-damien-chazelle-sadistic-writing.

Vaillancourt, Tracy, Eric Duku, Suzanna Becker, Louise Schmidt, Jeffrey Nicol, Cameron Muir, and Harriet MacMillan. "Peer Victimization, Depressive Symptoms, and High Salivary Cortisol Predict Poor Memory in Children." *Brain and Cognition* 77(2011): 191–99. https://mimm.mcmaster.ca/publications/pdfs/s2.0-S0278262611001217-main.pdf.

Van der Kolk, Bessel. *The Body Keeps the Score: Brain, Mind, and Body in the Healing of Trauma*. New York: Penguin, 2015.

Verbeke, Willem, Vim Rietdijk, Wouter van den Berg, Roeland Dietvorst, Loek Worm, and Richard Bagozzi. "The Making of the Machiavellian Brain: A Structural MRI Analysis." *Journal of Neuroscience, Psychology and Economics* 4, no. 4(2011): 205–16. 10.1037/a0025802.

Walsh, David. *Why Do They Act That Way? A Survival Guide to the Adolescent Brain for You and Your Teen*. New York: Simon & Schuster, 2004.

Ward, Lori, and Jamie Strashin. "Sex Offences against Minors: Investigation Reveals More Than 200 Canadian Coaches Convicted in the Last Twenty Years." *CBC*, February 10, 2019. https://www.cbc.ca/sports/amateur-sports-coaches-sexual-offences-minors-1.5006609.

Westcott, Kathryn. "What Is Stockholm Syndrome?", *BBC News Magazine*, August 21, 2013. https://www.bbc.com/news/magazine-22447726.

Wolff, Alexander. "Is the Era of Abusive College Coaches Finally Coming to an End?", *Sports Illustrated*, September 29, 2015. http://www.si.com/college-basketball/2015/09/29/end-abusive-coaches-college-football-basketball.

————. "Why Does Women's Basketball Have So Many Coaching Abuse Problems?", *Sports Illustrated*, October 1, 2015. https://www.si.com/college/2015/10/01/abusive-coaches-womens-basketball-illinois-matt-bollant.

Wooden, John. "The Difference between Winning and Succeeding." *TED Talk*, February 2001. https://www.ted.com/talks/john_wooden_on_the_difference_between_winning_and_success#t-250931.

Zych, Izabela, Maria Ttofi, and David Farrington. "Empathy and Callous-Unemotional Traits in Different Bullying Roles: A Systemic Review and Meta-Analysis." *Trauma, Violence, and Abuse* 20, no. 1(2019). https://journals.sagepub.com/doi/10.1177/1524838016683456.

옮긴이 정지호

한국외국어대학교에서 일본어와 영어를 전공하고 성균관대 번역대학원에서 문학(번역학) 석사 학위를 받았다. 대학을 졸업하고 영상 및 기술 등 다양한 분야에서 번역 일을 하며 경험을 쌓았다. 책이 좋아 출판 번역의 길로 들어섰다. 옮긴 책으로는 《세계사를 바꾼 위대한 식물 상자》, 《트라우마는 어떻게 삶을 파고드는가》, 《은밀하고도 달콤한 성차별》, 《루틴의 힘》, 《부두에서 일하며 사색하며》, 《시작과 변화를 바라보며》, 《우리 시대를 살아가기》, 《인간의 조건》, 《영혼의 연금술》 등이 있다.

괴롭힘은 어떻게 뇌를 망가뜨리는가

첫판 1쇄 펴낸날 2023년 4월 5일
　　5쇄 펴낸날 2023년 6월 20일

지은이 제니퍼 프레이저
옮긴이 정지호
발행인 김혜경
편집인 김수진
편집기획 김교석 조한나 유승연 김유진 곽세라 전하연
디자인 한승연 성윤정
경영지원국 안정숙
마케팅 문창운 백윤진 박희원
회계 임옥희 양여진 김주연

펴낸곳 (주)도서출판 푸른숲
출판등록 2003년 12월 17일 제2003-000032호
주소 서울특별시 마포구 토정로 35-1 2층, 우편번호 04083
전화 02)6392-7871, 2(마케팅부), 02)6392-7873(편집부)
팩스 02)6392-7875
홈페이지 www.prunsoop.co.kr
페이스북 www.facebook.com/simsimpress　　**인스타그램** @simsimbooks

ⓒ 푸른숲, 2023
ISBN 979-11-5675-407-7(03180)